KB117073

세상을 내 편으로 만드는
협상의 전략

BARGAINING FOR ADVANTAGE
by Richard Shell.

세상을 내 편으로 만드는

협상의

NEGOTIATION

전 략

리처드 셸 지음 | 박헌준 옮김

김영사

협상의 전략

1판 1쇄 발행 2006. 8. 11.
1판 10쇄 발행 2022. 12. 30.

지은이 리처드 셸
옮긴이 박헌준

발행인 고세규
발행처 김영사

등록 1979년 5월 17일 (제406-2003-036호)
주소 경기도 파주시 문발로 197(문발동) 우편번호 10881
전화 마케팅부 031)955-3100, 편집부 031)955-3200 | 팩스 031)955-3111

값은 뒤표지에 있습니다.
ISBN 978-89-349-2255-1 03320

홈페이지 www.gimmyoung.com   블로그 blog.naver.com/gybook
인스타그램 instagram.com/gimmyoung   이메일 bestbook@gimmyoung.com

좋은 독자가 좋은 책을 만듭니다.
김영사는 독자 여러분의 의견에 항상 귀 기울이고 있습니다.

감사의 말

이 책을 완성하기까지 많은 사람들의 도움을 받았지만 가장 큰 도움을 준 세 사람에게 먼저 감사의 말을 전해야겠다. 먼저 편집 작업을 세심하게 도와준 아내 로비(Robbie)에게 감사한다. 아내는 저널리스트이자 전문 편집가로서, 특수한 학술 용어나 딱딱한 이론 설명을 피하고 생동감 넘치는 명료한 표현을 찾아내도록 나를 이끌어주었다. 둘째로 에이전트인 마이클 스넬(Michael Snell)에게 감사한다. 그는 긍정적이면서도 세심한 지도로 아이디어에 불과했던 이 프로젝트를 완성할수 있게 도와주었고, 책을 출판하는 문제에 관한 한 해박한 안내자였다. 마지막으로 직접 편집을 도와준 펭귄 출판 그룹 바이킹 사(社)의제인 폰 메렌(Jane von Mehren)에게 감사의 말을 전한다. 그녀는 이책의 성공을 확신했고 자신만의 독특한 편집 방향을 갖고 이 책을 다듬어주었으며, 활기찬 전문가로서 도움을 주었다. 또한 그녀는 오랫동안 기억에 남을 만한 훌륭한 유머 감각을 지녔다.

이 책의 원고를 편집하는 동안 많은 친구들과 동료들이 자상하게도 기꺼이 시간을 할애하여 초고를 읽고 꼼꼼하게 평을 해주었다. 특히 사이몬 오스터(Simon Auster), 피터 카펠리(Peter Cappelli), 에릭 오르츠(Eric Orts), 모리스 슈바이처(Maurice Schweitzer), 마이클 윌러(Michael Wheeler)에게 고마움을 전한다. 또한, 래리 서스킨드(Larry Susskind), 제임스 J. 화이트(James J. White), 로버트 치알디니(Robert Cialdini), 톰 던피(Tom Dunfee), 알란 스트러들러(Alan Strudler), 스튜어트 다이아몬드(Stuart Diamond), 하워드 쿤로더(Howard Kunreuther), 밥 미텔스테드(Bob Mittelstaedt), 마이클 스타인(Michael Stein), 레슬리 구드(Leslie Goode), 토드 이브라힘(Tod Ibrahim) 등도 유용한 제안을 해주었다. 1997년 가을학기와 1998년 봄학기의 협상 수업에서 만난 와튼 스쿨 MBA 학생들과 와튼 스쿨 협상(Wharton Executive Negotiation Workshop) 프로그램에 참가했던 경영자들도 기억에 남을 만한 협상 사례들과 조언을 주었다. 존 A. 비오른슨(Jon A. Bjornson)은 이 책의 그래픽 디자인을 도와주었다.

와튼 스쿨 법 연구·기업 윤리학과의 타마라 잉글리쉬(Tamara English) 행정 실장과 안드레아 킹(Andrea King) 행정 비서는 원고가 제 모양을 잡기까지 지칠 줄 모르는 끈기로 초고를 다듬어주었다. 그들의 진심 어린 도움에 감사한다. 제레미 바가이(Jeremy Bagai), 버나데트 스피나(Bernadette Spina), 트레이시 덴튼(Tracy Denton), 브라이언 오케이(Brian Okay)는 연구조교로 훌륭한 도움을 주었다.

이 책은 나의 협상에 대한 지적 탐구의 여정을 반영하고 있다. 특별히 로버트 B. 치알디니 교수께 큰 빚을 졌다. 그의 책 『설득의 심리학 *Influence: The Psychology of Persuasion*』은 사회·심리학적 연구, 그중에서도 협상에 관한 연구에 눈을 뜨게 해주었다. 치알디니의 책은 사회과학 연구 서적도 재미있게 읽을 수 있다는 모델을 제공해주었다. 또한 와튼 스쿨 협상 프로그램에서 함께 가르치고 있는 동료 교수 스튜어트 다이아몬드는 언제나 협상 주제에 대한 연구 의욕을 북돋아주었으며, 통찰력을 제공해주었다. 협상 능력과 기술을 개발하면서 일상적 수련과 개인의 성격 스타일, 협상 기준이 중요하다는 그의 생각에 도움을 받아 더욱 깊이 있게 협상 교육과 협상의 효과를 연구할 수 있었다.

마지막으로 지난 10여 년 동안 협상 및 갈등 해결 분야를 이끈 선구자적 학자들과의 교류와 협상학회를 통해 도움을 많이 받았다. 무엇보다 1993년 가을학기부터 1994년 봄학기까지 하버드 협상 프로그램의 객원 연구원으로 있을 때 흥미로운 경험을 많이 했다. MIT의 래리 서스킨드, 다트머스의 렌 그린할(Len Greenhalgh), 하버드 비즈니스 스쿨의 하워드 레이파(Howard Raiffa), 노스웨스턴 켈로그 스쿨의 막스 배저만(Max Bazerman), 오하이오주립대 피셔경영대학의 로이 르위키(Roy Lewicki) 교수께 특별히 감사드린다. 이분들은 협상 분야에 대한 학문적 관심을 일깨워주었고, 내가 가르쳤던 초기 협상 수업을 위해 자신들의 교재까지 친절하게 소개해주었으며, 협상에 대한 지적 · 실천적 물음을 통해 협상에 대한 나의 관심을 자극하고 연구에 흥미를 갖게 해주었다.

머리말
이제 당신 차례다

　　나는 세상에서 가장 뛰어나고 똑똑한 비즈니스맨들과 경영자들에게 협상을 가르치고 있는, 펜실베이니아 대학교 와튼 스쿨 협상 프로그램의 주임교수다. 협상에는 일가견이 있다고 할 수 있는 나도 가끔 협상이 두려울 때가 있다. 협상 전문가로서 내 위치나 내가 가진 협상 지식과 경험이 실제 협상 테이블에서 별로 도움이 되지 않을 때도 있으며, 또 내가 협상을 하고 있다는 사실조차 깨닫지 못할 때도 있다. 한번은 이런 일이 있었다.

　　얼마 전 가족과 함께 저녁식사를 하고 있을 때 전화가 걸려왔다. 전화를 건 사람은 이웃에 사는 소녀 에밀리였다.

　　"리처드 아저씨, 에밀리에요. 저희 학교 소프트볼 팀이 토너먼트에 출전하기 위해 동계훈련을 하거든요. 그래서 오렌지와 포도 과일 바구니를 팔아 기부금을 모으고 있어요. 아저씨도 좀 사주세요, 네?"

에밀리는 네 살 때부터 알고 있었으며, 우리 가족은 에밀리네 가족과 친했다. 나는 에밀리를 돕고 싶었다.

"그래, 과일 바구니 가격은 얼마니?"

에밀리는 다양한 패키지와 가격을 설명해주었다. 작은 바구니는 11달러고, 포도를 많이 담은 바구니는 20달러, 그리고 35달러짜리가 제일 큰 바구니였다. 나는 35달러짜리 바구니는 너무 커 과일을 보관할 데가 마땅치 않을 거라고 생각했다.

"좋아, 11달러짜리 바구니를 살게."

바로 그때 아내인 로비가 속삭이듯이 말했다.

"에밀리에게 모르모트에 대해 물어보세요."

나는 어리둥절했다. 큰아들 벤이 끼어들어 약간 더 크게 말했다.

"막내 네드의 애완용 모르모트 말이에요. 이번 주말여행 가는 동안 네드의 모르모트를 돌보아줄 수 있는지 에밀리에게 물어봐주세요." 우리 집의 여덟 살 난 막내 네드가 얼마 전 모르모트를 샀다. 추수감사절 휴가 기간 동안에 이놈을 돌보아줄 사람이 필요했던 것이다.

"아, 참." 나는 전화 수화기를 들고 물어보았다.

"이번 주말에 너 어디 가니?"

"아무 데도 안 가요."

"그럼 에밀리야, 네드가 얼마 전 모르모트를 샀는데, 네가 그것들을 돌보아줄 수 있겠니? 우리 가족 모두 뉴욕에 갈 예정이거든."

"문제없어요." 에밀리가 힘차게 대답했다. 그리고 놓치지 않고 말했다. "그러면 20달러짜리 바구니를 사주실 거죠?"

이제는 내 차례였다. "그럼, 물론이고말고." 나는 웃으면서 대답했다. "20달러짜리를 사마."

협상은 월 스트리트의 기업 간 인수합병에서 회사와 조직의 예산 회의는 물론 심지어 가정에서 벌어지는 일상의 사소한 일에서까지 항상 일어나고 있다. 미국의 프로페셔널 스쿨인 전문대학원 과정은 대부분 협상 관련 과목을 개설하고 있으며, 비즈니스 스쿨 커리큘럼의 인기 과목 중 하나다. 왜일까?

비즈니스, 법학, 의료, 교육, 정치, 행정 분야의 전문직에서 일하고 싶어 하는 학생들은 협상에 관심이 많아 협상을 배우고 싶어 하며 협상 기술을 개발하려 애쓴다. 그들은 미래에 비즈니스 리더로서 또는 전문가로서 수많은 협상 상황과 도전에 직면하게 되리라는 것을 잘 알고 있다. 그들은 협상 수업을 통해 협상에 대한 막연한 걱정과 두려움을 없애고 자신감을 갖게 되기를 바라는 것이다.

협상을 두려워하면 좋은 성과를 얻을 수 없는 만큼 협상에 대한 현명한 지혜가 필요하다. 두려움은 스스로 사고하는 능력을 방해하고, 우리가 해결해야 할 문제에 대한 관점을 축소시킨다. 스스로 합리적이라고 말하는 사람들조차 협상을 두려워하게 되며 "도대체 어떻게 협상해야 하는가?"라는 질문에 지나치게 단순한 해결책을 내놓는 경우가 생긴다. 그들은 공동 승리인 '윈-윈'이나 '승-패'와 같은 단순한 용어로만 협상을 이해하려 하며 이것이 협상의 전부라고 믿는다. 불안해진 협상가는 자신이 직접 협상 과정을 통제하고 있다는 느낌을 주는 전략만 추구하며, 또한 모든 협상 상황에 적용할 수 있는 단 한 가지 전략만 사용하려 한다.

그러나 이렇게 협상을 단순화한 시도들이 제대로 움직일 리 없다. 첫째, 타결된 협상은 모두 윈-윈, 곧 나도 이기고 상대방도 이긴 협상이기 때문이다. 협상 당사자들은 이렇게 타결된 결과가 협상하지 않았을 때보다 더 낫다고 생각한다. 만약 그렇게 생각하지 않았다면 절대로 공동 이익을 택하자는 제안에 동의하지 않았을 것이다. 둘째, 승-패, 곧 상대방이 이기고 내가 진 협상은 종종 상대방이 우리를 대하는 방식이 마음에 안 들었을 때 우리가 붙이는 이름일 뿐이다. 셋째, 모든 상황에 다 적용되는 협상 전략이란 있을 수 없는 허상이다. 경험이 많은 협상가들은 협상에는 상황 변수와 개인 변수가 수시로 개입하기 때문에 하나의 협상 전략을 모든 경우에 획일적으로 적용할 수 없다는 것을 잘 알고 있다.

효과적 협상가가 되려면 협상을 단순하게 생각하는 수준을 뛰어넘어 협상에 대한 불안과 두려움을 떨쳐내고, 어떤 경우에도 협상 상대방과 협상 상황이 똑같지 않다는 점을 이해해야 한다. 협상 테이블에서는 기본 윤리를 지키고 자신을 존중하는 마음을 유지하면서, 다양한 상황의 차이에 현실적이고 현명하게 대처하고 적응해나가야 한다. 그리고 협상의 목적을 효과적으로 달성하기 위해서는 협상에 대한 단순한 몇 마디 격언이 아니라 검증되고 신뢰할 수 있는 전문 지식에서 나오는 확신에 찬 태도가 필요하다.

지난 25년 동안 협상에 대한 연구는 폭발적으로 증가했다. 그 결과 전문적인 협상 지식이 꽤 축적되었다. 그러나 보통 사람들이 전문 지식에 접할 가능성은 상대적으로 아주 낮은 편이다. 협상학 분야의 학자나 연구자 들은 대부분 실제 협상가들이 읽기 어려운 학술지나 연구 서적의 형태로 연구 결과를 발표하는 데다가 보통 사람들이 협상에 관한 좋고 나쁜 글을 가려 읽기도 어렵다.

스포츠 스타나 할리우드 배우 들의 에이전트가 사용하는 협상 기술은 어쩌면 당신에게 유용하지 않을 수 있다. 그들이 잘 쓰는 협상 기법들이 당신에게도 유용하다는 보장은 전혀 없다.

당신의 도구 상자를 잘 들여다보라 : 이제 당신 차례다

내가 이 책을 쓴 이유가 바로 여기에 있다. 와튼 스쿨에서 가르치는 동안 줄곧 협상에 관한 많은 학술 서적과 실무용 서적 들을 두루 읽으면서 보통 사람들이 협상 테이블에서 좀더 나은 결과를 얻을 수 있는 방법과 아이디어를 고민했다. 그리고 고민한 결과를 실전에서 뛰는 사람들이 간단하고 쉽게 사용할 수 있도록 구성했다.

나는 협상을 생각할 때 먼저 우리 자신에서 시작한다. 내 자신의 경험도 그렇지만 많은 연구 결과를 살펴보면 우리는 모두 이미 유능한 협상가가 될 수 있는 조건을 갖추고 있다. 이미 협상을 위한 저마다의 도구들을 가지고 있다는 뜻이다. 당신이 가지고 있는 기본적인 의사소통 기술과 인지 기술 들은 협상을 하는 데 반드시 필요한 기술들이다. 현재 그 기술들을 활용하는 수준에 관계없이 누구든 스스로의 장점과 약점을 분명히 알고 조금만 주의 깊게 협상을 준비하고 연습한다면 훨씬 더 나은 성과를 거둘 수 있다.

원래 양보하길 좋아하거나 협조적인 사람이 있는가 하면 경쟁적인 사람도 있다. 또한 경쟁적이든 협조적이든 어느 쪽 접근 방식도 똑같이 효과적으로 사용할 수 있는 사람도 있다. 그러므로 자신의 협상 스타일을 정확하게 알아야 한다. 협상 테이블에서는 자신의 스타일에 충실해야 성공적이고 효과적인 협상을 할 수 있다. 내가 불편해하는 협상 전술과 전략은 제대로 효과를 발휘할 수 없다. 게다가 당신이 또 다른 협상 전술을 걱정하고 있을 때 상대방이 필수적인 정보와 단서를 던져줘도 놓치게 된다. 협상을 잘하기 위해서 협상 전술을 잘 써야 할 필요는 없지만 신중하게 전술들을 생각하는 것은 도움이 된다. 가장 훌륭한 협상가는 협상 테이블에서 솔직하고, 정직하며, 질문을 많이 하고, 주의 깊게 들으며, 자신이 원하는 것과 상대방이 원하는 것에 집중하는 사람이다.

협상은 로켓 과학처럼 하나부터 열까지 미리 정해져 있는 것도 아니고, 단순 명쾌한 직관도 아니다. 누구든 중요한 협상 상황에서 직관에만 의존하면 실패하게 마련이다. 협상 능력과 성과를 향상시키기 위해서는 협상의 여러 과정에 대한 기존의 가정을 던져버리고 새로운 정보와 아이디어를 받아들이는 자세를 갖추어야 한다. 무엇보다도 협상 과정에서 중요한 역할을 하는 숨겨진 심리적 전술들을 잘 이해하고 배우고 깨달아야 한다.

예를 들어, 이 책에서 보여주듯이 숙련된 협상가는 협상 테이블에서 일어나는 일들을 바라보면서 최초 제안을 하고, 대응 제안을 하며, 협상을 마무리하는 기본 단계를 넘어 아주 많은 것을 파악한다. 협상의 수면 아래에 흐르는 심리적이고 전략적인 흐름을 읽고, 쌍방이 상호성 규범의 조건 어디에 서 있는지 주목하며, 일관성의 원칙을 사용할 기회를 찾는다. 상대방이 정해진 기준에 따라 이전에 말한 진술과 입장을 고수할 수 있도록 한다. 또한 제안의 타이밍이 제안 내용만큼이나 중요하다는 사실을 안다. 당신은 하찮은 조건들을 양보하지만 상대방은 자신이 아주 중요한 양보를 얻어냈다고 느끼도록 만든다.

숙련된 협상가들은 협상 과정에서 나타나는 이런 유형들에 대한 지식을 참고 삼아 협상 제안서를 어떻게 만들고, 상대방이 다음에 무엇을 할지 예측한다. 협상 상황의 유사한 특징들을 배움으로써 협상 상황을 더 정확하게 읽을 수 있으며, 더욱 자신 있게 협상할 수 있다.

정보 기반 협상

나는 '정보 기반 협상'을 설명하면서 협상의 세 측면에 초점을 맞춘다. 첫째, 협상을 시작하기 전에 철저하게 준비하고 계획을 세운다. 둘째, 상대방이 진정으로 원하는 것을 발견하기 위해 주의 깊게 상대방의 말을 듣는다. 셋째, 일단 협상을 시작하면 상대방의 행동에서 나타나는 '신호'에 주의를 기울인다. 정보 기반 협상은 이름에서 나타나듯이 협상 상황과 상대방에 대한 신뢰할 만한 정보를 가능한 한 많이 얻어내는 것이 목적이다.

정보 기반 협상은 효과적인 협상을 위한 기본 원칙 여섯 가지에 초점을 맞춘다. 이 책의 제1부에서 설명하는 협상의 기본 원칙 여섯 가지는 '당신의 협상 스타일을 파악하라' '도전적 목표와 높은 기대치를 수립하라' '권위 있는 기준과 규범을 준비하라' '상대방과 좋은 관계를 형성하라' '상대방의 숨은 이해 관심사를 파악하라' '협상의 레버리지를 높여라' 이다. 협상의 기본 원칙에 따라 정확한 정보를 갖는다면 당신은 예측 가능한 협상 과정과 경로를 따라갈 준비를 마친 것이다. 곧 협상 계획을 세우고, 정보를 교환하며, 협상을 진행하고, 협상을 마치면서 협상 내용을 이행하기까지 네 단계를 따라 움직일 준비가 된 것이다. 이 책의 제2부에서는 이런 네 단계의 협상 과정과 전략을 단계별로 보여줄 것이다.

정보 기반 협상에서는 신중하게 접근해야 한다는 것을 가르친다. 당신은 매번 달라지는 협상 상황과 상대방을 새롭고 특별하게 대해야 한다. 상대방이 원하는 것과 동기를 부여하는 것을 잘 알고 있다고 믿는 지나친 자신감을 경계하며, 모든 협상 상황에 적합한 하나의 공식이 있다고 생각하기보다는 '상황 전략'을 강조한다.

이 책은 당신이 협상을 잘 익힐 수 있도록 가장 뛰어난 협상가들의 삶과 이야기를 예로 들어 정보 기반 협상의 원칙과 전략을 설명한다. 당신은 이 책에서 소니를 설립한 전설적인 모리타 아키오와, J. P. 모건, 존 D. 록펠러, 앤드루 카네기 같은 미국의 대재벌, 그리고 H. 웨인 후이젱가, 에드 크러치필드와 도널드 트럼프 같은 현대의 협상가들, 마하트마 간디와 벤저민 프랭클린 같은 역사적 인물, 또한 이들보다는 덜 알려졌지만 재능 있는 사업가들이며 지역사회 리더들, 그리고 여러 다른 문화와 시대에서 성공한 사람들이 사용한 협상 전략을 살펴볼 것이다. 나아가 협상 전문가들이 어떻게 협상에 성공하고 또 실패했는지 알아볼 것이다.

협상의 역할 모델들은 우리에게 많은 정보를 줄 수 있다. 무엇보다 그들이 협상에 임하는 태도에서 많은 것을 배울 수 있을 것이다. 가장 훌륭한 협상가는 진지하고 성실하게 협상에 임한다. 동시에 그들은 전문적인 관점을 유지하면서 언제나 협상을 중단하거나 끝낼 준비가 되어 있다. 그들은 상대방의 태도에 관계없이 균형을 유지하고, 상대방의 책략에 신속하게 반응하며, 자신의 목적을 향해 참을성 있고 꾸준하게 움직인다.

그들은 상대방과 관계없이 협상 테이블에서 자신의 행동에 명확한 윤리적 가이드라인을 정한다. 그들은 '게임의 규칙' 안에 있고 또한 윤리적 범위를 넘어선 행동에 대해 잘 안다. 진정으로 효과적인 협상을 하기 위해서는 협상 윤리에 대한 자신의 생각을 개발해야 한다. 이 주제는 제11장에서 보여줄 것이다.

협상은 직접 체험을 통해서만 학습이 가능하다

탁월한 협상가인 뉴욕의 변호사 제임스 프로인트(James C. Freund)는 "협상은 책에서 배울 수 없다. 직접 협상에 나서봐야만 배울 수 있다."[1]라고 말했다. 기업 합병과 협상에 관한 책을 많이 쓴 프로인트의 이 말에 나는 전적으로 동의한다. 와튼 스쿨 협상 프로그램에서 즐겨 인용하는 말이다.

이 책은 실제 협상에서 더 나은 결과를 이끌어내는 방법을 안내할 뿐, 실전을 통해 얻는 경험을 대체할 수는 없다. 그러므로 이 책에서 발견하는 협상 지식을 익히고, 당신의 협상 스타일을 효과적으로 활용하기 위한 기초를 세워라. 나아가 모든 협상의 기회를 당신의 협상 기술을 향상시키기 위한 '실험실'로 간주하라. 당신이 실전 경험을 쌓고 자신감을 가질수록 협상은 두렵기만 한 것이 아니라는 사실을 알게 될 것이다. 나아가 당신은 협상을 통해 경쟁 우위를 만들어내는 흥미로운 도전을 즐기게 될 것이다.

감사의 말 6 | 머리말 9

■ 1부 협상의 기본 원칙

1. 당신의 협상 스타일을 파악하라 · 21
2. 도전적 목표와 높은 기대치를 수립하라 · 51
3. 권위 있는 기준과 규범을 준비하라 · 77
4. 상대방과 좋은 관계를 형성하라 · 105
5. 상대방의 숨은 이해 관심사를 파악하라 · 133
6. 협상의 레버리지를 높여라 · 153

■ 2부 협상의 과정과 전략

7. 협상 전략의 준비 · 197
8. 정보 교환 전략 · 219
9. 최초 제안과 양보 전략 · 257
10. 협상 종결과 이행 약속 · 289
11. 영혼을 팔지 않고 악마와 협상하기 · 329
12. 효과적 협상가가 되려면 · 383

옮긴이의 말 398 | 부록 402 | 주 412 | 참고문헌 440 | 찾아보기 444

협상의 기본 원칙

BARGAINING FOR ADVANTAGE

협상의 기본 원칙 (1)

당신의 협상 스타일을 파악하라

■ ■ ■

당신은 당신이 가지고 있는 밀가루로 빵을 구울 수밖에 없다.

덴마크 속담[1]

당신의 협상 스타일을 파악하라		도전적 목표와 높은 기대치를 수립하라
권위 있는 기준과 규범을 준비하라		상대방과 좋은 관계를 형성하라
상대방의 숨은 이해 관심사를 파악하라		협상의 레버리지를 높여라

1월의 전형적인 추운 날씨였다. 뉴욕 렉싱턴 가에 있는 고층 건물 회의실에 두 신사가 들어섰다. 마음을 다해 인사를 나누고 있었지만 내심 서로 경계하고 있음을 눈치 챌 수 있었다. 곧이어 그들은 커다란 협상 테이블에 앉아 두 대기업 합병 문제를 본격적으로 논의하기 시작했다.

협상 테이블의 한쪽에는 오랫동안 존경받는 기업이었으나 지금은 재무적으로 크게 어려움을 겪고 있는 미국 출판사 하코트 브레이스 조바노비치(Harcourt Brace Jovanovich, 이하 HBJ)의 피터 조바노비치 사장이 앉아 있었다. HBJ 출판사의 공동 창업자 중 한 사람의 아들인 조바노비치는 가업을 지켜내야 한다는 막중한 책임감을 느끼고 있었다. 반대편에 앉아 있는 딕 스미스 회장은 대규모 자본력을 바탕으로 출판 사업에 막 진출하려 하는 제너럴 시네마(General Cinema)의 공격적인 CEO다. 이들은 각자 법률고문과 재정고문 두 명을 대동하고 있었다.

양측은 오늘 있을 협상을 위한 각본을 주의 깊게 준비해왔다. 오늘 협상을 제안한 사람은 스미스 회장이었다. 수개월 동안 철저하게 분석한 결과, 그는 HBJ 출판사가 갖춘 조건이 제너럴 시네마에게 완벽하다는 결론을 내렸다. 그러나 조바노비치 사장이 미래의 새로운 기회에 대한 그의 비전을 공유할지 확신은 없었다. 스미스 회장은 제너럴 시네마의 재무적 강점과 명성에 관한 프레젠테이션을 상세하게 작성했다. 그는 HBJ 출판사의 걱정과 우려를 잘 이해하고 있으며 기꺼이 돕겠다는 사실을 언급할 생각이었다. 그러나 인수 가격에 대한 기대를 높이지 않기 위해 조심스럽게 접근하려 했다.

역시 이 협상을 매우 긍정적으로 생각하고 있던 조바노비치 사장의 협상 팀은 상대방의 제안을 청취하는 역할을 준비했다. 그들은 조바노비치 사장에게 제너럴 시네마가 HBJ 출판사가 살아남을 수 있는 최선의 기회를 제공할 것이라는 결론을 갖고는 있지만 오늘의 협상에는 조심스럽게 임할 것을 충고했다. 조바노비치 사장은 합병에 긍정적이지만 아직 서로 간 최종 약속을 하지 않은 만큼 쉽게 계약을 맺으려 하거나 초조하게 보이지 않으려 했다.

협상을 시작하자 스미스 회장이 먼저 입을 열었다. 바로 그때 조바노비치 사장이 말을 가로막았다. 미리 준비한 대본과 다른 돌발적인 상황에 HBJ 출판사의 고문들은 크게 동요했다. 피터가 도대체 뭘 하려는 거지?

조바노비치 사장은 코트 주머니에서 작은 상자를 꺼내 스미스 앞에 내밀었다. 그는 상자를 열어 출판사의 이니셜이 새겨져 있는 시계를 스미스에게 건네며 말했다.

"내 아버지는 언제나 새로운 사업을 시작하기에 앞서 사업 파트너에게 HBJ의 이니셜이 새겨진 시계를 선물로 주었습니다. 제너럴 시네마가 HBJ 출판사의 적합한 인수자라는 내 믿음의 표현입니다."

조바노비치 사장이 합병을 인정하는 발언은 협상에서 아주 위험할 수 있었으며, 둘 다 그 점을 잘 알고 있었다. 하지만 이번 행동은 팽팽하게 긴장되었던 분위기를 한꺼번에 누그러뜨리는 역할을 했다. 두 사람은 인수합병 거래의 방법과 절차에 대해 진지하게 논의하기 시작했으며 밤늦게까지 협상을 계속했다.[2]

산에게 말한다

수천 마일 떨어진 동아프리카 탄자니아 계곡, 아루샤 부족의 다른 두 혈통을 각각 대표하는 두 장로가 늦은 아침 큰 나무 그늘 아래[3]에서 만났다. 그들 뒤로 1만 4,000피트나 되는 메루 산(山)이 높이 솟아 있었다. 장로들 주위에는 사람들이 두 편으로 갈라서서 마주보고 서 있있다.

아프리카에서 나무 그늘은 회의실과 같은 의미를 지닌다. 다른 지역에서도 그렇듯이 아루샤에서도 마을의 큰 나무 그늘은 중요한 일을 논의하는 장소다. 오늘은 이 나무 그늘에서 협상이 진행 중이다.

두 장로는 이웃에 사는 두 농부 사이의 갈등을 논의하고 있다. 각 장로는 자기 쪽 농부가 갖고 있는 불평불만들을 늘어놓았고, 상대방이 잘못한 여러 행위들에 대한 보상을 요구했다. 두 농부를 지지하는 사람들이 상대방 농부의 요구가 타당하지 못하다고 주장하면서 자기 편장로의 주장을 적극 거들었다.

두 농부는 각자의 농장 사이에 있는 주인 없는 빈 땅에 대한 소유권을 요구했다. 시간이 갈수록 논쟁이 격렬해지더니 기어코 사고가 일어났다. 한 농부의 아들이 상대방 농부 땅의 관개시설 문을 부숴버렸고, 성난 주인은 농부의 아들을 폭행했다. 폭행당한 아들의 아버지는 장로를 찾아가서 이 문제를 해결하기 위한 공식 회의를 요구했다.

그들이 협상하는 과정은 아프리카의 환경을 거울처럼 반영하고 있다. 이처럼 공개적으로 협상을 시작하는 일을 아루샤 말로 "산에게 말한다."라고 표현한다. 협상은 꼬박 하루 동안 진행되었다.

협상의 과정

전혀 다른 문화에 살고 있는 사람들이 전혀 다른 문제를 논의하고 있지만 두 상황 모두에서 '협상'이라는 익숙한 과정, 즉 '목표를 세우고 문제 해결을 돕는, 곧바로 인식할 수 있는 인간 행동'에 빠져들고 있음에 틀림없다. 뒤에서 살펴보겠지만 앞서 언급한 두 협상은 모두 성공적으로 끝난다. 이러한 협상의 과정이 어떻게, 왜 성공적인 결과를 가져올 수 있었을까? 바로 이것이 이 책에서 살펴보려는 주제다.

인류의 역사가 시작된 이후 사람들은 세계 여러 문화권에서 일반적이고 비슷한 방식으로 협상해왔다. 아루샤의 장로는 아마 조바노비치와 스미스가 만났던 뉴욕의 회의실에서 오가는 특수한 용어는 이해하지 못하겠지만 조바노비치가 스미스에게 전해주었던 선물의 목적과 가치는 쉽게 깨달았을 것이다. 아루샤 부족 사이에서 일어난 협상은 거래보다 논쟁에 가까웠지만 둘 다 선물을 교환하면서 결론을 내리게 된다. 선물은 인간관계에서 일반적인 언어의 한 부분이다. 그리고 협상은 인간관계를 강조하는 상호 규범을 기본으로 이루어진다.

협상은 신중하면서 협력적인 의사소통의 형태로 진행되며, 공통적으로 준비 단계, 정보 교환 단계, 명확한 거래 단계, 약속 이행 단계라는 뚜렷한 네 단계를 따른다. 복잡한 대도시에서 진행되는 비즈니스 거래에서도 법률가들과 투자 컨설턴트들은 회의실에 모여 조심스럽게 초안을 검토하며 사안들을 논의하고, 결국 그들이 해결하기로 기대하는 목표 이상 혹은 이하로 제안한다. 탄자니아의 아루샤 부족들도 논의 주제를 정하고 요구사항을 말하며 다소 과장된 제안을 주고받으면서 '산에게 말한다'(협상을 시작한다). 그들은 또한 합의할 수 있는 범위를 명확히 하고, 받아들이거나 혹은 받아들이지 못할 내용에 대한 상대방의 반응을 살핀다. 여기서부터 사람들은 양보와 이행의 단계에 들어선다. 요약하면, 협상은 일종의 네 단계를 가진 인류 공통의 춤이다. 그리고 양측 모두 경험이 풍부한 댄서일 때 협상이 가장 잘 이루어진다.

우리는 누구나 협상가다

우리는 하루에도 몇 번씩 협상을 하고 있다. 어린 시절에는 관심, 특별한 대우, 일주일 지출에 적당한 용돈 인상 등을 협상한다. 어른이 되면 어린 시절에 했던 것과 똑같은 방식으로 더 복잡한 형태의 요구에 대해 협상을 한다. 협상은 기본적이고 특별한 의사소통의 형태지만 우리는 협상을 하고 있다는 사실을 언제나 인식하고 있지는 않다. 하지만 협상할 때 우리는 협상의 개념을 정확하게 인식해야 한다. 협상은 다음과 같이 정의할 수 있다.

협상은 우리가 누군가에게 무엇을 원하거나 다른 사람이 우리에게 무엇을 원할 때마다 발생하는 의사소통 과정이다. 우리는 협상 테이블에 앉아서 하는 것처럼 부엌 식탁에서도 자주 협상을 한다. 때때로 개인적인 관계나 전문적인 역할이 완전한 협력을 이끌어내기도 하지만, 때로는 주저 없이 희생을 감수하기도 한다. 한겨울에 폭풍이 몰아치고 전기까지 끊어진 상황에서 이웃이 도움을 요청하면 우리는 협상 과정을 거치지 않고 곧바로 도움을 주려 한다. 또한 타협이 불가능하리 만큼 강하게 서비스를 원하는 고객에게 회사는 전혀 협상을 시도하지 않고 그 요구를 받아주기도 한다.

그러나 여기서 주목해야 하는 것은 협상이 전혀 필요할 것 같지 않은 상황에서조차 상호 규범의 관계에서 협상이 제기된다는 점이다. 만약 이웃이 늦게까지 시끄럽게 파티를 하면서 조용히 해달라는 요청을 무시했다면, 그리고 폭풍우 속에서 도움을 청한 이웃이 바로 그 사람이라면 우리는 다른 사람들을 먼저 돕고 난 후에야 그를 도우려 할 것이다. 우리는 더 많은 사업 기회를 주는 고객에게 더 좋은 서비스를 제공하게 된다. 오는 정이 있어야 가는 정도 있다. 상호 수용을 고려하지 않는 순수한 협력과 희생은 아주 드물다. 특수한 몇몇 경우가 있기는 하겠지만 넓은 의미에서 대부분 협상을 한다.

협상이 모두 다 똑같지는 않다. 친구나 가족 간에 일정을 상의하거나 무엇을 먹을까를 의논할 때의 협상은 거래보다 문제 해결의 성격이 강하다. 사랑하는 사람들과 협상하는 방식은 전혀 모르는 사람과 협상할 때와는 분명 다르기 때문이다.

우리는 은행, 상점, 호텔, 항공사, 신용카드 회사, 헬스클럽 그리고 일상생활의 여러 다양한 서비스 등 복잡한 협상 세계에 직면해 있다. 산업사회에서 일어나는 수많은 고객들과의 협상은 시장에서 중재되고 정해진 가격을 지불함으로써 이루어진다. 그러나 고객들이 협상을 학습하면서 병원과 백화점, 기타 서비스를 제공하는 곳에서 예전에 생각했던 것보다 훨씬 더 복잡한 협상 상황이 많이 생긴다. 정해진 가격을 지불하기를 원하는 사람에게는 고객 만족의 규범이 적용되고, 협상을 원하는 사람에게는 할인 판매나 다른 서비스가 제공되고는 한다.

할인 판매와 마찬가지 방식으로 직접 가격을 깎아주는 나라도 있다. 인도나 이집트의 재래시장에 가보면 아주 간단한 거래에서조차 협상을 하는 상인들을 쉽게 만날 수 있다. 이런 협상은 사업의 기술이 아니라 개개인의 주요 표현 수단이고, 심지어 놀이로 간주되기도 한다.

또한 비즈니스에서 동업자나 상사, 공급자나 최고 경영자 층과 문제를 해결할 때도 협상 기술이 사용된다. 사실, 기업 내부 문제를 해결하기 위한 협상은 매일 부닥치는 사람들과 진행해야 하는 까다롭고 성가신 일이기도 하다.

이 책의 서론에서 밝혔듯이, 협상의 과정에서 보통의 합리적인 사람들은 협상을 불편하고 번거롭게 여기기도 한다. 개인 사이에 마찰이 생겼을 때, 확실한 이득을 얻지 못한 채 협상 테이블을 떠날 수밖에 없을 때, 또는 상대방이 이익을 가로챌 것 같을 때, 심지어 상대방이 협상을 아주 잘하는 사람이라는 생각이 들 때, 풀리지 않는 문제들로 두려워하기도 한다.

이럴 때 협상의 과정과 전략에 대한 지식을 갖춘다면 두려워하지 않고 좀더 나은 협상 결과를 이끌어낼 수 있다. 그리고 이러한 지식을 쌓기 시작하는 시점이 바로 우리가 협상을 시작하는 시점이다. 자, 이제 '당신의 협상 스타일을 파악하라'는 협상의 기본 원칙을 알아보자.

당신의 협상 스타일을 파악하라

협상에서 개인의 협상 스타일은 주요 변수로 작용한다. 각기 다른 협상 상황에서 자신의 본능과 직관이 가리키는 방향을 알아두어야 효과적인 전략과 반응을 정할 수 있다.

워너 커뮤니케이션 사의 설립자면서 나중에 타임워너 사의 CEO가 된 스티브 로스는 부인과 다른 커플들과 함께 타임워너 사의 비행기에서 카드 게임의 일종인 카네스타를 하고 있었다. 비행기가 착륙을 준비하려 할 때 로스가 게임에서 졌다. 그는 조종사에게 자신이 이길 때까지 착륙하지 말고 공항 상공을 더 돌라고 지시했다.[4] 승부욕이 매우 강한 로스는 비즈니스에서도 마찬가지였다. 그와 협상할 때는 그의 이러한 특성을 잘 고려하면 유리할 수 있다.

CNN의 유명한 인터뷰 프로그램인 〈래리 킹 라이브Larry King Live〉의 진행자인 래리 킹은 연예계에서 사람 좋기로 유명했다. 1987년 킹의 대리인은 다른 텔레비전 방송사와 계약하기로 결정했다. 다른 텔레비전 방송사들은 훨씬 좋은 조건을 제시했고, 그 조건들을 거론하면 CNN의 소유자인 테드 터너[5]에게 수백만 달러 인상을 요구할 수 있었다.

대리인의 계획은 잘 들어맞아 여러 방송사들이 수백만 달러를 제의해왔지만 CNN의 터너는 아무런 반응도 보이지 않았다. 대리인은 다른 제의를 했고, 만약 터너가 상응하는 노력을 보여주지 않으면 킹은 다른 방송사로 옮기겠다고 말했다.

터너는 킹을 오랫동안 알아오면서 킹이 자신의 입장을 고집하는 협상가가 아니라 협력적이고 충실한 사람이라는 사실을 알고 있었다. 터너는 킹의 대리인과 함께 사무실에 앉아서 킹에게 전화를 걸었다. 터너는 둘이 함께 일했던 과거 이야기와 그가 얼마나 킹을 인간적으로 좋아하는지 말한 후에 자신의 제안을 내놓았다. "계속 나와 함께 일하겠소?" 킹은 기분 좋게 대답했다. "좋습니다. 여기에 남겠습니다."

킹의 대리인은 깜짝 놀랐지만 킹은 행복했다. 킹은 현재 수입에 만족하고 있었고 터너를 좋아했다. 무엇보다 터너가 자신을 좋아하고 있다는 사실에 만족했다. 테드는 킹에게 계약금을 약간 인상해주는 것으로 협상을 정리했다. 테드가 이긴 것이다.

이 이야기의 교훈은 당신이 기본적으로 협력적이며 양보하는, 좋은 사람이라면 협상 테이블에서 보스가 되려고 애쓰지 말라는 것이다. 왜냐하면 당신에게 그다지 효과적인 방법이 아니기 때문이다. 만약 당신이 경쟁적인 사람이라면 당신이 성인(聖人)이라고 사람들을 속이는 어리석은 일 따위는 하지 마라. 그저 당신의 스타일을 그대로 보여주라. 그리고 당신의 협상 스타일을 좀더 효과적으로 사용하도록 하라.

다섯 가지 기본 협상 스타일 : 사고 실험

심리학자들은 개인 간 갈등을 관리하고 해결해나가는 데 있어 성격 차이를 넘어서는 다섯 가지 기본 협상 스타일을 구별하고 있다. 공격성의 강도에 따라 경쟁 유형, 문제 해결 유형, 타협 유형, 수용 유형, 회피 유형으로 나눌 수 있다. 어떤 분류 시스템도 완벽하지 않지만, 협상의 특성상 개인 간에 생길 수 있는 갈등 가능성이 유리하게 작용할 수 있기 때문에 이와 같은 분류법도 꽤 괜찮은 방법이라고 볼 수 있다. 당신이 다른 사람과 느끼는 갈등 상황을 분명하게 말할 수 있다면 협상에서 선호하는 접근법을 쉽게 이해할 수 있다.

'부록 1'은 다섯 가지 협상 스타일을 좀더 자세하게 설명하면서 문화적 차이뿐 아니라 성별 차이가 협상 스타일에 어떤 영향을 미치는지 논의한다.

간단한 '사고 실험(thought experiment)'을 통해 협상 스타일을 쉽게 알 수 있다. 서로 모르는 열 사람이 회의실의 둥근 원탁 테이블에 앉아 있다고 상상해보라. 누군가가 회의실에 들어와 다음과 같은 제안을 한다고 가정해보자. "여러분의 맞은편에 앉아 있는 사람을 일어나게 해서 테이블을 돌아 당신의 의자 뒤에 서도록 설득하는 데 성공하는 첫번째 두 사람에게 각각 1,000달러의 상금을 드리겠습니다."

그 광경이 그려지는가? 당신은 테이블에 앉아 있는 낯선 사람 열 명 가운데 한 사람이다. 당신은 맞은편에 앉아 있는 사람을 보고 있고 그 사람도 당신을 보고 있다. 맞은편에 앉아 있는 사람을 일으켜 세워서 테이블 주위를 돌아 자신의 의자 뒤에 서게 만드는 데 성공한 처음 두 사람은 각각 1,000달러를 받을 것이고, 나머지는 상금을 받지 못한다.

이 이상한 제안을 듣고 당신은 어떻게 반응할 것인가? 다른 사람들 역시 같은 생각을 하고 있는 만큼 빨리 움직여야 한다.

더 읽기 전에 잠시 눈을 감고 당신이 어떻게 반응할지 생각해보라. 너무 어렵게 생각하지 마라. 당신에게 떠오르는 첫번째 방법에 주목하라. 당신이 어떻게 할지 결정했으면 계속 읽어나가라.

가능한 반응 하나는 이 제안이 속임수일지 모른다고 생각하거나, 낯선 사람이 내놓은 이상한 제안에 따라 테이블을 돌면 바보처럼 보일지 모른다고 생각해 아무것도 하지 않는 것이다. 또는 "나는 참여하고 싶지 않다"라고 말할 수 있다. 이러한 반응을 보이는 유형을 '회피 유형'이라 한다. 충돌을 싫어하고, 승패가 확실한 게임에 흥미가 없으며, 되도록 갈등 상황을 피하고 싶어한다. 회피 유형은 사생활이나 직장 생활에서 평화롭고 조용한 삶을 좋아하며, 가정과 직장에서 마찰을 최소화하려 한다.

회피 유형과 달리 대부분은 맞은편에 앉아 있는 사람에게 500달러를 주겠다고 하고 테이블을 돌아 자신의 의자 뒤에 서도록 한다. 그러나 맞은편 사람이 당신과 똑같은 요구를 하면 어떻게 할 것인가? 상대방과 논쟁할 것인가 아니면 일어서서 상대방의 의자 뒤에 가 설 것인가? 만약 논쟁을 피하고 당신이 직접 상대방의 뒤로 가서 서는 쪽을 선택한다면 당신은 '타협 유형'이다.

타협 유형은 다른 사람과 생산적인 관계를 유지하려는 공정한 생각을 가진 사람이다. 토론을 통해 상대방과 똑같이 지분을 갖기를 선호하는 편이며, 위기 상황에서는 유리한 위치를 얻기보다 관계를 유지하는 쪽을 선택한다. 당신이 타협 유형이라면 협상을 타결할 때 특히 차이를 나누는 것을 좋아한다. 당신은 타협 과정을 특별히 즐기지 않지만, 그것을 피하지도 않는다. 당신은 탐욕스럽지도 소심하지도 않다. 당신은 문제를 해결하기 위해 빠르고 분명하고 공정한 해결책을 찾는다. 타협 유형은 빠르게 움직일 필요가 있기 때문에 협상 문제에서 자신이 움직이는 것도 나쁜 선택은 아니고, 50대 50으로 이익을 나누는 것(다른 사람이 약속을 지킬 것이라는 가정 아래)은 공정한 합의를 위한 여러 사람들의 기준을 만족시킨다.

세 번째 반응은 타협의 방법보다 시간이 훨씬 덜 걸린다. 당신이 먼저 테이블을 돌아 맞은편 사람의 의자 뒤에 가서 선다. 당신은 협상하지 않고 바로 문제를 풀려고 행동한다. 당신은 다른 사람이 아직도 고민하는 동안 빠르게 움직였기 때문에 당신의 맞은편 사람이 1,000달러를 받는다. 그러나 결과를 주목하라. 당신이 알지 못하는 당신의 친구는 지금 1,000달러를 가졌고 당신은 아무것도 얻은 것이 없다. 당신은 그가 당신과 돈을 나눌 것이라 기대하고 있으며, 올바른 일을 할 것이라 믿고 있다.

이것이 '수용 유형'의 반응이다. 당신은 다른 사람이 직면한 문제를 해결해 개인 간 갈등을 해결하고 싶어 한다. 당신이 도와준 상대방이 당신과 같다면 그는 이익을 나누고 보답할 것이다. 그러나 그가 탐욕스럽고 이기적이라면 단지 등만 두드릴 뿐 아무런 보상도 해주지 않은 채 돌아설 것이다.

네 번째 반응은 '경쟁 유형'이다. 무엇보다 경쟁 유형은 이기고 싶어 한다. 곧, 게임에서 다른 사람보다 더 많은 이익을 얻고자 한다. 경쟁 유형은 상대방에게 이렇게 말할지 모른다. "빨리 일어서서 내 의자 뒤에 서라. 그러면 당신과 돈을 나누겠다." 경쟁 유형은 다른 사람이 움직이기를 바라면서 자신은 그대로 앉아 있을 것이다. 타협 유형과 달리 경쟁 유형은 누가 움직일지 논쟁을 시작하면서 발목을 삐어서 움직일 수 없다고 거짓말할지도 모른다.

작전이 맞아떨어지면 경쟁 유형은 돈을 나누는 방법도 직접 정한다. 그는 더 많은 몫을 차지하려 할 것이다. 경쟁 유형은 야망과 욕심이 강하고, 위협적인 수단을 써서라도 목표에 대한 열정을 보이며, 협상 과정을 직접 통제하려 한다.

마지막 반응은 제안의 관점에서 볼 때 가장 큰 상상력이 필요하다.

당신은 의자에서 일어나 이렇게 외친다. "다 같이 서로의 의자 뒤에 서자. 우리는 모두 1,000달러를 벌 수 있다." 당신이 충분히 빨리 행동한다면 실제로 가능할 수 있다. 이것이 '문제 해결 유형'의 독자적인 반응이다. 1,000달러를 어떻게 나눌지 생각하기 전에 문제 해결 유형은 이 상황에서 양측 모두 1,000달러를 얻을 수 있는 방법이 있다는 것을 직관적으로 깨닫는다.

문제 해결 유형은 실제로 실행하기가 가장 어렵다. 그것은 상호 이해관계를 솔직하게 밝혀 근본적인 문제를 발견하고, 브레인스토밍을 통해 다양한 의견들 가운데 가장 현명한 해결책을 찾아 공정한 배분 기준을 사용해 어려운 문제들을 해결하는 유형이다.

문제 해결 유형은 특히 전쟁과 평화를 협상하는 국제 외교관들이 직면하는 복잡한 협상에서 유용하다. 그러나 시간이 너무 짧거나 상대방이 경쟁적으로 나서려 할 때는 적합하지 않다.

이제 당신이 가장 편하게 느끼는 협상 스타일을 생각해보자. 하나의 스타일이 아니라 둘 혹은 셋의 스타일을 선호할 수 있다. 그리고 당신이 어색하게 느끼는 스타일이 최소한 하나는 있을 것이다.

물론 사람들은 모두 자신이 문제 해결 유형처럼 현명하게 생각하기를 원한다. 그러나 당신이 '의자' 문제에 대한 현명한 답을 찾지 못했더라도 실망하지 마라. 실제로 압력이 있는 상황에서 그만큼 현명한 생각을 하는 사람은 많지 않다.

당신은 타협 유형인가? 많은 사람들이 그렇다. 그리고 많은 경우에 합리적으로 받아들여지는 스타일이다. 당신은 수용 유형인가? 당신이 우호적이고 수용적인 분위기에서 활동하는 한 그것도 괜찮다. 이 유형에는 내가 가르친 전문가 그룹 가운데 병원 간호사들이 가장 많았다.

간호사들이 직면하는 상황에 잘 들어맞지만 때때로 그들은 화를 내는 환자의 요구와 인내심 없고 권위적인 의사 사이에서 심한 갈등을 겪을 때도 있을 것이다.

경쟁 유형은 매우 완고하고 성공한 사람일 수 있다. 당신은 경쟁 유형인가? 와튼 스쿨의 MBA 학생들은 주로 경쟁 유형이 많다. 그들은 이기는 것을 좋아한다. 법률가들도 경쟁 유형이 많다.

회피 유형은 재치 있게 보일 수 있지만 어려운 문제에 부닥치면 쉽게 단념하기 때문에 때로는 까다로운 협상 상대자다. 나의 경험에 따르면 외과 의사들과 많은 전문적인 질문에 대해 정확한 대답이 요구되는 권위 있는 엔지니어들에게 회피 유형이 많다. 아마도 그들은 전문 역할을 스스로 선택해왔고 환경을 통제하고 개인 간의 마찰을 최소화하려는 노력을 늘 하기 때문일 것이다.

당신의 대답은 당신이 선호하는 협상 스타일을 말해준다. 물론 상황이 달라지면 협상 스타일도 달라질 수 있다. 그러나 제1장을 시작하면서 나왔던 덴마크 속담에서처럼 "당신은 당신이 가지고 있는 밀가루로 빵을 구울 수밖에 없다." 당신이 분쟁과 갈등 그리고 협상에 임하는 태도와 스타일은 당신이 항상 갖고 일해야 하는 '감정적인' 밀가루인 것이다.

협력적인 스타일 vs 경쟁적인 스타일

협상 스타일은 위에서 살펴본 다섯 가지 기본 유형 외에도 협력적인지 경쟁적인지에 따라 좀더 근본적인 두 가지 범주로 나눌 수 있다. 협상에서 작용하는 성격 변수에 대한 연구는 주로 이 두 유형을 중심으로 이루어져왔다. 각 유형은 협상 상황에 따라 효과적일 수도 있고 위험할 수도 있다. 협력적인 스타일과 경쟁적인 스타일 각각의 접근법이 근본적으로 갖고 있는 약점을 보완하는 방법은 제12장에서 논의하겠다.

많은 협상 연구자들은 일반적으로 사람들이 협상에 대해 경쟁적인지 아니면 협력적인지에 의문을 가져왔다. 그런데 언론이나 영화 그리고 여타 대중매체에 나타나는 협상가의 전형적인 모습은 최후 통첩을 날리거나, 항의하고 퇴장하며, 대중을 상대로 입장을 표명하거나 선동하는 모습을 보이기도 하고, 테이블을 두드리면서 강력하게 이의를 제기한다. 그리고 주로 강경한 전략을 사용하는 경쟁적인 협상가로 묘사된다. 이것은 드라마나 오락에 관한 대중매체의 관심을 고려해볼 때 놀랄 일은 아니지만 일반적인 전문가나 협상 전문가의 모습을 제대로 반영한 것은 아니다.

협상 테이블에서 협상 전문가들이 어떻게 행동하는지 정확하게 보여주는 두 연구가 있다. 첫번째 연구는 미국의 변호사들을 상대로 조사한 연구이고, 두 번째 연구는 영국의 노동 협상가들과 계약 전문가들에 관한 것이다.

첫번째 연구는 제럴드 R. 윌리엄스 교수가 미국의 대도시 두 곳에서 활동하는 변호사들을 대상으로 조사했다. 그 결과 전체 표본집단 중 약 65%는 일관되게 협력적인 스타일을 보였고, 경쟁적인 스타일은 24%에 그쳤다(11%는 두 범주로 나누는 것을 탐탁지 않게 여겼다).[6] 표본집단의 절반 정도는 그들의 동료에게 유능한 협상가로 인정받고 있었다. 가장 흥미로운 사실은 유능한 협상가로 평가받는 집단의 75% 이상이 협력적인 스타일이었고, 겨우 12%만 경쟁적 스타일이었다는 점이다. 나머지 유능한 협상가들은 두 전략을 절충하여 사용했다.

일반적인 예상과는 달리 이 연구는 협상 전문가들이 주로 협력적인 스타일이라는 사실을 보여준다. 게다가 경쟁적인 스타일보다는 협력적 스타일을 사용할 때 최소한 유능한 협상가라는 동료들의 평가를 얻기 쉽다.

두 번째 연구는 영국의 닐 래컴과 존 칼라일이 9년 동안 조사한 결과이다.[7] 래컴과 칼라일은 전문 노동 협상가와 계약 관리자 마흔아홉 명이 실제 거래에서 보이는 행동을 연구했다. 이 연구 결과의 일부는 이 책의 제5장과 제8장에서 더 논의할 것이다. 내가 여기서 지적하고 싶은 점은 협상 전문가들이 보여준 협상 스타일과 관련 있는 이 연구에서도 역시 협력적인 스타일이 효과적이었다는 사실이다.

이 연구에서는 협상 테이블에서 짜증을 유발하는 요인이 얼마나 되는지 살펴보았다. 짜증을 유발하는 요인이란 협상 제안을 이기적으로 해석하거나, 이유 없이 모욕을 주거나, 그리고 상대방의 의견을 직접적으로 공격하는, 전형적으로 우리가 공격적이라고 부르는 전략들이다. 일반 협상가들은 짜증을 유발하는 요인을 협상 시간당 10.8개 사용하는 데 반해 숙련된 협상가들은 겨우 2.3개를 사용했다.

특히 숙련된 협상가들은 방어와 공격의 악순환을 일으키는 비난이나 실수에 대한 감정 섞인 발언을 삼갔다. 평균적으로 일반 협상가들이 발언 내용 중 6.3% 정도를 상대를 비난하고 감정 섞인 발언을 하는 데 반해 숙련된 협상가는 겨우 1.9%에 불과했다. 이 연구에서 드러난 유능한 협상가는 분명 경쟁적인 스타일과 반대되는 전형적인 협력적 스타일을 나타냈다.

위 두 연구의 결과, 일반적 견해와 달리 합리적이고 협력적인 협상 스타일의 사람들이 경쟁적인 스타일을 가진 사람들보다 훨씬 더 유능한 협상가로서의 자질을 갖고 있음을 알 수 있다.

당신이 파악한 대로 상대방을 받아들여라

다른 사람을 생각하는 성향을 연구한 결과에 따르면, 사람들은 대부분 다른 사람도 자신과 비슷할 것이라고 믿는 경향이 있다. "도둑은 다른 모든 사람들이 훔친다고 생각한다."[8]라는 속담도 있다. 그리고 협력적인 사람들은 사람들이 대부분 협력적이고 관대하다고 가정한다.[9] 이러한 '성인(聖人)' 경향이 협상에서 어떤 역할을 할까?

협력적인 사람끼리 만나면 그들은 협력해서 원하는 것을 모두 해결해나간다. 자연히 일은 순조롭게 나아간다. 사람들은 다른 사람들도 협력적인 스타일을 가졌다고 믿으며, 그리고 대체로 그것은 옳다. 이것이 우리가 바라는 쉬운 협상이다.

경쟁적인 사람끼리 만나면 그들은 충돌하고, 해결책을 찾기가 어려우며, 위험을 감수해야 한다. 그러나 놀랍게도 경쟁적인 사람들끼리는 서로를 잘 이해하기 때문에 비교적 쉽게 일을 해결하기도 한다.

과연 협력적인 사람과 경쟁적인 사람이 만나면 어떻게 될까? 이 상황에서 협력하여 문제를 해결하려는 순진한 시도는 서툰 협상가에게 큰 위험을 안겨줄 것이다. 그 원인을 살펴보자.

상대방도 협력적일 거라 생각하는 협력적인 사람은 정보를 공유하고, 공정한 제안을 하며, 브레인스토밍 같은 공동의 노력을 기울인다. 상대방이 똑같이 경쟁적일 거라고 생각하는 경쟁적인 사람은 협력적인 사람이 보여주는 위와 같은 행동이 자신을 속여 정보를 포기하게 하거나 이용하려는 전술의 일부라고 간주한다. 그는 그러한 과정이 자신에게 이익이 될 때에만 협력한다. 그러다 경쟁적인 사람이 뭔가를 제안하거나 보여주어야 할 차례가 되면 경쟁적인 전략으로 돌아선다. 그는 당신과 협력하는 척하면서 테이블 위에 놓여 있는 자신의 돈을 가져간다.

그제야 협력적인 사람은 상대방이 자신과 달리 냉정한 전략을 사용하는 경쟁적인 사람이라는 사실을 알아챈다. 화가 난 협력적인 사람은 방어적으로 변하고 만다. 그러나 이러한 반응은 경쟁적인 사람이 처음에 생각했던 대로 상대방이 사실은 이기적이고 경쟁적인 사람이라는 믿음을 확인하는 결과를 낳게 된다. 이제 상황이 더 악화되어간다.

경쟁적인 사람들은 상대방을 언제나 경쟁적이라고 보기 때문에 협력적으로 바뀌기가 더 어렵다. 그들은 이런 믿음을 확고히 하는 '게임의 법칙'에 사로잡히게 된다.

따라서 협상의 초기에 당신이 마주하고 있는 사람을 살피는 일은 중요하다. 상대방을 평가하고 그의 협상 스타일을 알아내는 작업이 협상의 첫걸음이다. 그런 후에야 부딪치는 문제를 해결하고, 마주하고 있는 상대에게서 목표한 바를 얻어내기 위해 최선을 다할 수 있다. 상대방을 당신의 스타일로 바꾸는 데 시간을 낭비하지 마라.

스타일을 넘어 효과적인 협상으로

당신은 협상 스타일과 각각의 유형이 일하는 방식을 이해하게 되었다. 이제는 효과적인 협상을 위해 필요한 것을 살펴보자. 많은 협상 연구가들이 유능한 협상가의 기술로 좋은 기억력과 빨리 말하는 능력, 스트레스를 잘 다루는 능력 등을 꼽는다. 그러나 효과적인 협상을 위해서는 능력만큼이나 협상에 임하는 태도가 중요하다. 최고 협상 전문가들은 협상 스타일이나 IQ와 관계없이 모든 사람이 협상의 결과를 높일 수 있는 중요한 태도 네 가지를 꼽는다.

- 자발적 준비성
- 높은 기대치
- 상대방의 이야기에 귀 기울이는 인내심
- 개인적 진실성

자발적 준비성

준비의 중요성에 대한 연구는 광범위하다. 협상에 관한 거의 모든 실증적 연구는 준비의 중요성을 인정하고 있다.[10] 여기에 한 사례가 있다.

7년 전 나는 동료와 함께 컴퓨터 네트워크를 사용한 협상을 조사했다. 우리는 참가자들이 더 나은 합의에 이를 수 있도록 도와주는 컴퓨터 네트워크 시스템을 고안해 테스트를 해보았다. 우리는 MBA 학생수백 명에게 똑같은 구매와 판매 실험 네 가지를 시켰다. 구매자 역할을 하는 학생들과 판매자 역할을 하는 학생들이 짝을 이루어 협상을 하도록 했다. 우리는 쌍으로 묶인 그룹의 반에게 문제를 읽고 그들이 준비되었다고 생각할 때 대면이나 전자메일로 협상하도록 했다. 그들은 대체로 10분에서 15분 정도 준비를 한 뒤 협상을 시작했다.

나머지 그룹에게는 보통 30~40분 정도의 시간이 걸리는 컴퓨터를 활용한 체계적이고 개별적인 준비 과정을 거치도록 했다. 어떤 학생들은 우리가 개발한 컴퓨터 네트워크 시스템을 사용하여 협상했고, 어떤 학생들은 대면 협상을 했다.

우리는 협상 결과에 놀랐다. 컴퓨터를 이용하거나 대면 협상을 하거나 협상 방법은 그다지 중요하지 않았다. 반면 준비 과정은 아주 중요했다. 협상 준비를 돕는 시스템을 사용하여 준비를 잘한 학생들은 대면 협상과 컴퓨터 네트워크 환경에서 자신뿐 아니라 양측 모두에게 더 나은 합의를 이끌어냈다.

높은 기대치

협상에 대한 실증적 연구는 일반적으로 기대치가 높을수록 더 나은 결과를 얻는다는 인상적인 사실을 보여준다. 제2장에서는 명확한 목표와 도전적인 기대치를 세우는 최선의 방법을 논의할 것이다. 기대치를 높이려면 성과를 위한 헌신과 특별한 목표를 결합해야 한다. 기대치는 당신이 얻고자 하는 목표에 대한 전반적인 태도와 공정하고 합리적인 결과에 대한 전반적인 가정에서부터 형성된다. 많은 사람들이 협상을 준비하면서 명확한 기대치를 개발하는 작업을 간과한다. 이것은 협상 결과를 좌우할 만큼 중요하다.

협상 결과를 높이려면 당신은 주어진 문제에 공정하고, 합리적인 결과를 주의 깊게 살피는 습관을 가져야 한다. 그리고 수준 높은 결과를 목표로 하는 기대치를 개발해야 한다. 당신은 언제나 협상이 끝날 때 당신의 기대치와 실제로 이루어진 결과를 비교할 수 있다. 당신이 실망한다면 협상 결과가 기대에 못 미치는 경우다. 당신이 정말 만족한다면 협상의 결과가 기대를 충족하거나 훨씬 넘어섰을 때다. 유능한 협상가의 목표는 도전할 가치가 충분히 높고 좋은 협상 환경을 만들어나가는 현실성을 갖고 있다.

높은 기대치를 갖는 일은 이기려는 열망이 있는 경쟁적인 사람에게는 쉽다. 그러나 빠르게 타협하고 수용하는 사람들은 특별한 노력을 해야 한다. 결국 수용 유형은 자신의 필요보다 다른 사람의 필요를 강조하곤 한다. 이때 사람들은 당신을 비합리적이라고 생각한다. 놀랍게도 그 이유가 당신이 더 많은 것을 요구해서가 아니라 요구하는 방법이 상대방을 화나게 만들기 때문이다.

당신이 기본적으로 협력적인 사람이라면 기대치를 높여라. 정중하게 더 많은 요구를 하라. 그리고 좀더 주장하라. 당신은 결과에 놀라게 될 것이다.

상대방의 이야기에 귀 기울이는 인내심

협상에서 상대방의 이야기를 들어주는 기술이 중요하다는 것은 말할 필요도 없다. 정보에 바탕을 둔 협상은 정보가 곧 힘이라는 생각에서 출발한다. 상대방의 의견을 잘 들으면 당신이 원하는 정보를 얻을 수 있다.

높은 기대치를 갖는 것이 협력적인 사람에게 어려운 과정이라면, 듣는 기술은 경쟁적인 사람에게 노력을 요구한다. 공격적인 협상가는 원하는 것을 직설적으로 말하거나 상대방을 방어적인 위치에 놓을 만한 다음 말을 생각하는 데 대부분의 시간을 사용한다. 하지만 최고의 협상 전문가는 다른 습관을 갖고 있다. 그들은 질문하고 이해한 내용을 재확인하고 토론을 요약하며, 듣고, 듣고, 또 듣는다.

듣는 일은 장점이 많다. 공손함의 표현일 뿐 아니라 그로 인해 상대방의 관심을 끈다. 또한 상대방이 진정으로 필요로 하는 것을 알게 된다. 상대방이 원하는 것은 협상에서 주요 수단이 되기 때문에 당신이 협상에 성공하기 위해서는 아주 중요하다. 곧 당신이 성공할 수 있는 능력은 당신이 가진 정보에 달려 있다. 아이러니 같지만 사실이다. 당신은 종종 당신이 필요한 것을 지지함으로써 상대방이 원하는 것이 무엇인지를 의도했던 것보다 훨씬 더 많이 알게 된다.

개인적 진실성

유능한 협상가들은 신뢰할 수 있다. 그들은 약속을 지키고 거짓말하지 않으며 원하지 않는 것을 말하지 않는다.

이것에 대한 연구는 고무적이다. 숙련된 협상가들은 매우 정직하게 거래하여 명성을 얻는다.[11] 이것은 합리적이다. 당신이 거래할 사람을 직접 선택할 수 있다면, 신뢰할 수 있는 사람과 당신을 속이려는 사람 중 누구를 고르겠는가?

그럴듯하게 들리지만 과연 실제 협상에서 정직하다는 것이 제대로 작용할까? 결국 대부분의 사람들은 협상에서 그들이 갖고 있는 정보를 모두 솔직하게 드러내지 않는다. 당신은 협상을 하면서 개인의 진실성 때문에 당신의 입장을 드러내는가? 만약 상대방이 더 중요한 질문을 하지 않으면 그 부분을 어떻게 할 것인가? 당신은 순순히 답을 주어야 할 의무가 있는가? 당신의 솔직한 느낌과 관계없이 자신의 대안을 과장하고 상대방의 제안을 경멸해도 되는가?

제11장에서는 협상의 윤리와 관련된 문제들을 다룰 것이다. 지금은 결론만 말하겠다. "경우에 따라 다르다." 협상은 당신이 원하는 만큼의 신중함과 주의가 요구되는 커뮤니케이션의 특수한 형태다. 그러나

이때의 신중함은 높은 윤리 수준과 일치해야 한다. "당신이 생각하고 있는 예산은 얼마입니까?"라고 묻는 사람이 당신의 상사라면 당신은 정직하게 대답해야 한다. 만약 당신에게 물건을 팔려는 세일즈맨이 그렇게 묻는다면 당신은 대답하지 않아도 된다. 물론 세일즈맨의 질문을 오도하기 위해 거짓말을 할 필요는 없다. 단지 "나는 우리가 계획한 예산에 대해 말할 입장이 못 된다. 하지만 나는 당신의 제안을 듣고 싶다."라고 말하면 충분하다.

요약하면 협상에서 진실성은 일련의 규칙이 없다. 그것은 높은 기대치를 갖는 것과 마찬가지로 태도의 문제다. 관계, 사회적 규범 그리고 협상 예절 모두 다 중요하다.[12] 그러므로 내가 협상에서 진실성과 신뢰성을 말할 때에도 유능한 협상가는, 필요하다면 상대방에게 자신을 설명하고 방어하는 가치관을 갖고 일관적인 태도를 유지한다. 이런 접근은 분명 옳고 그름에 대해 개인적인 해석의 여지를 많이 남겨둔다. 그러나 그러한 차이는 상호 작용에 있어서 불가피하다. 중요한 것은 당신이 지켜야 하는 명성과 자존심이다. 항상 신뢰할 수 있는 진실한 협상가가 되어라.

맨해튼에서 메루 산까지

제1장을 마치기 전에 서론에서 이야기한 두 거래를 다시 한번 살펴보자. 둘 다 거래가 이루어졌으나 우리는 협상 당사자들이 서로 정보를 공유하기 시작할 때까지만 살펴보고 지나왔다.

조바노비치 사장이 상징적인 선물로 환영 인사를 건넨 것은 좋은 거래를 하기 위해 스미스에게 보낸 분명한 메시지였다. 스미스는 시계를 서로의 신뢰를 표현한 것으로 이해했다. 두 사장과 고문들 사이에 있었던 첫 미팅은 한밤중까지 어어졌다. 조바노비치가 이끌어낸 협력 분위기와 상대방의 의견을 청취하는 사려 깊은 행동은 협상을 빠르게 진행시켰다. 조바노비치와 스미스의 문제 해결 스타일은 잘 조화되었다. 수일 후에 그들은 새로운 회사를 만드는 합병을 위한 양해 각서에 동의하고 초안에 합의했다. 하코트 제너럴 사(Harcourt General Inc.). 그러나 이제 막 실질적인 협상이 시작된 것이나 다름 없었다.

이후 8개월 동안 두 사람은 새로 형성된 인간적인 신뢰를 쌓아가는 한편 장애를 극복하려는 높은 기대를 공유했다. 조바노비치의 이사회는 합병이 회사 주주들에게 최적의 선택이 아닐 수 있다고 걱정하면서 주저했다. 정해진 건 아니었지만 완고한 채권자 그룹은 HBJ를 파산시키고 청산된 자산을 나누는 방안을 지지하며 거래를 무산시키려고 애썼다. 재무적 난관도 제기되었다. 이 과정에서 조바노비치가 보여준 개인의 진실성에 대한 명성은 이사회에 꾸준히 좋은 영향을 미쳤다.

결국 협상은 스미스가 최후 통첩을 보내야 하는 순간까지 이르렀다. "금요일 아침 9시까지 내 마지막이자 최선의 제안을 받아들이지 않으면 나는 그만 손을 떼겠다. 그리고 채권자 그룹과 파산 법원에 회사를 맡기겠다." 스미스는 제너럴 시네마의 마지막 제안을 갖고 위협했다. 최종 시한을 열다섯 시간 남기고, 법률가들과 고문들은 법적 서류의 초안을 마련하느라 분주했다. 시간이 지나면서 스미스는 스미스-조바노비치의 제안에 찬성하는, 그리고 승리를 보장하는 채권자들을 얻었다. 만족스러운 승리였다.

자, 이제 메루 산으로 돌아가보자. 경쟁적으로 이익을 추구하는 두 농부는 하루 종일 공방을 벌였다. 실제로 협상은 땅을 나누는 방법에 대해 참여자들이 제안을 교환하는 데서부터 시작하였다. 한 장로는 자연스럽게 나 있는 원래 경계인 길을 따라 땅을 나누자고 제안했다. 점점 협상의 초안은 드러났지만 두 농부는 여전히 서로에게 화가 나 있었고, 마지막 합의를 위한 양보를 거부했다. 누구도 타협하려 하지 않았다.

저녁때가 다가오자 나무 아래에 모였던 사람들은 각자 집으로 돌아가서 해야 할 집안일을 걱정하기 시작했다. 한 사람이 외쳤다. "염소를 얻을 수 있다면 좋을 거야!" 양쪽 지지자들이 동의하며 웅성거렸다. 두 농부는 그들의 협상 팀과 함께 상의했다. 합의하라는 사회적 압력이 거셌다.

먼저 모임을 요구했던 (아들이 폭행당한) 농부가 사람들 앞으로 걸어나왔다. "우정을 위해서"라며 그의 이웃에게 새끼 염소를 주겠다고 말했다. 그는 또한 아들이 부순 관개시설의 문을 보수하는 비용을 부담하고 새로운 경계를 지키겠다고 약속했다.

관개시설의 주인은 그의 이웃에게 술을 선물하겠다고 대답하고, 새로운 약속을 따를 것을 서약했다. 그들은 거래를 했다. 참석했던 사람이 떠나려 하자 장로들은 두 농부가 제공하는 음식과 술을 즐길 시간을 결정하고 공식적으로 양측이 합의한 내용을 선언하였으며 길의 경계를 한 번 더 확인해주었다. 공식적인 선언과 축제는 참여자들이 약속을 이행하는 계기가 된다. 이러한 의식을 치름으로써 마을 사람들이 모두 합의한 내용을 기억하고, 필요한 약속의 실행을 보장할 것이다.

모든 협상은 당신과 함께 시작한다. 그러므로 효과적 협상의 첫번째 기본 원칙은 개인 간의 갈등과 마찰이 있는 상황에서 상대방과 의사소통하는 당신의 협상 스타일을 정확하게 파악하는 것이다. 유능한 협상가로서의 성공은 커뮤니케이터로서 당신의 장점과 약점을 솔직하게 평가할 줄 알아야 한다.

협상 스타일을 말할 때 넓은 '변화의 폭'을 갖고 있는 사람들이 있다. 그들은 다양한 상황과 상대방에 쉽게 적응한다. 그러나 다른 사람들에게는 그렇지 못한 경우가 있다. 그들은 경쟁적인 상황에는 강하지만 관계를 요구하는 상황에 약하거나, 아니면 협력적인 기술에는 강하지만 냉정하게 대처해야 하는 상황에 약할 수 있다.

많은 협상 전문가들은 사람들에게 목표를 성취할 수 있는 특정 스타일을 가르치려고 노력한다. 나는 이것이 전혀 도움이 되지 않거나 현실적이지 않다고 생각한다. 당신이 어떤 협상가인지 그리고 당신의 협상 스타일은 무엇인지 알아내고, 당신이 아닌 누군가가 되려 애쓰지 마라. 당신이 갖고 있는 기술로도 충분히 효과적으로 협상할 수 있다. 이것이 바로 당신의 임무다.

당신은 협상 테이블에 어떤 영향을 미칠 수 있는가? 당신은 모든 사람의 목표를 달성하도록 노력하며 기분 좋게 협상을 마무리할 수 있도록 만드는 협력적인 사람인가? 아니면 상대방의 생각에는 관심 없고 자신이 잘하는 것에만 관심 있는 경쟁적인 사람인가? 제너럴 시네마의 딕 스미스와 협상하면서 피터 조바노비치가 처음에 보여준 수용 유형의 형태와 아루샤의 "산에게 말하"는 것과 같은 좀더 공격적인 형태 중 당신은 어떤 협상이 더 편안한가?

당신의 대답과 관계없이 협상가로서 당신은 당신의 협상 스타일을 이해하고, 그것이 협상 상황과 어떻게 조화하는지를 알고(제7장에서 더 언급할 것이다), 협상이 이루어지는 네 가지 진행 단계를 계획해야 한다. 그리고 철저하게 준비하고, 높은 기대치를 세우고, 인내심을 갖고 상대방의 이야기를 잘 들어주며, 진실한 면모를 보여 신뢰받을 수 있도록 최선을 다해야 한다.

정보 기반 협상은 당신이 스스로에 대한 더 나은 정보를 갖고 있고, 상대방과 협상 환경에 대한 중요한 질문을 끊임없이 찾음으로써, 당신에게 의지하는 다른 사람들을 위해 더 많은 것을 이룬다는 가정에서 시작한다. 당신의 성공은 협상이 진행될수록 이런 정보를 얼마나 기술적으로 이용하는가에 달려 있다.

이제까지 우리는 협상가 개인의 협상 스타일 문제를 살펴보았다. 이제 더 중요한 문제인 당신이 협상을 통해 얻으려는 것에 대해 살펴보자. 당신의 목표와 기대치라는 두 번째 협상의 기본 원칙 (2)를 공부해보자.

✔ 협상 스타일을 파악하기 위한 체크 리스트

□ 당신의 기본적인 협상 스타일을 결정했는가?

□ 협상에 대한 철저한 준비를 하였는가?

□ 협상에 대한 높은 기대치를 수립하였는가?

□ 상대방의 이야기를 잘 들을 수 있는 인내심을 갖추었는가?

□ 협상에 진실하게 임하고 있는가?

BARGAINING FOR ADVANTAGE

도전적 목표와 높은 기대치를 수립하라

■ ■ ■

높은 성취는 높은 목표에서 나온다.
기원전 11세기 주나라 주공[1]

나는 언제나 목표를 갖고 있고, 그것을 높게 세워야 한다는 것을 믿는다.
월마트 창업자 샘 월튼[2]

	당신의 협상 스타일을 파악하라		도전적 목표와 높은 기대치를 수립하라	
권위 있는 기준과 규범을 준비하라				상대방과 좋은 관계를 형성하라
	상대방의 숨은 이해 관심사를 파악하라		협상의 레버리지를 높여라	

1955년 소니라고 불리는 일본의 조그만 전자 회사가 29.95달러짜리 소형 트랜지스터라디오를 개발했다. 그 라디오는 일본 시장에서 잘 팔렸다. 그러나 소니의 사장이던 모리타 아키오는 여기에 만족하지 않았다. 그는 소니의 라디오를 세계에서 제일 큰 시장인 미국에서 판매하고 싶었다. 모리타는 미국 소비자들의 관심을 끌어 소니의 새 라디오를 판매할 수 있는 방법을 찾기 위해 뉴욕으로 갔다. 그는 재빨리 문제를 파악했다. 소형 라디오는 미국인이 이제껏 한 번도 보지 못한 새로운 상품이었다. 소니의 소형 라디오를 처음 본, 미국의 많은 회사 관계자들은 모리타에게 "당신은 왜 이렇게 작은 라디오를 만들었지? 미국인들은 큰 라디오를 원한다."[3]라고 말했다.

모리타는 여기서 포기하지 않았다. 곧 당시 전자업계에서 가장 유명한 상표 중 하나인 불로바가 소형 라디오에 관심을 보였다. 불로바는 자사의 미국 내 유통망을 통해 소니의 라디오 10만 개를 사겠다고 제안했다.

모리타는 불로바의 주문 규모에 놀랐다. 소니의 총 운전 자본보다 몇 배나 많은 액수였던 것이다. 모리타 일생일대의 가장 큰 거래였다.

그러나 여기에는 '주문자 상표 부착 방식(OEM)'이라는 조건이 있었다. 곧, 소니가 만드는 라디오지만 불로바의 상표로 판매한다는 것이다. 이 조건은 소니를 혁신과 품질에 바탕을 둔 독립적이고 세계적인 브랜드로 키우겠다는 모리타의 중요한 목표와 대립하는 것이었다.

모리타는 일본에 있는 소니 본사의 이사진들에게 전보를 보냈고, 이사회는 곧바로 답을 보내왔다. 상표 같은 것은 잊어버리고 주문을 수주하라는 내용이었다.

모리타는 일주일 동안 곰곰이 생각한 뒤 협상을 계속하기 위해 불로바로 갔다. 그는 불로바와 거래를 하고 싶지만 주문자 상표 부착 방식은 받아들일 수 없다고 말했다. 불로바의 구매 담당자는 당황했다. 불로바가 제시한 조건은 당시 거래의 표준이었기 때문이다.

불로바의 구매 담당자가 말했다.

"우리 회사 상표는 50년 동안 구축해온 유명 브랜드입니다. 하지만 미국 시장에서 당신 회사의 이름은 들어본 사람이 아무도 없습니다. 왜 우리 상표를 사용하지 않으려는 겁니까?"

모리타가 답했다. "50년 전에는 당신 회사도 오늘 우리 회사처럼 무명이었을 겁니다. 나는 여기 미국 시장에 신제품을 가지고 왔고, 소니의 다음 50년을 위한 첫 발걸음을 내딛고 있습니다. 지금부터 50년이 지난 후에는 소니가 지금 불로바만큼이나 유명해져 있을 것이라고 나는 믿습니다." 모리타는 그의 기업사에서 가장 큰 거래를 포기했다. 사실 소니의 이사회는 모리타가 내린 결정을 보고받고 충격을 받았으며, 모리타가 어리석었다고 한목소리로 말했다.

그 후 얼마 지나지 않아 모리타는 미국의 다른 유통망의 주문 제안을 받았다. 주문 규모는 그다지 큰 편이 아니었지만 소니 상표를 사용하는 조건이었다. 모리타는 당장 동의했고, 소형 라디오는 소니라는 이름과 함께 미국인의 눈길을 사로잡았다. 불로바와의 협상이 무산된 것에 대해 모리타는 뒷날 이렇게 회고했다.

"나는 그것이 내가 한 가장 잘한 결정이라고 그때도 말했고, 지금도 그렇게 말하고 있다."

모리타가 불로바의 제안을 거절한 결정은 위험천만한 일이었다. 그러나 협상에서 보여준 그의 자세는 소니와 그의 비전을 명확하게 반영하고 있었다. 모리타는 50년 안에 품질로 소니의 이름을 세계 일상어로 만들겠다는 목표를 갖고 있었다. 그는 그 목표를 주어진 시간 안에 이루어냈고, 이 과정에서 그는 비즈니스계의 전설이 되었다.

효과적인 협상의 두 번째 기본 원칙은 당신의 목표와 기대치에 초점을 맞추는 것이다. 먼저 당신이 이루고자 하는 목표를 명확하게 알아야 언제 예스라고 말하고 언제 노라고 말해야 할지 판단할 수 있다. 목표를 세우는 문제에 대한 연구 결과는 단순하지만 매우 중요한 사실을 보여준다. 당신이 원하는 비전과 목표를 명확히 할수록 그리고 그 비전에 전념할수록 원하는 것을 얻을 수 있는 가능성이 높아진다.[4]

모리타의 이야기가 보여주듯이 정확한 목표는 종종 협상이 나아가야 할 방향을 알려준다. 불로바의 구매 담당자는 어느 날 뉴욕에서 평범하지 않은 사람을 만난 것이다. 그는 보통 비즈니스맨과는 다른 거대한 목표와 그것을 반드시 이루고자 하는 헌신과 열정을 갖고 있었다. 그러나 당신이 여기에서 교훈을 얻어 제2의 모리타 아키오가 될 필요는 없다. 협상을 연구한 결과들을 보면, 더 분명한 목표를 가지고 높은 기대치를 갖는 데 시간을 투자한 사람은 누구나 다른 사람과의 관계나 자신의 명성을 위험에 빠뜨리지 않으면서 더 나은 결과를 얻을 수 있다는 사실을 보여준다.[5]

목표를 겨냥해야 과녁을 맞힐 수 있다

잠시 루이스 캐럴이 쓴 『이상한 나라의 앨리스』를 떠올려보자. 앨리스는 체셔 고양이가 나타난 갈림길에 서 있었고, 앨리스가 고양이에게 묻는다. "내가 여기서 어디로 가야 하는지 말해줄 수 있어요?" 고양이는 대답한다. "그건 네가 어디로 가고 싶어 하느냐에 달려 있지." "나는 어디든 상관하지 않아요." "그렇다면 네가 어느 길로 가든 별로 중요하지 않단다." 고양이는 여기서 말을 끊는다.[6]

유능한 협상가는 자신이 어디로 가야 하는지, 그리고 왜 그쪽으로 가야 하는지 잘 안다. 이것은 자신을 특별하고 정당한 목표로 이끈다는 의미다. 또 당신이 정한 단순한 목표를 진정한 그리고 적당히 도전적인 기대치로 높이는 데 시간이 필요하다는 뜻이다.

단순한 목표와 진정한 기대치의 차이는 무엇인가? 기본적으로 같다. 그것은 바로 당신 태도의 차이다. 목표는 과거에 달성한 범위를 뛰어넘어 추구하는 것이다. 투자 목표, 체중 감량 목표 그리고 운동선수의 목표 등이 전형적인 목표다. 우리는 방향을 알려주는 목표를 세우지만 도달하지 못했다고 놀라거나 실망하지 않는다.

반대로 기대치는 우리가 합리적으로 이룰 수 있고 이뤄야만 하는 목표에 대한 사려 깊은 판단이다.[7] 기대치에 못 미치면 상실감과 좌절을 경험할 수 있고 상처를 입을 수도 있다. 우리는 우리의 아이들이 아이비리그 대학에 들어가는 목표를 세우고, 그들이 어떤 수준의 대학에 들어가게 될 것이라는 기대치를 갖는다. 대학에 대한 우리의 기대치는 아이들을 포함한 다른 사람과 대학에 관해 얘기하는 방식에 영향을 준다. 그들은 대학이 아이들의 미래를 결정하는 중요한 요소라는 가정을 공유하게 되고, 그들의 행동은 그러한 가정에 바탕을 두게 된다. 그러나 실제로 대학에 들어가는 사람은 누구인가. 부모가 아니라 아이들이다.[8]

협상에서도 마찬가지다. 목표는 방향을 가리키고 지시하지만, 기대치는 협상에서 우리가 하는 말에 무게와 확신을 더해준다. 우리는 정당하게 이룰 만한 가치가 있다고 생각하는 것에 매달릴 때 가장 열정적으로 변신한다.

협상에서 기대치는 그와 유사한 이전 협상에서 겪은 성공과 실패의 경험, 시장 가격과 표준, 과거의 관행, 상대방의 대안과 기준에 관한 정보, 상대방과의 향후 관계에 대한 잠재력 그리고 자신의 기본적인 성격을 포함하는 여러 요소들의 함수다.[9] 협상에서 기대치는 일반적으로 알려진 표준과 현재가 연결되어 있는 방식에 달려 있기 때문에 제2장은 다음의 두 가지를 고려하면서 읽어야 한다.

협상을 준비하는 시간이 길수록, 우리의 목표가 적합하고 이뤄낼 수 있다는 믿음에 확신을 주는 정보가 많을수록, 기대치는 더 굳건해진다. 모리타는 이미 1955년 미국으로 향할 때 소니의 이름으로 많은 라디오를 판매하겠다는 중요한 목표를 가지고 있었다. 불로바와 협상한 경험에서 그는 소니 브랜드를 사용하는 것이 라디오를 많이 파는 일보다 더 중요하다는 사실을 확인했다. 그의 목표가 단단한 기대치로 성숙하게 되었을 때 모리타는 회사의 이사진과 잠재 고객들에게 좀더 분명하게 이 비전을 이야기할 수 있었다.

목표를 명확하게 세우면 협상에서뿐 아니라 인생의 여러 측면에서 유용하다. 스포츠심리학 분야는 운동선수들이 능력의 최대치를 발휘하도록 돕는 역할을 해왔다. 〈스포츠심리학 저널Journal of Sport and Exercise Psychology〉에 발표한 최근 논문에서 목표 수립에 관한 논문

서른여섯 가지를 정리하면서, 스포츠의 종류와 관계없이 구체적이고 도전적인 목표가 선수들의 성과를 향상시키는 데 상당한 영향을 미친다는 결론을 내렸다.[10]

모리타의 이야기가 분명하게 말해주듯이 뛰어난 리더들은 공통적으로 구체적이고 야심찬 목표를 세우고 거기에 집중하는 능력을 지녔다. 프랭클린 D. 루스벨트는 구체적인 목표에 집중하는 힘을 가졌던 뛰어난 지도자의 좋은 예다. 루스벨트는 소아마비로 인한 장애를 이겨내고 미국이 대공황과 제2차 세계대전을 극복할 수 있도록 만든 용기와 결단력을 가진 인물로 유명하다. 그는 젊어서부터 대통령으로 가는 정확한 길을 보여주었고, 목표를 세우면 반드시 이뤄내는 놀라운 재능을 보였다. 1907년 그가 스물다섯 살이던 때 그는 친구들과 하버드 대학 동창생인 그린빌 클라크에게 훗날 미국의 대통령이 되겠다고 말했다. 뉴욕 주의회 의원이 되고, 해군 부장관이 되고, 뉴욕 시장을 거쳐 결국 대통령까지 이르는 정치적 디딤돌을 거치겠노라고 아주 구체적으로 말한 그는 실제로 그대로 수순을 밟아 대통령이 되었다.[11]

협상은 목표를 정하고 그것을 이루기 위한 과정이라는 점에서 다른 영역과 차이가 없다. 당신의 목표가 결과를 결정하게 되는 경우가 많은데 그 이유는 무엇일까? 첫 번째 이유는 명백하다. 당신은 목표를 세우면서 당신이 원하는 것의 최대치를 설정한다. 당신은 무의식적으로 목표를 넘어서게 될 때마다 양보하기 때문에 좀처럼 목표치 이상 더 잘하지 못한다.

두 번째, 연구 결과에 따르면 목표가 강력한 심리적인 경쟁 메커니즘을 촉발한다. 스포츠심리학자들과 교육학자들은 관심과 심리적인 힘을 집중하여 구체적인 목표를 세우게 되면 동기 부여가 확실해진다는 사실을 확인해준다.

세 번째, 우리는 다른 사람이 제안한 것을 해야 하거나 별로 내키지 않는 일을 해야 할 때와는 반대로 어떤 구체적인 목표를 이루고자 할 때 더 설득력이 강해진다. 목표를 향한 헌신과 몰입은 전염성이 있다. 우리 주변에 있는 사람들은 우리의 목표에 끌리게 된다. 남북전쟁 초기 로버트 리 장군이 남군 사령관이 되었을 때 그는 전장에서 군인들을 이끌 장군이 많이 필요했다. 그때 리가 선택한 사람 중 하나가 매너사스에서 있었던 남북전쟁의 첫 전투에서 석성(stonewall)이라는 별명을 얻은 토머스 잭슨이었다. 리는 왜 잭슨을 선택했을까? "그는 진실하고 정직하며 용감하다." 리 장군은 잭슨을 추천하면서 이렇게 썼다. "그는 임무에 대해 단 하나의 시각만 가지고 있으며, 목표를 이루는 데 다른 주장을 펴지 않는다."[12] 잭슨은 임무에 집중하는 다른 목표를 내세우지 않는 능력으로 훗날 존경받는 전설적인 장군이 될 수 있었다.

린든 B. 존슨 대통령은 이렇게 말했다.

"우리에게 확신을 주는 것은 오로지 확신뿐이다."[13] 미국의 뛰어난 사업가인 H. 웨인 후이젱가는 협상에서 성공할 수 있는 비결 가운데 하나로 야심찬 목표와 그에 대한 열정적인 헌신을 꼽았다. 이런 능력을 갖춘 유능한 협상가는 협상 테이블에서 의욕과 방향을 보여준다. 후이젱가는 성공적인 대기업을 세 개나 세웠고, 프로스포츠 팀으로 미식축구 팀인 마이애미 돌핀스(Miami Dolphins), 야구 팀인 플로리다 마린즈(Florida Marlins), 아이스하키 팀인 플로리다 팬서즈(Florida Panthers)[14]를 만들어 성공적으로 운영했다. 우리는 후이젱가의 협상 스타일에 대한 흥미로운 이야기를 뒤에서 살펴볼 것이다.

나는 협상 교육 프로그램에서 최고 협상가들을 지켜보면서 '목표 효과' 를 관찰했다. 분명한 목표를 세우고 이루고자 노력하는 협상가들은 활력 있고 헌신적이며, 철저하게 준비되어 있고 끈기가 있다. 큰 거래를 경험한 사람들만 목표 효과를 보이는 것은 아니다. 협상에서 구체적인 목표를 이루기 위해 노력한다면 누구나 심리적인 자신감을 얻을 수 있다.

목표 대 최저 한도선

협상 관련 문헌들과 전문가들은 협상에서 최저 한도선, 협상 결렬선, 그리고 유보 가격의 중요성을 강조한다. 사실 최저 한도선이란 현대 협상 이론의 토대가 되는 기본 개념으로, 협상에서 예스라고 말하도록 요구할 수 있는 최소한의 수준이다. 만약 당신이 최저 한도선을 지킬 수 없다면 당신은 새로운 해결책을 찾거나 다른 기회가 올 때까지 기다리는 게 상책이다. 이론가들은 쌍방이 합의할 수 있는 최저 한도선을 '정(正)의 협상 구역'[15]이라 하고, 두 최저 한도선이 겹치지 않으면 '부(負)의 협상 구역' 이라 말한다. 이것은 구매자가 생각한 예산이 판매자가 받아들일 수 있는 최소한도의 가격을 충족하지 못할 때 일어난다.

잘된 목표는 최저 한도선과 다르다. 내가 '목표'라는 용어를 사용할 때 이것은 당신이 반드시 해내야 하는 가장 적합한 기대치를 의미한다. 예를 들면(그림 2. 1) 중고 시디플레이어 판매의 경우에서처럼, 판매자는 100달러라는 최저 한도선과 함께 중고 상점의 유사한 상품 가격을 토대로 130달러라는 목표를 세운다. 협상 이론에서는 최저 한도

그림 2.1 정의 협상 구역

0달러   100달러   150달러   250달러

┌─────────────────────────┐   ┌─────────────────────────┐
│ **판매자의 최저 한도선 :**   │   │ **구매자의 최고 한도선 :**   │
│ 판매자는 적어도 100달러 이상 │   │ 구매자는 최고 150달러까지   │
│ 받으려 한다.   │   │ 지불하려고 한다.   │
└─────────────────────────┘   └─────────────────────────┘

※ 이것은 정의 협상 구역이 있는 경우다. 판매자는 중고 시디플레이어를 최저 100달러 이상 받으려
　한다. 구매자는 최고 150달러까지 지불하려고 한다. 100달러와 150달러 사이의 어떤 가격도 가능
　한 협상 구역이다. 보통 정상적으로 구매자나 판매자는 자신의 최저·최고 한도선만 알고 있을 뿐
　상대방의 최저·최고 한도선은 알지 못한다. 다만 추측할 뿐이다.

선이 매우 중요하지만 실제 협상에서는 목표에 집중하는 것이 더 중요하다. 그 이유는 다음과 같다.

협상과 같은 복잡하고 긴장된 상황에서 초점을 유지하기가 매우 어렵다는 사실은 이미 연구자들이 밝혔다. 일단 협상이 진행되면 우리는 심리적으로 가장 중요하다고 생각하는 핵심 문제에만 집중하게 된다. 협상에서 일단 최저 한도선을 설정하고 나면 협상을 진행하면서 사람들은 대부분 최저 한도선을 주도적인 기준으로 받아들이고 만다. 최저 한도선을 기준으로 성공과 실패를 판단하고, 더 큰 협상 목표를 다시 세우는 일은 더 이상 심리적으로 어려워진다.[16]

당신은 최소한 100달러 정도 하는 다른 상품을 사기 위해 그 정도의 가격에 당신의 중고 시디플레이어를 팔려고 한다. 이때 구매자가 100달러 이상을 제안하면 우선 안도한다. 더 이상 다른 구매자를 찾을 필요가 없어지고 심리적으로는 원하는 다른 물건을 이미 소유하게 된다. 대부분 돈이 관계된 문제에 그러하지만, 만약 이때 구매자가 경계하고 있다면 그는 당신이 안도한 사실을 눈치 채고 가격을 더 높게 부르지 않을 것이다. 그러나 당신이 최저 한도선에 집중하는 대신 비교 가능한 다른 상점의 가격을 고려해 130달러를 목표로 삼는다면 그렇게 빨리 안도할 수 없을 것이다. 그리고 구매자가 150달러의 최고 한도선을 갖고 있다면 당신이 최저 한도선을 낮게 설정했을 때 받는 것보다 더 많은 돈을 받을 기회가 생기는 것이다.

당신이 정한 최저 한도선이 협상에서 주도적인 기준이 될 때 나타나는 효과는 과연 무엇일까? 협상 결과는 당신이 최소한으로 받아들일 수 있는 수준을 약간 웃도는 수준에서 끝나고 말 것이다. 합리적인 사람들도 대부분 최저 한도선에 초점을 맞춘다. 우리는 협상에서 상대방이 우리의 대안이나 필요에 의해 만들어진 최소한의 요구에 동의하지 않으면 실망하고, 그 수준을 넘어서면 만족하고 만다. 그러나 큰 목표를 가진 숙련된 협상가는 더 나은 결과를 얻는다. 다른 모든 조건이 똑같다면 여전히 현실적이면서도 더 높은 목표를 가진 쪽이 더 나은 협상 성과를 거둔다는 연구 결과는 그리 놀라운 것이 아니다.[17]

당신이 정한 최저 한도선이 협상에서 주도적인 기준이 될 때 일어날 수 있는 함정을 피하려면 자신의 한계를 알되 그것에 너무 집착해서는 안 된다. 대신 높은 목표를 세워 열정적으로 임하고 최저 한도선은 그 자체로 남겨두라. 모리타처럼 일단 협상을 시작하면 당신의 목표에 대한 상대방의 반응을 시험해보고 언제든지 협상을 거부할 수 있어야 한다. 모리타가 불로바 사무실에 들어갔을 때 그는 협상의 전체적인 목표는 알았지만 구체적으로 소니의 이름을 사용하지 않는 거래에 대한 결정은 갖고 있지 않았다. 그는 자신의 진짜 최저 한도선을 알기 위해 구매자의 구체적인 제안과 본사의 조언 그리고 그 제안을 신중하게 살필 약간의 시간을 원했다.

나는 최저 한도선과 목표 사이의 긴장감을 다루는 가장 좋은 방법은 모리타의 모델을 따르는 것이라고 믿는다. 협상의 초기 계획 단계에서는 목표를 분명하게 세우는 데 초점을 두고, 거래를 마무리하는 단계로 진행될수록 필요한 최저 한도선 쪽으로 이동하라. 경험이 생기면 당신은 잃는 것 없이 당신의 목표와 최저 한도선을 동시에 만족시킬 수 있게 될 것이다. 협상 연구는 최고 협상 전문가들이 바로 이러한 능력을 가지고 있다는 사실을 보여준다.[18] 반면 실제로 협상을 진행하는 동안에는 가능한 한 상대방의 열망에 동요하지 하고 상대방의 최저 한도선을 알아내는 데 최선을 다해야 한다. 만일 거래를 성사시키기 위해 당신의 높은 목표를 수정해야 한다면 그것은 나중에 처리할 수 있는 문제다.

목표를 세우는 것이 협상을 준비하는 데 필수 단계라면 어떻게 해야 할까? 다음의 간단한 절차를 따르도록 하라.

1. 당신이 정말 원하는 것이 무엇인지 신중하게 생각하라. 다만 돈은 목적이 아니라 수단이라는 것을 기억하라.
2. 낙관적인 그러나 정당한 목표를 세워라.
3. 목표를 구체적으로 세워라.
4. 목표에 전념하라. 당신의 목표를 기록하고, 가능하다면 다른 사람과 그 목표에 대해 논의하라.
5. 당신의 목표를 협상의 끝까지 가지고 가라.

당신이 정말 원하는 것은 무엇인가?

당신의 필요와 관심을 고려하면서 협상을 준비하라. 기업이나 소비자 협상에서 가격은 정확하게 그 양을 측정할 수 있기 때문에 대개 중요한 목표가 된다. 그리고 그것은 당신이 점수를 기록하고 성공을 거두는 데 도움을 준다. 그러나 종종 가격은 목표 그 자체가 아니라 목표를 위한 수단이라는 사실을 잊어버리기 쉽다. 목표는 가격에 대한 승리가 아니라 더 많은 가치와 이익을 얻는 것이다.

이것은 말처럼 그렇게 모순은 아니다. 당신이 구매자라면 단순히 낮은 가격이 아니라 지불하는 돈에 걸맞는 품질을 기대할 것이다. 또 판매자는 현재의 판매가 미래의 사업을 위한 좋은 조건을 마련해줄 것이라는 사실에 주의할 필요가 있다. 주문을 취소해버리거나 일회성 판매를 하면 가격은 좋아 보일 수 있어도 수익성 있는 기업을 만들 수는 없다.

CBS를 세운 윌리엄 페일리는 설립 초기에 라디오방송 시장에서 수익을 내기가 힘들었다. 그는 지방 방송국과 CBS 쇼의 방영 가격을 협상했다. 레버리지는 전적으로 지방 방송국에게 있었다. 지방 방송국들은 반드시 쇼를 살 필요가 없었고, 실제로 사지 않을 때도 있었다. 페일리는 그의 쇼 방영 가격이 그 자체로 목적이 아니라 수단이라는 사실을 깨달았다. 이후 라디오방송을 혁신할 수 있었고, 현대적인 네트워크를 완성했다. 1920년대 후반, 지방 방송국의 황금 시간대 광고권을 확보하는 대신 CBS 라디오 프로그램 편성권을 포기하였다. 이 전략으로 그는 수백만 달러를 벌어들였다.[19] 이후 1940년대에 이르러 음반 산업에서도 음반 가격을 반으로 줄이는 유사한 전략을 써 음반 시장을 강타했다.[20]

숙련된 협상가들은 통제, 세력, 자아, 명성과 같은 덜 명백하지만 영향력이 더 큰 조건에 비해 가격은 비교적 해결하기 쉽다고 말한다. 『나타난 야만인들Barbarians at the Gate』이라는 책에 아주 자세하게 실려있고, 제10장에서 논의될 RJR Nabisco에 대한 전설적인 인수합병 싸움에서, 헨리 크라비스의 경쟁자 중 하나는 100만 달러를 제안했지만 드렉셀 번햄 램버트(Drexel Burnham Lambert)와 살로먼 브라더스(Salomon Brothers)의 두 주간사 투자은행이 《월스트리트저널》의 왼쪽편에 어느 투자은행의 이름을 먼저 쓸 것인가의 문제에 합의하지 못하고, 이 거래의 자금 조달 방법을 발표할지를 합의하지 못해 협상이 결렬되었다. 광고에서 은행의 이름이 놓이는 위치는 금융계에 거래를 주도하는 은행을 보여주는 신호이기 때문에 어느 쪽도 1인자의 자리를 포기할 수 없었던 것이다.[21]

협상의 목표를 세울 때는 당신에게 정말 중요한 것이 무엇인지 신중하게 고려하라. 돈은 확실히 중요하다. 그러나 돈보다 당신이 가장 중요하게 생각하는 관심사와 필요를 명확히 하라. 일단 협상이 시작되면 가격과 같은 경쟁적인 문제에 집착하게 되어 당신이 정말 원하는 것을 잊어버리기 쉽다.

낙관적이고 정당한 목표를 세워라

목표를 세울 때는 당신이 원하는 것을 대담하고 낙관적으로 생각하라. 협상에서는 정말로 자신의 목표를 확신하며 더 높은 열정을 가진 사람이 평범한 목표나 단순히 최선을 다하겠다고 말하는 사람보다 더 나은 성과를 거두고 더 많은 것을 얻는다. 이 같은 사실은 협상을 연구한 여러 결과에서 잘 나타나 있다.

심리학자인 시드니 시겔과 로렌스 포레이커는 고전적인 형태의 간단한 구매-판매 협상을 실험했다. 협상에 참가한 사람들은 그들이 합의하는 이익을 모두 가질 수 있으며, 만약 그들이 정한 협상 목표에 도달하거나 그 목표를 넘어서면 돈을 두 배로 받을 수 있는 두 번째 라운드에 참여할 수 있었다. 즉 시겔과 포레이커는 참가자들에게 구체적인 성과를 이룰 수 있도록 하는 강한 인센티브를 부여하고, 그 목표가 현실적으로 가능한 성과 수준이라는 사실을 암시했던 것이다. 아마도 미리 계획한 것은 아니었겠지만, 그렇지 않다면 왜 참가자들에게 보너스 라운드에 대한 이야기를 했겠는가? 협상에 참가한 사람들 중 한 팀은 보너스 라운드에 참여할 수 있는 협상 목표치가 단지 2.1달러였으며 또 다른 팀은 6.1달러였다. 두 팀 다 최저 한도선은 똑같았다. 참가자들은 손해가 되는 거래는 받아들일 수 없었다. 비교적 높은 수치인 6.1달러의 목표치를 가진 참가자들은 2.1달러의 목표치를 가진 참가자들과의 중위수 미디안 값인 3.35달러보다 훨씬 큰 6.25달러의 수익을 냈다.[22]

나는 한 연구를 통해 시겔과 포레이커의 결과를 확인하였다. 시겔과 포레이커의 경우와는 달리 우리 실험에서는 주체들이 그들 스스로 협상 목표를 세웠다. 우리는 그들이 벌어들이는 수익을 모든 사람이 얼마든지 갖도록 하는 대신 가장 뛰어난 결과를 이룬 판매자와 구매자에게 각각 상금 100달러를 주기로 했다. 그러나 결과는 같았다. 더 높은 목표와 기대를 갖는 협상가들이 적당한 목표를 갖는 협상가들보다 훨씬 더 많은 성과를 거두었다.[23]

우리는 협상의 목표를 높여서 더 많은 것을 이룰 수 있음에도 불구하고 왜 적당한 수준의 목표를 세우는 것일까? 여기에는 몇 가지 이유가 있다. 첫째, 사람들은 대부분 자존심을 지키기 위해 목표를 낮게 세운다. 목표를 낮게 세우면 그만큼 실패할 확률이 적어지고, 최저 한도선을 이루는 한 스스로 잘하고 있다고 느끼게 된다. 이렇게 적당한 목표를 세우면 실패나 후회 등의 감정을 피할 수 있다.

둘째, 협상에서 잠재적으로 가능한 모든 이익을 볼 수 있는 충분한 정보를 갖지 못했기 때문인지 모른다. 곧, 우리는 우리가 판매하는 것의 실제 가치를 평가할 수 없거나, 적용할 수 있는 기준을 미처 연구하지 못했거나, 판매자가 우리의 제안을 얼마나 열성적으로 원하는지 파악하지 못할 수 있다. 곧 협상 준비를 충분히 하지 못했다는 뜻이다.

셋째, 우리의 욕구가 부족하기 때문인지 모른다. 상대방이 우리가 원하는 것보다 돈이나 통제력 혹은 권력을 더 간절하게 원하면 우리는 자신을 위해 높은 목표를 세우지 않을 수 있다. 왜 우리가 별로 관심 없는 것 때문에 충돌과 마찰을 일으켜야 하는가?

협상 연구들을 살펴보면, 일반적으로 생각하는 것보다 위의 첫 번째 이유인 자존심이라는 요소가 목표를 설정하는 데 상당한 영향을 끼친다.[24] 우리에게 강연을 해준 한 협상 전문가는 합리적인 생각을 가진 사람들이 대부분 부닥치는 문제는 '패-승' 전략 곧 쉽게 만족하는 태도와 '윈-윈' 전략을 혼동하는 것이라고 말한다. '패-승' 전략을 가진 협상가는 자신의 최저 한도선에만 초점을 맞추지만, '윈-윈' 전략을 가진 협상가는 보다 큰 목표를 세운다는 것이다.

나는 와튼 스쿨 협상 워크숍에서 이 결과를 증명하는 사례를 자주 본다. 그러나 가끔 협상 워크숍에서 만난 MBA 학생들과 경영자들은 더 높은 협상 목표를 세우고 협상 결과는 더 좋아지고 있는데도 불구하고 종종 성과에 만족하지 못하고 더 의기소침해지는 것을 느낀다고 말한다. 나는 그들에게 협상에서 점점 위험과 어려움을 더하면서 목표를 높여가라고 제안한다. 이렇게 할 때 당신은 학습하면서 동시에 협상에 대한 열정을 유지할 수 있다. 새로운 목표를 이루는 데 성공한 사람은 다음 목표를 더 높게 잡는다. 그러나 협상에 실패한 사람은 용기를 잃거나 목표를 더 낮추게 된다.[25]

일단 낙관적이고 도전적인 목표를 충분히 생각했으면 목표에 대한 기대치가 현실에 맞는지 확인하고 실현 가능성도 함께 짚어보는 시간을 갖도록 하라. 낙관적인 목표는 실행할 수 있을 때에만 효과적이다. 곧, 당신이 그것을 믿고 기준과 규범에 따라 정당화할 수 있을 때 효과적이다. 다음 제3장에서 더 자세히 살펴보겠지만, 협상에서는 보통 어떤 표준, 기준 혹은 선례 등의 지지를 받아 입장을 취해야 한다. 그렇지 않으면 신뢰를 잃게 된다. 그 어떤 심리적인 목표도 5년 된 중고차의 가격을 같은 모델의 새 차보다 더 높게 정할 수는 없는 것이다. 또한 목표를 세울 때는 제4장의 주제인 좋은 관계를 유지하는 목표와도 일치해야 한다.

그러나 목표가 적절하고 현실적이어야 하지만 이 조건에 완전히 지배당하지는 마라. 단지 당신의 낙관적인 목표가 가능성이 없을 때 차선의 방어적인 목표를 찾아야 하는 이유에 주목하라. 당신이 갖고 있는 구형 자동차의 가치가 새 차와 같을 수는 없겠지만 당신은 그 모델의 평균 가격을 알려주는 중고차 가이드를 찾아야만 한다. 이런 후에야 당신은 최고 조건의 프리미엄을 요구할 수 있다.

당신의 목표가 너무 현실적이어서 생길 수 있는 위험 하나는, 상대방이 제시할 가치와 우선 순위에 대해 보장되지 않은 가정을 할 수도 있다는 점이다. 당신은 상대방의 목표와 상대방이 그것을 현실적으로 생각하고 있다고 확신할 때까지 자신의 방어적인 목표를 주시해야만 한다. 상대방은 당신의 낙관적인 목표가 가능한지 불가능한지 알려준다. 그리고 당신이 그 목표에 대한 정당한 이유와 상대방의 생각에 예를 갖춰 관심을 표하는 한, 상대방의 기분을 상하게 하지 않고 당신의 목표를 요구할 수 있을 것이다.

당신이 더 높은 목표를 향해 나아갈 때 이 점을 기억하라. 당신이 협상 기술을 향상시키고 싶다고 진지하게 고려한다면 약간의 불만족은 오히려 득이 될 수 있다. 만족하지 못한다는 것은 상대방이 저항하기 시작하거나 혹은 협상을 포기할 정도로 위험을 감수해야 하는 수준의 높은 목표를 세웠다는 표시다. 결국 당신은 부당하게 용기를 꺾는 일 없이 서서히 도전적인 목표를 세우는 과정을 배우게 될 것이다.

목표는 구체적이어야 한다

협상 목표를 세우는 문제와 관련한 문헌들은 가능한 한 구체적인 목표를 세우라고 조언한다.[26] 명확성은 많은 다른 노력과 마찬가지로 협상에서 불투명한 것들을 제거한다. 분명한 목표를 갖고 있다면 당신은 일을 진행하는 동안 좀더 심리적으로 주체적이고 적극적으로 행동할 수 있을 것이다. 예를 들면, 새로운 일을 시작할 때 연봉 협상을 하면서 '공정한 연봉'을 목표로 세우지 마라. 더 구체적인 목표, 곧 지난번에 비해 10%를 인상한다는 목표를 정해야 한다. 구체적인 목표는 당신의 목표 연봉을 제공하는 다른 비교 가능한 일들을 생각할 수 있게 할 것이고, 당신은 그만한 연봉을 지급하는 다양한 시장 기준을 발견하게 될 것이다.

특히 "할 수 있는 한 최선을 다하겠다." "가서 내가 받을 수 있는 수준을 알아보겠다." 같은 협상 목표는 경계하라. 당신이 협상에 임했을 때 그런 목표가 정말로 의미하는 것은 "나는 이 협상이 결렬되기를 원치 않는다."이다. 실패에 대한 두려움과 실망, 후회를 피하려는 자연스러운 욕망은 심리적인 자기 방어 수단이다. 그러나 유능한 협상가들은 이런 느낌이 구체적인 목표를 수립하는 데 방해가 된다는 사실을 잘 알고 있다.

목표에 전념하라 : 목표를 적어두고 그것에 대해 말하라

당신의 목표가 효과적이려면 당신은 최선을 다해 목표에 전념해야 한다. 당신의 목표에 대한 심리적인 집착과 연관성을 높일 수 있는 간단한 방법들을 몇 가지 소개하겠다.

첫째, 위에서 언급했듯이 당신은 당신의 목표가 확실한 논리적 근거에 의해 정당화되고 지지된다는 것을 확실히 해야 한다. 우선 당신이 목표에 대한 확신이 있어야 하는 것이다.

둘째, 당신이 목표를 이루었을 때를 생생하게 상상해보는 것도 도움이 된다. 생생하게 그려보는 작업은 성취 과정에 더 집중할 수 있도록 하고 자신감과 몰입의 정도를 높인다.[27] 내가 가르치는 MBA 학생 중에 인도에서 온 한 젊은 학생이 있다. 한번은 그가 "와튼 스쿨을 지원하기 전에 필라델피아에 와서 이 학교 본관 사진을 찍었다."라고 말했다. 그는 입학 허가를 받기 위해 최선을 다하면서 수년 동안 그 사진을 책상에 붙여놓았다. 한 번 입학을 거부당했지만 그는 결국 입학 허가를 받아냈다. 그는 캠퍼스에 도착해서 예전에 카메라에 담았던 건물 앞에서 사진을 또 한 장 찍었다. 이제는 대단히 만족해하며 두 사진을 보고 있다고 했다. 그는 목표를 이루기 위해 열심히 노력하면서 자신의 목표를 이미지 형상으로 바꾸었던 것이다. 똑같은 이미지 형상화 방법이 협상에서 그대로 적용된다.

셋째, 심리학자들과 마케팅 전문가들은 목표를 구체적으로 기록하는 것이 단순히 머릿속으로 생각하는 것보다 훨씬 더 효과적으로 목표에 몰입할 수 있는 방법이라고 주장한다. 글을 쓰는 행동은 최소한 우리 눈앞에 그것을 보여줌으로써 머릿속의 생각을 보다 현실적이고 객관적이게 만든다.

미국 건국의 아버지 중 하나인 벤저민 프랭클린은 그의 유명한 자서전에서 그가 스무 살 때 '미래를 위한 행동 규범과 계획'을 아주 구체적으로 기록했다고 밝혔다. 그는 영국에서 인쇄 기술 훈련을 마치고 미국으로 돌아온 1726년에 이 목표를 기록했다. 프랭클린은 목표와 계획을 기록한 것이 젊은 시절에 했던 여러 일 가운데 가장 잘한 일 중 하나라고 생각했다. 그리고 목표 네 가지—첫째, 검소하라. 둘째, 모든 말과 행동에 진심을 다하라. 셋째, 조급하게 단기적으로 일확천금을 바라지 마라. 넷째, 어떤 경우에도 남을 험담하지 마라— 를 나이 들 때까지 한시도 잊지 않았다고 한다.[28]

심리학자인 로버트 치알디니는 성공한 방문 판매 회사는 때때로 판매원들을 훈련하면서 매출 목표를 기록하도록 요구하며, 실제로 이것은 매출을 늘리는 놀라운 힘이 있다고 말한다.[29] 이 회사는 고객에게도 똑같은 원칙을 적용한다고 한다. 고객이 구매했던 제품을 반품하는 사례를 줄이기 위해 이 회사는 판매원이 아닌 고객에게 판매 합의서를 쓰도록 한다. 이로써 고객은 회사의 판매 방법을 잘 이해하게 되고, 후에 반품을 고려하는 정도도 줄어든다.

당신은 '부록 2 : 정보 기반 협상 계획서'에 나오는 협상 목표를 기록하는 연습을 할 수 있다. '구체적이고 낙관적인 목표'를 기록하도록 제안하는 공간을 활용하라. 제7장에서 협상 준비 계획서를 사용하는 방법을 보다 상세하게 살펴볼 것이다.

당신은 협상 목표에 집중하기 위해 써놓은 당신의 목표를 다른 사람에게 보여줄 수도 있고, 이야기할 수도 있다. 다른 사람들이 당신의 목표를 알게 된다면 당신은 책임을 느낄 것이다. 협상가들이 누군가에게 협상 목표를 이루지 못한 이유를 설명해야 할 때 더 열심히 일하게 된다는 사실을 여러 협상 연구에서 확인할 수 있다.[30] 노동 협상가, 스포츠 협상가, 정치 협상가 들은 주로 이 힘을 극대화한다. 그들은 때때로 언론에 협상 목표를 발표함으로써 그들이 원하는 것을 그들의 구성원을 포함해서 상대방에게까지 알린다. 또한 당신은 협상 목표를 공개적으로 발표함으로써 자신을 목표에 강력하게 결합시킬 수 있다.

물론 협상의 다른 측면에서처럼 목표에 집중하는 데에도 판단이 필요하다. 만약 협상의 쌍방이 각각의 청중에게 기자 회견을 통해 죽기 살기로 총력을 다 기울이겠다는 드라마틱한 발표를 한다면 그들은 거의 빠져나올 수 없는 코너로 자신들을 밀어넣는 것이다. 노동 파업, 정치적 폭로, 그리고 서로에게 한 번도 말해본 적 없는 완고한 이웃이나 가족간의 협상은 실패한 협상의 전형이다.

마지막으로 당신이 목표를 이루지 못했을 때 잃게 되는 기초 투자가 많다면 당신은 목표에 좀더 집중하게 될 것이다. 최근 한 주요 항공사가 노선을 확장하기 위해 비행기 400대를 구매하는 계약을 체결했다고 발표했다. 그리고 구매를 마무리하는 마감 시간 전에 조종사들과 임금 협상을 타결하지 못하면 그 주문을 취소하겠다고 말했다.[31] 이로써 항공사가 생각하는 임금 수준을 공개적으로 발표하고, 조종사들과 협상을 타결할 수 있는 신뢰할 만한 마감 시한을 명확히 설정하며, 그리고 가장 중요한 것은 항공사가 임금 협상에 실패했을 때 항공사와 조종사가 무엇을 얼마나 잃게 되는지, 구체적으로 이미지화하는 이점 세 가지를 가져다주었다. 협상은 결국 항공사가 정한 임금의 한계 범위 내에서 마감 시한 직전에 타결되었다.

목표를 갖고 협상 테이블에 앉아라

협상이 진행되는 동안 상대방은 당신의 협상 목표를 방해할 수 있고 때로는 그로 인해 협상이 중단되기도 한다. 그만큼 자신의 협상 목표를 갖는 것은 어려운 일이며, 스스로 흔들린다고 느끼면 잠깐 휴식을 취하면서 다시 협상을 진행하기 전에 목표를 재검토해야 한다. 주머니나 지갑 안에 짧게 요약한 협상 목표 메모를 갖고 다니면 크게 도움이 된다. 당신이 단지 머릿속에 그것을 기억했더라도 중요한 것은 실제 협상이 진행되는 혼란 속에서 당신의 목표를 잊지 않는 일이다.

성공한 텔레비전방송 경영자인 배리 딜러는 1970년대 초〈포세이돈 어드벤처〉를 최초로 방송하는 권리를 확보하기 위해 구매 협상을 하면서 바로 이 교훈을 얻었다. 당시 딜러는 ABC 네트워크를 대표해서 손해를 감수하면서 최고가인 330만 달러를 제시했다. 딜러는 왜 그렇게 많은 돈을 지불했을까? 그는 그에게는 처음이자 마지막인, 영화를 텔레비전에서 방송할 수 있는 권리를 입찰하는 경매에 참여했었다. 흥분 속에서 입찰이 계속되었고, 그는 CBS 경영자와의 경쟁에서 이겨야 한다는 생각에 사로잡힌 나머지 구매 협상의 기본 목표인 이익을 남겨야 한다는 사실을 까맣게 잊고 말았다.[31]

협상학자들은 이런 현상이 실험실에서도 그리고 현실에서도 종종 일어나는 현장을 목격한다. 이런 현상을 '몰입 상승'[33]이라고 한다. 사람들은 경쟁 상황에서 진짜 목표를 잊고 단지 이겼다는 말을 듣기 위해 돈과 시간을 지나치게 지불하거나 다른 것을 많이 희생하곤 한다. 바보 같은 승리 후에 후회하게 되기까지는 오랜 시간이 걸리지 않는다.

협상 목표를 준비하는 것만으로는 충분하지 않다. 협상이 진행되는 내내 협상의 목표를 기억해야 한다. 경매에서 마지막 입찰자가 종종 지나친 비용을 지불하게 되는 경우가 있다. 이때 그가 느끼는 후회의 감정을 경제학자들은 '승자의 저주'라고 부른다.[34]

◀◀◀ 요약

협상의 두 번째 기본 원칙에 대한 협상 연구 결과와 상식은 우리에게 많은 것을 말해준다. 협상 준비 단계에서는 구체적이고 정당한 목표에 몰입하는 것이 가장 중요하다. 왜 협상에서 분명하고 낙관적인 목표를 갖는 것이 도움이 될까?

첫째, 구체적이고 도전적인 목표는 당신에게 더 큰 동기를 부여하는 계기가 된다. 일상생활을 해나가는 동안, 표면 아래에서 움직이고 배우는 당신의 직관력은 가장 강력한 지원자이고 문제 해결사다. 당신은 더 집중하게 되고, 더 강력하고, 더 성취 지향적이 될 것이다. 당신이 원하는 것을 얻을 수 있는 방법에 대한 좋은 논리적 근거와 새로운 생각을 더욱 자주 갖게 될 것이다. 또 너무 빨리 최저 한도선에 안주하는 흔한 실수를 피하게 될 것이다. 이러한 '목표 초점'을 갖게 되면 협상의 최저 한도선에 더 관심을 갖는 보통 사람에 비하여 확실한 경쟁 우위를 확보할 수 있다.

둘째, 당신은 협상 목표를 명확히 함으로써 서로에게 자신감을 부여하고 상대방과 문제를 원활하게 해결할 수 있다. 당신 자신과 거래에 대한 높은 기대치를 갖고 있다는 메시지를 전달할 있다. 그리고 조용한 자신감과 자존심을 갖고 있고, 나아가 그들이 무엇을 원하고, 왜 원하는지 정확하게 알고 있는 사람들이 보여주는 몰입은 다른 어떤 개인적인 변수보다 협상에서 중요한 역할을 할 것이다.

✔ 효과적인 목표를 세우기 위한 체크 리스트

☐ 당신이 정말 원하는 것을 주의 깊게 생각하라.

☐ 낙관적이고 정당한 목표를 세워라.

☐ 목표를 구체적으로 세워라.

☐ 당신의 목표를 기록하고 목표에 전념하라.

☐ 당신의 목표를 협상의 마지막 순간까지 가지고 가라.

BARGAINING FOR ADVANTAGE

권위 있는 기준과 규범을 준비하라

- - -

현명하게 자신의 논리를 주장하려면 먼저 반대자에게 자신이
그들의 논리를 잘 이해하고 있다는 사실을 확신시키는 것이 필요하다.
새뮤얼 테일러 콜리지[1]

사람들은 언제나 자신이 하는 일에 두 가지 이유를 갖고 있다.
하나는 보기에 좋은 이유이고, 다른 하나는 진짜 이유다.
J. P. 모건[2]

	당신의 협상 스타일을 파악하라		도전적 목표와 높은 기대치를 수립하라	
권위 있는 기준과 규범을 준비하라				상대방과 좋은 관계를 형성하라
	상대방의 숨은 이해 관심사를 파악하라		협상의 레버리지를 높여라	

앞 장에서 이야기한 분명한 목표의 힘에 덧붙여 협상을 할 때 인간 본성 가운데서도 가장 기본적인 심리적 동인의 하나를 잘 활용해야 한다. 곧 말과 행동이 일관되며 공정한가? 적어도 그렇게 보여야 한다. 효과적인 협상의 세번째 기본 원칙은 이러한 심리적 동인에 관심을 가진다. 자신이 세운 기준을 일관되게 유지하는 것이 실제로 협상에서 어떻게 영향을 미치는지 사례를 통해 살펴보자.

인류학자인 바튼은 1930년 자신의 저서 『구름에 가린 태양*The Halfway Sun*』에서 수년 동안 함께 살았던 필리핀의 한 부족에 대해 이야기한다. 돼지를 빌리고 갚는 과정에서 벌어졌던 두 가족 간의 협상 사례는 기준과 규범에 관하여 진지한 교훈을 던져준다.

돼지 두 마리 이야기

이푸가오(Ifugao) 부족에서 일어난 이야기다. 한 사람이 이웃에게 돼지 두 마리를 빌렸다. 2년이 지나 돼지를 빌려준 이웃이 돼지를 갚으라며 부채 상환을 요구했다. 아들의 결혼을 앞두고 결혼식 선물로 줄 돼지가 필요했기 때문이다. 두 사람은 돼지 몇 마리를 갚아야 하는지 논쟁을 벌였다.

부족에게는 동물을 빌렸을 때 이자를 얼마나 주어야 하는지 기준이 있었다. 곧, 부채 기간 동안 동물의 자연 증가율에 따라 갚아야 한다. 돼지 두 마리를 2년 동안 빌렸으니 원래 숫자의 두 배인 네 마리를 갚아야 하는 것이다.

그것이 일반적인 기준이었다. 그러나 풍성한 결혼식을 원했던 채권자는 채무자가 총 돼지 여섯 마리를 갚아야 한다고 주장했다. 그는 2년 이상이 지났고, 빌려준 돼지 중 한 마리는 특별히 큰 종자이기 때문에 더 높은 이자를 받아야 한다는 것이었다. 채무자는 어처구니없는 소리라며 화를 냈다.

채권자가 욕심을 부리자 이에 자극받은 채무자는 논쟁을 확대시켰다. 그는 갑자기 오래전에 그가 채권자의 할아버지에게 빌려주었던 닭을 돌려받지 못한 사실을 상기시켰다. 그 닭에 대한 자연 이자율은 대략 돼지 한 마리와 맞먹는다고 말하면서 돼지 네 마리 가운데 닭을 빌려준 값으로 한 마리를 빼고 나머지 세 마리만 갚겠다고 반박했다. 채권자도 지지 않고 다섯 마리의 돼지를 갚으라고 대응했다.

지루한 다툼과 모욕적인 언사가 오간 뒤에 두 가족은 존경받는 장로를 찾아가 중재를 부탁했다. 장로가 쌍방을 오가며 중재를 시작한 지 얼마 되지 않았을 때 채권자의 아들이 몰래 채무자의 오두막에 들어가 소중한 가문의 유물인 징을 훔쳤다. 그 사건으로 협상은 갑작스럽게 중단되었다.

이제 아내들이 끼어들었다. 그 징은 채무자의 집안을 지켜주는 혼령이 들어 있다고 믿는 상징적인 유물이었다. 채무자의 아내는 징이 제자리에 없는 상태로 밤을 지내는 것을 상상할 수 없었다. 게다가 지리한 논쟁에 지쳐 있었다. 남편이 돼지 두 마리 때문에 논쟁에 휘말려 있는 동안 농사일은 내팽개쳐져 있었다. 양쪽 부인들은 남편들에게 논쟁을 멈추고 문제를 해결하라고 요청했다.

장로는 협상을 마무리지었다. 첫째, 채권자는 징을 돌려주겠다고 약속했다. 다음으로 채무자는 닭에 대한 부채 상환 요구를 취소하고 채권자가 요구한 돼지 다섯 마리를 돌려주겠다고 약속했다.

그러나 예기치 않은 사소한 일이 발생했다. 장로가 돼지 다섯 마리 중 세 마리를 채권자에게 돌려주고 나머지 두 마리는 사건을 해결한 대가으로 자신이 가져간 것이었다. 이렇게 교묘한 협상 해결책으로 채무자는 채권자가 요구하는 수(다섯 마리)의 돼지를 돌려주었고, 채권자는 채무자가 얘기한 수(세 마리)의 돼지를 돌려받았다. 그리고 장로는 분쟁을 해결하는 대가로 해결 과정에서 생긴 차이를 챙긴 것이다.[3]

돼지에서 가격 목록까지 : 기준의 역할

이 이야기는 무엇을 말해주는가? 지금은 옛날처럼 돼지를 빌려주고 빌리는 사람이 거의 없다. 그러나 어떤 문화권에서든 권위 있는 기준과 규범의 기초 위에서 협상이 이루어진다. 그리고 협상에 참가한 사람들이 규범에서 멀어질수록 상대방을 화나게 하고, 문제를 일으키는 위험을 감수하게 된다. 그런 사람들은 비합리적으로 보일 수 있다.

이푸가오 부족에서 쓴, 빌려준 동물에 대해선 자연 증가율만큼 갚는다는 기준과 비슷한 경우가 오늘날에도 중요한 역할을 한다. 글로벌 금융 시장에서는 돈을 빌리면 이자율이 정해진다. 중고차 구매자는 중고차 매매 전문가에게 자문을 구해 자동차의 실제 조건, 구매자의 예산 그리고 판매자의 현금 필요성 같은 여러 다른 요소에 바탕을 두고 최종 가격을 협상한다. 부동산 브로커들은 비교할 수 있는 비슷한 거래를 기준으로 이야기해준다. 그리고 투자은행가들은 현금 할인 흐름과 수익성의 기초 위에서 사업의 진정한 가치에 대해 이야기한다.

그러한 특별한 조건과 복잡한 분석들은 구매자와 판매자가 올바른 가격에 대한 의견을 조율하도록 돕는 기술이다. 돼지 두 마리 이야기에서 볼 수 있듯이 기준이 있으면 협상 범위를 정하고, 적어도 협상 참가자가 비합리적으로 보이는 일은 막아준다.

또한 협상에서 이자율이나 비교 가능한 매출 같은 시장 기준만 사용되는 것은 아니다. 아이들이 장난감을 먼저 갖고 놀 사람을 정하기 위해 협상할 때처럼 "먼저 온 사람이 먼저." 한다거나 "이젠 내 차례야." 와 같은 또 다른 기준이 적용되기도 한다. 경영자들이 기업 전략을 논의할 때에는 수익성, 벤치마킹 그리고 효율성 같은 기준을 사용한다. 또한 정리 해고를 해야 할 때 사람들은 연공서열이나 생산성 같은 기준으로 남고 떠날 사람을 협상한다.

협상에 적용할 기준을 발견하고, 이 기준으로 가장 설득력 있는 스토리를 만드는 일이야말로 당신에게 협상 과정에서 힘 있는 발언을 할 수 있는 기회를 줄 것이다. 당신은 당신이 원하는 것을 스스로에게 설득하는 것 이상으로 상대방을 설득할 수 있는 무언가를 갖게 된다. 결국 당신의 목표를 튼튼하게 지지해주는 공정한 기반을 확보하는 것이다. 또한 당신은 상대방이 내놓는 논쟁에 반박할 준비도 되어 있어야 한다. 받아들인 기준을 다양하게 해석할 수 있는 여지가 있을 때, 사실 거의 대부분의 기준이 다 그렇다고 할 수 있지만, 상대방은 자신에게 가장 유리한 방향으로 그 기준을 해석하려 할 것이다.

요약하면, 협상을 준비하려면 당신은 가장 설득력 있는 기준으로 당신의 목표를 적극적으로 옹호할 수 있는 준비가 되어 있어야 한다. 그렇다면 과연 설득력 있는 기준은 어떤 것일까? 제3장의 인용구에서 새뮤얼 콜리지가 말했듯이 상대방이 적합하다고 받아들인 기준이거나 과거에 상대방 자신에게 이점을 가져다준 기준과 규범들이 대부분 가장 효과적이다.

심리적 사실 : 우리는 모두 합리적으로 보이기를 원한다

기준과 규범들, 특히 상대방이 채택한 기준들이 협상에서 중요한 이유는 무엇일까? 그것은 모든 조건이 똑같다면 사람들은 자신이 일관되고 합리적으로 의사 결정을 내리는 사람으로 보이기를 원하기 때문이다.

심리학자들은 다른 사람에게 합리적으로 보이고 싶어 하는 현상을 '일관성의 원칙'[4]이라고 부른다. 사회심리학자들에 따르면, 사람들은 자신의 행동이 과거부터 오랫동안 통용되었던 기준이나 믿음과 일치하지 않을 때 왠지 격리된 듯하고 불안정하며 불편해하는데 이런 감정들을 피하고 싶어 하는 욕구가 있다고 한다.

우리는 대부분 여러 성격적 차원에서 서로 연결되어 있는 복잡한 '일관성의 관계망'을 갖고 있다. 우리는 이 관계망이 손상되지 않기를 바라므로 최소한 합리적으로 보이도록 행동하여 우리가 과거에 믿었던 기준과 일관하는 것처럼 보이려 한다. 우리가 제안하는 행동이 이미 과거에 선택했던 일이며, 그것과 일관성이 있다고 생각할 때 설득력이 생긴다.

협상에서 일관성의 원칙이 지켜지는 상황을 아주 잘 관찰할 수 있다. 상대방이 내세우는 기준이나 규범이 우리가 이전에 내세운 것과 같은 연장선상에 놓여 있을 때에는 상대방의 주장에 순순히 동의하게 된다. 또한 상대방이 내놓는 논거가 우리의 주장과 일치하지 않고 서로 상충된다고 지적하면 불편해질 수밖에 없다. 요약하면, 협상 과정에서 기준과 규범은 논쟁에서 이기기 위해 가장 기본이 되는 총알이며 그 이상으로 동기를 부여하는 강력한 요소다.

일관성의 원칙과 규범적 레버리지

협상에서 일관성의 원칙을 잘 지키면 소위 '규범적 레버리지'라는 것이 생긴다. 규범적 레버리지란 이익을 얻거나 입장을 지키기 위해 기준과 규범을 현명하게 잘 활용하는 것을 말한다. 상대방과 당신의 차이를 해결하는 데 정당하고 적합한 기준과 규범 그리고 설득력 있는 근거로 주장하는 주제를 잘 연결하여 사용할 때 규범적 레버리지가 가장 크게 작동한다.

그러나 당신이 당신의 필요와 기준과, 그리고 당신의 권리만 유일한 합리적인 방안으로 내세운다면 당신은 합의를 끌어내기 어렵다. 오히려 상대방의 원칙에 맞서 당신의 원칙으로 싸우게 될 것이다. 그러므로 상대방이 선호하는 기준을 예상하고 그 틀 안에서 당신의 제안을 내세워야 한다. 만약 이것이 어렵다면 당신의 경우를 특별한 사실에 기초하여 상대방 기준에 대한 하나의 예외로서 주장할 근거를 준비하라. 상대방이 내세우는 기준을 공박하는 방법은 마지막 수단이다.

구체적인 사례 몇 가지를 들어보자.

만약 당신이 어떤 큰 병원의 부서 간 예산 협상에 참여하고 있다고 가정해보라. 당신은 간호사를 훈련시키고 간호 서비스를 확충하는 데 예산이 더 많이 필요하다고 주장하는 간호부장이고, 상대방은 외과수술 부서에서 의사들의 진료실 수를 늘리는 데 예산이 더 많이 필요하다고 주장하고 있다. 이 병원의 최고 의사 결정자가 과거에 병원을 운영하면서 '환자 간호의 질'을 중요하게 여겼다면 당신은 확실히 이 논쟁에서 규범적 레버리지를 갖고 있다.

당신이 자료를 잘 수집하고 분석하여 효과적으로 프레젠테이션을 한다면, 당신이 요구하는 예산 증액은 병원이 발표한 우선 순위와 밀접하게 연관되어 있기 때문에 더욱 설득력을 얻을 것이다. 반대로 외과수술 부서는 예산과 관련된 어떤 기준과도 강한 연관성을 주장하기 어려울 것이다. 행정 책임자들은 그들의 정책 방향과 일관성 있는 어떤 결정을 내려야 한다는 압박감을 느낄 것이다. 외과수술 의사들은 병원에서 영향력 있는 구성원이지만, 당신이 병원이 발표한 우선 순위에 기초한 예산 요구와 예산 집행에 대한 잘 준비된 제안을 한다면 아마 당신이 이길 확률이 높을 것이다.

병원이 '가장 유능한 의사 영입'과 같은 전혀 다른 정책 방향을 발표했다면 당신은 의사들이 예산을 지원받기 위해 이 기준을 어떻게 사용할지 예상할 수 있을 것이다. 당신이 취할 수 있는 최선은 환자를 돌보는 질을 높이면 의사들이 쓰는 사치스러운 진료실보다 유능한 의사를 영입하는 데 더 큰 도움이 된다는 사실을 보여주는 것이다.

경우는 다르지만 좀더 어려운 협상 사례를 살펴보자. 당신이 만약 구조 조정을 단행해야 하는 대기업의 사업 본부장이라고 가정해보라. 각 사업부는 전체 인원의 10%를 감원해야 한다. 그러나 현재 상황에 대해 이런저런 조사를 했더니 10%를 감원하면 일을 할 사람이 모자라다는 결과가 나왔다. 그 순간 당신은 사장에게 가서 목표대로 감원할 수 없는 현실을 설명하고 인원 감축 대상에서 제외해달라고 요구해야 한다고 생각했다.

과연 이 방법이 설득력이 있을까? 그다지 효과가 없을 것이다. 사람이 요구하는 것은 모두 같을 테고, 모든 사업부가 인원을 그대로 유지한다면 회사는 감원 목표를 달성하지 못할 것이다. 사장은 효율성을 근거로 사업부의 일을 수행할 인원이 모자라다는 당신의 논리를 반박하면서 적은 인원으로 더 많은 일을 해낼 수 있는 방법을 찾아보라며 당신을 돌려보낼 것이다.

당신이 더 나은 규범적 레버리지를 얻을 수 있는 방법은 무엇일까? 당신은 사장이 적합하다고 판단하는 기준과 규범이 무엇인지 예상하고 그러한 기준 선상에서 당신이 주장하는 논리의 근거를 찾아야 한다. 사장이 효율성을 중요시한다면 효율성에 바탕을 둔 논쟁을 준비하라. 사장에게 사업부의 현재 업무를 분석한 결과를 설명하면서 과업 1, 2, 3에서는 뛰어난 효율성을 달성해내고 있지만 과업 4와 5에서는 업무를 수행할 인원이 부족하다고 말하라. 만약 사장이 과업 4, 5를 더 잘 다룰 수 있는 다른 사업부로 보내준다면 10%의 감원을 단행하더라도 당신의 사업부는 과업 1, 2, 3에서 효율적으로 더 많은 일을 할 수 있을 것이라고 말하라.

아니면 다른 방법으로 당신 사업부에서는 감원을 덜 하고 조직의 다른 부서에서 감원을 더 많이 하더라도 당신이 전체 비즈니스 프로세스의 시간과 비용을 감소할 수 있는 방법을 보여주라. 어차피 구조 조정의 주요 포인트는 기업의 지출을 줄이는 것이다. 사장 스스로 평가받아야 할 영역을 개선하면서 추구할 수 있다는 사실을 보여주는 것이다.

당신이 이러한 논쟁을 할 때마다 매번 그러한 논리가 효과적으로 설득력을 발휘할까? 항상 그렇지는 않다. 그러나 적어도 당신에게 유리한 논쟁을 할 때보다는 당신의 목표를 이룰 수 있는 기회가 많아질 것이다.

사실 협상의 기본 원칙 여섯 가지 중 어느 하나만으로는 협상에서 성공을 보장할 수 없다. 그러나 협상의 기본 원칙 하나하나에 대한 관심은 당신이 협상에서 좋은 성과를 얻을 수 있는 기회를 점차 늘려줄 것이다. 유능한 협상가가 되는 길은 아주 점진적이기 때문이다.

상대방이 의사결정할 때 사용하는 규범적 틀 안에 당신의 요구를 놓음으로써 당신은 상대방에게 경의를 표하게 되고, 결과적으로 상대방은 당신에게 관심과 호의를 갖는다. 많은 협상에서 성공과 실패는 결국 종이 한 장 차이로 갈린다. 당신이 원하는 대로 합의를 얻어낼 수 있는 방법을 체계적으로 향상시킬 수 있다면 그런 노력은 장기적으로 큰 성과를 안겨줄 것이다.

'일관성의 함정'을 조심하라

숙련된 협상가들은 사람들이 누구나 일관성을 가지고 있다는 것을 보이고 싶어 한다는 사실을 잘 알고 있다. 그래서 일관성의 기준을 자주 사용한다. 아주 교묘한 사람들은 상대방이 자신의 논거를 주장하는 데 사용하고 있는 기준을 찾아내어 '일관성의 함정'이라는 트릭을 써서 상대방을 속이기도 한다. 일관성의 함정의 목적은 당신을 먼저 그럴듯한 기준에 전념하도록 한 후, 그 기준에서 끌어낸 논리적인 주장으로 당신을 꼼짝 못하게 만드는 것이다. 당연히 상대방이 펴는 주장은 당신의 이익과는 거리가 먼, 뒤통수 치는 내용이다. 상대방의 주장은 지적, 논리적으로 철저하게 무장했고, 당신은 덫에 걸려들지 않도록 방어해야 한다.

수금 대행 회사, 신용카드 회사 그리고 매출 압력이 높은 판매 회사들은 일관성의 함정을 항상 사용한다. 저녁 시간에 텔레마케터가 당신에게 전화를 걸어 미리 준비된 원고의 한 부분을 이야기한다. 여기에는 반드시 일관성의 함정이 끼어 있다. 당신이 원하는 것을 안다면 함정을 만드는 사람은 당신에게 그 말이 왜 중요한지 말하지 않고 먼저 당신이 어떤 내용에든 동의하도록 애쓴다. 장거리 전화 회사에 소속된 텔레마케터가 묻는다. "돈을 절약하고 싶지 않으십니까?" "물론이죠." 찰칵! 당신은 대답하는 순간 곧바로 함정에 걸려들었다. "우리가 지금까지 알아본 기록을 보면 우리 회사의 장거리 전화 서비스로 바꿨을 때 매월 100달러 이상을 절약할 수 있습니다. 지금 바로 절약을 시작하시는 것이 어떻겠습니까?" 이제 당신은 "네."라고 대답하게 되어 있다. 당신이 "아니오."라고 말하려면 새로운 이유를 찾아내거나 변명을 해야 한다. 그러나 텔레마케터들은 당신이 어떤 대답을 하든 대응할 수 있도록 잘 훈련되어 있다.

협상에서 일관성의 함정은 공격적이고 경쟁적인 협상가들이 즐겨 사용한다. 텔레마케터와 그 패턴은 비슷하다. 교묘한 협상가들은 비교적 순진무구한 원칙과 기준으로 당신을 사로잡는다. "이 회사의 공정한 가치를 측정하는 일은 다른 비슷한 회사의 매각 가격과 비교해서 결정해야 합니다. 그렇지 않습니까?" 그런 후에 당신이 협상과 관련한 제안을 하면 상대방은 당신이 막 받아들인 원칙을 넘어섰다고 주장함으로써 당신을 덫 안에 가두어버린다. "당신이 제안한 매각 가격은 벤치마킹하기로 동의한 회사의 매각 가격보다 30% 이상 높습니다."

과연 일관성의 함정에 빠지지 않을 수 있는 방법은 무엇일까? 일단 그들에 대한 경계를 늦추지 마라. 당신이 잘 모르는 사안에 대해 상대방이 먼저 질문하기 시작하면 속도를 늦추어라. 함정과 덫을 놓은 사람에게 당신이 질문을 해라. 약속을 하기 전에 왜 이러한 질문들이 중요한지 알아내기 위해 최대한 정보를 끌어내라. 그럼에도 불구하고 당신이 동의할 수밖에 없다면 자신의 언어로 그것을 풀어서 이후 해석의 여지를 많이 남겨두고, 가능한 한 광범위한 조건을 사용하라. "비교할 수 있는 매각 가격은 당연히 우리가 지금까지 논의한 내용과 관련 있다고 믿습니다만, 매각 시기나 산업의 종류에 따라 달라질 것 같군요." 경쟁적인 협상가에게는 이렇게 말할 수도 있다. "그럼 당신이 수집한 모든 자료를 제게 보여주시죠."

당신이 이렇게 신중하게 주의를 기울이는데도 상대방은 계속해서 당신을 일관성의 함정에 빠뜨리려고 온갖 방법을 동원한다. 협상 테이블에서 상대방과 충돌하고 다투는 일은 불편하고 불안하지만 어쩔 수 없다. 당신은 상대방의 움직임 하나하나를 경계해야 한다. 당신이 일관성의 함정에 걸려들었다고 생각한다면 두 방법을 선택할 수 있다. 당신이 받아들이기로 인정한 기준을 따르면서 당신의 입장을 수정하든지 아니면 당신이 그 기준에 동의한 것은 실수였다고 말하고 계속 당신의 입장을 고수하는 것이다. 후자를 선택하면 체면은 깎이겠지만 나쁜 결과를 떠안는 것보다는 비용이 적게 든다.

청중을 이용하라

당신이 상대방의 기준과 규범에 맞추어 협상 제안을 작성할 수 있다면 그렇게 하는 것도 좋은 방법이다. 그러나 그렇게 할 수 없을 때도 있다. 상대방의 기준과 규범이 당신의 입장과 직접적으로 모순되고, 당신은 다른 대안을 찾아볼 여유가 전혀 없다고 생각해보라. 상대방의 기준에 맞서 공격하면서 그의 마음을 돌리겠는가? 그렇게 시도할 수는 있지만 협상 상대방을 자신의 기준에 더욱 집착하게 만들 가능성이 크다.

이처럼 어려운 협상 상황에서는 명백한 레버리지에 의존하여 상대방에게 대항하거나, 아니면 당신의 기준과 규범에 동조하는 협력자를 찾아야 한다. 제3의 협력자를 찾았다면 당신은 그의 입회나 보호 아래 상대방과 협상할 수 있을 것이다. 제3의 협력자들은 기준과 규범이 공정하게 적용되도록 보장해주는 청중의 역할을 해주며 동시에 증인이 되어준다. 곧 청중이 갖고 있는 일관성 원칙을 이용하여 당신과 반대되는 주장을 펴는 상대방의 요구를 돌려놓을 수 있다.

1등석 열차를 탄 마하트마 간디

청중이 협상의 기준을 주장하는 데 도움이 되는 사례 하나를 보여주겠다. 현대 인도의 아버지라고 불리는 마하트마 간디가 쓴 자서전 『나의 진리 실험 이야기*The Story of My Experiments with Truth*』에 나오는 이야기다.[5]

간디는 인권 운동가로 활동하던 초기에 남아프리카에서 인도인의 권리를 옹호하는 변호사로 일했다. 영국에서 법학 학위를 받은 후, 간디는 남아프리카에 도착해 인도인의 인권 보호를 위해 자신이 그동안 익힌 법 지식과 영국의 사회규범에 대한 지식을 사용할 준비를 해나갔다.

당시 남아프리카 법에는 남아프리카 백인들이 '쿨리'라고 부르는 인도인은 3등석 열차로 여행해야 한다고 규정되어 있었다. 남아프리카에 사는 인도인은 굴욕감을 억누르고 그저 평화롭게 살기 위해 마지못해 이 법을 따랐다. 간디는 남아프리카에 도착한 후 이 법을 직접 경험한다. 1등석 열차를 이용하려다가 내몰리는 수모를 겪은 것이다. 그 사건은 간디에게 일생일대의 모욕이었으며, 깊은 인상을 남겼다. 얼마 지나지 않아 간디가 더반에서 프레토리아행 열차를 타고 이 법에 도전할 두 번째 기회를 찾게 된다. 간디는 두 번째 도전에서는 성공했다. 그는 협상 상대방을 제압하기 위해 청중을 이용하는 방법을 활용하였다.

간디는 두 번째 도전에서 "인종에 관계없이 제대로 옷을 입고 행동이 올바른 사람은 누구나 1등석 열차를 타고 여행할 수 있다."라는 기준을 사용했다. 물론 철도 회사는 "인도인, 곧 쿨리는 3등석 열차를 타야 한다."라는 법적 기준을 따르고 있었다. 여러모로 간디가 불리한 싸움이었지만 그는 자신의 목적을 이루기 위해 협상에 대한 준비를 효과적으로 계획하고 전략 모델을 활용하여 단계적으로 접근했다.

간디는 먼저 의사 결정권자를 직접 만나 1등석 열차 표를 구입할 생각을 하였으며, 자신의 요구를 어떻게 전달할지에 대한 방법부터 고민했다. 우선 더반 역의 역장 앞으로 편지를 썼다. 자신이 변호사이고 1등석으로 여행하는 데 익숙하다고 쓰고, 다음날 1등석 열차 표를 찾기 위해 역장의 사무실에 직접 들르겠다고 덧붙였다. 편지에 대한 답장을 받을 시간 여유를 주지 않음으로써 '거절' 하는 편지를 받게 될 가능성을 아예 막아버렸다. 이제 역장은 간디를 직접 만나서 설명해야 했고, 간디는 개인적으로 얼굴을 맞대고 직접 호소하면 1등석 열차 표를 살 가능성이 높을 것이라고 생각했다.

다음날 간디는 영국 신사들이 하는 대로 프록코트를 입고 넥타이까지 갖춰 맨 다음 역장을 만났다.[6] 비록 그가 인종은 다르지만 사회적 신분 계층은 역장과 같다는 기본 사실을 알려주기 위해서였다.

"손님이 이 편지를 보내셨습니까?" 간디가 나타났을 때 역장이 물었다. "그렇습니다. 역장께서 1등석 열차 표를 주시면 고맙겠군요. 제가 오늘 중으로 꼭 프레토리아로 가야 한답니다." 간디가 대답했다.

그때 간디가 역장을 직접 만난 것에 대한 작은 행운이 나타났다. "나는 남아프리카 출신 백인인 트랜스발인이 아닙니다. 네덜란드 출신인 홀란드인입니다. 당신이 느끼는 감정을 충분히 이해하고, 공감합니다."

다만 역장은 나중에 차장이 열차 표에 대해 문제를 제기하더라도 자신을 관여시키지 않겠다는 조건하에 표를 끊어주겠다고 했다. 간디는 동의했다. 역장이 제안한 조건에 동의하는 것은 나중에 유용하게 쓰일지 모르는 권위 있는 협력자를 잃게 되는 일이었지만 어쩔 수 없었다.

"안전한 여행이 되기를 빕니다." 역장이 끝맺었다. "당신이 신사라는 것을 알 수 있군요."

자, 이제 마지막 난관이 남았다. 간디가 1등석 열차를 타려면 신분 계층도 다르고 인종도 다른 트랜스발인 차장을 반드시 설득해야 한다.

여기서 간디는 '청중을 이용하라'는 협상 원칙을 사용한다. 그는 '정장을 하고 격에 맞는 올바른 행동을 하는 사람은 1등석 객차를 이용할 수 있다'는 기준에 동의해줄 사람, 또한 차장이 책임을 느낄 만한 제3자를 찾아내야 했다. 간디는 적임자를 발견할 때까지 1등석 객차 통로를 천천히 걸어 들어갔다. 그리고 혼자서 1등석에 앉아 있는 영국인을 발견했다. 간디는 1등석 표를 갖고 앉아서 차장이 오기를 기다렸다.

이윽고 차장이 다가왔고, 차장은 간디를 보자마자 그가 인도인이라는 것을 알아채고 화를 내며 3등석으로 옮기라고 말했다. 간디는 1등석 표를 보여주었다. "그것은 중요하지 않소." 차장이 말했다.

그때 간디가 발견한 청중인 영국인이 입을 열었다. "왜 이 신사를 괴롭히는 겁니까? 그가 1등석 표를 갖고 있지 않습니까? 나는 그와 자리를 함께하는 것이 전혀 문제 되지 않습니다." 그는 간디를 향해 정중하게 말했다. "자리에 편히 계십시오."

"당신이 쿨리와 함께 있기를 원한다면 내가 무슨 상관을 하겠습니까?" 차장은 화를 내며 돌아갔고, 간디는 1등석에서 여행을 할 수 있었다.

간디는 일시적으로 남아프리카의 부당한 법에 맞서기 위해 영국인 신사를 그의 청중으로 이용한다. 이후 간디는 영국이 인도인을 불공정하게 대우하는 실상을 세상에 폭로하기 위해 세계 여론을 청중으로 이용했으며, 인도가 독립하는 데 큰 역할을 한다.

시장에서의 기준과 규범

일관성의 원칙을 고수하는 기준과 규범은 협상에서 큰 힘을 발휘한다. 특히 시장 거래에서 통용되는 기준은 다른 것보다 더 강력하게 작용한다. 시장에서 통용되는 기준은 협상에서 닻과 핵심점 역할을 한다. 이푸가오 부족이 동물을 빌렸을 때 적용한 자연 증가율만큼 되갚는다는 기준도 마찬가지다. 그 상황에서는 단 하나의 명확한 해결책 역할을 한다.[7] 아마도 다른 상황이었다면 협상의 여지가 있었을지 모르지만, 대부분의 다른 시장 기준들은 그렇게까지 선제적이지 않다. 대신에 협상의 범위를 결정하는 역할을 한다. 그 범위 안에서 상대방과 협상하고 해결책을 찾게 된다.

협상에서 우선 규범으로 작용하는 기준의 예는 현대 비즈니스 어디서나 발견할 수 있다. 예를 들면, 미국에서 주거용 부동산 중개업의 관행은 중개인에게 매매가의 고정 수수료인 6%를 준다.[8] 문학계나 연예계에서 대리인은 의뢰인이 받는 로열티와 비용의 일정한 기준치, 대개 15%를 받는다. 양장본으로 책을 펴낸 저자들은 미국에서 보통 책의 소매 가격을 기준으로 판매가의 15%를 받는다.

이러한 기준들은 재무적 관점에서 보면 매우 자의적이다. 부동산 중개인, 출판 대리인, 발행인 들은 경우에 따라 수수료를 협상할 수 있고, 특별한 경우에 실제로 그렇게 하기도 한다. 그러나 모든 거래마다 협상하는 것은 시간과 노력이 든다. 그래서 각각의 산업 현장에서는 가능한 한 협상해야 하는 상황이 생기지 않도록 지불 기준을 적용하게 된다.

제도화된 협상 기준을 받아들인다는 것은 곧 당신도 구성원의 일원이라는 것을 인정한다는 의미다. 협상에서 기준을 벗어나는 일은 약간 모욕적이거나 건방지다는 느낌을 준다. 기준에 의문을 표하는 것은 집단에 속한 협상자의 위치를 위협할 수 있기 때문이다. 협상 기준과 구성원과의 이런 연결이 기준과 규범에 무게를 실어준다. 그리고 강력한 기준과 규범을 유지하면서 이득을 보는 집단은 이후에도 같은 방식을 선호하게 된다.

처음 시장에 들어설 때 당신은 가장 먼저 시장에서 통용되는 기준과 규범을 파악하고 준수해야 한다. 그렇게 하지 않으면 사람들은 당신을 약간 모자라거나 아니면 비합리적이라고 생각할 것이다. 마찬가지로 당신이 회사나 조직에 들어갔을 때 조직의 규범과 관례를 이해하지 못하면 효과적인 변화와 혁신을 창출하기 어려워질 수밖에 없다.

시간이 흐르면서 당신은 조금씩 제도화된 규범에서 약간 벗어나거나 무시할 수도 있을 만큼 충분한 협상력과 기술을 갖게 될 것이다. 당연히 초보자가 하기에는 어렵고, 상당히 숙련된 협상가가 위험을 감수하면서 선택하는 치밀하게 계산된 행동이다. 미국 남부에는 다음과 같은 속담이 있다. "새끼 돼지는 살이 찌지만 다 큰 돼지는 잡아먹힌다." '돼지 두 마리' 사례에서도 보았듯이 돼지를 빌려준 사람이 지나치게 욕심을 부려 부족 안에서 통용되는 기준을 바꾸려 했기 때문에 결국 원래 받을 수 있었던 돼지 수보다 더 적게 받았으며 부인에게 싫은소리도 들어야 했다.

제도화된 기준 외에 시장에서 적용하는 협상 규범은 논쟁의 대상이 될 수도 있다. 이것은 협상의 범위를 정하는 기준이기 때문에 원하는 결과를 얻기 위해서는 정당한 방법으로 논쟁할 수 있는 것이다. 하지만 최종 합의가 꼭 그렇게 이루어져야 한다는 것은 아니다. 제안과 요구를 정당화하고 협상의 범위를 좁힐 수 있다는 뜻이다.

많은 판매-구매 상황에서 '공정 시장가격'은 적절한 기준이 된다. 시장은 당신이 협상을 준비할 때 많은 유용한 자료를 제공한다. 과거 거래에 바탕을 둔 공개된 자료나 개인적인 자료들도 대부분 중요하게 다루어진다. 그리고 많은 연구 결과에서도 그러한 자료가 협상 결과에 중요한 영향을 미친다는 것을 확인할 수 있다. 공정 시장가격이라 해도 절대적인 것은 아니다.[9] 다만, 거의 모든 판매-구매 거래에서 상대적인 기준으로 작용한다.

의료기관에서 간호의 질이나 대학 교육에서 학생 교육의 우수성과 같은 기준과 규범에서는 더욱 그렇다. 제도의 목적에 따라 기준은 다르게 해석될 수도 있다. 그러나 자료가 많으면 많을수록 당신의 제안과 제도적 규범을 잘 연결할 수 있다. 좋은 자료가 많으면 많을수록 당신의 주장은 더욱 논리적이게 된다.

협상의 범위를 결정하는 데 필요한 정당한 기준을 충분히 준비하지 않은 상태로 협상에 임했다가는 큰 실수를 범할 수 있다. 준비를 잘할수록 당신이 주장하는 제안이 협상 기준의 범위 안에서 공정하게 보일 수 있으며, 당신이 원하는 가격을 얻어내고 또한 가격 이외의 다른 중요한 문제에서 추가로 양보를 얻어낼 수 있다.

협상 주제 설정 : "비정규직 파트타임 노동자로는 문제를 해결할 수 없다"

마지막으로 협상에서 강력한 일관성의 원칙을 활용하는 방법은 '협상 주제 설정'을 통해서다. 주제 설정이란, 협상에서 당신이 풀고자 하는 문제를 정의하는 분명하고 기억에 남는 어구나 프레임워크를 말한다. 협상 초기에 주제를 설정하면 상대방은 그것을 통해 당신이 왜 거기에 있는지, 당신이 어떤 관심과 규범을 가지고 협상에 임하고 있는지를 알 수 있다. "집에서 쓸 두 번째 차를 사려고 합니다." 자동차 딜러에게 이렇게 말함으로써 "우리는 가격이 저렴하고 내구성 있는 소형차를 찾고 있다."라는 분명한 메시지를 전하게 되는 것이다.

주제 설정은 상대방에게 당신이 거기에 있는 이유를 보여줄 수 있고, 무엇보다 당신이 목표에 더 집중할 수 있게 해준다. 진행 상황이 힘들어지고 마감 시한이 다가올수록 주제 설정이 필요하다. 강력한 태풍에 흔들리는 선박을 튼튼한 로프로 지탱하는 것과 같이 주제 설정은 당신의 협상 지위를 굳건하게 지켜줄 것이다.

협상에서 주제 설정이 어떤 역할을 하는지 또 다른 사례를 통해 살펴보자.

1997년 팀스터즈 노조는 미국에서 가장 큰 택배 회사인 UPS와 맞서 대규모 파업을 감행했다. 그것은 당시 미국에서 조직 노조로서는 처음 일어난 대규모 파업이었다.

주제 설정이 어떤 차이를 만들어냈을까? 노조는 신중하게 잘 짜인 주제를 설정하고 기회 있을 때마다 반복해서 수정했다. "비정규직 파트타임 노동자로는 문제를 해결하지 못한다." UPS의 종업원과 트럭 운전자 18만 명 중 상당수는 비정규직 노동자였다. 이들은 비정규직에서 정규직으로 전환 채용해줄 것을 요구했다. 이러한 주제 설정은 비정규직을 받아들일 수밖에 없는 처지 때문에 불행했던 미국 전역의 많은 노동자들에게 공감을 얻었다. 노조는 모든 문제는 UPS가 파트타임 비정규직 노동자의 수를 늘렸기 때문에 발생했으며, 이 문제를 해결하는 것만이 유일한 방법인 것처럼 보이도록 했다.

UPS는 '경쟁력 유지'라는 주제를 내걸어 노조에 맞섰지만 노조의 잘 준비된 공격을 막아내기에는 역부족이었다. 당시 "비정규직 파트타임 노동자로는 문제를 해결할 수 없다."라는 구호는 어디서나 볼 수 있었다. 수천 개의 플래카드, 신문 사설과 기사, 텔레비전 뉴스에 나오는 전문가 입에서도, 그리고 인터넷에서까지 똑같은 구호를 만날 수 있었다. 이로써 파업에 참가한 18만 UPS 직원들은 확실하게 하나로 단결되었다. 나아가 미국의 일상생활에서 끊임없이 일어나는 택배 거래를 마비시키고 보통 사람들에게 불편을 끼치는 UPS 파업의 중요한 청중인 여론에 영향을 미쳤다.

팀스터즈 노조는 설득력 있는 주제 설정으로 협상의 레버리지를 얻어 궁극적으로 협상에서 승리했다. 회사는 임금 인상안에 동의했으며, 직원 연기금에 대한 통제 요구를 철회했고, 몇 년에 걸쳐 비정규직 노동자 1만 명을 풀타임으로 고용하는 데 동의했다. UPS의 전략가인 존 알덴 부회장은 협상을 끝내고 나서 우울하게 말했다.

"만약 내가 미리 알았더라면 …… UPS를 위한 협상이 아니라 전 미국의 비정규직 노동자들을 위한 협상이었다는 것을 미리 알았더라면 …… 우리가 협상에 접근하는 방법은 달랐을 것이다."[10]

대개 사람들은 협상에서 구호나 주제가 얼마나 중요한지 생각하지 못한다. 그러나 그것은 UPS 파업과 같이 눈에 띄는 큰 사건뿐 아니라 보통 협상에서도 매우 중요하게 작동한다. 당신의 필요와 관심에 관한 주제 설정이 설득력 있으면 당신은 신중하게 생각을 정리하고, 일관성 있게 의사소통하며, 좀더 효율적으로 메시지를 전달할 수 있고, 상대방은 당신이 하는 요구에 귀 기울이게 된다. 당신이 일관성 있는 주제와 입장을 가지고 있다는 것을 상대방이 확신하면 할수록, 그들은 당신을 존중하고 당신에게 중요한 규범적 레버리지를 제공하게 된다.

권위의 힘

일관성의 원칙에 덧붙여 협상의 기준과 규범을 설득력 있게 만드는 두 번째 심리적 동인은 권위를 따르는 인간의 성향이다. 이것은 협상 과정과 거래의 결과에 다양한 방법으로 영향을 미친다. 기준과 규범이 협상에서 구속력을 갖게 되는 것은 시장과 전문가들 혹은 사회가 공정하고 합리적인 가격과 관행을 결정하는 데 권위 있는 메시지를 전달하기 때문이다. 더구나 사람들은 대부분 협상에서 여러 가지 사회적 역할과 비전을 갖고 있기 때문에 이 역할들이 요구하는 방식으로 행동할 필요를 강하게 느낀다. 지위가 높은 사람의 말과 널리 인정되는 원칙을 따르게 되는 것이다.

심리학자들은 인간 본성에 관한 확실한 사실을 발견했다. 바로 우리가 권위를 인정하는 경향이 있다는 것이다. 물론 문화권마다 권위에 복종하는 정도에는 차이가 있지만, 아주 개인적인 미국인들조차 권위에 따르는 성향이 있다. 대개 권위에 따르는 것은 유용하다. 우리가 상사의 사무실을 꾸미는 문제 때문에 취향을 놓고 매일 싸우거나 매일 부닥치는 '고장' '출입 금지'와 같은 수많은 표지판에 의문을 제기한다면 사회는 제대로 움직이지 못할 것이다.

권위는 두 가지 측면에서 협상에 문제를 일으킬 수 있다. 첫째, 권위로 포장한 불공정한 조건을 제시하여 권위를 따르려는 인간의 본성을 부당하게 이용하려는 사람들이 있다. 둘째, 권위에 복종하는 우리의 성향은 때때로 우리가 적합한 관심사를 주장하려 할 때 부적절한 방법으로 방해하기도 한다. 권위가 야기하는 각각의 문제를 간단하게 살펴보자.

숙련된 협상가들은 권위에 따르고자 하는 우리의 자발성을 교묘하게 이용한다. 그들은 우리에게 난해한 용어로 빽빽하게 쓰인 권위적으로 보이는 표준 계약서를 보여주면서 전문가들이 사용하는 일상적 거래 양식이라고 설명한다. 협상 상대방이 회사의 방침이며 업계의 관행이라고 설명하여 자신의 위치를 정당화하는 것을 경험한 일이 있을 것이다. 협상에서는 기준에 바탕을 둔 논리의 하나로 권위를 이용한 전략을 잘 결합시킴으로써 추가적인 힘을 얻을 수 있다.

허브 코헨은 그의 책『협상의 법칙 : 세상의 모든 것은 협상 가능하다』에서 권위를 좇는 우리의 성향이 얼마나 쉽게 조작될 수 있는지 재미있게 설명하였다.[1] 가상 상황에서 미국 시민들이 반응하는 모습을 몰래 카메라로 관찰하는 텔레비전 프로그램에서 한번은 펜실베이니아 주의 필라델피아와 이웃한 델라웨어 주의 윌밍턴 사이에 있는 고속도로에 '델라웨어 고속도로 폐쇄'라고 쓴 큰 옥외 표지판을 세웠다. 제작진은 고속도로에 접근하는 차들의 속도를 줄이기 위해 표지판 근처에 손전등을 가진 사람을 세워두었다.

그리고 몰래 카메라로 그 길을 지나가는 사람들을 찍었다. 표지판을 무시하고 그냥 달려가는 사람들도 있었지만 걸음을 멈추고 스태프에게 상황을 물어보는 사람들도 있었다. 스태프는 태연하게 손가락으로 표지판만 가리켰다. 당황한 운전자 한 사람이 간절히 물었다. "언제 이길이 다시 열릴까요? 나는 델라웨어에 산단 말이에요. 내 가족도 거기에 살아요." 바로 이것이 인쇄된 말, 그것도 커다란 옥외 표지판에 인쇄된 말의 힘이다.

다음에 당신이 전혀 이해할 수 없는 임대 계약을 해야 하거나 소위 '전문가'가 주장하는 말을 들을 때에는 이 재미있는 이야기를 기억하라. 상대방은 당신이 그의 불공정하고 불필요한 요구를 생각 없이 받아들이기를 기대하면서 당신에게 델라웨어 고속도로가 폐쇄되었다고 말하고 있는지도 모른다.

또한 권위를 존중하는 경향 때문에 조직 안에서 의견을 적합하게 표시하거나 협상할 수 있는 우리의 능력이 방해하기도 한다. 예를 들면, 간호사와 같은 의료기관 종사자들은 의사의 의료 행위에 대해 때때로 별 생각 없이 의사가 판단하는 말에 따라 환자의 눈에 귀를 치료하는 약을 넣기도 한다.[12] 그들이 생각해도 의사는 비합리적인 지시를 하였지만 그들은 의심할 생각도 못 하고 지시대로 행한 것이다. 실제로 제복을 입는 수직적인 조직에서 일하는 사람들은 권위를 맹목적으로 좇으면 오히려 그가 정당하게 업무를 처리하는 데 방해가 될 수도 있다는 사실을 명심해야 한다.

좀더 진지한 사례를 들어 사회적 역할과 일상에서 일관성을 유지하려는 우리의 욕구가 의사소통이나 효과적 협상을 어떻게 방해하는지 설명해보자.[13] 이 비극적인 사례는 어느 춥고 눈보라 치는 겨울, 워싱턴에 있는 내셔널 공항을 이륙하다 추락한 에어플로리다 소속의 비행기 기장과 부기장이 실제로 주고받은 대화를 기록한 것으로, 비행기의 '블랙박스'에 녹음된 것을 추락 사고 후에 확인한 것이다.

(밖에서는 폭설이 쏟아지는 등 기상 조건이 나빴고, 비행기는 비행장 게

이트에서 이륙 신호를 기다리고 있었다.)

　부기장 저기 뒤편에 고드름이 잔뜩 달린 것 보이세요?

　기장 보고 있네.

　(비행기는 여전히 비행장 게이트에서 이륙 신호를 기다리고 있었고, 시간은 계속 흘러가고 있었다.)

　부기장 아이고, 얼음이 녹을 기미가 전혀 없는데요. 기다리면 상황이 좋아질 것이라고 생각하는 것은 바보 같은 짓이에요.

　(시간이 좀더 흐르고 계속해서 눈은 내린다.)

　부기장 여기서 너무 오래 기다렸는데 이륙하기 전에 다시 날개 위쪽을 확인해봐야 하지 않을까요?

　기장 곧 이륙할 것 같아.

　(비행기가 활주로로 이동하기 시작한다.)

　부기장 (엔진 계기판을 읽으면서) 제대로 작동하는 것 같지 않은데요, 그렇죠? (잠시 멈췄다가) 아, 맞지가 않아요.

　기장 그럴 리가, 맞는데, (계기판을 가리키면서) 80이잖아.

　부기장 아네요, 제가 생각하기에는 안 맞는 것 같아요. (7초간 멈췄다가) 음, 맞는 것 같군요.

　기장 120.

　부기장 모르겠어요.

　(이륙하던 비행기가 상승하려고 애쓰다가 결국 포토맥 강으로 추락하기 시작한다.)

　부기장 래리! 우리가 추락하고 있어요, 래리!

　기장 나도 알아······.

　(충돌하는 소리.)[14]

이 사고에서 부기장은 권위에 대한 복종을 극복하지 못하고 결국 비극을 맞고 말았다. 기장, 부기장을 포함해 이 비행기에 탑승하고 있던 승객 일흔네 명 중 예순아홉 명이 사망했다. 정부가 발표한 사고 조사 결과를 보면, 부기장이 정확하게 판단했으며, 계기판은 비정상적으로 작동하고 있었고, 기장은 이륙을 취소했어야 했다. 이 사고와 비슷한 다른 사고에 영향을 받아 항공사들은 이제 조종사들에게 더 직접적이고 효과적인 방법으로 안전 문제 의사소통 방법을 특별 훈련하고 있다.

당신이 협상을 시작하기 전이나 진행하는 중에도 '권위를 따라야 한다'는 느낌이 든다면, 당신의 진정한 관점을 표현하기 전에 상황을 주의 깊게 살펴볼 필요가 있다. 당신이 권위를 따라야 하거나 그래서 양보해야 할 때에는 반드시 상대방이 가진 타이틀이나 지위 때문이 아니라 가장 기본적인 이해에 바탕을 두어 정당한지 꼭 살펴보아야 한다.

♟ 요약 ▶▶▶

기준, 규범, 주제 설정 그리고 권위에 관한 논의는 협상의 기본이다. 그러나 제3장에서 인용한 사례들은 공정성과 일관성의 기준에 관한 숨어 있는 또 다른 진실을 설명하고 있기도 하다. 협상의 이슈가 비교적 사소한 문제거나 아니면 사회적 역할이 특별히 강한 경우를 제외하면, 권위적인 기준과 명확한 주제 설정만으로는 목표에 대한 높은 열망을 가진 협상가와 대응하기 어렵다는 점이다.

큰 이익이 걸리면 단지 자신이 일관적이지 않은 주장을 폈다거나 상대방이 훌륭한 논리를 내세웠다는 이유로 양보하지는 않는다. 그들은 그것이 자신의 협상 범위 안에 있고 목적을 향해 나아가는 것을 도와줄 것이라 생각할 때에만 양보한다. 이 장에 인용된 모건의 말은 이런 점을 요약하고 있다. "사람들은 언제나 자신이 하는 일에 두 이유를 갖고 있다. 하나는 보기에 좋은 이유이고, 다른 하나는 진짜 이유다."

다른 식으로 설명하면, 당신의 입장을 지지하는 합리적인 논리는 당신의 주장이 적합하다는 사실을 보장하는, 그리고 상대방의 관심을 끌 수 있는 입장권과 같다. 그러나 합리적인 논리와 주장만으로는 협상의 성공을 보장할 수는 없다. 당신의 요구가 상대방의 능력과 관심의 범위 안에 있어야 하고, 당신이 적용하기를 원하는 기준을 상대방에게 아주 설득력 있게 전달해야 한다. 결국 협상에서 올바른 가격을 정할 수 있는 것은 단 두 가지뿐이다. 구매자가 기꺼이 지불하고자 하는 가격과 판매자가 받아들이고자 하는 가격.

돼지 두 마리 이야기에서 가문의 보물인 선대의 징을 훔친 사건은 이 협상에서 매우 중요한 역할을 하였다. 그 징은 집안의 아주 중요한 영적인 상징물이므로 채권자의 아들이 잡은 저당물 이상의 의미를 띠었다. 그것은 채무자가 빨리 이 논쟁을 마무리지을 수 있는 빌미를 만들었다. 그러나 징을 훔친 일은 또한 마을 장로 앞에서 채권자의 체면을 구기는 사건이기도 했다. 두 요소는 채무자가 돼지 다섯 마리를 지불하게 했고, 채권자는 결국 세 마리만 받게 되는 데 결정적인 영향을 미치게 된다.

그리고 간디가 남아프리카인 차장에게 맞서 주장한 요구는 그것이 이야기의 전부가 아니라는 사실을 보여준다. 영국인의 존재는 간디에게 협상의 레버리지를 만들어주었다. 차장은 꽤 불쾌한 선택에 직면한 것이다. 간디를 열차에서 끌어내려 위엄 있고 강력한 영국 시민의 모습을 보여주든지 아니면 그냥 자리에서 피한 다음 나중에 누군가가 불법적으로 인도인 쿨리에게 1등석 표를 팔았다고 불평하든지 둘 중 하나를 선택하면 되었다. 결과적으로 차장이 간디의 1등석 차표를 인정하고 외부의 충돌과 마찰을 피한 것은 차장 개인의 이해관계와도 일치했기 때문이다.

✓ **규범적 레버리지를 얻기 위한 체크 리스트**

☐ 적용할 수 있는 기준과 규범을 조사하고, 상대방이 적합하
다고 인정할 만한 기준을 찾아내라.

☐ 지지할 수 있는 증거 자료와 논리를 준비하라.

☐ 상대방이 펼칠 주장과 논리를 예상해보라.

☐ 협상의 주제 설정을 잘하고, 또한 상대방의 협상 주제를 예
측하라.

☐ 필요하다면 당신에게 동조해줄 수 있는 청중 앞에서 당신의
주장을 펴는 방법도 고려하라.

협상의 기본 원칙 (4)

상대방과 좋은 관계를 형성하라

■　■　■

당신이 사람들을 제대로 대우한다면 그들도 당신을 그렇게
대우할 것이다. 최소한 90%는 그렇다.
프랭클린 D. 루스벨트[1]

당신이 돌아올 때를 대비해 좋은 인상을 남겨라.
케냐 속담[2]

	당신의 협상 스타일을 파악하라		도전적 목표와 높은 기대치를 수립하라	
권위 있는 기준과 규범을 준비하라				상대방과 좋은 관계를 형성하라
	상대방의 숨은 이해 관심사를 파악하라		협상의 레버리지를 높여라	

협상에서는 사람이 중요하다. 협상은 사람들의 목표와 필요 그리고 이해관계에 관한 것이기 때문이다. 효과적인 협상의 네 번째 기본 원칙은 바로 협상에서 개인 간의 관계를 형성하고 잘 관리하는 것이다. 좋은 관계는 긴장을 완화시키고 의사소통을 원활하게 해 믿음과 신뢰를 조성한다.

좋은 관계는 우리가 목표를 달성하는 데 도움을 주고, 목표를 조정하도록 자극하기도 한다. 예를 들면, 우리는 대기업에게 요구하는 전문 서비스의 대가를 친한 친구에게 똑같이 요구하지는 않는다. 이 책의 서두에서 나는 학교 운동 팀의 여행 경비를 마련하기 위해 과일 바구니를 파는 이웃집 아이와 협상한 예를 들었다. 왜 결국 과일 바구니를 사게 되었을까? 그것은 이웃집 가족과의 좋은 관계 때문이었다.

인간관계의 핵심인 개인 간 신뢰는 깨지기 쉽지만 서로 신뢰하면 거래는 잘 진행된다. 반면 신뢰가 없으면 그 거래는 협상이 어렵고 실행하기는 더욱 어려우며, 시시각각 변화하는 인센티브와 환경 조건에 쉽게 영향을 받는다.

협상에서 신뢰를 만들고 유지하는 비결은 무엇일까? 인간 행동에는 간단하지만 아주 확실한 규칙이 있다. 바로 상호성의 규범이다.

상호성의 규범

앨빈 굴드너 박사는 "상호성의 일반적인 의무는 인간 존재나 집단의 구성원, 사회적 신분을 가진 개체로서가 아니라 오히려 이전에 한 행위 때문에 서로에게 갖는 의무감이며, 과거에 상대방이 우리를 위해 뭔가를 해주었기 때문에, 그리고 우리와 상대방이 갖는 상호관계의 과거 역사 때문에 느끼는 의무감이다."[3]라고 말한다.

상호성에 대한 심리학적이고 인류학적인 연구에서 크고 작은 모든 거래에서 상호성의 힘이 확인되고 있다. 대개 사람들은 자신에게 먼저 크리스마스 카드를 보낸 사람에게 카드를 보내고, 조그만 선물이라도 보내준 단체에게 후원을 하며, 자신에게 유리한 타협안을 제시한 상대방에게 먼저 양보하게 되기 마련이다.

상호성에 관해서 우리는 오랜 기억을 갖고 있다. 서로 다른 전문직 종사자인 부부는 종종 돌아가면서 상당 기간 동안 서로의 일을 돕는다. 1985년 에티오피아는 멕시코시티에서 발생한 끔찍한 지진 피해를 돕기 위해 상당한 구호 자금을 기부했는데, 그것은 1935년 이탈리아가 에티오피아를 침공했을 때 멕시코가 크게 도와주었기 때문이다.[4]

우리는 또한 단기적으로도 상호성에 대한 계산을 가지고 있다. 일반적인 비즈니스 협상에서 우리는 각각의 정보를 공개하고 조정하는 일도 분 단위로 기록한다. "당신에게 내 요구를 밝혔습니다. 이제 당신의 요구를 말해주시기 바랍니다." "나는 마지막 양보를 했습니다. 이제 당신 차례입니다."

보수적인 경제학자들은 교환관계에서 상호성과 같은 규범을 이해하기 어려울 수 있다. 그들은 언제나 사람들은 모든 거래에서 가장 많은 것을 얻으려 한다고 가정한다.[5] 그러나 숙련된 협상가들과 비즈니스맨들은 잘 안다. 그들은 상호성에 기초한 안정적 관계와 믿을 만한 상호작용이 경제적 부와 개인적 만족의 커다란 원천이라는 것을 이해한다. 사업 파트너에 대한 개인적 신뢰는 엄청난 공식적인 계약과 보증 채권의 가치가 있다. 그리고 비즈니스에서 신뢰할 만한 사람이 된다는 것은 우리에게 미래에 있을 사업 기회에서보다 더 큰 이익을 주며, 또한 스스로에게 자부심을 안겨준다.

친구를 만든 모건

협상에서 상호성이 차지하는 중요성을 잘 보여주는 미국 비즈니스 역사 속의 작은 비중을 차지하는 한 단순한 사례가 있다. 위대한 미국의 두 사업가인 앤드루 카네기와 J. P. 모건에 관한 이야기다.

19세기 후반 철강업계의 거물이던 카네기는 그의 자서전에서 은행가인 모건과 인연을 맺게 된 이야기를 한다.[6] 젊은 시절에 모건과 '특별한' 사업 관계를 맺기까지의 이야기다.

1873년 금융공황이 닥쳤을 때 카네기는 사업 자금이 절대적으로 부족했다. 모건은 곧바로 유리한 계약이 가능하겠다고 판단해 예전에 모건 가(家)와 카네기가 함께 시작했던 사업의 동업자 지분을 사들이기로 했다.

사업 자금이 모자라 고민하던 터라 카네기는 "돈이 될 만한 것은 뭐든지 팔겠다"라고 재빨리 응답했다. 모건은 지분이 얼마인지 물었고 카네기는 동업자 지분 5만 달러에 추가 이익 1만 달러를 포함한 6만 달러면 좋겠다고 대답했다. 모건은 동의했고 두 사람은 거래를 성사시켰다. 6만 달러는 그 후 이 두 사람이 했던 수백만 달러 규모의 거래들에 비하면 아무것도 아니었지만, 1873년 당시에는 꽤 큰 금액이었다. 오늘날로 치면 수십만 달러에 해당한다.

다음 날 카네기는 모건에게 돈을 가져오라고 전화했다. 놀랍게도 모건이 가져온 수표는 두 장이었다. 6만 달러짜리 한 장과 1만 달러짜리한 장.

카네기가 놀라자 모건은 돌아가 계산해보니 동업자 지분의 가치는 5만 달러가 아니고 6만 달러였다고 설명하고, 동업자 지분으로 6만 달러와 전날 동의한 이익금 1만 달러를 더 가져왔다고 했다. 카네기는 고민했다. 그리고 모건에게 1만 달러를 돌려주며 말했다.

"이 돈은 당신이 돌려받아야 합니다. 내가 감사의 표시로 드리는 것이니 1만 달러를 받아주십시오."

모건은 대답했다. "고맙습니다만 그럴 수는 없습니다." 결국 카네기는 7만 달러를 받았다.

카네기는 모건이 계산 착오로 생긴 1만 달러를 돌려준 것에 아주 깊은 인상을 받았다. 그때 그는 결심했다. "나로 인해 모건은 물론 모건의 아버지와 아들, 그리고 그의 집에 절대로 문제가 생겨서는 안 된다. 그들은 이후로 나의 가장 중요한 친구가 될 것이다."[7]

모건은 6만 달러로 카네기의 지분을 살 수 있는 법적 권리가 있었지만 거절했다. 왜 그랬을까? 그는 카네기와 자신의 관계를 사업 파트너이상으로 여겼기 때문이었다.

여기서 그 역동적인 관계를 주목해보자. 모건은 카네기에게 따뜻하고 인간적인 매력을 줄 만한 어떠한 특별한 행동도 하지 않았다. 그는 단순히 그가 하고 있는 일을 강조하기 위해 수표 두 장을 끊어줌으로써 그가 믿을 만한 사람이라는 신호를 보냈을 뿐이다. 1873년 이후 두 사람은 사업관계에서 그날의 1만 달러와는 비교가 안 될 정도로 서로 신뢰하는 모습을 여러 번 드러냈다.

최후 통첩 게임 : 공정성 테스트

협상에서 상호성의 규범은 3단계 행동 강령으로 그 핵심을 요약할 수 있다. 첫째, 당신 스스로 언제나 신뢰할 만한 사람이어야 한다. 당신이 될 수 없는 모습을 다른 사람에게 요구할 권리가 당신에게는 없다. 둘째, 당신은 당신을 공정하게 대하는 사람에게는 반드시 공정하게 대해야 한다. 이 간단한 원리가 생산적인 대부분의 협상관계를 지탱해준다. 셋째, 상대방이 당신을 공정하지 않게 대하고 있다고 생각한다면 즉시 상대방에게 그 사실을 알려야 한다. 불공정한 대우를 알리지 않거나 반응을 보이지 않으면 상대방은 더욱 그런 행위를 하게 되고, 결국 신뢰관계가 무너질 수밖에 없다.

협상에서 이 세 원칙이 공정한 행동 강령으로 얼마나 강력하게 작용하는지 설명해보자. 협상 연구자들은 사람들이 협상관계에서 공정성에 얼마나 민감한지 증명하기 위한 간단한 실험을 반복했다. 소위 '최후 통첩 게임'이라는 것인데,[8] 게임 방법은 다음과 같다.

만약 당신이 바에서 낯선 사람과 함께 앉아 있다고 상상해보라. 누군가가 다가와 당신과 일행에게 100달러를 주면서 만약 둘이 이 돈을 나누는 데 동의한다면 상대방이 제안하는 어떤 금액도 가질 수 있다고 말한다. 단, 규칙이 있다. 0달러와 100달러 사이에 있는 숫자 하나로 단 한 번만 제안해야 한다. 가격 협상은 없다. 당신이 받아들이면 당신은 동의한 대로 돈을 나눈다. 당신이 거부한다면 당신 둘 다 아무것도 얻지 못한다. 첫번째 라운드 게임 이후에 낯선 사람은 100달러를 한 번 더 받고 당신은 다시 2라운드 게임을 할 수 있다.

이제 낯선 사람이 당신에게 자신은 98달러를 가지고 당신은 2달러를 가지라고 제안했다고 가정해보자. 당신은 받아들일 것인가, 거부할 것인가? 2달러가 아무것도 없는 것보다는 낫지만 협상 실험에서 첫번째 게임을 해본 사람은 대부분 명백히 불공정한 이 제안을 거부한다.[9] 사실 어떤 사람은 전체 몫의 25%에서 30% 정도의 분할 제안도 거부한다. 왜 그럴까? 이러한 분할 제안은 공정한 분배가 아니므로 "아니오"라고 말함으로써 불공정한 제안을 한 사람에게 보복할 수 있기 때문이다. 당신이 2달러를 준다는 제안을 거부하면 그 돈은 잃게 되지만, 상대방은 98달러나 잃게 된다. 대부분의 사람들은 공정성을 지키는 것이 단돈 몇 달러의 가치보다 크다고 생각한다.

2라운드 게임에서 공정성 경향이 강해지는 것은 첫번째 라운드에서 우리가 보였던 행동이 두 번째 라운드에서 상대방이 우리를 대하는 태도에 영향을 미칠 것이라는 사실 때문이다. 당신이 첫번째 라운드에서 불공정한 2달러의 제안을 받아들였다고 생각해보라. 이제 낯선 사람은 더 이상 낯설지 않지만, 또 다른 100달러를 갖고 있다. 두 번째 라운드에서 그가 얼마를 제안할 것이라고 생각하는가? 아마도 2달러일 것이다. 그러나 만약 당신이 그의 처음 제안을 거부했다면 두 번째 제안은 얼마가 될까? 아마도 2달러 이상, 어쩌면 50달러까지도 될 수 있을 것이다. 첫번째 라운드에서 당신이 보여준 공정성에 대한 주장은 다음 라운드에서 공정성과 상호성의 규범을 세우는 역할을 하게 된다.

만약 낯선 사람이 욕심을 버리고 50달러를 제안했다고 생각해보라. 거의 모든 사람이 "예스."라고 말할 것이다. 50달러씩 나누는 것은 명백히 공정하고 긍정적인 대답을 얻을 만하다. 당신과 낯선 사람은 돈을 주는 사람이 지쳐 집에 갈 때까지 저녁 내내 이 게임은 끝날 줄 모르고 계속될 것이다.

마지막으로 낯선 사람이 당신에게 100달러 중 55달러를 제안하는 경우를 상상해보자. 이것이 1873년 경제공황이 한창일 무렵 모건이 카네기에게 보여준 행동의 본질이다. 당신도 카네기처럼 당신의 관대한 새 친구에게 공정하고 동등한 수준을 유지하기 위해 5달러를 돌려주려 할지 모른다. 그러나 이 게임은 그것을 허용하지 않기 때문에 당신은 55달러를 받아들여만 한다.

또한 당신은 다소 다른 관점에서 상대방과의 관계를 생각할 수도 있다. 당신은 그 사람에게 얼마를 빚지고 있다. 모건이 카네기에게 계산착오로 생긴 1만 달러를 돌려준 후에 카네기는 일종의 보답을 할 수 있는 방법을 생각했다. 곧바로 기회가 주어지지 않았기 때문에 그는 미래에도 모건을 든든한 친구로 삼기로 결심했다.

상호성이 어떻게 작용하는지 보여주는 이 일화에서 얻을 수 있는 교훈은 분명하다. 어떤 주어진 상황에서 당신이 단지 힘을 갖고 있기 때문에 그것을 사용하는 것은 현명한 행동이 아니다. 사실 모건이 보여준 선례를 따라 그 상황을 앞날의 관계에 있어 기초를 닦는 기회로 이용하는 것이 더 현명할 수 있다. 관대함은 또 다른 관대함을 낳는다. 공정성은 또 다시 공정성을 부른다. 그러나 불공정함은 강한 반응을 얻게 마련이다. 그것이 관계에서 상호성의 규범이다. 정보를 교환하고 양보하는 협상의 단계에서도 상호성의 규범은 협상에 도움을 준다. 언제나 순환하는 것이다. 당신이 행동을 한 후에는 상대방이 행동할 때까지 기다려라. 상호성은 협상 테이블에서 가장 믿을 만한 올바른 행동 준칙이다.

협상 계획에서의 관계 요소

사람들은 복잡하고 예측하기 어렵다. 상대방과의 관계가 얼마나 안정적인가와 관계없이 당신은 협상의 매순간 신뢰의 문제를 다루어야 한다. 이는 효과적인 협상 계획의 일부분으로 관계 요소를 점검하는 습관을 가져야 한다는 뜻이다.

이제 어떻게 해야 하는가? 내 경험을 예로 들어보겠다. 이것은 어떤 미국인 사업가—배리라고 부르자—에 관한 이야기다. 그는 와튼 스쿨 협상 워크숍에 참석하였고 복잡한 국제 거래에 대해 내가 조언을 해주었던 사업가다. 비밀 유지를 위해 몇 가지 상황을 바꾸었지만 실제로 있었던 이야기다.

배리는 나이가 서른다섯이고, 오하이오에 있는 가족 소유의 2,500만 달러짜리 화학 엔지니어링 회사를 운영했다. 그는 열정적으로 일했고 매우 경쟁적이었다. 그의 리더십 아래 회사는 번창했고 성장해 갔다.

한번은 배리가 나에게 전화로 스위스에 있는 한 대기업과 합작 투자 가능성을 이야기하면서 협상 조언을 부탁했다. 스위스 기업은 세계 시장에서 엄청난 판매 가능성을 가진 최신 제품 라인에 대한 합작 설립을 원했고 배리의 공장에서 개발된 특별한 화학 포뮬러를 활용하고 싶어 했다. 만약 이 일이 잘 성사된다면 그 세계 시장 규모는 현재 배리의 매출 규모와는 비교가 안 될 정도로 컸다. 이 협상이 잘만 타결된다면 베리는 머지않아 1억 달러 이상의 이익도 가능하리라 예상했다.

배리는 이 거래가 잘 이루어지길 바랐으나 협상의 진행에 어려움을 겪고 있었다. 특히 그는 화학 포뮬러의 가격을 먼저 제시해야 할지 아니면 상대방 기업이 평가할 때까지 기다려야 할지를 결정하지 못해 고민하고 있었다.

배리는 나에게 스위스 기업과 주고받은 편지 복사본과 여러 차례 있었던 대면 협상을 하는 동안 기록한 협상 노트를 보여주었다. 우리는 협상 당시의 상황에 대해 오래 토론했다. 그 거래에는 흥미로운 사업 조건, 가격 문제 그리고 가능한 딜 구조 등 여러 가지가 포함되어 있었지만 상황을 면밀히 분석해본 결과 가장 중요한 전략적 변수는 관계라는 것을 알아냈다.

첫째, 배리와 그보다 약간 나이가 많은 스위스 기업의 경영자는 배리 회사에 기술 문의를 해오기 전까지 서로 전혀 모르는 사이였다. 나는 양측이 주고받은 편지를 살펴보면서 스위스 경영자—칼이라고 부르자—인 칼이 쓰는 대학생 같은 말투와 "우리는 같이 해낼 수 있을 것이다."라고 생각하는 데 놀랐다. 반면 배리는 미래에 제기될 수 있는 분쟁 가능성과 스위스 기업이 배리 회사가 보유한 기술을 훔쳐갈지 모른다는 위험 부담을 느껴 지나치게 경쟁적이고 방어적으로 움직이고 있었다. 나는 와튼 스쿨 협상 워크숍에서 배리를 만나면서 그가 경쟁적인 사람이라는 것을 알았다. 그는 이번 협상에서도 어김없이 그답게 행동하고 있었다.

더군다나 배리가 기록한 노트를 보면 그는 칼이 여러 차례 회의를 하는 동안 거래에 관한 세부 사항을 말하지 않은 데 좌절감을 느끼고 있었다. 배리는 스위스 기업들은 비밀스러운 데가 많다고 생각하고 있었고, 상대방 기업이 숨겨놓은 아젠다를 갖고 있을지 모른다는 의심을 하고 있었다.

마찬가지로 취리히에서도 배리 회사에 대해 의심할 수 있다. 하지만 배리와 같은 경쟁적인 사람들은 상대방을 있는 그대로 받아들이지 않는다는 것을 나는 잘 알고 있었다. 신중한 태도를 취하는 건 분명 좋은 일이지만 사람들은 때때로 보이는 모습 그대로일 때가 많다. 나는 배리에게 칼과 나누었던 일상 대화와 그들이 같이 참석했던 모임에서 칼이 보여준 행동에 대해 자세히 물었다. 나는 배리가 칼에게 기회를 준다면 칼이 공정하고 창조적인 문제 해결사 역할을 훌륭하게 해낼 수 있을지도 모른다고 추측했다.

나는 배리에게 좀더 긴장을 풀고 칼을 견제하지 말고 동업자로서 협력할 만한 상대라고 생각하며 접근해보라고 충고했다.

배리는 칼이 계약을 연기하고 싶어 한다는 생각을 갖고 있었다. 그러나 칼 쪽에서는 장기적인 사업 기반을 다지기 위해 배리와 좀더 나은 개인적 관계를 형성하려고 노력하는 중일지도 모르고, 다만 그러한 사실을 표현하지 않고 있는지도 모른다. 배리는 현재 진행하고 있는 거래에만 배타적으로 초점을 맞춰 배타적으로 행동함으로써 스위스 친구가 보내고 있는 수많은 신호를 놓치고 있었다. 이것은 중요한 통찰력의 문제였다. 그러나 이 계약에서 가장 중요한 관계적 이슈는 여전히 남아 있었다.

대화를 나누던 중 배리는 어느 순간 회사의 대주주며 CEO인 아버지를 언급했다. 내가 배리에게 아버지와의 관계에 대해 묻기 시작하자마자 배리는 좌절감과 두려움을 봇물 터지듯 쏟아내기 시작했다. 아버지는 회사의 창업자였다. 이제는 나이가 지긋했지만 아직도 중요한 비즈니스에서는 절대적인 영향력을 발휘하며 적극적으로 간여하고 있었다. 이번 스위스 기업과 거래를 하면서도 마찬가지였다.

배리의 아버지는 이 주제가 거론될 때마다 "내가 죽고 나서도 네 어머니를 돌볼 자신이 있냐?"라며 다른 문제를 제기하거나, 과장되고 비현실적인 기대를 드러내 배리가 과연 가장 알맞은 조건으로 협상을 잘해낼 수 있을지 못 믿겠다는 뜻을 은근히 내비치면서 이 주제를 계속 피했다.

이번 협상에서 배리의 가족관계는 상당히 복잡하고 중요한 이슈였다. 배리의 아버지 자신이 기업에 대한 영향력을 잃을지도 모른다는 두려움을 안고 있는 한, 스위스 기업이 아무리 매력적인 제안을 하더라도 이 거래는 실패할 것이 분명했다. 배리와 나는 그의 가족관계를 해결해야만 스위스 기업과 거래를 성공적으로 성사시킬 수 있다는 데 동의했다.

흥미롭게도 배리의 아버지가 이번 거래에 대한 실질적인 토론을 피하는 것과 마찬가지로 배리 역시 지배력 문제에 대해 아버지와 맞서기를 피하고 있었다. 사업에서 가족관계는 가장 신뢰할 수 있는 관계이면서도 그만큼 폭발력이 크다. 배리의 가족은 완고한 가장이 폭발할 수 있는 모든 위험한 가능성을 최소화하기 위해 정교한 회피 메커니즘을 개발해왔던 것이다.

몇 달이 지나자 거래는 진전되기 시작했다. 배리는 유럽으로 건너가 칼과 여러 날을 같이 보내고 돌아왔다. 배리와 칼은 거래 이야기는 꺼내지 않고 개인적인 관계를 돈독히 다지며 시간을 보냈다. 칼은 마지막 저녁 식사를 하면서 배리 회사가 가진 제조 기술 가격에 대해 아주 자연스럽게 이야기를 꺼냈다. 배리는 그의 태도가 너무 자연스러워 깜짝 놀랐다. 토론을 하면서 두 사람은 배리가 생각했던 것보다 훨씬 더 높은 가격에 의견을 좁혔다.

한편 가족 간의 문제를 해결하기 위해 배리는 다른 가족 구성원들과 이야기를 나누었고, 이 거래를 반대하는 아버지에게는 이번 거래가 회사에 어떤 점이 유리한지 설명해줄 수 있는 믿을 만한 조언자를 찾아 함께 대화를 나누었다. 배리는 아버지만큼이나 자신도 이 지배력 이슈를 피하고 있었던 데 책임을 느끼고 앞으로는 이 문제를 좀더 진전시키기로 결심했다. 어머니가 회사를 위해서라도 어떤 조치가 있어야 한다고 동의함으로써 배리는 중요한 지지자를 얻었다.

요약하자면, 배리가 이번 협상에서 해결해야 하는 문제는 협상 테이블이나 그 바깥에서 모두 '관계'였다. 배리가 재무 조건에 관심을 가졌던 만큼 '사람들' 관계 문제에 관심을 기울이기 시작하자 협상은 실질적인 진전을 이룰 수 있었다. 많은 중요한 협상에서 이 '관계'가 중요하다.

개인적 관계와 업무적 관계

1873년 금융공황 때 있었던 사건 이후 모건과 카네기는 상호 신뢰를 기초로 한 관계를 구축했다. 그러나 이 관계를 개인 간의 우정이라고 해야 할까, 아니면 업무적 관계라고 해야 할까? 배리와 칼 사이의 관계는 또 어떤가? 업무관계와 개인적인 우정은 각각 협상에 영향을 미치는 방법에서 미묘한 차이가 있다.

협상 연구를 위해 투자금융 회사의 한 사장을 인터뷰한 적이 있었다. 그는 투자금융사에 몸담기 이전에 이미 사업가로서 협상 경험을 많이 갖고 있었다. 나는 그에게 협상을 하면서 가장 힘들었던 일을 물어보았다.

그는 잠시 주저하고 나서 대답했다. 한번은 "협상장에 들어갔는데 협상 테이블 맞은편에 친한 친구가 나와 있더군요."

나는 다소 의아했다. "왜 그게 문제가 되죠? 오히려 협상 상대방을 이해하는 데 도움이 되지 않습니까?"

"비즈니스에서 내 일은 고객을 위해 가능한 한 많은 돈을 버는 것입니다. 협상 테이블에서 친구를 만나게 되면 일이 아닌 우정과 같은 다른 문제들에 신경을 쓰게 됩니다. 친구를 잃을 수도 있다고 걱정하면서 내 일을 잘 해내기는 어렵지요."

친구와 협상할 때 생길 수 있는 문제에 대해 이 투자 은행가가 이야기한 내용은 협상 연구에서도 확인되었다. 실제로 개인적인 우정이 깊은 협상가들 사이에서는 갈등과 충돌을 최소화하고 대체로 단순하고 동등한 타협으로 협상을 마무리 짓는 경우가 많았다.

수년 전 세 명의 교수가 연인들이 협상 문제를 다루는 방법을 연구하기 위해 실험을 했다.[10] 그들은 서로 모르는 남녀 서른두 쌍과 연인 일흔네 쌍에게 똑같이 재판매하는 전자제품 세 개를 구입하는 협상 문제를 내주었다.

커플들은 서로 모르는 남녀보다 협상 분위기가 훨씬 부드러웠다. 그들은 적당한 수준에서 목표를 정하고 협상을 시작했으며, 서로 더 많이 양보했고, 논쟁도 덜 벌였다. 그들은 자주 자신의 협상 위치에 대해 서로에게 이야기했다. 요약하자면 서로 모르는 사람들보다 상대방에게 더 잘 대해주었고, 곧바로 타협을 통한 합의에 이르렀다.

그러나 그들의 '부드러운' 협상 스타일은 대가를 치렀다. 협상 시나리오대로 상호 정보 교환을 잘하면 서로 이득이 되는 숨은 조건을 찾아낼 수 있는데, 커플들은 이 점에서 서로 모르는 사람들보다 훨씬 덜 성공적이었다. 왜 그럴까? 그들은 모든 이슈에서 단순하고 동등한 타협을 이끌어내는 데만 집중하고 문제를 해결해나가고 우선 순위를 찾아내는 데 소홀했기 때문이다.

제9장에서 살펴보겠지만 유능한 협상가는 '공정함'에 신경 쓰면서도 목표 또한 공격적이고 적극적이다. 그는 협상 상대방이 최선의 해결책을 찾도록 도와준다. 단순한 타협으로 끝내지 않는 것이다.

협상 테이블에서 친구들을 협상 상대방으로 만나면 서로에게 부드럽게 대한다는 것을 두 번째 실험 연구도 확인했다.[11] 이 실험에서는 피험자들에게 중고 텔레비전 세트나 콘서트 티켓에 대한 희망 가격을 제시하도록 요구했다. 각각 판매할 물건의 공정한 가격 범위를 알려주었다. 예를 들면 자신이 원하는 또는 팔려고 하는 콘서트 티켓이 10달러와 26달러 사이에 있다고 알려주었다. 피험자들은 또한 그들이 이 물건들을 거래할 때 어느 정도로 가격 협상을 하고 싶어 하는지 말했다. 어떤 경우에는 친구에게 이 물건을 팔거나 산다면 가격을 얼마나 받겠는지 묻고, 다른 경우에는 전혀 모르는 사람에게 팔거나 사고 싶은 가격은 어느 정도로 생각하는지 알아보았다.

결과는 우리가 예상한 그대로였다. 관계 요소가 큰 차이를 만들고 있었다. 친구와 거래하면서는 '공정 가격'의 범위에서 낮은 수준으로 팔고자 했고, 친구에게서 물건을 살 때에는 중간치에서 정해졌다. 10달러에서 26달러 정도 가치가 있는 콘서트 티켓을 팔면서는 15.50달러를, 그리고 살 때에는 17.50달러를 각각 제안한 것이다. 또한 피험자들은 가격 조정 없이 순조롭게 협상하기를 바랐다. 그러나 낯선 사람과 거래하면서는 비교적 높은 가격 수준인 24달러를 제안했고, 반대로 살 때에는 낮은 수준인 14달러를 제안했다. 그리고 당연히 원하는 가격을 위한 격렬한 협상을 기대하고 있었다.

살펴보았듯이 우리가 협상에서 배분 규칙을 적용할 때 상대방과의 관계는 아주 중요하다. 가까운 관계일수록 '평등' 규범 혹은 '동등한 배분' 규범을 적용한다. 반면 타인과 협상을 하면서는 더 경쟁적이고 이기적으로 행동한다.

친구와 낯선 사람 사이에 있는 관계, 곧 중간 단계는 없을까?[12] 두 양극단 사이에는 이른바 '업무적 관계'가 있다. 매일 매일의 비즈니스 생활의 교환관계를 말한다. 이것은 신뢰와 상호성에 기초한 관계이며, 또한 양측이 자신의 최대 이익을 추구한다는 가정에 기초한 관계이다. 우정보다는 약간 공식적이며, 상대적으로 높은 이익에 대한 눈에 보이는 외재적 갈등을 통해 유지되는 관계다. 그리고 '좋아하는' 감정보다는 명확한 상호 교환관계에 더 의존하는 관계다. 이런 관점에서 모건과 카네기는 대단히 신뢰할 만한 업무적 관계였던 것 같다.

업무적 관계를 위한 심리적 전략

업무적 관계를 위한 신뢰는 어떻게 만들 수 있을까? 몇 가지 전략이 있을 수 있지만 무엇보다 진실한 행동이 핵심이라는 사실을 기억하라. 상대방이 자신을 조정하려 한다고 생각하면 사람들은 절대로 응하지 않는다.

유사성의 원칙

가장 피상적이고 단순한 심리적 사실은, 잘 모르는 사람보다는 좀더 잘 아는 사람을 믿는 경향이 있다는 것이다. 우리처럼 행동하고, 일반적인 관심과 경험을 공유하며, 같은 집단에 소속해 있는 사람을 더 믿는다.

간디가 남아프리카에서 1등석 객차를 이용하게 된 제3장의 이야기를 떠올려보라. 역장은 간디에게 "당신이 신사라는 것을 알 수 있군요. 안전한 여행이 되기를 빕니다."라고 말하며 1등석 표를 주었다.

간디는 역장과 어떤 개인적인 관계도 없었다. 그는 1등석 표를 얻어내는 데 도움을 주는 기본적인 유사성의 원칙을 사용했을 뿐이다.[13] 유사성의 원칙은 외모나 집단 소속뿐 아니라 의사소통 스타일 같은 측면에도 적용된다.

배리가 나에게 칼과 협상하는 문제에 대해 조언과 자문을 부탁했을 때 나는 그에게 칼과 의사소통하는 과정에서 거래의 긍정적인 측면을 부각하고, 공통의 이해 관심사를 토론하면서 칼의 협력적인 의사소통 방법에 가까워질 것을 강조했다. 배리가 그의 경쟁적인 속성을 누르고 협력적인 의사소통 쪽으로 변화를 시도하자마자 협상은 진전을 보이기 시작했다. 유사성의 원칙은 제8장에서 협상의 정보 교환 단계에서 필요한 친밀한 관계 형성에 관해 이야기할 때 더 자세하게 설명하겠다.

선물과 호의의 역할

업무적 관계에서 신뢰를 형성하는 또 다른 방법은 상대방에게 믿음을 보여주는 증표를 선물하는 것이다. 이 책의 서론에 나왔던 두 일화를 떠올려보자. 첫번째는 제너럴 시네마가 HBJ 사를 인수하는 사례였다. 기억하시다시피 협상은 놀랍게도 HBJ 사의 CEO 피터 조바노비치가 제너럴 시네마의 딕 스미스 회장에게 HBJ 사의 이름 이니셜이 새겨진 상징적인 시계를 선물하는 사건에서 시작한다. 그러나 더욱 중요한 일은 조바노비치가 이 선물과 함께 스미스 회장에게 제너럴 시네마가 HBJ 사의 가장 적합한 인수자라고 생각한다는 사실을 인정했다는 점이다. 조바노비치는 약간 위험하게 행동한 것이 사실이지만 그럼으로써 이 협상에 매각·매수 이상의 의미를 부여했다.

두 번째 사례에서 탄자니아의 아루샤 부족 농부들은 토지 분쟁 문제를 해결하면서 처음부터 서로 지나친 요구와 비난을 드러냈다. 아루샤 부족이 쓰는 언어로 표현하자면 그들은 '산에게 말을 걸고' 있었다. 그러나 협상은 새끼 염소 한 마리와 집에서 빚은 술을 서로에게 선물하는 것으로 해결되었다.

두 협상 사례에서 선물은 신뢰를 구축하는 주요 의사소통 수단으로서 목적을 달성하고 있다. 선물은 양측의 관계를 결정하는 상징이 되었다. HBJ 사의 시계는 서로 잘 모르는 두 사업가가 좋은 관계를 갖는 데 도움이 되었고, 새끼 염소와 술은 두 이웃 사이에 오래 이어진 긴장 관계를 해소하는 역할을 훌륭히 해냈다.

모건이 카네기에게 그가 잘못 계산한 1만 달러를 되돌려준 호의도 일종의 선물이라고 볼 수 있다. 그리고 모건이 보여준 호의는 상호성의 규범을 작동하게 만들었다.

행동주의 경제학자들은 서로 잘 모르는 사람들끼리 선물을 주고받는 일은 종종 앞으로 좋은 관계를 위한 투자 의도가 있다는 신호 역할을 한다고 주장한다. 그들은 HBJ 사를 매각하는 협상 사례에서 나타나는 것과 같이 인수합병에서 선물을 주고받는 것은 동물 세계에서 구애 행동과 같은 의미가 있다고 말한다.[14] 선물이나 친절 그리고 상대방 감정을 신중하게 배려하는 행동은 친밀한 관계를 형성하고 유지하는 데 도움을 준다. 개인적인 관계에서도 그렇지만, 협상 테이블에서 만나는 전문적인 관계에서도 똑같은 상징적 의미를 갖는다.

신뢰와 관계 네트워크

협상 테이블에서 신뢰를 구축하는 세 번째 방법은 관계 네트워크를 활용하는 것이다. 그러한 네트워크는 종종 우리가 영향력을 미치고자 하는 사람들과 접촉할 수 있도록 하고, 그들과 믿음을 쌓는 데 도움을 준다. 상대방과 서로 같은 사람을 알고 있다는 단순한 사실이 신뢰 형성의 최소한의 조건으로 작동하고, 친근하게 보이도록 도와준다. 상대방이 아는 누군가가 우리에게 그 사람의 신용을 증명할 수 있다면 더욱 공정하게 대할 자신이 생길 것이다.

세계의 다른 문화권에서는 서양에서보다 관계 네트워크를 훨씬 더 정교하게 작동시킬 수 있는 방법들을 구체화해왔다.[15] 일본에서는 사업관계로 처음 만나는 사람에게 '메이시'라는 명함을 교환하는 관습이 있다. 양측은 매우 진지한 태도로 허리를 숙여 인사하며 명함을 건넨다. 이것은 상호 존중에 바탕을 둔 관계를 맺는 데 도움이 된다.[16]

일본에서 협상 연구를 하고 있었을 때 나는 일본 기업에서 일하는 젊은 직원들이 가능한 한 많은 명함을 받기 위해 며칠 동안이나 출장을 다닌다는 사실을 알게 되었다. 일단 명함을 서로 교환하고 나면 양측은 서로 무안해하지 않고 전화를 걸 수 있다. 아시아에서 네트워킹은 관계에서 상호성을 강조하며, 꼭 작은 선물을 주고받는 일이 뒤따른다. 일본에는 각각의 비즈니스 상황에서 어떤 선물이 적합한지 도와주는 전문 컨설턴트가 있을 정도다. 일단 선물을 주고받고 나면 양측은 서로 신뢰 문제를 걱정할 필요 없이 협상을 시작할 수 있다.[17]

일본보다는 덜 공식적이지만 중국도 네트워크를 중요하게 여긴다. 심지어 중국인들은 '관시(關係)'[18]라는 특별한 네트워크 용어도 갖고 있다. 아시아 비즈니스에 대해 쓴 한 유명한 책에는 다음과 같은 표현이 나온다. "관계는 아시아 비즈니스에서 핵심이다. 올바른 관시가 있다면 문은 열리고 거래는 성사될 것이다. 그것이 없다면 아주 간단한 협상조차도 무너질 수 있다."[19]

관시는 원래 가족관계와 관련된 의미가 강했다. 그러나 시간이 지나면서 상호 혜택과 의무를 지니는 것이라면 무엇이든 다 포함하며 폭넓게 사용된다.

도대체 관시는 어떻게 작동할까? 한 미국 신문은 최근 이것에 대한 전형적 이야기를 소개했다. 한 젊은 중국계 미국인 3세 여성이 대우가 좋은 보스턴의 직장을 그만두고 새로운 기회를 찾아 중국 광저우로 떠났다. 처음 몇 달 동안은 '처피즈'라고 불리는 전문직을 가진 젊은 중국인들에게 영어 회화를 가르쳤고, 곧 광저우에 사는 미국인들을 위한 카페를 열었다. 페페로니 피자나 맥주, 집에서 만든 치즈 케이크를 팔며 미국인들에게 친근하고 익숙한 분위기를 제공하는 카페였다.

그녀는 사업에 필요한 자금이 충분히 있었으나 중국에서 사업을 시작한 다른 많은 외국인처럼 사업 허가를 받아내기까지 중국의 지방 공무원과 협상하면서 큰 어려움을 겪었다. 후에 그녀는 "(중국에서는) 규정과 규칙이 그날 담당자에 따라 달라진다."라고 말했다.

그녀는 광저우의 지방 정부에서 일하는 그녀의 영어 수강생이었던 관시를 만났다. 그에게 테이블 아래로 돈을 건네거나 뇌물을 줄 필요는 없었다. 단지 도움을 요청했을 뿐이다. 그들은 이 미국인 친구를 좋아했고, 네트워크로 만들 기회로 생각해 자신들의 관시인 몇몇 관리들에게 그녀를 소개했다. 이후 그녀는 행정적 절차를 밟기 시작했으며, 계획대로 카페를 열었다.[20]

《인터내셔널 비즈니스 아시아》라는 잡지에서 매년 '관시 목록'이라는 것을 만들 정도로 아시아 비즈니스에서는 관시가 매우 중요하다. 이 목록은 아시아에서 가장 영향력 있는 개인 네트워크를 갖고 있는 사람들을 싣고 있다. 이 잡지는 "(목록에 있는) 사람들은 자기 나름대로 비즈니스 역량도 있으나 경제계, 정치계와 좋은 관계가 그들의 성공을 이끌어왔다."라고 말한다.[21]

미국인들은 관계를 이용해 출세하거나 성공하려는 사람을 약간은 무시하기도 하고 의심스러워하는 경향이 있다. 공식적인 행사나 글에서 미국인들은 '누가 누구를 아는가' 보다는 '누가 무엇을 성취하였는가' 를 더 중요하게 여긴다. 서양의 언론매체는 중국의 관시를 부패하고 불순한 사업 관행의 단면으로 다룬다. 아시아인과 라틴아메리카인이 '선물' 이라고 생각하는 것을 미국인들은 종종 '뇌물' '리베이트' 로 간주한다. 전자가 공무원들이 행사하는 재량권으로 여기는 것을 미국인들은 법률 위반으로 본다.

하지만 미국인들 역시 그들 나름대로 관시의 힘을 믿는다. 다만 좀 덜 솔직할 뿐이다. 내가 대학을 졸업하고 입사한 첫 직장이 미국인의

'관시 목록'에 해당하는 것을 발표하는 펀드레이징 컨설팅 회사였다. 그 회사는 미국 내 주요 재단과 비영리 자금 지원 재단에 소속한 모든 재산 관리인, 이사회 멤버 그리고 집행 간사들의 이름이 실린 목록을 매년 작성했다. 그 목록은 공개된 자료에서 수집할 수 있는 온갖 개인 정보를 다 실었으며, 심지어 배우자 이름, 출신 대학, 대학원, 소속 클럽이나 단체 그리고 그들의 관심사와 취미 활동까지 포함하고 있었다.

이런 재단들은 세계 기아 문제, 인권 문제 그리고 암 치료법 개발과 같은 고상한 이슈들을 다루는 프로그램을 후원하고 있다. 그러나 이 목록은 보조금을 분배하는 엘리트 의사 결정자들의 관시 네트워크에 대한 정보를 제공하기 때문에 매년 재고를 남기는 일 없이 전량 판매되었다. 펀드매니저들은 어디서 자기 기관의 관시 네트워크와 후원자 또는 기부자의 네트워크가 겹치는지 알 수 있었다. 그들은 이것을 펀딩 자금 원천에 접근하는 전략적 계획을 세우는 출발점으로 삼았다. 대학 동문 네트워크나 지역 사회 활동을 통한 지인관계, 아이들과 가족을 통해 서로 알게 되는 사람들과 같은 관계들도 미국 관시의 다른 형태다.

관계의 함정을 주의하라

지금까지 우리는 협상에서 관계가 얼마나 중요한지 살펴보았다. 하지만 그것은 중요한 만큼 상당히 위험하다. 공정하고 합리적인 생각을 가진 사람들은 협상 테이블에서 '탐욕스러운 사기꾼'들이 쳐놓은 함정과 덫에 걸릴 염려가 있다. 이해관계가 그리 크지 않을 때는 그런 트릭에 희생되더라도 학습 경험 정도로 지나칠 수 있다. 실수의 대가를 지불하고 다음부터는 좀더 주의 깊게 행동하면 된다. 그러나 이해관계가 큰 협상에서는 그런 교훈을 배우고 있을 여유가 없다. 이제부터 관계에서 주의해야 할 공통적인 함정 몇 가지를 살펴보자.

너무 빨리 믿지 마라

협력적인 사람들은 대부분 사람들이 자신처럼 공정하고 정직하다고 생각한다. 그들은 탐욕스럽거나 의심 많은 사람으로 보이는 것을 원하지 않기 때문에 협상에서 지나치게 빨리 큰 위험을 떠안기도 한다. 협상 초기에 협상 상대방이 자신은 약속하지 않으면서 먼저 상당히 큰 금액이나 성과에 대한 약속을 요구할 때 일어날 수 있다.

여기서 해결책은 시간을 갖고 단계적으로 신뢰를 쌓아가는 것이다. 만약 상대방을 살피기 위해 당신의 관계 네트워크를 활용할 수 있다면 도움이 될 것이다. 이것이 가능하지 않다면 큰 위험에 부닥치기 전에 작은 위험을 안게 되더라도 반드시 점검해보라. 그리고 상대방이 신뢰할 만한 행동을 하는지 살펴보라. 그들이 테스트를 통과하는지 못 하는지에 따라 당신은 다음 행동을 결정해야 한다.

상호성의 덫에 빠지지 마라

탐욕스러운 사기꾼은 어떤 방법도 적합할 것 같지 않은 상황에서 호의적인 사람에게 의무감을 불러일으킴으로써 상호성의 규범을 조작하곤 한다. 많은 사람들이 일상생활에서 이런 일을 겪는다. 공항에서 당신에게 꽃 한 송이를 선물하며 자선단체 기부를 요구하는 사람들은 어떤가? 당신이 꽃을 돌려주려 해도 그들은 받으려 하지 않는다. 속으로는 화가 나지만 동시에 의무감 비슷한 감정을 느끼게 된다. 이 방법이 바로 꽃의 가치보다 훨씬 더 큰 기부를 이끌어내려는 잘 짜인 상호성의 덫이다.

협상에서 적게 양보하고 그 보답으로 훨씬 큰 보상을 요구하는 사람을 조심하라. 마찬가지로 자신의 정보를 약간 공개하면서 당신의 재무 상태와 비용 구조 등을 알려달라고 요구하는 사람도 경계해야 한다.

분명히 불공정한 교환임에도 우리는 상호성의 규범에 아주 익숙해져 있어 교환 내용보다도 그 형식에 더 잘 따르는 실수를 범하곤 한다. 일단 상대방이 협력적인 행동을 보이면 우리는 당연히 상대방에게 공평하게 대해야 할 것 같은 부담을 느끼고, 때때로 그렇게 하는 것이 정말 신중하고 적합한지 의심하지 않고 움직이기도 한다.

그것이 옳지 않음에도 불구하고 당신이 주고받아야 할 것 같은, 보답을 해야 할 것 같은 압박을 느낀다면 다음 행동을 하기 전에 잠시 멈춰서 전체적인 상황을 고려해보며 스스로에게 물어보라. 정말 상대방에게 뭔가를 빚지고 있는가, 아니면 상호성의 덫에 빠진 것은 아닐까?

이해관계가 클 때에는 친구와 협상하지 마라

앞에서 언급했듯이 친구나 연인은 이해관계가 큰 협상에서 좋은 파트너가 못 된다. 매우 가까운 관계에서는 균등 분할 규범에 의존하는 경향이 있다. 100달러를 놓고 벌이는 '최후 통첩 게임'에서도 그들은 계속 반반씩 나눠 가졌다.

그러나 깨어진 수없이 많은 비즈니스 파트너십에서 확인할 수 있듯이 이해관계가 아주 크면 아무리 가까운 친구나 동료관계라 해도 탐욕스러운 사기꾼이 나타날 수 있다. 최후 통첩 게임에서 마지막 라운드에 상금 1,000만 달러가 걸렸다고 상상해보라. 당신의 친구는 이제 최종 금액을 제안할 수 있는 선택권을 갖고 있다. 그는 그 정도의 돈이면 당신이 거부할 수 없을 거라 생각하고 100만 달러, 어쩌면 50만 달러를 당신에게 제안할지도 모른다는 생각이 들지 않는가? 그가 친구를 잃을지라도 900만 달러를 가지려 할지도 모른다는 생각은 들지 않는가? 인간의 본성에 대해 많이 알려져 있지는 않지만, 아마도 많은 사람들이 이런 유혹에 빠지게 될 것이다.

이해관계가 점점 더 커지면 가까운 사이에 있는 사람들은 배분 협상 문제를 해결할 때 도움이 필요하다. 이때는 단순히 50대 50의 균등분할보다 '투자한 만큼' '위험만큼' 보상을 받아야 한다는 공정성의 규범이 더 적합한 방법이 될 수 있다.

양측이 서로 선의를 갖고 있다 하더라도 균등 분할 규범은 많은 잠재적 가치를 발견하지 못한 채 남겨두기 쉽다. 문제를 잘 해결하게 되면 때때로 단순한 타협보다 훨씬 좋은 기회를 더 많이 얻을 수 있다. 관계에 대한 걱정이 협상의 문제를 압도하게 되면 이런 잠재적인 이익은 줄어들게 된다.

그러므로 이해관계가 큰 협상에서는 각자 전문 조언자에게 협상의 문제를 위임하는 것이 더 현명한 방법이다. 이 방법이 마음에 들지 않는다면 양측의 신임이 두터운 중재자를 찾는 것도 좋다. 중립적인 중재자는 상상력을 최대한 발휘해 앞으로 양자 간의 협력을 위험에 빠지지 않도록 도움을 줄 것이다.

요약 ▶▶▶

관계적 요소는 당신이 협상가로서 성공할 수 있을지 판가름하는 중요한 변수다. 매번 협상을 할 때마다 관계적 요소에서 가장 많이 얻을 수 있도록 도울 수 있는 조언 몇 가지를 정리하면 다음과 같다.

✔ 관계적 요소에 관한 체크 리스트

☐ 관계 네트워크를 통해 접촉하고 신뢰를 구축하라.

☐ 단계적으로 선물을 주고받거나 호의를 보여, 혹은 정보를 공개하거나 양보를 해서, 업무관계를 형성하라.

☐ 상호성과 관계의 덫을 피하라. 너무 빨리 믿지 말고, 당신이 죄책감을 느끼게 만들지 말고, 개인적인 우정과 비즈니스를 혼동하지 마라.

☐ 언제나 상호성의 원칙을 따르라.
  · 믿음직하고 신뢰받을 수 있도록 행동하라.
  · 당신에게 공정한 사람에게는 공정하게 대하라.
  · 당신에게 공정하지 않은 사람에게는 당신이 그 사실을 알고 있다고 알려라.

BARGAINING FOR ADVANTAGE

상대방의 숨은 이해 관심사를 파악하라

■ ■ ■

우리가 저녁 식사를 할 수 있는 것은 푸줏간 주인이나 맥주 양조업자,
제과점 주인이 자비를 베풀기 때문이 아니라
그들의 이해관계 때문에 가능한 것이다.
애덤 스미스[1]

성공에 비밀이 있다면 그것은 자신의 시각으로 사물을 바라보는 것 뿐 아니라
다른 사람의 시각에서 사물을 바라보는 능력을 가졌느냐에 달려 있다.
헨리 포드[2]

	당신의 협상 스타일을 파악하라		도전적 목표와 높은 기대치를 수립하라
권위 있는 기준과 규범을 준비하라			상대방과 좋은 관계를 형성하라
	상대방의 숨은 이해 관심사를 파악하라		협상의 레버리지를 높여라

무엇보다 유능한 협상가들은 상대방의 관점에서 세상을 볼 줄 안다. 협상에서 성공하기 위해서는 당신이 목표를 달성하는 것이 상대방에게 어떤 이익을 주는지 알려주는 것이 중요하다는 뜻이다. 그런 후에는 가능한 한 반대 이유를 없애기 위해 상대방이 "아니오."라고 말하는 이유를 알아내야 한다. 상대방이 정말로 원하는 것이 무엇인지 이해하는 일은 '정보 기반 협상'에서 아주 중요한 요소다. 결코 쉬운 일은 아니다.

해외 제약 회사에서 새로 개발한 신약을 임상실험하는 미국의 한 병원을 자문해준 적이 있다. 임상실험 결과는 미국 식품의약청(FDA)에 신약을 신청하기 위한 기본적인 자료와 근거가 된다. 그런데 해외 제약회사는 임상실험에 대한 FDA의 권고 규정을 따르지 않았다. FDA는 실험적인 약품을 복용하는 환자에게는 동의 양식을 통해 실험 동의를 받도록 의무화하고 있었으나 해외 제약 회사는 자사의 고유 양식을 사용하겠다고 고집하였다. FDA는 자신들이 인정하지 않는 양식을 사용한 임상실험 연구 결과는 받아들이지 않는다고 밝혔고 프로젝트는 위험에 빠지게 되었다.

병원 측은 해외 제약 회사가 서로 같은 배를 타고 있는 운명 공동체라고 생각했는데 이런 문제가 제기되자 이해할 수 없었다. 양측은 이

프로젝트가 성공적인 결론을 얻으면 전문적인 명성은 물론 수백만 달러의 이익을 거두게 되어 있었다.

나는 어떻게든 크게 실패할 것 같은 이 협상에 대한 실마리를 찾기 위해 첫 단계로 병원의 연구 책임자에게 "아니오."라고 이야기하는 해외 제약 회사의 최종 의사 결정자가 누구인지 물어보았다. 이 질문은 경영자에게 '의뢰인' 대신 특정한 사람에게 관심을 갖도록 만들었다. 의사 결정을 좌지우지하는 사람인 그는 미국에서 의료 경험이 전혀 없는 의사였다. 나는 그에게 반대하는 이유를 물어보았다.

그러자 한꺼번에 새로운 생각들이 떠오르기 시작했다. 첫째, 그 외국인 의사는 자국 FDA를 통한 경험이 많았고, 이런 문제 때문에 실험 연구 결과를 내팽개치지 않는다는 확신을 갖고 있었다. 둘째, 병원 측 협상 대표는 의사가 아니라 외국 의사들에게 전문적인 신뢰를 주기 어려운 중간급 프로젝트 매니저였다. 의사들은 위계질서가 확실한 전문가 집단이고, 외국 의사들은 그러한 경향이 특히 강한 문화를 가지고 있었다. 셋째, 해외 제약 회사의 의사가 사용하려는 특별한 양식이 최소한 그들이 보기에는 임상실험에서 가장 중요한 1인 환자 모집에 훨씬 더 효과적이라는 생각을 병원의 연구 책임자가 하고 있을지도 모른다.

이런 생각들은 양측 사이에 일어났던 갈등과 직접적인 관련이 없는 듯 보였다. 하지만 이런 생각들에서부터 협상에 대해 여러 가지를 권할 수 있었다. 이제 문제는 설득하는 방법이다. 제약 회사를 위해 일하던 외국 의사에게는 미국의 신약 인증 과정에 익숙하면서 그가 신뢰할 수 있는 미국 의사가 FDA에서 권고하는 규정이 아주 중요하다는 것을 설명했다. 드디어 멈춰 있던 협상의 바퀴는 굴러가기 시작했다. 협상을 가로막고 있던 가장 어려운 장애물이 제거되면서 협상을 진전시킬 수 있는 새로운 전략이 나타났기 때문이다.

상대방의 목표를 찾아라

미국에서 가장 빠르게 성장하고 있는 은행 중 하나인 퍼스트유니언 뱅크의 CEO 에드 크러치필드는 최근 협상을 준비하는 가장 좋은 방법에 대해 이렇게 설명했다. 인수합병 전문가이기도 한 그는 기업 인수합병 협상을 80여 회나 성사시킨, 그야말로 협상의 달인이다.

"당신이 원하고 필요로 하는 것을 넘어 협상 상대방이 원하고 필요로 하는 것이 무엇인지 찾아야 한다. 그리고 상대방에게 의미 있는 것이 과연 무엇인지 찾아라. 상대방은 몇 십 억 달러를 원하는 것이 아닐 수 있을 것이다."[3] 위대한 사업가인 H. 웨인 후이젱가도 비슷하게 접근한다.

"그가 기업을 인수합병하는 협상에 뛰어난 비결은 사람들을 어떻게 대해야 하는지 잘 알기 때문인 것 같다. 협상 테이블에서 만나는 상대방을 깊이 연구하고 생각을 많이 한다. 전날과 다르게 어느 날 그는 자신의 의견을 바꾸기도 하는데, 이는 그가 상대방에 대해 깊이 생각하고 있기 때문이 아닐까?"[4] 크러치필드와 같이 일하는 한 동료는 이렇게 말했다.

유능한 협상가는 여러 방면으로 재능을 발휘할 줄 알아야 한다. 그들은 리더들에게서 구체적이고 야심적인 목표에 전념하는 습관을, 훌륭한 변호사들에게서 기준과 규범에 바탕한 논쟁을 개발하는 기술을, 그리고 능력 있는 판매원에게서 관계를 중시하고 상대방의 눈으로 세상을 바라보는 능력을 배운다. 협상 상대방의 관점을 이해하는 능력은 아주 중요하지만 실제로 사용하기는 정말 어렵다.

상대방의 입장에 서기가 왜 어려울까? 그 이유는 세 가지다. 첫째, 사람들은 대부분 '자신에게 이익이 되는 관점에서 세상을 바라본다. 우리 모두에게 해당하는 어쩔 수 없는 한계다. 만약 우리가 사회복지 시스템을 개혁해야 한다는 입장이라면 사람들이 사회복지 시스템을 속이고 있다는 이야기에 쉽게 관심을 가지게 될 것이다. 그러나 만약 개혁에 반대한다면 무주택 상황이 얼마나 심각한지 또는 사회복지 정책을 개혁함으로써 상황이 더 나빠지는 건 아닐지에 주목할 것이다.

협상학자들은 이것을 가리켜 당파심 또는 파벌 인식을 갖는다고 말한다.[5] 이것이 병원에서 신약 임상실험 팀이 겪은 주요 문제였다. 그들은 자신들은 옳고 해외 제약 회사 의뢰인이 틀렸다고 생각했다. 그들은 한 발 뒤로 물러서서 의뢰인이 문제를 생각하는 기본적인 구조를 이해하는 데 실패하고 있었다. 협상이란 그 문제가 무엇이든간에 양자가 서로 힘을 합해 공동으로 기여해야 하는, 반드시 이겨야 하는 내기와 같기 때문이다.[6]

상대방의 입장에 서는 것이 어려운 두 번째 이유는, 심지어 남의 말을 잘 듣는 싹싹한 사람조차 협상에서는 얼마간 경쟁적인 태도를 보이게 된다는 점이다. 원래 협상 테이블에는 서로 충돌하는 요구들이 있게 마련이다. 그러므로 자연스럽게 협상을 준비하면서 다양한 이해관계에 집중해야 하며, 또한 상대방이 경쟁적 입장에서 하는 말과 행동을 면밀하게 가려내야 한다. 병원 측 경영자들은 협상 상대방에게 임상실험 연구를 가로막는 어떤 충돌되는 이해관계가 있음에 틀림없다고 가정하고 있었다. 그들은 상상조차 할 수 없었기 때문에 당황했다.

"상대방이 반대하는 이유가 무엇이지요?"라는 개방형 질문이 그동안 협상을 어렵게 만들고 미뤄왔던 개인적인 이해관계를 밝혀내기 시작했다.

협상학자인 막스 베이저만은 일련의 연구를 통해 사람들은 협상의 경쟁적인 측면에 집착하는 성향이 있다는 사실을 밝혔다. 베이저만과 그의 연구 동료들은 사람들이 협상을 일정하게 정해진 파이를 나누는 것이라고 생각한다는 사실을 보여주었다. 그러나 협상이란 서로 공통되는 부분과 모순되지 않는 이해관계를 찾아내 파이를 더 크게 만들 수 있는 기회를 찾아내는 과정이다.[7] 제1장의 생각 실험에서의 문제 해결 유형이 문제에 접근하는 방법은 파이를 더 크게 만드는 좋은 예다. 만약 그들이 재빨리 움직인다면 1,000달러를 나누어 가지는 타협을 넘어 양측이 다 1,000달러를 벌 수 있는 가능성을 찾아낼 수도 있다. 제8장과 제9장에서는 양측이 더 많은 가치를 창출할 수 있도록 도와주는 협상 과정을 살펴볼 것이다.

상대방의 입장에 서는 것이 어려운 세 번째 이유는, 일단 토론이 시작되면 협상 자체의 역동성 때문에 종종 공동의 가치를 찾는 일이 어려워진다. 리 톰슨 교수와 그녀의 연구 동료들은 복잡한 협상에서 사람들이 우선 순위와 관심사를 잘 찾아내는지 알아보기 위해 5,000명이 넘는 사람들이 참여한 서른두 가지 협상 연구 결과들을 분석했다. 결과는 아주 놀라웠다. 실험실에서는 적어도 50% 정도가 협상에서 공동의 목표를 찾는 데 실패했다.[8]

이렇게 혼동이 일어나는 가장 큰 이유는 양측이 협상 과정에서 그들이 정말로 원하는 것을 얻으면서도 타협하고 있는 것처럼 서로 허세를 부리기 때문이다. 게다가 자신들의 진짜 관심사와 동기에 대해 명확하게 표현하지 않기 때문에 더욱 혼란스러워진다.[9] 이럴 때는 양자 공통의 바탕을 얼마나 적극적으로 추구하느냐가 상대방에게 달려 있다. 앞에서 언급한 신약 임상실험 연구 사례에 나온 외국인 의사가 "당신의 자격과 지위, 문화적 배경이 내 요구 기준에 만족스럽지 못하기 때문에 나는 당신의 말을 들을 수 없습니다."라고 어떻게 말하겠는가? 이 문제를 끄집어내고 밝혀 진정한 해결책을 찾아내기 위해서는 미국 병원 측에서 적극적으로 상상력을 발휘해야 한다. 협상이 어렵게 꼬이고 좌절하게 될 때일수록 상대방 외국인 의사가 드러내 보이는 불쾌함을 살펴 그의 행동을 설명할 수 있는 가설을 몇 가지 찾아내야 한다. 문제는 많은 사람들이 이러한 추가 단계들을 밟아나가려 하지 않는다는 데 있다.

이런 모든 장벽을 고려할 때 협상에서 상대방의 이해 관심사에 초점을 맞추는 일은 당연히 어렵다. 공통된 바탕을 찾는 데 엄청난 노력을 기울이는 것이 과연 가치 있는 일일까? 협상에 대한 연구 결과는 지나치게 상대방에게 적응하고자 하는 열정으로 당신 자신의 협상 목표를 잃어버리지만 않는다면 그런 노력은 매우 큰 성과를 가져다준다는 사실을 강력하게 지지하고 있다.

숙련된 협상가의 협상 준비와 계획

숙련된 협상가일수록 협상을 준비하는 동안 문제를 해결할 수 있는 옵션을 개발하고 공통의 배경과 이해 관심사를 찾는 데 많은 노력과 시간을 투자한다. 제1장에서 논의한 닐 래컴과 존 칼라일의 연구는 이

점을 지지하고 있다.[10] 이 연구는 협상 전문가 쉰한 명이 실제로 거래가 이루어진 각기 다른 협상 쉰여섯 건을 대상으로 협상을 준비하고 계획하는 과정을 모두 직접 녹취하고 분석했다는 점에서 아주 특별하다. 이 연구에서 대상은 높은 수준의 협상 기술과 협상 경험을 가진 협상 전문가들이다. 숙련된 협상가 그룹과 동료들로부터 평균 수준이라는 평가를 받는 협상가들이 협상을 준비하고 계획하는 과정을 직접 비교했다.

두 그룹 모두 더 큰 파이를 찾기보다는 상대방과 충돌할 수 있는 가능성이나 자신의 목표에 집중하는 데 더 많은 시간을 할애했다. 그러나 숙련된 협상가들은 협상 준비와 계획 과정에 투자한 시간의 약 40%를 공통의 이해 관심사나 서로 보완적인 이해 관심사 또는 최소한 협상 상대방과 충돌하지 않는 영역에 할애하고 있다. 평균 수준의 덜 숙련된 협상가 그룹은 약 10%의 시간만 공통의 이해 관심사에 집중하고 나머지 90%는 가격, 힘, 통제와 같은 이슈들에 대비해 그런 요구에 대항하는 논리를 짜내는 데 할애했다. 공통의 이해 관심사나 서로 보완적인 이해 관심사 또는 최소한 협상 상대방과 충돌하지 않는 영역에 할애하는 시간과 비교하면 약 네 배나 차이가 난다.

숙련된 협상가 그룹은 공통의 이해 관심사에 초점을 두었다. 이것은 그룹 간에 또 다른 중요한 차이를 만들어냈다. 숙련된 협상가 그룹은 덜 숙련된 평균 수준의 그룹보다 협상을 준비하고 계획하는 과정에서 두 배가 넘는 문제 해결 대안들을 개발했으며, 협상 상대방이 제안할 수 있는 요구를 예상하기 위해 노력했다. 공식적인 교육 수준은 그룹 간에 차이가 없었다. 숙련된 협상가가 되기 위해 교육 수준이 높아야 하는 것은 아니라는 뜻이다. 대신 많은 경험과 판단력 그리고 상상력이 필요했다. 이 연구를 통해 상대방의 이해관계를 더 정확하게 판단하는 사람이 단지 자신의 협상 목표에만 관심을 두는 사람보다 더 나은 결과를 얻는다는 것을 알 수 있다.[11]

호의적인 거래와 협상 결과를 만들기 위해 상대방의 이해관계에 집중하는 일은 정말 중요하다. 과연 어떻게 상대방의 이해관계에 집중할 수 있을까? 다음은 상대방이 원하는 것에 주의를 기울이고 당신의 협상 목표를 성취하는 데 상대방의 이해 관심사를 어떻게 활용할지 알려주는 네 단계의 지표다.

1. 의사 결정자를 찾아라.
2. 공통된 이해관계를 찾아라. 당신의 목표를 이루기 위해 상대방의 이해관계를 어떻게 활용하는가?
3. 합의에 걸림돌이 되는 이해관계를 명확히 하라. 상대방은 왜 '아니오.' 라고 말하는가?
4. 당신의 목표에 다가가는 동시에 낮은 비용으로 상대방의 문제를 해결할 수 있는 대안을 찾아라.

의사 결정자를 찾아라

상대방이 무엇을 요구하고 원하는지 잘 이해하기 위해서는 먼저 협상 테이블 맞은편에 앉은 사람, 곧 의사 결정자가 누구인지 정확하게 알아야 한다. 협상장에 나오는 기업과 공공기관, 단체는 그들의 정책이 있고 목표와 관계를 표방하지만, 앞에서 살펴본 병원의 신약 임상

실험 고객과의 분쟁 사례에서 보듯, 결국 협상의 주체는 사람이다. 사람이 협상을 하는 것이다. 실제로 협상을 이끌어가는 것은 의사 결정자다. 그들의 지위나 자존심, 자기 성취에 대한 관심들을 포함한 그들이 요구하는 것에 따라 협상이 좌우된다. 사람들은 협상을 시작하기 전에 협상에서 가장 핵심이 되는 사람, 곧 의사 결정자를 알아내는 일을 자주 잊고는 한다. 실로 놀랄 지경이다.

비즈니스 스쿨 MBA 클래스에 들어오는 사람들은 졸업 이후 좋은 직업을 갖겠다는 목표를 가지고 2년 과정을 시작한다. 2년차 MBA 학생들은 여기저기 인터뷰를 하거나 여러 곳에 편지를 보내고, 대개 봄 학기쯤에는 구체적인 취업 조건을 확정짓는 데 많은 시간을 할애한다.

해마다 새로운 직업을 찾으며 마지막 단계에서 초조해하는 여러 학생들과 상담을 해보면 그들은 연봉, 보너스, 재배치 이사 비용 같은 여러 협상 이슈들을 풀어갈 방법에 대해 묻고는 한다.

그때 나는 "누구와 협상을 하는가?"라고 묻는다. 그들은 대부분 인사 담당 임원이나 채용 담당자와 같은 기업의 일반 업무를 담당하는 사람들을 이야기한다. 사실 그들은 채용 업무를 대행하는 사람들에 불과하다. 나는 다시 묻는다. "단지 통상적인 채용 의사 결정이 아니라 당신을 알고 있으며, 당신이 원하는 보다 높은 의사 결정 권한을 가진 사람은 누구인가?" 그제야 학생들은 눈을 번쩍인다. 그들은 의사 결정을 내리거나 영향을 미칠 수 있는 사람, 그리고 구체적으로 그들의 서비스를 원하는 사람을 선택하여, 협상 과정을 주도해나가야 한다는 사실을 깨닫게 된다.

몇 년 전 내가 조언했던 한 MBA 학생은 이전에 한 번도 MBA 출신을 고용해본 적이 없는 미국 남부에 있는 한 기업을 설득하는 데 성공했다. 그는 자신이 받을 혜택 가운데 일부를 그의 비즈니스 스쿨 학비 전액을 갚는 데 쓸 수 있게 해달라고 요구했고, 원하는 답을 받아냈다. 그는 한 공항 라운지에서 기업 소유주와 직접 만남을 주선하여 학창 시절에 학비를 대출받아 공부한 적이 있는 그 경영자에게 직접 호소했다. 나아가 이런 혜택은 신입 직원이 기업에 몰입하고 헌신할 수 있는 계기를 마련해줄 것이라고 설명했다. 이 특별한 거래 결과는 성공적이었다. 이 협상에서 그는 최종 의사 결정자와의 직접 만남을 주선하기 위해 철저한 준비를 하였으며 상대방의 경험과 관심에 호소했기 때문에 그의 말은 설득력이 있었다.

공통된 이해관계의 바탕을 찾아라.
상대방의 이해관계가 어떻게 당신의 목표 달성을 돕는가?

의사 결정자를 알고 난 후에는 그의 필요와 관심사가 무엇인지 주의 깊게 살펴라. 상대방과 공통의 이해관계가 있는가? 당신이 목적을 달성하기 위해 내놓는 제안이 그에게 중요한 선택 대안이 될 수 있는 이유는 무엇인가?

상대방이 무엇에 관심 있는지 찾아내는 탁월한 방법 가운데 이른바 '역할 반전'이라는 기술이 있다. 당신의 상사와 승진에 대해 협상한다고 생각해보자. 역할 반전이란 당신이 상사가 되어 그 입장에서 생각하고 행동해본다는 뜻이다. 당신의 역할은 배우자나 동료 혹은 친구에게 부탁하라. 친구에게 이 이슈를 설명하고 나서 당신의 승진 문제를 논의하는 가상 회의를 가져라. 당신이 '상사'의 자리에 앉아 스스로에게 물어본다. "이 사람이 자신의 목표를 달성하도록 도와주면 그것이 나의 이해관계에 과연 어떻게 보탬이 되는가?" 역할 행동을 통하여 자연스러운 결론에 이르면, 상사의 관점에서 당신을 승진시켜야 하는 이유를 적어보아라. 당신의 결론을 동료들과 이야기해보아라. 상사의 생각을 당신이 알아낼 수 있을지 알아보아라.

일반적으로 공통 관심사라는 튼튼한 기초가 있을 때 설득력 있는 제안을 할 수 있다. 실제로 다투는 논쟁 상황에서조차 공통 관심사나 양립할 수 있는 관심사를 찾아낼 수 있다.

내가 잘 아는 한 경영자가 최근 뉴잉글랜드 지역에 있는 여러 병원 시스템을 합병하는 협상에 관여했다. 첫 회의에서 한쪽이 협상 테이블에 커다란 도끼를 올려놓았다. "우리가 이 합병을 성사시킨다면 앞으로 경쟁 시장에서 이 도끼를 사용하게 될 것입니다." 도끼를 공통의 관심사로 간주할 수밖에 없는 미국 의료 시장이 얼마나 격심한 경쟁 상황에 처해 있는지 보여주는 증거였다. 그러나 이러한 과장된 제스처는 협상을 제대로 시작할 수 없게 만들고 말았다.

소비자의 상황을 한번 고려해보자. 제품과 서비스를 판매하는 업체는 대부분 가격에 관해 소비자와 충돌하는 관점을 갖고 있다고 가정한다. 소비자는 가급적 적게 지불하려 하고 판매자는 더 많이 받기를 원한다. 이것이 사실이긴 하지만 전부는 아니다. 놀랍게도 많은 기업들은 좀더 높은 가격을 받아내려는 관심을 넘어서는 추가 관심사를 가지고 있다. 그들은 소비자를 만족시키고 싶어 한다. 이는 당신과 상대방 업체가 공유하는 공통의 관심사이며, 당신이 회사에 모든 편의를 요구할 수 있는 단초를 제공해준다.

최근 학생 중 한 명이 아주 흥미 있는 협상 실험을 했다. 공통된 이해

관계에 대한 강의를 들은 후 구독하고 있는 모든 잡지에 수신자 부담으로 전화를 걸어 할인을 요구했다. 주의 깊게 살펴보면 그는 잡지 구독을 취소할 거라고 위협하지 않았으며, 단지 잡지가 다른 고객에게 제공해줄 수 있는 최선의 할인을 요구했을 뿐이었다. 그중 몇 번은 관리자에게까지 요구를 전달할 필요가 있었지만 결국 모두 할인을 받는 데 성공했다. 잡지사들은 그가 만족하는 고객으로 남기를 원했던 것이다.

그가 협상 수업에서 성공 스토리를 이야기하자 또 다른 학생이 자신도 메이시스 백화점에서 비슷한 실험을 해보았다고 했다. 어느 날 그가 평소 자주 가는 메이시스 백화점에서 넥타이를 사려 했는데 내가 수업시간에 내준 가격 할인 과제를 떠올리고 넥타이에 주름이 조금 간 것을 지적하며 10%를 할인해달라고 요구했다. 판매원은 약간 긴장된 표정으로 백화점의 판매 방침에 따라 할인은 안 된다고 말했다. 그러나 학생은 재치 있게 반박하여 결국 10% 할인을 받아내는 데 성공했다. 그러자 한 학생이 나서서 말했다. 그의 부인이 한때 블루밍데일 백화점에서 점원으로 일했는데, 매장 직원은 고객 만족을 위해 필요하다면 고가 제품인 경우 5~15%를 할인해줄 수 있는 권한을 갖고 있다고 말했다.

학기가 끝나갈 무렵 이 협상 수업은 고객 만족을 위해 할인을 받은 최고 사례를 찾는 경연대회 같았고, 최고의 상은 주로 부유한 고소득층을 상대하는 결혼 부티크에서 웨딩드레스를 사며 350달러를 할인받은 여학생이 차지했다.

판매 기업과 구매 고객 사이의 거래에서도 고객 만족을 위한 똑같은 원칙이 적용되고, 큰 이익이 좌우되기도 한다. 경제주간지 《비즈니스 위크》는 최근에 많은 구매 기업들이 추가 가격 인상을 하지 않는 장기

계약, 추가 부담 없는 품질 향상, 무료 애프터서비스와 업그레이드 그리고 상당히 우호적인 융자 조건 등을 요구하며 점점 협상에 열심이라고 보도하고 있다. 경쟁적인 시장에서 고객을 행복하게 하는 공통 관심사야말로 가치의 커다란 원천인 것이다. 《비즈니스위크》에 나온 기사의 제목은 이랬다. "요구하라, 그러면 할인받을 것이다."[12]

이 이야기들에서 얻을 수 있는 교훈은 무엇인가? 첫 번째 교훈은 시장가격에는 두 가지가 있다는 사실이다. 곧 협상을 싫어하고 쉽게 만족하는 고객에게 요구하는 정가와 가격 할인을 요청하는 고객에게 제공하는 할인 가격이 그것이다. 과연 당신은 협상을 싫어하는 쪽인가 아니면 할인을 요구하는 쪽인가?

두 번째 교훈은 고객 만족이 고객과 기업의 공통 관심사라는 사실을 깨닫는다면 현재 당신이 얻는 만족보다 더 높은 고객 만족을 얻을 수 있다는 사실이다. 실제로 최상의 제품을 제공하는 최고의 기업은 고객 만족에 크게 관심을 쏟는 기업이다. 당신의 만족이라는 이슈에 대해 공격적이거나 적극적일 필요가 없으며, 단지 정중하게 "만약 당신이……에 대해 이렇게 해준다면 아주 만족하는 고객이 될 것이다."라고만 말하면 된다.

잡지 발행인, 백화점 그리고 다른 서비스 제공자들이 고객과 공통의 관심사를 갖는 것을 중요하게 생각하듯이 당신과 일하고 있는 어떤 사람이나 기업도 고객들과 공통 관심사를 갖고 있다. 당신은 당장 새로운 일을 시작하기보다 좀 천천히 시작하기를 원하고 있다. 아마도 당신의 새 고용주는 새로운 사무실이 완공될 때까지 기다리거나 다음 분기의 임금을 지불한 이후로 연기해주기를 바랄지도 모른다. 요구해보라. 당신의 새 고객은 대금 지급을 곧바로 하고 싶어 할까 아니면 조금

늦추고 싶어 할까? 아마도 구매 부서에서는 예산 사이클을 새로 시작하기 전에 할당된 예산을 사용하기를 바라는 만큼 대금 지급을 늦추기보다는 바로 지급하기를 바랄 것이다. 이슈를 제기하지 않으면 당신은 결코 알 수가 없을 것이다.

공통의 관심사는 당신과 상대방이 전혀 합의하지 못하는 문제를 해결해주는 특별한 약, '협상의 특효약'이다. 모든 협상 저변에 숨은 공통의 관심사를 찾아내는 일이야말로 협상 제안서를 작성하기 위한 가장 중요한 기초 작업이다.

합의에 걸림돌이 되는 이해관계를 명확히 하라
상대방이 왜 '아니오.'라고 말하는가?

협상 상대방이 반대할 것을 예상하고 준비를 잘하기 위해서는 당신의 제안에 맞서거나 반대하게 만드는 상대방의 이해관계를 명확히 알아내야 한다. 당신은 당신의 관심사 위주로 협상을 이끌어가고 싶겠지만 상대방이 반대하거나 문제를 제기해올 것을 예상할 수 있을 때 상대방에게 건설적으로 대응할 수 있다.

협상을 준비하는 동안 당신은 역할 반전을 통해 상대방이 당신의 제안에 반대하는 이유를 찾아야 한다. 상대방이 반대하는 이유를 알면 종종 난관에 부딪친 협상을 뚫을 수 있는 방법이 나오기도 한다.

물론 당신의 이해관계와 직접 충돌하는 문제에 대해 충분히 좋은 제안을 하지 않기 때문에 상대방은 반대하거나 의의를 제기할 것이다: 당신의 가격은 너무 높습니다. 당신의 입찰가는 너무 낮군요. 이는 충분히 예상 가능한 반대이며 이때 당신은 협상의 레버리지(제6장), 권위 있는 기준과 규범(제3장) 혹은 좋은 관계(제4장) 등을 고려해서 반응해야 한다.

하지만 상대방이 반대하는 이유가 당신이 전혀 예상치 못했거나 신경조차 쓰지 않던 것일 수 있다. 이런 이유들은 제도적 혹은 경제적인 이유라기보다는 협상에 참가하고 있는 개개인의 자존심과 지위 그리고 협상과 전혀 상관없는 이유에서 비롯되는 경우가 많다. 일단 이런 이유들이 공개적으로 드러나면 문제를 잘 처리해야 한다.

아주 알맞은 사례가 하나 있다. 퍼스트유니언 뱅크는 최근 코어스테이츠 파이낸셜을 160억 달러에 합병했다. 이 정도 규모면 미국 역사상 가장 큰 은행 인수합병 사례 중 하나다.[13] 협상이 마무리되어갈 무렵 코어스테이츠 파이낸셜의 CEO 테리 라슨은 퍼스트유니언 뱅크의 에드 크러치필드 회장이 라슨의 재무적 요구를 거의 다 들어주었음에도 불구하고 마지막 거래를 합의하는 데 주저했다. 진짜 문제는 가격과 전혀 관계가 없는 것이었다. 라슨은 노스캐롤라이나에 기반을 둔 퍼스트유니언 뱅크가 그와 코어스테이츠 파이낸셜이 활동했던 펜실베이니아, 뉴저지 그리고 델라웨어 세 주에서의 자선 활동 약속을 포기할지도 모른다는 데 깊은 우려를 나타냈다. 이것은 지역사회에 상처를 줄뿐 아니라 라슨이 사업의 본거지로 삼았던 지역사회를 팔아넘긴다는 비난을 사게 될 수도 있는 일이었기 때문이다.

두 회사가 펴고 있는 자선 활동과 기부 정책이 내용 면에서 다소 차이가 있긴 했지만 기업이 사회적으로 가치 있는 일에 공헌해야 한다는 데는 생각을 같이하고 있었다. 크러치필드가 이 이슈를 알게 되었을 때 일단 그는 라슨이 운영 책임을 맡은 1억 달러 규모의 지역사회 재단을 별도로 설립하겠다고 제안했다. 이 재단은 두 회사가 합병한 뒤 코어스테이츠 파이낸셜이 활동했던 지역을 위한 사회 공헌 활동을 하게 될 것이었다. '추가적'으로 재단을 설립하는 데 드는 1억 달러는 인수 가격 160억 달러에 비하면 0.5% 남짓하지만, 이 인수합병 거래를 타결해낸 열쇠 역할을 한 것에 비하면 아주 작은 변화에 지나지 않았다. 재단 설립이 진행되자 라슨은 이번 인수합병에 대한 최고 옹호자가 되었고, 코어스테이츠 파이낸셜 이사회에 승인을 적극 추천했으며, 결국 이 거래는 성공적으로 이루어졌다.

당신의 목표에 다가가는 동시에 낮은 비용으로 상대방의 문제를 해결하는 선택 대안을 찾아라

일단 상대방이 합의에 반대하는 이유가 분명치 않다고 생각되면 크러치필드가 보여준 예를 따르는 것이 좋다. 곧 당신의 목표에 다가가는 동시에 낮은 비용으로 상대방의 문제를 해결하는 선택 대안을 찾아라. 우리는 보통 상대방이 반대하는 이유가 돈이나 권력 그리고 위험 부담을 줄이는 것과 같은, 우리가 원하는 것을 상대방도 똑같이 원하기 때문이라고 짐작하곤 한다. 뛰어난 협상가들은 그런 획일적인 가정을 극복하려고 노력하며, 협상을 진행시키고 거래를 성사시키는 데 도움을 줄 수 있는 추가적이고 부수적인 관심사를 찾아낸다.

사업 수완이 뛰어난 협상가와 거래를 성사시킬 수 있는 선택 대안의 좋은 예는 '상자를 깬' 혁신적 사례가 있다. 캘리포니아 주 오션사이드 시청의 쓰레기 수거 관련 문제다.[14] 애리조나 주에 있는 쓰레기 처리 회사의 젊은 여사장인 켈리 사버는 오션사이드 시청과 쓰레기 수거 계약을 맺기 위해 노력하고 있었다. 다른 회사들과 극심한 경쟁을 벌이고 있는 입찰 상황에서 그녀는 경쟁자들이 제안하는 것보다 5달러나 더 비싼 가격인 톤당 43달러로 계약을 체결했다. 도대체 어떻게 그럴 수 있었을까?

파도타기가 취미인 사버는 오션사이드 해변이 서서히 침식되어간다는 사실을 알았다. 해변은 오션사이드 시가 자랑하는 주요 관광 수입원이고, 부동산 가치를 지켜주는 보루였다. 사버의 회사는 애리조나 사막에 쓰레기 하치장이 있었다. 알다시피 사막에는 모래밖에 없다. 그녀는 회사 트럭으로 오션사이드 시 밖으로 쓰레기를 치우는 한편 애리조나에 있는 깨끗하고 신선한 모래를 가져와 해변에 쏟아 붓겠다는 약속을 했다. 마침내 사버는 프리미엄 가격으로 쓰레기 수거 계약을 따냈다. 오션사이드 시 공무원들은 비용을 줄일 수 있는 쓰레기 처리 사업자를 원했지만 사버는 자신이 시가 당면한 해변의 문제와 관광 사업 문제를 이해하고 있음을 보여줌으로써 오히려 높은 가격에 계약을 체결할 수 있었다.

사버의 사례에서 또 다른 교훈을 발견한다. 상대방의 관심사를 명확히 찾아낸다면 당신은 구체적으로 상대방에게 무엇을 제안해야 하는지 이해하고 있는 셈이다. 그리고 다음 제6장에서 살펴보겠지만, 당신이 가지고 있는 것에 상대방이 크게 관심을 보일수록 당신이 거래를 하지 않을 경우 상대방이 느끼는 손실은 더 클 것이고, 상대방에게 당신이 가진 조건에 동의하도록 주장할 수 있는 협상의 레버리지를 더 많이 가질 수 있다.

협상에서 상대방이 무엇을 염려하고 있는지 알아내는 과정이 아주 간단하게 들리 겠지만 실제로는 대단히 어려운 일이다. 이것은 우리가 협상에 대해 기본적으로 갖는 태도 때문이다. 사람들은 상대방에게 필요한 것이 자신에게 필요한 것과 충돌한다고 가정하는 경향이 있다. 또한 협상에서 상대방은 상대방대로 자신의 관점에서 문제를 규정한다는 사실을 잊어버리고 자신이 처한 문제로 시야를 좁히고 만다.

훌륭한 협상가들은 이러한 가정들을 넘어 상대방에게 정말로 동기를 부여하는 것 이 무엇인지 찾아내기 위해 끈기 있게 노력한다. 실제로 협상 연구 결과를 보면 훌륭 한 협상가들은 평균 수준의 협상가보다 상대방의 세계관을 알아내고 이를 통해 전략 적인 협상 방법을 생각하는 데 네 배나 더 많은 시간을 투자한다고 한다.

협상가에게 필요한 교훈은 바로 이것이다. 상대 협상가가 당신의 제안에 동의하고 움직일 수 있는 공통의 이해 관심사를 발견하고, 또한 그들이 반대할 수 있는 이유를 미리 생각하라. 이런 노력이야말로 협상 진행에 필요한 체크 리스트를 제공할 것이다. 상대방과 생각이 같은 영역부터 협상을 시작하고 나머지 문제들은 상대방의 반대에 대해 가장 낮은 비용으로 양보하면서 하나씩 대응 방법을 찾아가라. 그런 뒤에야 정말 로 중요한 문제에서 상대방과 충돌하게 되었을 때 대화를 계속 이끌어갈 수 있는 추진 력을 확보할 수 있으며, 동시에 우리가 다음 제6장에서 다룰 주제인 협상의 레버리지 를 확보할 수 있는 좋은 위치에 서게 될 것이다.

✔ 상대방의 이해 관심사를 파악하기 위한 체크 리스트

☐ 의사 결정은 누가 하는가?

☐ 상대방의 이해관계가 당신이 목표를 달성하는 데 어떻게 도움이 되는가?

☐ 상대방이 왜 '아니오' 라고 말하는가?

☐ 상대방의 반대를 낮은 비용으로 물리칠 수 있는 선택 대안은 무엇인가?

협상의 기본 원칙 (6)

협상의 레버리지를 높여라

■ ■ ■

협상에서 합의를 얻어내기 위해 상대방이 원하거나 필요로 하는
모든 이유 하나하나를 내가 알고 있다면 그것이 바로 나의 레버리지다.
밥 울프[1]

친절한 말만 갖기보다 친절한 말과 함께 총을 갖고 있을 때
더 많은 것을 얻을 수 있다.
알 카포네[2]

	당신의 협상 스타일을 파악하라		도전적 목표와 높은 기대치를 수립하라	
권위 있는 기준과 규범을 준비하라				상대방과 좋은 관계를 형성하라
	상대방의 숨은 이해 관심사를 파악하라		협상의 레버리지를 높여라	

지금쯤이면 당신은 협상에 대해 새로운 자신감을 느낄 것이다. 당신은 협상을 위한 개인의 협상 스타일, 목표, 기준과 규범, 관계 그리고 이해관계에 대하여 알게 되었다. 그러나 이해관계가 크게 걸려 있는 본격적 협상에서 가장 중요한 요소는 이제야 우리 앞에 놓여 있다. 바로 효과적인 협상의 여섯 번째 기본 원칙인 협상의 레버리지다.

레버리지는 단순히 합의에 이르게 하는 힘이 아니라 내 조건대로 합의를 만들어낼 수 있게 하는 힘이다. 협상에서 레버리지를 갖고 있으면 평균 수준의 협상가도 레버리지를 갖지 못한 아주 숙련된 협상가가 거둘 수 있는 결과를 얻어낼 수 있다고 협상 연구자들은 말한다.[3] 레버리지를 갖고 있는 쪽은 자신감이 있는 반면 레버리지가 없는 쪽은 초조하고 불안할 수밖에 없다. 레버리지의 의미를 살펴볼 수 있는 간단한 협상 사례 몇 가지를 살펴보자.

사례 1

몇 년 전, 미국의 한 주요 항공사인 이스턴 에어라인이 큰 문제에 부닥쳤다.[4] 보유한 항공기들이 낡아 최신형 점보 제트기를 사들여야 했는데, 최근 합병을 하면서 많은 빚을 져 새 비행기를 살 자금이 충분치 않았다. 더군다나 미국 비행기 제조사인 보잉 사와 맥도넬 더글러스 사는 시장을 독점하고 있어 재무 상황이 좋지 않은 고객에게는 관심이 없었다.

몇 달 동안 이 문제를 끌어안고 씨름하던 이 항공사의 CEO가 어느 날 거의 10억 달러에 가까운 최신 점보기 50대 구입 계획을 자랑스럽게 발표했다. 도대체 어떻게 이런 결과가 나왔을까?

그 해결책은 세계 3위 항공기 제조업체인 유럽의 에어버스 콘소시엄에 있었다. 에어버스 사는 1년 전 새 점보기를 선보인 이후 그동안 한 대도 팔지 못하고 있었다. 더 심각한 문제는 에어버스 사의 경영진들은 미국 시장에서 성공하는 길만이 에어버스의 미래를 결정짓는다고 믿고 있었다. 미국 이외의 다른 나라의 항공사들은 미국 항공사들이 내세우는 까다로운 구매 정책에 크게 영향을 받기 때문이었다.

이 항공사의 CEO가 에어버스 사가 만든 점보기에 관심을 보였을 때, 에어버스 사는 혁신적인 방법으로 리스 거래를 성사시키기 위해 온 힘을 기울였다. 미국 은행 한 곳과 프랑스 은행 두 곳, 에어버스 엔진 제작사인 GE 그리고 에어버스 사 스스로 자금을 지원했다. 심지어 프랑스 정부는 이 거래를 돕기 위해 수출 신용까지 수백만 달러를 지원했다. 곧 에어버스 사는 이스턴 에어라인의 CEO 프랭크 보만에게 필요했던 비행기만 제공한 것이 아니라 구입 자금까지 빌려주었던 것이다. 보만 자신이 비행기를 사야 하는 것 이상으로, 구매자를 찾고 있던 공급자를 찾아냄으로써 일을 성사시킬 수 있었다. 그는 '필요의 균형'을 자신에게 유리하게 움직임으로써 레버리지를 높인 것이다.

사례 2

엔터테인먼트 비즈니스에는 기업의 거래 관련 필요성만큼이나 협상에 참여한 개인의 자존심과 관련된 요구가 레버리지를 높이는 원천이 되는 사례가 아주 많다. 최근에 유명세를 타고 있는 악명 높은 할리우드 영화 제작자 피터 거버[5]는 헤어 스타일리스트에서 영화 제작자로 변신한 사람인데, 그는 영화 산업에 뛰어든 지 얼마 되지 않았을 때 그의 새로운 영화인 〈조스〉의 속편 〈더 디프〉에 대한 5% 지분과 닐 보가트가 소유한 카사블랑카 레코드 회사의 주식 20%를 교환했다. 영화 제작자 경력이 얼마 되지 않은 그로서는 상당히 조건이 좋은 거래를 한 셈이었다. 도대체 거버는 어떻게 이런 좋은 조건으로 거래를 성사시킬 수 있었을까?

할리우드 주변에 있는 많은 사람들처럼 보가트는 평소 영화계에서 주요 인물이 되길 간절하게 바랐다. 한 동료는 이렇게 말했다. "닐 보가트는 영화 산업에 뛰어들고 싶어 했고, 그럴 수만 있다면 그는 어떠한 대가라도 치를 준비가 되어 있었다." 보가트의 환상을 알게 된 거버는 철저하게 그것을 이용했다. 그는 보가트에게 〈더 디프〉의 제작 지원 기회를 제공하는 대신 보가트의 레코드 회사 지분을 얻었다. 닐 보가트의 자존심이 이 거래를 위한 핵심 계기를 제공해주었던 것이다. 이러한 파트너십을 구축한 결과 카사블랑카 레코드 회사 소속 최고 아티스트인 도나 섬머가 〈더 디프〉의 주제가를 불러주는 행운까지 얻어 거버는 이중으로 이익을 얻었다. 카사블랑카 레코드 회사가 배급한 영화의 음반은 200만 장 이상 팔렸다.

사례 3

텍사스 휴스턴에 있는 휴스턴 전기전력 회사는 벌링턴 노던 샌타페이 철도 회사에게 연간 석탄 운송 비용으로 1억 9,500만 달러를 지급하고 있었다.[6] 이 회사의 구매 담당 책임자인 제이니 미첨은 서비스도 나쁘면서 운송 요율만 높은 현실 상황에 질려 있었다. 하지만 벌링턴 노던은 그녀의 발전소에 이르는 철도 선로에 대한 독점권을 가지고 있었고, 철도는 발전소에 필요한 석탄을 대량으로 공급하는 유일한 수단이었기 때문에 다른 마땅한 대안이 없었다. 그녀는 공정성에 호소하고 그들의 오랜 관계에 호소해 운송 요율을 좀 낮추어달라고 요구했으나 냉랭한 답변만 돌아왔다.

그렇다면 그녀에게도 생각이 있었다. 발전소에서 10마일 가까이 떨어진 곳에 벌링턴 노던과 경쟁하는 유니언 퍼시픽 철도 회사가 있었다. 그녀는 그 회사의 선로와 발전소를 연결하는 새 선로를 건설하기로 했다. 그녀는 마지막 희망을 걸고 벌링턴 노던에게 그녀의 뜻을 전했으나 벌링턴 노던은 별 반응이 없었다. 벌링턴 노던의 경영진은 2,400만 달러의 건설 비용이 드는 이 프로젝트가 실현될 가능성은 전혀 없으며, 단지 위협에 불과하다고 생각했다. 심지어 미첨의 부하 직원들조차 회의적이어서 그녀의 계획을 '꿈의 철도'라고 불렀다.

그러나 미첨은 끈질기게 밀어붙였다. 그녀는 본부 경영진에 건의해 추진 허가를 얻어냈고, 구체적인 프로젝트 설계를 진행해 지금은 '제이니의 철로'라고 불리는 철로 10마일을 건설하기 시작했다. 결코 쉬운 일은 아니었다. 벌링턴 노던은 그녀를 법원에 고소했으며 철도 당국에 규제 요청을 했다. 그녀는 30만 세제곱 피트에 달하는 흙을 옮겨야 했고, 묘지들과 역사적 구역을 잘 피해서 설계해야 했으며, 이 과정에서 불만을 제기하는 주민들을 설득해야 했다.

결국 그녀는 이 일을 해냈다. '제이니의 철로'가 현실이 된 것이다. 그리고 유니언 퍼시픽 사는 벌링턴 노던이 요구하던 운송 요율보다 25%나 할인된 요율로 수송 계약을 맺었다. 이로써 첫해에 1,000만 달러를 절약했고, 머지않아 연간 5,000만 달러까지 절약할 수 있었다.

미첨은 새로운 협상력을 얻은 것이다. 실제로 최근 유니언 퍼시픽 사가 배달 지연을 초래했을 때 그녀는 몇 차례 선적분을 벌링턴 노던으로 돌려버렸고, 결국 유니언 퍼시픽 사의 관리자가 직접 방문해 사과하고 질 좋은 서비스를 약속하기에 이르렀다. 곧 미첨은 석탄을 공급하는 문제를 해결하기 위해 주어진 틀 밖에서 새로운 대안을 창조함으로써 협상의 레버리지를 높였다. '제이니의 철로'는 경쟁적이고 창조적인 대안으로써 과거에 이용하던 철도 회사와 신규 철도 회사 모두에 대해 새로운 레버리지로 작용하였다.

레버리지 : 필요와 두려움의 균형

제5장에서 말했던 것처럼 숙련된 협상가들은 협상 상대방이 생각하는 필요와 이해 관심사에 세심한 주의를 기울인다. 그러나 이는 협상 목표를 위한 것이지 상대방의 문제를 해결하기 위해 협상하는 것이 아니라는 사실을 분명히 해야 한다. 그들은 자신의 목표를 이루기 위해 협상을 한다. 그리고 협상에서 목표를 이루는 가장 확실한 방법은 모든 사람이 원하는 레버리지를 획득하고 활용하는 것이다. 정말

협상에 자질이 있는 사람만이 레버리지를 완전하게 이해한다. 레버리지는 협상 테이블에서의 필요와 두려움의 균형에서 나온다. 위에서 말한 협상 사례 세 가지를 통해 레버리지에 대해 구체적으로 살펴보자.

첫째, 일반적으로 상업적 필요가 더 큰 쪽이 레버리지 측면에서는 불리하다. 에어버스 사의 사례에서 보듯이 항공사의 CEO는 종래의 미국 공급자 네트워크를 넘어 바깥에서 항공기 제조업체를 찾아냄으로써 문제를 해결할 수 있었다. 보잉 사와 맥도널 더글러스 사는 그들이 공급할 수 있는 충분한 고객을 확보하고 있었기 때문에 항공기가 필요한 이 항공사의 레버리지는 약할 수밖에 없다. 반대로 에어버스 사는 자사 항공기가 기존의 상업 항공기를 선택하는 데 새로운 대안이라는 것을 세계의 주요 항공기 수요자들에게 증명하기 위해, 또한 자사의 고객으로서 이 항공사가 필요했다.

둘째, 상업적 필요만큼이나 자존심이 영향력을 미칠 때가 있다. 거버와 카사블랑카 레코드 회사의 보가트 사례에서 보듯이 거버는 영화계의 주요 인물이 되고 싶어 하는 보가트의 개인적 욕망을 발견하고 이것을 자신의 레버리지로 활용해 사업적 성공을 거두게 되었다.

셋째, '제이니의 철로' 사례에서 잘 나와 있듯이 레버리지를 높이는 또 다른 방법은 협상 테이블을 떠나 대안을 찾아내고 그 대안을 구체화하는 것이다. 아무리 암울한 상황에도 대안은 있게 마련이다.

많은 사람들이 레버리지가 중요하다는 것을 안다. 그럼에도 불구하고 레버리지가 정확하게 무엇이고, 어떻게 사용해야 하는지는 잘 모른다. 또한 레버리지가 협상에서 정태적인 요소라기보다 동태적인 요소라는 사실을 알지 못한다. 레버리지는 순간순간 변할 수 있다.

'레버리지 IQ'라고 할까? 곧, 당신이 레버리지를 얼마나 이해하고 있는지 테스트하는 가장 좋은 방법은 아주 어렵고 이해관계가 크게 걸려 있는 협상 상황에서 '누가 레버리지를 더 갖고 있을까?'와 '레버리지를 고려한다면 협상 당사자들은 다음에 무엇을 해야 할까?' 하는 질문을 협상의 단계마다 스스로에게 던지며 끝까지 진행해보는 것이다. 구체적인 협상 상황에서 레버리지가 작동하는 원리를 이해할 수 있다면 모든 비즈니스 협상이나 전문 협상에서 작동하는 레버리지를 분석할 준비가 된 것이다.

레버리지의 역동성을 설명하기 위해 내가 선택한 협상 사례는 협상 전문가들조차 두려워 소리를 내지를 정도로 급박한 상황인 인질 협상 사례다. 대개 인질범과 협상하는 일은 나쁜 선례를 남기는 일이 된다고 하지만 이는 자신이 인질로 잡히는 불행한 사태를 당하지 않았을 때 할 수 있는 이야기에 불과하다. 인질 협상은 아주 특별한 상황이다. 여기서 우리는 한쪽이 거의 완전한 상황 통제력을 갖고 있으며 상대방을 지시하는 것 같은 상황에도 레버리지를 광범위하게 적용할 수 있음을 확인하게 된다.[7]

다음에 나오는 협상 사례를 읽으면서 전혀 통제 불가능한 상황에서 경찰 당국이 레버리지의 원천 세 가지를 이용해 새로운 레버리지를 확보함으로써 상황을 호전시켜나가는 과정을 주의 깊게 살펴보자. 여기서 레버리지의 원천 세 가지란 명시적이든 암묵적이든 상대방이 원하는 것에 대한 정보와, 상대방을 어려운 상황에 빠뜨릴 수 있는 힘, 그리고 상대방이 존중하는 규범과 가치를 말한다.

하나피 인질 사건

1977년 3월, 하나피 무슬림이라는 잘 알려지지 않은 종교 분파의 중무장 괴한 열두 명이 인질 134명을 사로잡은 채 워싱턴에 있는 빌딩 세 개를 점거해 라디오방송 기자 한 명이 죽고 많은 부상자가 발생한 사건이 일어났다. 매사추세츠 애비뉴에 위치한 시청, 유대인문화교육촉진협회인 브네이 브리스 본부, 그리고 이슬람 사원과 문화 센터 건물 세 곳이었다.

하나피 무슬림의 지도자 하마스 압둘 칼리스는 잔혹한 범죄의 대상이었다. 흑인 무슬림 그룹 가운데 가장 크고 세력이 강한 엘리자 무하마드의 '이슬람 국가'라는 조직 암살자들이 칼리스의 워싱턴 집을 침입해 그의 어린 아이들 다섯 명을 죽이고 여인들도 여럿 죽였다. '이슬람 국가'의 조직원 일곱 명이 살인 혐의로 기소되었고 다섯 명은 유죄가 확정되었다. 그러나 칼리스는 여기에 만족하지 않았다. 칼리스가 거느린 조직원들이 브네이 브리스 빌딩을 공격하는 동안 그는 이렇게 외쳤다. "그들이 내 아이와 아내들을 죽였다. 이제 그들이 내 말을 들어야 할 차례다. 그렇지 않으면 여기 있는 인질들을 모두 죽여버리겠다."

워싱턴 경찰은 빌딩 세 곳을 모두 봉쇄했으며, FBI가 출동했고, 모든 방송매체들이 사건 현장으로 몰려들었다. 칼리스는 자신이 요구하는 조건들을 언론에 알렸다.

그가 요구하는 조건은 세 가지였다. 당시 미국 극장가에서 상영되고 있던 앤서니 퀸 주연 영화 〈예언자 마호메트Mohamued, Messenger of God〉를 곧바로 상영 금지시킬 것, 암살자들을 재판할 때 법정소란죄로 칼리스에게 부과했던 벌금 750달러를 곧바로 되돌려줄 것, 그리고 아이들을 살해한 혐의로 유죄가 확정된 다섯 명을 자신에게 넘기라는 것이었다. 바리케이드를 친 각각의 빌딩에서는 하나피 무슬림들이 자신들은 신념을 위해 죽을 준비가 되어 있다고 말하며 인질들을 계속 협박했다.

이쯤에서 이 뉴스를 잠시 멈추고, 당신이 FBI와 워싱턴 경찰의 최고 책임자에 대한 조언자라고 가정해보자. 당신은 이제 무엇을 어떻게 해야 할지 결정해야 한다. 빌딩에 진입해 인질들을 구해야 할까? '이슬람 국가' 살인자 다섯 명을 보내주고 인질 134명을 구해야 할까? 〈예언자 마호메트〉 상영을 곧바로 멈춰야 할까? 당신이 어떤 결정을 했든, 이 상황에 직면한 여러 사람들의 상대적 레버리지를 얼마나 이해하고 있는가에 따라 당신의 선택은 달라질 것이다. 자, 지금부터 이 상황을 검토해보도록 하자.

누가 현상황을 통제하고 있는가?

첫째, 현상황을 통제하고 바꾸려는 사람이 누구인지 알아야 한다. 레버리지는 종종 현상황에 가장 막강한 통제력을 발휘하며 편안하게 여기는 쪽으로 흘러간다. 인질 사건 이전에는 상황이 하나피 무슬림에게 불리하게 움직였다. 그들은 흑인 무슬림 운동 단체의 주변부에 있는 한 그룹에 지나지 않았고, 권력 중심부에서 가끔 감시하는 대상일 뿐이었다.

그러나 인질 사건은 모든 상황을 한순간에 바꿔놓았다. 이제 하나피 무슬림이 상황을 주도하게 되었다. 사실 하나피 무슬림의 전략적인 행동은 레버리지 공식에서 중요한 부분을 차지하고 있었다. 이 사건은 닥치는 대로 저지른 폭력 사건도 아니고 서투른 강도 사건도 아니었다. 칼리스는 사람들의 관심을 끌고 거래에서 제공할 수 있는 무엇을 얻어낼 수 있는 레버리지를 확보하기 위해 인질 사건을 택한 것이었다. 칼리스는 다른 사람들을 죽이고 기꺼이 자신도 죽을 각오가 되어 있었으나 인질을 잡은 목적은 살인이나 자살이 아니었다. 인질은 구체적인 목적을 이루기 위한 레버리지에 지나지 않았다.

하나피 무슬림은 상황을 통제할 수 있는 주도권을 쥐게 됨으로써 적어도 잠시 동안은 우위를 차지할 수 있었다. 자, 이제 무엇을 어떻게 해야 할까? 양측이 중무장한 채 대치하고 있고, 그들은 무기를 사용해 서로를 해칠 수 있었다. 그들이 가지고 있는 것, 생명을 빼앗음으로써 상대방을 어렵게 만들 수 있는 힘이 바로 레버리지의 중요한 원천이었다.

위협은 현실성이 있어야 한다

협상에서 위협은 가끔 분명하게 드러날 때도 있지만 대체로 암시적일 때가 많으며, 중요한 역할을 한다. 실제로 당신이 현상황을 위태롭게 하는 옵션을 제안하면 상대방은 그것을 위협으로 인식하게 된다. 많은 협상에서 위협은 모든 사람들을 위험에 빠뜨릴 수 있는 불장난과 같다. 노사가 고용 조건을 협상하면서 회사 측이 노조에게 사원을 위한 의료 혜택을 더 늘릴 수가 없다고 말한다면 상당한 반대에 부딪치게 된다. 그러나 어떤 종류가 되었든 기존 혜택 중 어느 것을 없앤다면 대규모 파업이 일어날 수 있는 위험을 감당해야 할 것이다.

둘째, 위협은 현실적일수록 효과적이다. 상대 협상가들이 위협은 그들에게 해가 될 것이라고 당신이 가정한 데 동의하고, 정말로 그 위협을 행사할 수 있다는 믿음을 갖게 해야 한다는 뜻이다. 만약 당신이 위협했을 때 당신도 상대방만큼이나 또는 상대방보다 더 큰 타격을 받을 수 있다면 그 위협은 현실성이 없다고 볼 수 있다.[8]

앞서 말한 하나피 무슬림의 사례에서는 어느 쪽이 현실성 있는 위협을 가하고 있는가? 하나피 무슬림들은 그들의 위협이 허풍이 아님을 곧바로 증명해 보였다. 그들은 한 사람을 살해했고 여러 사람을 다치게 했다.

그러나 경찰이 가할 수 있는 위협은 현실성이 적었다. 경찰 측에서는 인질 수가 많고 여러 곳에 흩어져 있어 인질을 위험에 빠뜨릴 수 있는 무기를 사용할 수가 없었다. 경찰에게 위협의 레버리지는 심각하게 위축되어 있었다.

게다가 하나피 무슬림은 죽음을 각오하고 있다고 발표해 그들의 레버리지를 확실하게 높였다. 최소한 그들 중 일부는 진정으로 목숨을 걸었을 것이다. 왜 이것이 중요할까? 경찰이 무기를 사용하더라도 하나피 무슬림의 상황을 변화시킬 수 없기 때문이었다. 반면 하나피 무슬림이 무기를 사용한다면 인질과 경찰 모두 치명적으로 상처를 입을 수 있었다.

더구나 경찰에겐 인질범 구속에 관한 법률과 무력 사용에 관한 법적 제약이 따랐다. 경찰이 칼리스의 집에 들어가 인질을 잡을 수도 없는 노릇이었다. 마찬가지로 인질에게 살인에 대한 법적 결말을 위협하는 것도 소용 없었다. 그러기엔 너무 늦어버렸다. 건물에 공급되는 전원과 수도를 차단하는 조치를 취할 수도 있겠지만 하나피 무슬림에게뿐 아니라 인질들에게 더 큰 고통을 줄 수 있었다. 경찰이 칼리스를 위협할 수 있는 능력은 크게 제한되어 있었다.

하나피 무슬림은 현상황을 통제하고 있었고, 위협의 레버리지에서 확실한 우위를 차지하고 있었다. 당신이 만일 직관적으로 특수 공격대인 스왓 팀을 건물 안으로 투입해 인질 구조 작전을 펴려는 생각을 했다면 재고해야 할 것이다. 이 시점, 이 상황에서 레버리지는 그런 무력 사용을 바람직하지 않게 만들고 있었다.[9]

그러나 하나피 무슬림이 통제하고 있는 상황일지라도 경찰은 무력을 유용하게 사용할 수도 있다. 경찰은 하나피 무슬림이 장악하고 있는 건물들을 완전히 포위함으로써 상황을 통제할 수 있는 기회를 어느 정도 다시 얻을 수 있다. 칼리스는 점점 자신이 인질이 되어가고 있는 사실을 깨닫기 시작했다. 서른여덟 시간을 팽팽하게 대치하는 동안 칼리스는 심지어 경찰에게 그의 집을 살펴봐주고 부인과 남은 가족이 잘 있는지 확인해달라고 요구했다.

인질극에서는 대부분 초기에 진행되는 레버리지 상황을 고려할 때 오히려 직관에 반대되는 방법이 최선의 방법이다. 인질을 잡고 있는 쪽이 획득한 레버리지를 일단 인정하고 상황 통제권을 넘겨주면서 함께 협력하는 관계를―이상하게 들리겠지만― 만들 수 있는 기회를 찾아야 한다.

시간은 누구의 편일까?

이런 상황에서 레버리지의 역학에 관한 수수께끼를 풀 수 있는 또 다른 요소는 무엇이 있을까? 또 다른 훌륭한 질문. 시간은 누구의 편일까? 당신은 하나피 무슬림에게 시간이 유리하다고 생각할지 모르지만 사실은 그렇지 않다. 칼리스는 그의 메시지를 전달한 후 그의 목표가 달성되었는지 따져볼 시간이 필요했지만 현상황을 언제까지나 통제할 수 없다는 사실을 알고 있었다.

심리학자들은 인질극 상황에서 발생하는 시간에 대한 매력적인 사실을 발견했다. 아주 짧은 시간일지라도 시간이 지나면 인질들을 구할 수 있는 확률이 훨씬 높아진다. 경험이 많은 인질 협상가들은 인질극 상황에서 처음 15분을 버틸 수 있다면 인질의 생존 확률은 훨씬 높아진다고 말한다.[10]

왜 그럴까? 첫째, 시간이 지날수록 인질범이 처음에 보였던 결사적인 태도가 조금씩 무너진다. 한 방송 해설가는 이런 말을 남겼다.

"자신이 죽을 것에 대해 오래 생각하다 보면 죽음의 의미가 사라지고 색깔도 바래게 된다."[11]

둘째, 비록 규율이 엄하고 훈련을 잘 받은 인질범이라 할지라도 가끔 인질과 어떤 의미에서든 좋은 관계를 맺게 되면 냉혹하게 인질들을 죽이지 못한다. 최근 페루 리마 일본 대사관에서 일어났던, 네 달 동안이나 길게 끌었던 인질 사건에서도 이 사실을 확인할 수 있었다. 결국 대사관에서 인질 일흔두 명을 잡고 있던 반군 열네 명과 경찰관 140명 사이 총격전으로 끝난 이 사건에서 정부군이 공격해 들어간 마지막 순간, 반군 중 한 사람이 인질로 잡혀 있었던 페루 농림부 장관에게 한참 동안 총을 겨누고 있다가 그대로 무기를 내리고 돌아서서 걸어 나가버렸다고 했다.[12]

인질극 상황에서 시간은 경찰에게 유리하다. 그러나 칼리스와 같은 광신자에게서 어떻게 시간을 벌 수 있을까? 그것은 의사소통의 연결 통로를 만들면 가능하다.

칼리스는 직접 의사소통의 연결 통로 문제를 해결하고 있었다. 그는 사위에게 아프리카 미국인 텔레비전 기자와 접촉해 하나피 무슬림이 요구하는 것을 발표하도록 했다. 이 기자는 위기 상황 동안에 계속 메신저 역할을 했으며, 경찰은 그들의 대화를 전부 녹음해 그들이 다음에는 어떻게 행동할지를 면밀하게 분석했다.

작은 요구를 들어주며 계기를 만들어가라

의사소통의 통로를 마련한 경찰은 칼리스가 요구하는 것들 중 들어줄 수 있는 것을 찾아내 레버리지의 유리한 위치를 쌓기 시작했다. 여기서 '칼리스가 요구하는 것들'이라는 말에 주목하라. 인질극 상황에서 가장 다루기 어려운 부분은 인질범이 제안하는 비현실적 요구다. 예를 들어, 칼리스는 자신의 아이들을 죽인 '이슬람 국가' 조직의 암살자 다섯 명을 직접 처형할 수 있도록 넘겨달라고 요구했다. 당국이 절대 들어줄 수 없는 요구였기 때문에 일단은 뒤로 미루고 대신 그들이 들어줄 수 있는 것들을 논의하기 시작했다. 이 방법을 사용하는 전술적 목적은 칼리스를 계속 말하게 함으로써 그가 현상황을 통제하는 주인공이라는 점을 느끼도록 하는 것이었다.

많은 협상가들처럼 칼리스는 명시적 요구 사항과 암묵적 욕구가 혼합된 제안을 하고 있었다. 그의 행동과 침묵조차 그가 사용하는 언어만큼 크게 말하고 있었다. 처음 몇 차례 전화 통화를 하면서 당국은 칼리스가 가치를 둘 만한 양보 항목들을 정리했다.

상황이 진척될 수 있도록 경찰은 칼리스의 요구 중 두 가지를 들어주기로 결정을 내린다. 먼저 미국 전역에서 상영 중인 〈예언자 마호메트〉를 중단시켰다. 둘째, 시청 관리자가 칼리스의 집으로 직접 750달러짜리 보증수표를 전달하고 칼리스의 부인이 칼리스와 전화 통화를 해 이 사실을 알렸다. 경찰은 이러한 양보 전략으로 시간을 벌고 신뢰를 쌓기 시작했다. 그러고 나서 경찰은 다음 전략을 고민하였다.

경찰은 이 사건에서 이슬람 교도인 칼리스가 이슬람 사원과 문화센터를 점거한 이유가 궁금했다. 경찰은 칼리스와 전화 통화한 내용을 모니터하는 과정에서 무슬림 사회에서는 아무도 그를 인정하지 않으며, 스스로 흑인 무슬림의 대변인이라는 환상을 갖고 있다는 사실을 발견했다. 칼리스가 이슬람 국가인 파키스탄의 대사와 종교 문제를 논의하기 위해 면담을 요청했을 때, 당국은 대화의 가능성을 확인했다.

이집트, 이란 대사와 함께 파키스탄 대사는 칼리스와 첫째 날 저녁 미팅과 둘째 날 전화 통화를 하며 무슬림 신학과 무슬림의 종교적 가르침 등을 주고받았다. 대사들은 칼리스가 해박한 지식을 갖고 있는 데 감동을 받았다. 특히 그는 『코란』에 해박했다. 더 중요한 것은 당국이 칼리스가 청중 앞에서 무슬림의 종교 지도자로서 활동하기 좋아한다는 사실을 분명하게 포착했다. 칼리스가 브네이 브리스 빌딩을 점거하자마자 "이제 그들은 우리의 말에 귀를 기울일 것이다."라고 외쳤을 때 당국은 그가 무엇을 원하는지 확실하게 이해하기 시작했다.

협상이 깨지면 상대방에게 손해라는 생각이 들게 하라

어렵고 완강한 협상에서는, 상대방이 원하는 것을 줄 수 있다고 보여주는 것만으로는 충분하지 않다. 협상 상대방은 언제나 당신이 제안하는 내용을 에누리해서 들으며, 요구 사항을 더욱 높여갈 것이다. 협상에서 정말 레버리지를 얻기 위해서는 협상이 결렬되면 결국 상대방이 손해라는 사실을 설득시킬 수 있어야 한다. 하나피 무슬림의 인질극 상황이 진행될수록 협상의 초점은 점차 인질 문제에서 칼리스의 이미지와 자존심 그리고 이슬람 신학에 대한 관심으로 옮겨갔다. 당국은 칼리스가 흑인 무슬림의 지도자가 되고 싶어 한다는 점을 이용했다. 사건이 비극적으로 끝나기보다는 성공적으로 마무리되어야 자신의 꿈을 실현할 수 있다는 사실을 칼리스가 깨닫기를 바랐다.

위기 상황의 둘째 날, 칼리스는 브네이 브리스 빌딩의 로비에서 파키스탄 대사와 직접 만나고 싶다고 요구했다. 경찰 진영은 당황했다. 어떻게 응답해야 할까? 하나피 무슬림 진영으로 파키스탄 대사를 혼자 들여보낸다면 이미 붙잡혀 있는 인질에 고위 외교관 한 명을 더 추가하게 될 수도 있었다. 그러나 파키스탄 대사는 칼리스와 돈독한 관계를 형성할 수 있다고 자신하며 기꺼이 가겠다고 하였다. 결국 경찰은 비무장 경찰 두 명을 동반시켜 셋을 모두 보내겠다는 제안을 했고, 칼리스는 이를 받아들였다. 직접 얼굴을 마주한 이 만남은 위기 상황을 개인의 성실성과 신뢰를 바탕으로 한 협상으로 바꾸는 계기가 되었다.

이들은 로비 통로에 마련되어 있는 접을 수 있는 작은 테이블에 마주 앉아 세 시간 동안 긴 이야기를 나누었다. 대사와 칼리스는 이슬람 신학에 나타나는 자비와 동정심에 대해 깊이 있는 토론을 했다. 사건의 셋째 날 자정이 약간 지났을 때 파키스탄 대사가 칼리스에게 신뢰를 보여주는 뜻으로 인질 서른 명을 풀어달라고 요구했다.

"왜 인질을 모두 풀어달라고 요구하지 않으십니까?" 오히려 칼리스가 반문했다. 드디어 돌파구가 생긴 것이다.

긴장이 완화되고, 이제 협상은 인질을 풀어주는 조건에 대한 논의로 바뀌어갔다. 칼리스는 자신의 행동이 정당성을 확보하고 체면을 지킬 수 있도록 형사상 기소가 되더라도 보석금 없이 석방되어 집에서 재판을 기다릴 수 있게 해달라고 요청했다. 그 조건만 들어주면 상황을 끝내겠다고 칼리스는 말했다.

칼리스가 전혀 기대하지 않았던 요구를 한 것이다. 여기에서 우리는 레버리지가 협상의 마지막 순간에 벌어지는 일들을 어떻게 좌지우지하는지 잘 확인할 수 있다. 칼리스는 이 위기 상황을 종료하겠다는 신호를 보내왔지만 그의 부하들은 여전히 인질들을 억류하고 있었다. 이제 상대방은 비교적 적게 양보하는 한에서 상대방이 원하는 것을 모두 주기로 제안했다. 상대방에게 요구를 전달하는 힘은 이 거래에서 그에게 우호적으로 작용했다. 만약 그들이 "아니오."라고 말했더라도 그가 인질을 포기했을까? 그는 아무 말도 하지 않았다. 협상을 끝내는 조건은 위기 상황을 정리하며 직접 얼굴을 마주한 대면 의사소통이 얼마나 대단한지 증명해주었다. 당국은 칼리스가 약속을 지키리라 믿었고, 칼리스 역시 그러했다.

뜨거운 논쟁이 오간 후 칼리스가 제안한 조건에 대한 합의가 이루어졌으며, 미국 연방정부의 법무부 장관에게 전화를 걸어 지방 판사를 대기시켰다. 새벽 2시 18분, 하나피 무슬림은 평화롭게 무기를 내려놓았고, 인질들은 석방되었다. 일부 사람들이 경악했지만 정부는 약속을 지켰고, 칼리스는 그날 아침 체포되지 않은 채 집으로 돌아가 가택 연금 상태에서 재판을 기다렸다. 칼리스는 이후 더 문제를 일으키지 않았고, 몇 달 후 칼리스와 그의 부하들은 살인, 납치 그리고 관련 법 위반 혐의로 유죄를 선고받았다. 칼리스가 감옥에서 나오려면 96세까지 살아 있어야 한다.[13]

레버리지 방정식에 어떤 변화가 일어나 칼리스가 누그러졌을까? 첫째, 테러리스트로서 허세를 부렸음에도 평화로운 사태 해결보다는 폭력적인 죽음으로 더 큰 것을 잃을 수 있다는 인식이 점점 강하게 작용했다. 특히 탈출로가 차단된 공포 상태에서는 인질범들도 대부분 같은 생각을 하게 된다.

둘째, 당국은 칼리스가 자신의 요구 사항이 얼마나 중요한지 느낄 수 있도록 협상하는 동안 그의 요구 조건을 상당히 능숙하게 활용했다. 칼리스는 무례한 영화를 최소한 며칠 동안 상영 금지시키는 데 성공했다. 당국에겐 모욕적이지만 벌금형 750달러도 취소했다. 그러나 아마도 가장 중요한 것은 무슬림 국가의 대사들이 그를 흑인 무슬림 사회의 전국적 대변인처럼 대우했다는 점이다. 그는 심지어 감옥에 있으면서도 세계에서 의미 있는 역할을 수행하는 자신의 미래 이미지를 그릴 수 있었다. 한편, 그의 폭력 행위는 이미 복수에 대한 필요와 분노를 가라앉혔다. 그가 브네이 브리스 빌딩에서 무슬림 국가의 대사들을 만났을 때에는 이미 아이들을 살해한 범인들을 인도하라는 요구조차 하지 않았다.

많은 사람들은 하나피 무슬림의 인질극을 끝낸 방식을 문제 삼는다. 아무리 브네이 브리스 빌딩에서 한 약속이었다 해도 그 다음날 칼리스를 바로 감옥으로 보내지 않고 집으로 보낸 결정을 심하게 비난했다.

그들은 그런 협박 상황에서 이루어진 약속을 반드시 지켜야 할 필요가 있는가 하는 생각을 하는 게 분명했다. 또한 칼리스를 바로 감옥에 보내지 않은 처사는 위험한 선례가 될 수 있다는 이유에서였다.

하지만 그러지 않고 어떻게 인질범들의 다음 행동을 저지하고, 그들이 인질들을 죽이지 않도록 유도할 수 있단 말인가? 이런 사건들은 일반적인 선례에 별 영향을 받지 않는다. 반면 우리가 확실히 알고 있는 사실은 사건 발생 후 38시간 만에 한 명을 제외한 인질 전원이 무사히 건물을 빠져나왔다는 사실이다. 그리고 범죄자들은 장기형을 선고받았다. 이렇게 혼란스럽고 위태로운 상황의 중심에 있었던 의사 결정 책임자들이야말로 협상 과정과 협상에서 레버리지가 얼마나 중요한지 깊이 이해하고 있었음에 틀림없다.

레버리지의 긍정적, 부정적, 규범적 형태

자, 이제 하나피 무슬림 사건에서 한발 물러나 레버리지의 개념에 대해 살펴보자. 레버리지의 개념을 생각하는 방법은 많다. 공통된 접근 방법 하나는 대안이 있는가의 관점에서 레버리지를 생각하는 방법이다. 로저 피셔, 윌리엄 유리 그리고 브루스 패튼은 『Yes에 이르는 법 *Getting to Yes of Parties*』에서 '협상이 결렬되었을 때 당신이 가질 수 있는 최선의 대안(Best Alternative to a Negotiated Agreement : BATNA)'이 있는지 따져본다. 그들은 "당신의 BATNA(협상에 대한 최선의 대안—옮긴이)가 좋을수록 당신의 힘은 강해진다."라고 말한다.[14]

고용 협상 사례를 들어보자. 당신이 고용주와 채용 조건을 협상할 경우, 다른 일자리가 하나도 없을 때보다는 다른 두 군데에서 채용 제안을 받고 있을 때 더 큰 힘을 갖게 마련이다. 고용주가 당신의 요구를 거절하더라도 당신의 BATNA는 다른 두 군데에서 받은 채용 제안 중 한 곳을 고르면 된다. 만약 채용 제안을 해온 곳이 하나도 없을 때엔 당신의 BATNA는 실업자일 수밖에 없다.

BATNA의 개념으로 레버리지를 이해하는 것은 좋은 방법이다. 왜냐하면 협상 테이블에서 멀리 떨어진 좋은 대안이 있으면 협상하고 있을 때 당신은 자신감을 얻을 수 있기 때문이다. 그러나 BATNA의 개념으로 레버리지를 이해하게 되면 레버리지를 이해할 수 있는 핵심을 놓칠 수 있다. 칼리스는 인질극을 벌임으로써 대안들을 더 향상시키지 못했다. 대신에 그는 경찰 당국이 가진 대안을 악화시켜 사람들의 관심을 끌어냈다. 그리고 경찰 당국이 가진 대안, 곧 하나피 무슬림을 공격한다는 생각은 결코 좋은 방법이 아니었으며, 협상이 진행되면서 레버리지는 높아가는데도 불구하고 그들은 다른 대안을 제시하지 못했다.

레버리지를 이해하는 좀더 나은 방법은 주어진 순간에 합의에 이르지 못할 때 누가 손해를 더 많이 보는가를 생각해보는 것이다. 피셔, 유리 그리고 패튼이 사용한 고용 협상 사례에서, 다른 곳에서 채용 제안을 아무리 많이 받았어도 만약 그가 그 회사에서 정말 일하고 싶어하며, 고용주가 그 사실을 잘 알고 있고, 또한 회사는 채용 조건을 협상하지 않는다는 정책을 갖고 있다면, 그의 레버리지는 절대로 높아질 수 없다. 당신이 두 군데에서 채용 제안을 받은 것과 상관없이 자신의 요구를 계속 주장하다 채용 조건에 대한 협상이 이루어지지 않는다면 당신은 너무 큰 것을 잃게 되는 셈이다.

그렇다면 레버리지를 잘 분석하려면 무엇을 고려해야 할까? 하나피무슬림의 사례는 레버리지의 세 가지 형태를 보여준다. 첫 번째 형태는 상대방이 원하는 것을 제공할 수 있는 상대적 능력에 기반을 둔 레버리지, 두 번째 형태는 각자가 현재 갖고 있는 것들을 뺏을 수 있는 상대적인 힘에 기반을 둔 레버리지 그리고 세 번째 형태는 제3장에서 논의한 일관성의 원칙을 적용하는 데서 나오는 레버리지다. 나는 이세 가지 레버리지를 각각 긍정적 레버리지, 부정적 레버리지, 규범적 레버리지라고 부른다. 수시로 변하는 순간마다 협상이 결렬되면 가장 큰 손해를 보는 쪽이 어디인지 잘 살펴야 한다는 기본 원칙을 갖고 레버리지 각각의 형태를 간략히 살펴보자.

긍정적 레버리지

비즈니스 상황에서 첫 번째로 가장 흔한 레버리지의 형태는 필요에 바탕을 둔 긍정적 레버리지다. 협상 상황에서 상대방이 "나는 ~을 원한다."라고 말할 때마다 레버리지의 저울이 당신에게 기울어지는 즐거운 소리를 듣게 된다. 협상가로서 당신에게 주어진 임무는 상대방이 원하는 것을 발견하고 또한 그의 요구가 얼마나 다급한가를 가능한 한 완벽하게 조사하는 것이다. 도널드 트럼프는 이것을 간단하게 요약했다. "레버리지란 상대방이 원하는 것을 가지고 있는 것이며, 상대방이 꼭 필요로 하는 것을 가지고 있으면 더욱 좋고, 아니면 결코 상대방이 살 수 없는 것을 내가 가지고 있을 때 가장 좋은 레버리지를 얻을 수 있다."[15]

직접 철로를 건설했던 제이니 미첨의 사례는 레버리지가 필요와 관련 있음을 잘 보여준다. 미첨이 철로를 건설하기 전 그녀의 회사는 석탄을 수송하는 철도 회사 한 곳에 완전히 종속되어 있었다. 그녀는 이 철도가 필요했고, 그 사실을 그들이 너무 잘 알았으며, 결과적으로 그녀에게 프리미엄을 요구했다. 하지만 그녀는 경쟁 회사와 그녀 자신의 철로를 놓음으로써 기존 철도 회사에 대한 의존도를 낮출 수 있었고, 동시에 공급자에 대해서는 공급자의 고객으로서 그녀의 사업에 대한 필요성을 높일 수 있었다. 미첨의 사례는 좋은 BATNA는 때때로 서로 제공할 수 있는 것들에 대한 필요를 조정함으로써 당신의 힘을 키울 수 있다는 사실을 잘 보여준다.

하나피 무슬림의 인질극에서는, 칼리스가 경찰이 제공할 수 있는 무엇을 요구할 때마다 경찰 당국은 시간을 벌고 레버리지를 얻었다. 경찰 당국은 칼리스의 중요한 심리적 동인을 좀더 잘 이해하게 되었을 때 그들의 레버리지를 높일 수 있었다. 결국 그들은 칼리스가 무엇보다 갈망하고 있던 무슬림 리더로서 느낄 수 있는 자존심을 제공할 수 있었던 것이다. 이런 그의 필요를 충족시켰을 때 칼리스는 무사히 이 위기 상황을 벗어나기를 바랐다. 이때부터 경찰은 레버리지 테이블을 완전히 자신들 쪽으로 돌려놓을 수 있었던 것이다.

부정적 레버리지

레버리지의 두 번째 형태는 부정적 레버리지 혹은 위협에 바탕을 둔 레버리지다. 칼리스는 상대방을 나쁜 상황에 빠뜨릴 만한 힘을 갖고 있다는 것을 보여줌으로써 사람들이 모두 자신에게 관심을 갖도록 만들었다. 하나피 무슬림의 인질극은 위협이 보여줄 수 있는 극단적이고 불법적인 예였다. 그러나 원칙적인 비즈니스 상황에도 부정적 레버리지는 적용된다.

위협은 종종 나쁜 감정과 저항감 그리고 분노를 일으키기 때문에 숙련된 협상가들은 아주 조심스럽게 사용한다. 숙련된 협상가들은 칼리스처럼 직접적인 방법보다는 위협을 암시함으로써 상대방을 곤란에 빠뜨릴 힘이 있음을 보여준다.

경험 많은 사업가들은 어떻게 업무적 관계는 잘 보존하면서 '예의 바른' 위협을 사용할까? 부동산과 카지노 사업가인 도널드 트럼프의 이야기를 통해 이를 살펴보자. 트럼프가 뉴욕 시 맨해튼 5번 애비뉴에 그의 이름이 들어간 트럼프 타워를 건설하기로 계획했을 때 유명한 보석상인 티파니 사가 소유하고 있는 아주 작은 규모의 클래식한 빌딩 상공의 공중권이 필요했다. 트럼프는 기꺼이 5백만 달러를 지불할 용의가 있었으나 티파니 사가 5번 애비뉴에 있는 건축물의 통합 미를 유지한다는 이유로 그의 제안을 거부할까 두려웠다.[16]

티파니 사의 경영자는 나무랄 데 없는 정통 뉴욕 시민인 월터 호빙이었다. 트럼프는 공중권을 협상하기 위해 호빙과 만날 계획을 했다. 이 미팅을 준비하면서 트럼프는 건물의 설계자에게 트럼프 타워에 대한 서로 다른 건물 모형 두 가지를 준비하도록 했다.

호빙과 미팅을 하면서 트럼프는 건물 모형 두 가지를 제시했다. 첫 번째 것은 트럼프의 이야기에 따르면 고급 보석상점에 어울릴 만한 세련된 이웃을 위한 우아한 50층짜리 모형으로, 트럼프가 티파니 사의 공중권을 얻으면 세울 건물이었다. 두 번째 것은 만약 티파니 사가 협조하지 않을 경우 세우게 될 뉴욕 시의 지역 개발국이 강요하는 끔찍하고 흉한 모양의 모형이었는데, 이 빌딩은 티파니를 마주한 전체 벽면이 철망으로 덮이고 아주 작은 창문들이 나 있는 건물이었다. 두 50층짜리 건물 모형은 호빙의 사무실에 나란히 놓여졌다. 이제 호빙이 선택할 차례였다. 그는 트럼프가 전하는 메시지를 잘 읽었고, 트럼프가 제안한 조건에 동의했다.

사람들은 위협 레버리지에 주목한다. 사람들은 동일한 크기의 이득보다는 잠재적인 손실을 더 크게 느끼기 때문이다.[17] 기민한 협상가들은 이런 사실을 수세기 전부터 알고 있었고, 심리학자들은 이것을 거듭 증명해왔다. 그러나 여기에는 경고가 필요하다. 아주 미묘한 위협이라도 그것을 사용할 때는 폭약을 다루듯 아주 조심해야 한다. 그러지 않으면 자신이 다칠 수 있다. 엄정한 규율 없이 아이들을 키울 수는 없으나 부모와 자식 간에 위협을 바탕에 둔 관계는 그야말로 절망적이다. 경찰은 압도적으로 무력을 써 인질범들을 포위하고 하나피 무슬림을 제압할 수 있었지만 결국 무력을 사용하지 않고 성공을 거두었다. 그러나 다른 사람들이 당신을 위협할 때 필요하면 대응을 해야 한다. 특히 거래의 장단점에 따라 협상을 통해 문제를 해결하지 못한다면 매우 경쟁적인 사람들에겐 때때로 그들의 위협에 맞서 대응할 수도 있음을 인식시킬 필요가 있다.

규범적 레버리지

세 번째이자 마지막 형태의 레버리지는 제3장에서 논의한 일관성의 원칙에서 나온 규범적 레버리지다. 이 레버리지의 원천은 하나피 무슬림의 인질극에서 여러 가지 역할을 했다. 첫째, 파키스탄 대사가 칼리스가 자랑하는 『코란』에 대한 지식과 종교적 의무를 끌어냄으로써 칼리스가 인질을 놓아주고 동정적인 제스처를 보일 수 있는 기반을 마련했다. 『코란』을 포함한 종교 경전 대부분은 복수보다 자비를, 미움보다는 사랑을 가르친다. 칼리스가 위기 상황의 셋째 날 운명적인 결정을 내리는 순간까지 파키스탄 대사는 칼리스가 무고한 사람을 죽이는 냉혹한 킬러가 아닌, 진정한 무슬림의 비전을 제시할 리더로서 이슬람적 가치를 실천하는 살아 있는 모델이 되어줄 것을 지속적으로 상기시키기 위해 『코란』에 나오는 내용을 인용했다.

둘째, 칼리스가 갑작스럽게 재판받을 때까지 가택 연금으로 불구속 재판을 받을 것을 요구해오자 경찰은 스스로 만든 일관성의 덫에 빠졌음을 알아차렸다. 칼리스가 요구해온 제안을 허락한 이유는 모든 인질을 풀어주는 데 대한 응분의 보상이었으며, 훨씬 더 중요하게는, 세 시간 동안 『코란』과 덕의 의미에 대해 긴 토론을 한 뒤에 이루어진 약속이기 때문이다. 이 약속을 어기는 행위는 위기 상황을 해결하기 위해 죽음을 무릅쓴 세 이슬람 대사들의 체면을 손상시키는 것을 의미했다. 경찰은 그들이 한 약속을 반드시 지켜야 할 법적 의무는 없었으나 도덕적 의무감을 느꼈던 것이다.

레버리지는 여러 아이디어가 복합적으로 어우러진 산물이다. 그것은 합의에 실패하면 잃게 될 기회들, 협상 당사자 각각의 현재 상태에 대한 위협들, 그리고 그들의 현재 행동이 과거의 행동, 공언했던 행동, 그리고 거래 기준에 비추어 스스로 일관성을 잃었다고 판단했을 때 각자의 자존심에 타격을 입을 가능성 등을 다 포함하고 있다.

그러나 레버리지를 평가하는 단순하고 기억하기 쉬운 테스트 방법은 레버리지 평가 시점에서 협상이 결렬되었을 때 어느 쪽이 더 손해를 볼지 물어보는 것이다. 손해가 큰 쪽은 레버리지를 덜 갖게 되고, 손해 볼 게 거의 없거나 상대적으로 적은 쪽이 더 큰 레버리지를 갖게 된다. 그리고 양측이 똑같은 정도의 손해를 본다면 레버리지도 똑같아지는 것이다.

이 방법은 단순히 당신의 BATNA를 높이는 것 이상으로 레버리지를 높일 수 있는 다양한 방법을 가르쳐준다. 당신의 목표는 당신은 덜 잃고 상대방이 더 크게 손해 보도록 상황을 바꾸어나가는 것이다. 상대방이 정말 필요로 하는 것에 대해 더 많은 정보를 얻음으로써, 상대방의 협상 상황을 악화시킬 수 있는 실질적인 힘을 얻음으로써, 상대방이 거부하기 힘든 원칙과 규범에 따라 당신의 요구를 함으로써, 상대방이 양보할 수 있게 행동함으로써, 당신의 BATNA를 높임으로써, 곧 상대방의 협력이 필요 없는 새로운 해결책을 찾음으로써 결국 당신은 목표를 달성할 수 있다.

연합 전선의 힘

세 가지 형태의 레버리지를 모두 얻을 수 있는 가장 중요한 방법 중의 하나는 '좋은 관계'와 '공통의 이해'로 협상의 입장을 지지하는 효과적 연합 전선을 형성하는 방법이다. 협상에서 우선 순위를 공유하며 동시에 다른 사람들과 대의명분까지 공유할 수 있다면 중요하고 뚜렷하게 다른 세 가지 관점에서 경쟁 우위를 차지할 수 있다.

첫째, 다자간 협상 상황에서는 수적으로 먼저 우위를 차지한 쪽이 집단 역학상 유리하다. 미국 배심원에 대한 연구를 보면 배심원 협의에서 먼저 다수를 얻는 첫 번째 평결이 결국 만장일치의 동의를 얻어내는 최종 평결로 귀결되는 경우가 많다고 한다.[18]

비즈니스 회의에서도 똑같은 일이 벌어진다. 한 사람이 제안하고 또 다른 한 사람이 그 의견에 찬성하면 다른 의견이 있을 만한 충분한 이유가 있음에도 불구하고 그 의견은 곧 쉽게 합의가 이루어진다. 회의가 시작되기 전에 연합 전선을 구축할 시간을 가진다면 그룹 전체에 당신의 관점을 설득할 수 있는 가능성이 커질 것이다. 당신의 연합 전선 구성원들이 교대로 공통의 목표에 지지를 보여줌으로써 당신의 입장은 힘을 얻게 된다.

둘째, 연합 전선은 사회과학자들이 사회적 증명이라고 부르는 심리적 현상에서 힘을 얻는다.[19] 애매모호한 상황에서 사람들은 대개 다른 사람이 하는 양을 보고 따라한다. 복잡한 길을 걸어가다 하늘을 올려다보는 사람을 보게 되면 당신도 아마 하늘을 올려다볼 것이다. 그리고 당신의 뒤에 따라오던 사람들도 따라할 것이다. 논의되는 문제가 복잡하고, 전문가가 토론을 이끌어주길 바라는 협상도 역시 비슷한 방식으로 진행된다. 이때 연합 전선은 다른 사람들이 따라오도록 단서를 제공해줄 수 있다.

마지막으로, 연합 전선은 종종 당신에게 유리한 대안을 제공해주거나 상대방의 대안을 더 나쁘게 하거나 아니면 둘 다 동시에 얻음으로써 당신의 레버리지를 높여준다. 1990년대 중반 미국의 소 사육 농장주들이 보여준 사례가 바로 그런 경우다. 당시 쇠고기 값이 지나치게 떨어져 미국 중서부에 있는 한 지역에서 소를 사육하는 농장주들의 85%가 연방 식품 보조 대상이 될 정도로 절망적인 상황에 빠졌다.[20] 그들의 문제는 무엇이었을까? 몇몇 농업 관련 대기업들이 도축업과 육류 가공업을 지배하고 있었고, 농장주들은 소를 이 기업들에 파는 수밖에 다른 선택권이 없었다. 농장주들은 소 한 마리당 30달러씩 손해를 보며 소를 팔았고, 그만큼 육류 가공업체는 도축한 소 한 마리당 30달러를 이익으로 취하고 있었다.

이 상황을 해결하기 위해 노스다코타 주에 있는 농장주들은 연합 전선을 형성해 스스로 '노던 플레인즈 프리미엄 비프'라는 육류 가공업 협동조합을 창설하였다. 농장주들이 거대 도축업자들에게 서로 자신의 소를 팔기 위해 경쟁했을 때 그들은 레버리지가 없었다. 그러나 농장주들이 서로 연합하여 자신의 소를 직접 도축하게 되면서 직접 소비자들에게 특별한 브랜드의 고품질 쇠고기를 판매할 수 있는 기회를 얻었다. 그들은 유통 시스템에서 새로운 대안을 찾았고, 그 과정에서 거대 도축업자들과 식당 체인에 대해 그들의 레버리지를 높였다. 노던 플레인즈 프리미엄 비프 협동조합은 미국에서 가장 큰 스테이크 하우스 체인점들과 비프 공급 계약을 체결할 정도로 성공적이었다. 이제는 대기업들도 이 협동조합을 주목하기 시작했다.

레버리지에 대한 오해

레버리지는 협상을 자주 하지 않는 사람들에게는 상당히 어려운 주제다. 사람들은 저마다 세상을 바라보는 익숙한 방법으로 협상에 임하기 때문에 협상을 자주 하지 않는 사람들은 이 주제를 어렵게 느낀다. 예를 들면, 일반적으로 경제적, 사회적, 정치적으로 힘을 갖고 있는 사람들은 언제나 경쟁 우위에 있다고 생각한다. 대기업, 고위 공무원 그리고 부유한 사람들은 대개 하고 싶은 일을 완성하는 나름의 방법을 갖고 있다. 그래서 우리는 그러한 사람들이 항상 협상의 레버리지를 갖고 있다고 생각한다.

우리는 또한 힘의 관계는 고정되어 있다고 가정하고 상황을 그대로 받아들이는 경향이 있다. 만일 우리가 아주 흔한 일상용품을 생산 판매하려는데 구매자 또한 아주 규모가 작은 시장이라면 굳이 협상을 위해 힘을 낭비할 필요가 없다. 단지 구매자가 지불하려는 금액을 이야기하면 우리는 "좋습니다."라고 말할 수밖에 없다. 모든 것은 이미 정해져 있고 바꾸기도 어렵다.

마지막으로 얼마나 우리가 환경에 영향을 미칠 수 있는가가 우리에게 영향을 미치는 환경에 달려 있다고 생각한다. 만일 우리가 실직해 있다고 하자. 그러한 상황이라면 우리는 채용 협상에서 취약한 위치에 있는 것이다. 그러나 우리가 중요한 컴퓨터 부품을 유일하게 공급하는 입장이라면 유리한 입장에 서서 우리 마음대로 가격을 제시할 수 있다.

레버리지에 관한 이 세 가지 믿음과 가정은 모두 위험하게도 잘못되어 있다. 능숙한 상대방은 당신이 허락하는 한 당신을 이용할 수 있다. 이 잘못된 가정들은 또한 자신을 파괴하는 전략이 될 수 있다. 다음에서 나는 세상에 대한 이들 편리한 가정들이 대체로 협상에서 적용되지 않는 이유와, 당신의 이해관계를 보호하려면 어떤 가정들을 사용해야 하는지 설명해보겠다.

오해 1 : 힘과 레버리지는 같다?

아니다. 레버리지는 객관적인 힘과 같은 것이 아니라 상황에 따른 경쟁 우위를 의미한다. 전통적인 의미에서는 힘을 갖지 못한 쪽이 레버리지를 크게 가지게 되는 경우가 있다. 몇 가지 사례를 살펴보자.

첫째, 어린 아이들과 협상할 때다. 당신은 다섯 살짜리 딸을 둔 엄마나 아빠라고 가정하자. 오늘 저녁식사에 자연 식품 중에서도 건강 식품의 하나인 브로콜리 요리를 준비했지만 당신의 딸은 먹고 싶어 하지 않는다.

엄마는 "애야, 이것 좀 먹어봐라." 하고 부드럽게 얘기한다. 그러나 딸은 엄마의 눈을 똑바로 쳐다보며 단호하게 말한다.

"싫어요. 저는 브로콜리는 안 먹어요."

누가 이 상황에서 레버리지를 갖고 있을까?

아마 엄마는 크고 부유하고 힘이 있으며 강할지는 모르지만 이 상황에서는 딸이 레버리지를 갖고 있다. 왜 그럴까? 오직 딸만 브로콜리를 먹을 수 있기 때문이다. 딸은 엄마가 원하는 것을 통제하고 있으며, 그 순간에 "아니오."라고 말해도 잃을 것이 없다. 이게 전부가 아니다. 딸은 아마 이 문제가 엄마에게 중요하다는 것을 눈치 챘는지 모른다. 그것은 딸의 레버리지를 높여놓는다. 딸이 협력했을 때 엄마는 보상으로 뭐든 기꺼이 지불할 용의가 있을 수 있다.

레버리지에 대한 통찰력은 완고한 정치가와 협상하거나 까다로운 세관원과 협상할 때 그리고 인색한 예산 감독관과 협상할 때에도 아주 쉽게 적용된다. 당신이 얼마나 중요한 사람인가 하는 문제와는 상관없이 당신이 원하는 결정을 그들이 통제하고 있다면 신중하게 그들을 상대해야 한다.

저녁식사 테이블로 다시 돌아가보자. 브로콜리 문제에서 엄마는 무엇을 할 수 있을까? 영양가에 대해 논리적으로 설득해볼 수 있지만 딸은 영양가 따위는 신경 쓰지 않을 것이다. 당신이 갖고 있는 규범적인 레버리지가 무엇이든 딸과 협상하면서는 별 가치가 없다.

다른 옵션은 딸이 협력할 만한 뇌물을 주는 것이다. 디저트나 맛있는 것을 주겠다고 그녀가 좋아할 만한 상당히 구체적인 제안을 하면 분명히 딸은 마음속으로 어떤 영상을 만들 것이다. 협상이 결렬되면 딸은 이 기쁨을 잃을 것이다. 당신은 대가를 약속함으로써 약간의 레버리지를 얻을 수 있다.

그러나 부모들은 아이들에게 이런 제안을 하는 것이 위험하다는 사실을 잘 안다. 해야만 하는 뭔가를 하도록 하기 위해 아이에게 뇌물을 주는 것은 결국 당신의 인생을 어렵게 만드는 한편 아이가 나쁜 버릇을 갖게 되는 결과를 낳게 되기 때문이다.

매를 들거나 자기 방으로 보내거나 디저트를 주지 않는 것으로 명확한 위협에 의존하는 방법은 어떨까? 엄마의 큰 목소리와 큰 키는 분명 위협적이지만 딸에게 브로콜리를 먹이는 문제를 그렇게 푸는 것은 위험하다. 만약 아이가 위협 때문에 엄마가 시키는 대로 따른다면 엄마는 그 대가를 지불해야 할 것이다. 아이는 엄마를 향해 간간이 얼굴을 찌푸리며 될 수 있는 한 천천히 브로콜리를 먹을 것이다. 와튼 스쿨의 협상 워크숍에 참가한 한 사람은 아이에게 위협 전략을 사용했을 때 아이가 저녁을 먹는 데 네 시간이 걸렸다며 자신의 경험을 말했다. 저녁식사 테이블이 누가 이기는지 의지를 겨루는 경연장으로 바뀌어버린 것이다. 더 나쁜 경우는 아이가 으름장을 놓는 당신에게 도전하고 위협을 사용하도록 만드는 때다. 아이를 자신의 방에 되돌려보내기도 했지만 여전히 브로콜리를 먹지 않을 경우 훨씬 더 다툼이 심해지든지 아니면 당신이 스스로 패배를 인정해야만 한다.

그렇다면 결론은 무엇인가? 전통적인 힘의 문제에서는 아이가 작고 약해 보일지 모르지만 이 상황에서는 아이가 레버리지를 갖고 있다. 그러므로 당신은 아이의 선호를 인정하는 쪽에서 해결책을 찾아야 한다. 예를 들면 다른 야채를 주거나 브로콜리를 적게 사용하거나 소스를 넣거나, 혹은 브로콜리의 존재를 모르게 가공해 만들어주거나 하는 식으로. 이 상황에서 부모가 딸아이의 레버리지를 인정하고 아이에게 영향을 주는 결정을 아이 스스로 하고 있다는 느낌을 준다면, 그리고 아이의 이해 관심사를 충족시키는 방향으로 전략을 구사한다면 부모로서 잘하고 있는 것이다. 완고한 정치가나 까다로운 세관원 그리고 예산 감독관과 협상할 때도 똑같은 접근법을 사용하는 것이 유리하다.

작은 사람이 얼마나 큰 레버리지를 가질 수 있는지 보여주는 두 번째 사례는 뉴저지 주 애틀랜틱시티의 카지노 비즈니스와 관계 있다. 티파니 사 빌딩 상공의 공중권 사례처럼 이 사건도 트럼프가 관련되었으나 이번에는 협상을 잘하지 못했다.

베라 코킹이라는 나이 많은 미망인은 뉴저지 주 애틀랜틱시티에서 작은 하숙집을 운영하고 있었다. 무엇보다 그곳은 위치가 아주 좋았다. 그녀는 거의 평생을 그 작은 집에서 살면서 검소하게 살아왔다. 카지노 비즈니스가 애틀랜틱시티에 들어서기 시작했을 때 개발업자 몇 명이 카지노를 짓기 위해 코킹의 집을 사려고 관심을 보였다.

《펜트하우스》를 발행하는 밥 구치온이 가장 먼저 나섰다. 소문에 의하면 구치온은 1980년대에 그 땅을 100만 달러에 사겠다고 제안했다. 그러나 그녀는 거절했다. 결국 구치온은 카지노 사업권을 얻는 데 실패하면서 카지노를 짓겠다는 계획 자체를 포기하고 말았다. 그 다음에 트럼프가 나타났다. 트럼프는 그 집의 공정 시장가격에 기초해 협상을 시도했으나, 마찬가지로 실패했다. 트럼프는 결국 트럼프 플라자 호텔과 근처 카지노를 개발해야 했다. 그 후 확장 공사를 하면서 다시 한번 코킹과 협상을 시도했다. 그녀는 100만 달러를 요구했고, 그는 거절했다.

소득 없는 시도와 소송 그리고 미디어의 관심이 10년 넘게 이어졌고, 결국 트럼프는 그 집을 포기하고 트럼프 플라자를 확장해 코킹의 작은 하숙집을 3면에 걸쳐 둘러싸버렸다. 더구나 트럼프는 그녀를 비난하고, 눈엣가시가 되어버린 그녀의 집을 처리해달라는 요구를 애틀랜틱시티 당국에 건의했다. 그 바람에 카지노 담당국이 직접 이 문제에 개입하게 되었다. 하지만 코킹은 흔들리지 않았다. 그녀는 자신의 땅을 지키기 위해 변호사를 고용했고 '트럼프의 골칫거리'라는 명성을 즐겼다. 결국 그녀는 헌법에서 인정하는, 개인 재산권을 보호하는 법적 근거에 따른 지지를 받았다. 반면 트럼프는 게리 트뤼도가 만화 "트럼프의 애틀랜틱시티 재산권 분쟁"을 신문에 연재해 오랫동안 비웃음을 샀다.[21]

코킹은 나이가 많고 혼자였지만 협상에서 레버리지를 갖고 있었다. 왜? 그녀는 자신의 집에 대한 법적 권리를 갖고 있었고, 트럼프는 그녀의 땅이 필요했으며, 그녀는 그 사실을 잘 알면서도 팔려고 서두르지 않았다. 그녀는 트럼프에게 필요한 것을 통제하고 있었으며, 최소한 그녀가 보기에는 "아니오."라고 말해 잃을 것이 하나도 없었다. 한 심리학자는 그녀가 아마도 평생토록 원했던, 절대로 돈으로는 살 수 없는 어떤 것, 곧 '관심'을 얻기 위해 이 상황을 이용했다고 말했다.

결국 레버리지는 전통적인 의미에서 사회 경제적인 힘과 같은 것은 아니다. 당신이 직면하고 있는 구체적인 상황을 잘 살펴보라. 그리고 질문하라. 나는 상대방이 원하는 것을 통제하고 있는가? 상대방은 내가 원하는 것을 통제하고 있는가? 그리고 거래가 이루어지지 않으면 가장 크게 손해를 보는 사람은 누구인가? 절대로 레버리지에 대해서는 돈과 지위에 기반을 둔 가정을 하지 마라.

오해 2 : 레버리지는 변하지 않는 고정된 것이다?

아니다. 레버리지는 역동적이다. 레버리지는 협상이 진행될수록 변한다. 그러므로 어떤 순간들은 다른 순간들보다 상대방에게 당신의 필요를 알리고 그것들이 충족돼야 한다고 주장하는 데 더 나아지기도한다.

하나피 무슬림의 인질극은 이 점을 잘 설명한다. 칼리스는 누군가가 그의 말에 귀를 기울이도록 하기 위해 인질극을 벌였다. 경찰은 칼리스에게 인질을 단 몇 명만이라도 풀어달라고 요청하기 전에 이슬람 국가의 대사들과 칼리스의 관계를 돈독하게 만들 필요가 있다고 판단했다. 칼리스는 마지막까지 상대방의 양보를 얻어내기에 충분한 레버리지를 유지하면서 감옥 대신 일시적인 가택 연금을 요구할 만큼 현명했다.

이 모든 상황이 명백하게 보이지만, 현명한 사람들조차 레버리지와 시간의 관계를 이해하는 데 많이 실패한다. 예를 들면, 일자리를 구하는 사람이 재배치 이사 비용이나 보너스 그리고 회사 차량 지원 같은 추가 혜택에 관한 협상을 해야 할 때는 '황금의 순간'이 있다. '황금의 순간'이란 기업이 당신에게 일자리를 제안한 뒤부터 당신이 그 제안을 수락하기 전까지를 말한다.

이 절정의 레버리지를 가진 기간 동안, 고용주가 이미 명확한 약속을 했어도 채용 후보자는 여전히 거절할 수 있다. 이 기간에 채용 후보자는 자신의 입지를 현격하게 높일 수 있는 반면 고용주는 잠재적으로 큰 손해의 위험에 처하게 한다. 고용주가 채용 제안을 내놓기 전이나 채용 후보자가 채용 조건을 수락하고 난 이후와 비교해보면, 황금의 순간은 고용주가 채용 후보자가 제안하는 특별한 요구에 대해 최대한 관심을 보여줄 수 있는 시간인 것이다.

물론 황금의 순간에조차 고용주가 채용 후보자의 추가 요구를 순순히 들어준다는 보장은 없다. 여전히 고용주는 일자리를 통제하고 있으며, 협상이 결렬되는 상황이 생기면 채용 후보자가 더 크게 손해를 볼 수 있기 때문이다.

레버리지를 분석할 때 타이밍은 아주 중요하다. 당신의 레버리지가 높을 때 어떤 것을 요구한다면 당신이 성공할 수 있는 기회는 훨씬 많아진다.

오해 3 : 레버리지는 사실에 의존한다?

아니다. 레버리지는 사실에 기반을 둔다기보다는 상대방이 상황을 '인식' 하는 정도에 기반을 두고 움직인다. 성경에 의하면 여호수아는 강한 군대가 아니라 징과 횃불 몇 개로 예리코 전투에서 승리를 거두었다. 예리코의 지휘관들은 자신들이 잃을 것이 더 많다고 생각해 항복했던 것이다. 하나피 무슬림의 인질극 사례에서 칼리스는 실제로 그렇지는 않았지만 무슬림의 리더로서 대우를 받았을 때 항복했다. 그리고 경찰은 실제로는 무기를 전혀 사용할 수 없었음에도 불구하고 인질들이 사로잡힌 건물들 주위에 무기를 드러나게 배치했다. 요약하자면 당신은 상대방이 생각하는 레버리지를 갖고 있는 것이다. 상대방이 당신이 강한 입지를 가지고 있다고 생각하면, 최소한 잠시 동안은, 당신은 강한 입지를 가지고 있는 것이다.

그러나 레버리지가 '인식' 에 기반을 둔다는 특징은 동시에 당신의 상황에 반대로 작용할 수도 있다. 당신은 상대방이 실제보다 더 강하다고 잘못 가정할 수도 있다. 또한 당신은 좋은 입지에 있지만 상대방이 그렇게 믿지 않을 수도 있다. 그러한 경우 당신은 당신의 가치와 중요성을 또는 당신의 힘을 입증할 방법을 스스로 찾아내야 한다. 피고용인으로서 당신의 능력을 입증하는 일이나 제품의 진정한 가치를 고객에게 입증하는 일은 결코 쉽지 않다. 그럴 경우에 당신은 임금을 적게 받는 대신 인턴 사원으로 당신의 시간을 제공하거나, 능력을 입증하기 위한 자원봉사를 하거나, 또는 나중에 판매 촉진을 위하여 무상 샘플을 제공해야 한다. 레버리지 인식에 대한 부정적인 측면에서 보면, 당신은 상대방의 현상황에 영향을 미치기 위하여 당신의 능력을 솜씨 있게 보여줄 필요가 있다는 것이다. 잘못된 판단으로 어리석은 행동이 나오기 전에 상대방이 진정한 레버리지 상황을 이해하도록 하는 것은 당신에게 달려 있다.

가족과 기업 그리고 조직 안의 레버리지

가족과 기업 그리고 조직 안에서 작용하는 레버리지는 경쟁적인 시장에서의 그것과는 다르다. 공유한 연결망에 기반을 둔 당사자들의 상호 의존도는 협상과 설득 과정을 더욱 미묘하게 만든다. 그렇더라도 상대방이 필요로 하는 것들을 통제하면 레버리지가 생기고, 손해 볼 것이 가장 적은 사람이 경쟁 우위를 차지한다는 사실도 마찬가지다. 그러나 가족과 기업 그리고 조직 내에서는 관계를 보존하고 고양시킬 필요 때문에 중요한 레버리지 규칙 몇 가지가 뒤집힌다.

예를 들면, 협상을 결렬시키고 걸어 나갈 수 있는 대안이 시장 거래 상황에서는 도움이 된다. 이미 논의했던 대로 좋은 대안을 가진다는 것은 상대방에게서 필요로 하는 것이 적고, 협상이 깨져도 잃을 것이 적다는 뜻이다. 그러나 적어도 건강한 가족과 기업 안에서는 협상을 결렬시키고 걸어 나가는 대안에 대해서는 말하지도 의존하지도 않는다. 그러한 행동은 상대방에게 위협하는 것처럼 보이고, 그런 말을 하는 사람은 푸념만 해대는 비합리적인 사람으로 보인다. 협상을 깨고 걸어 나가는 방법을 쓰는 사람은 없고 대신에 서로 공유하는 규범이나 공유 가치와 같은 규범적인 레버리지에 더 의존한다. 그들은 객관적인 데이터나 정보와 같은 기준에 근거한 긍정적인 제안을 하려고 노력한다. 이 주제는 이미 제3장에서 다루었다.

마찬가지로 대체로 시장 거래의 협상 상황에서 다급함의 표현은 당신의 레버리지를 약화시킨다. 당신은 상대 협상가에게 당신이 그의 동의를 몹시 필요로 하며, 그가 "아니오."라고 말하면 당신이 많은 손해를 보게 된다고 암시한다. 그러나 가족이나 조직에서는 열정적인 언급과 끈질긴 고집을 표현하면 당신이 원하는 것을 얻는 데 '도움을 준다.' 중요한 관계가 걸려 있으며, 특히 습관적으로 그런 적이 없는 당신이 의견을 아주 강하게 제시하면 사람들은 귀를 기울여준다.

이러한 점을 잘 드러내는 간단하지만 아주 주목할 만한 사례가 하나 있다. 1940년 5월, 미국이 제2차 세계대전 참전을 결정하기 직전, 미 육군참모총장인 조지 마샬 장군은 고위 각료들과 루스벨트 대통령이 참석하는 백악관 회의에 참석했다. 회의 의제는 유럽 전쟁에 미국이 참여할 것이라는 예상 아래 잠정적 군대와 장비 동원에 관한 것이었다. 당시의 미국 여론은 고립주의가 지배적이었다. 루스벨트 대통령은 미국이 유럽 전쟁에 참여하는 것을 원치 않았고, 전쟁에 대비한 준비에 대해 이야기를 꺼내는 것조차 싫어했다. 당시엔 아무도 일본과의 전쟁은 생각지도 않고 있었다.

마샬 장군은 말이 없고 신중하며 자기 통제력이 아주 강한 사람이었다. 그는 결코 감정적으로 대응하는 법이 없었다. 그러나 그날은 중요한 일이 딱 벌어졌다. 조용히 앉아 있기만 할 뿐 대통령이 별로 관심을 갖고 있지 않다는 사실을 안 마샬 장군은 3분 동안 발언해도 좋겠느냐고 허락을 청했고, 받아들여졌다.

마샬 장군은 일어서서 이제껏 그가 보여주었던 어떤 모습보다도 가장 효과적이고 열정적으로 발언하였다. 마샬 장군은 말 그대로 '쏟아' 냈다. 만약 적대적 행위가 터진다면 히틀러의 잘 정비된 전쟁 기계와 맞닥뜨려야 하는데, 미국의 보급 물자는 부족하고 무기 체계는 미완성이며, 무엇보다 병력 현황이 수적으로 열세인 점을 차근차근 설명해나갔다. 마샬 장군은 허락받은 시한 3분을 넘어 계속 발언을 이어갔다. 그날 회의에 참석했던 재무부 장관 헨리 모겐소는 일기에 이렇게 기록했다고 한다. "(마샬은) 대통령에 직접 맞서서 싸웠다."[22] 이날 마샬이 발표한 후에 루스벨트는 그의 접근 방법을 완전히 바꿨다. 미국은 본격적으로 전쟁을 준비하기 시작했고, 전쟁이 발발하자 루스벨트는 마샬 장군을 전쟁 총 책임자로 임명했다.

이 사례가 너무 극적이라고 생각할지 모르지만 놀랍게도 많은 조직에서 일어나고 있는 일이다. 강력한 집중력, 특히 전문성이 갖춰진 상황에서 그와 같은 열정은[23] 사람들의 관심을 끈다. 확실한 사실에 기초한 열정적인 표현은 추상적인 논쟁을 개인적인 관심의 차원으로 내려오게 하며, 설득력을 가진다.

내가 아는 한 긴급함이나 열정의 표현이 조직에서 특별히 효과적인 이유에 대한 연구는 아직 이루어지지 않았지만 내 나름의 이론은 있다. 조직에서 함께 일하거나 함께 사는 사람들은 어떤 문제에 어떤 우선 순위를 두는지 서로 예민하게 모니터하고 있다고 생각한다. 특히 평소에 조용하고 말이 없는 사람들이 표현하는 긴급함이란 "나는 이것을 꼭 해내야만 한다."라는 강한 신호다. 개인 사이에 갈등이 생기면 협력적이던 집단이 분열되기 때문에 사람들은 이런 강한 신호가 켜지면 상대방의 의견에 따르려는 성향이 있다.

전체적으로 이러한 집중도에 따른 레버리지는 본성이 합리적이고 말씨가 상냥하며 부드럽게 얘기하는 사람에게 잘 작동된다. 평소에 열정적으로 말하지 않는 사람이 열정적으로 말하면 특별한 관심을 모으게 된다. 반대로 '삐걱거리는 바퀴'처럼 언제나 불평만 해대고 자신의 의견만 주장하는 사람은 아무리 시끄럽게 목청을 돋우어도 추가적 레버리지를 얻지는 못하며, 거꾸로 사람들은 그들의 목소리를 듣지 않을 방법만 찾게 된다.

레버리지는 협상에서 아주 중요한 변수다. 일반적으로 협상이 결렬되었을 때 손해가 가장 적은 쪽이 중요한 거래 조건을 주장할 수 있는 여유가 있다. 당신의 레버리지를 높이기 위해 사용할 수 있는 방법은 여러 가지가 있다. 곧, 당신의 협상 목표를 달성할 수 있는 좋은 대안을 찾아내거나, 상대방이 필요로 하는 자산을 통제하거나, 연합 전선을 형성하거나, 협상이 실패로 끝나면 상대방이 체면을 잃게 되는 상황을 만들거나, 상대방의 상황을 현저하게 악화시킬 수 있는 힘이 있다고 보여주는 것과 같은 방법들이다.

레버리지에 대해서 흔히 범할 수 있는 오해들을 조심하라. 어떤 특수한 상황에서는 힘이 없는 사람이 레버리지를 가질 수도 있다. 레버리지는 사실과 함께 인식만으로도 역동적으로 움직인다. 마지막으로, 냉정하게 무관심한 것보다 열정적인 태도를 보여줌으로써 조직에서는 힘을 얻을 수 있다. 그것은 보통의 시장 거래 상황에서 레버리지가 작동하는 방식과 반대로 움직이는 것이다.

✓ 레버리지에 대한 체크 리스트

☐ 거래가 깨졌을 때 어느 쪽이 더 큰 손해를 입는가?

☐ 시간은 누구의 편인가?

☐ 당신은 당신의 대안을 향상시키거나 상대방의 대안을 악화
  시킬 수 있는 방법이 있는가?

☐ 상대방에게 필요한 것을 당신이 통제할 수 있는가?

☐ 당신은 상대방이 당신의 결과에 우호적인 규범을 따르도록
  만들 수 있는가?

☐ 당신의 협상력을 높일 수 있는 연합 전선을 형성할 수 있는가?

협상의 과정과 전략

2

BARGAINING FOR ADVANTAGE

협상 전략의 준비

. . .

아무리 어려운 협상이라 해도 씨를 뿌리자마자 거둘 수는 없으며
점차 익어가도록 해야 한다.
프랜시스 베이컨[1]

질긴 고기에는 날카로운 이빨이 필요하다.
터키 민담[2]

	협상 전략의 준비 **7**		정보 교환 전략 **8**
최초 제안과 양보 전략 **9**			협상 종결과 이행 약속 **10**
	영혼을 팔지 않고 악마와 협상하기 **11**		효과적인 협상가가 되려면 **12**

협상이 진행되는 상황을 잘 이해하기 위해 지금까지 우리는 꽤 먼 길을 걸어왔다. 제1부에서는 효과적인 협상을 위한 협상의 기본 원칙 여섯 가지를 제시했다.

- 다양한 협상 스타일
- 구체적인 목표와 기대의 중요성
- 권위 있는 규범과 기준이 어떻게 협상 가능 영역의 한계를 정하는가?
- 좋은 관계는 협상에 어떻게 영향을 미치는가?
- 상대방의 이해 관심사를 잘 파악하는 것이 협상의 어려운 문을 여는 데 어떻게 작용하는가?
- 레버리지란 무엇이며, 어떻게 활용하는가?

협상의 기본 원칙 여섯 가지는 협상을 성공적으로 이끌 수 있도록 준비를 확실히 할 수 있게 만들어준다. 더욱이 각각의 기본 원칙은 때때로 훈련받지 않은 사람에겐 잘 보이지 않는 내면적인 심리적 토대에 의존하고 있다. 이들의 동기 유발적 영향력은 다음에 나오는 표 7. 1에 요약되어 있으며, 이들이 협상에 감성적 리듬을 만들어낸다.

표 7.1 협상의 기본 원칙에 대한 심리적 토대	
협상의 기본 원칙	심리적 토대
1. 협상 스타일	개인 간 갈등에 대한 태도 차이
2. 목표와 기대	동기 유발적 경쟁
3. 권위 있는 기준과 규범	일관성 원칙과 권위에 대한 존경
4. 관계	상호성의 규범
5. 상대방의 이해 관심사	자기 존중과 개인 이익
6. 레버리지	손실 혐오

협상의 네 단계

제2부에서는 협상의 기본 원칙 여섯 가지와 그와 연관된 심리적 토대가 협상의 단계를 한 발 한 발씩 진행해가면서 협상의 목표 달성에 어떻게 기여하는지 보여주려 한다. 제2부는 협상에 대한 간단하면서도 아주 중요한 진실, 곧 협상은 4막으로 구성된 댄스와 같이 네 단계를 거치면서 추는 춤과 같다는 사실을 알려줄 것이다. 제7장에서 제10장까지는 협상의 네 단계를 하나씩 순서대로 다룰 것이다. 본격적인 논의에 앞서, 협상의 네 단계가 실제로 어떻게 움직이는지 보여주는 예를 먼저 살펴보자.

당신이 자동차를 타고 교차로로 다가가고 있다고 상상해보라. 동시에 당신은 또 다른 차가 그 교차로에 진입하는 것을 보았다. 이제 당신은 어떻게 할 것인가?

대부분의 경험 많은 운전자들은 상황을 평가하기 위해 먼저 속도를 늦출 것이다. 그런 다음 상대방과 의사소통이 이루어지길 바라며 상대 운전자와 눈을 맞추기 위해 상대방 쪽을 쳐다볼 것이다. 눈을 맞추고 나면 일반적으로 한 운전자가 손을 저어 '당신 먼저'라는 뜻으로 신호를 보낸다. 어쩌면 양쪽이 모두 손을 흔들지도 모른다. 잠시 머뭇거리고 나서 한 사람이 먼저 움직이면 다른 사람이 뒤따를 것이다.

이 네 단계의 과정을 구분해보면, 준비 단계(속도 감속), 정보 교환 단계(시선 접촉), 제안과 양보 단계(손 흔들기), 그리고 약속 이행 단계(차를 몰고 지나가기)로 나뉜다. 인류학자와 사회과학자 들은 이와 유사한 네 단계의 과정을 아프리카의 토지 분쟁 사례(제1장에 나온 아루샤 부족의 이야기)나 영국의 노사 협상 사례 그리고 미국의 기업 합병 사례 등에서도 관찰한다.[3] 이 네 단계의 협상 형태는 협상의 표면에 드러나지 않거나 아예 보이지 않을 때도 있다.

물론 복잡한 협상 상황에 직면한 사람들은 협상의 단계와 속도를 바꾸기도 한다. 그들은 양보 단계에서 막다른 골목에 도달해 정보 교환 단계로 되돌아가기도 한다. 그리고 협상의 문제 중 어떤 측면은 다른 측면보다 속도가 빠를 수도 있다. 'A'와 'B'의 문제에서는 이미 협상을 종결지었으나 'C'의 문제에서는 아직도 정보를 교환하고 양보를 계속하고 있을 수도 있다.

또한, 서로 다른 문화권에 있는 사람들은 각각의 단계를 통과하는 속도가 다르다. 산업화가 빨리 일어난 서구 선진국의 업무 지향적 협상가들은 종종 정보 교환도 서둘러 지나며 빨리 '테이블에 올려놓을 성과물'을 갈망하고 첫 제안과 양보 과정으로 바로 진입하려 한다. 그러고 나서 그들은 정보를 교환하고 시험해보며 제안에 대하여 논쟁하는 데 많은 시간을 할애한다.

아시아와 아프리카, 남미와 중동의 관계 지향적 협상가들은 협상을 시작하기 전에 어느 정도 서로 간에 신뢰를 쌓기 위해 정보 교환을 하며, 여유 있는 진행을 선호한다. 일단 좋은 관계가 만들어지고 나면 구체적인 양보 단계에서는 진행이 빨라진다.

문화적 배경과 관계없이 숙련된 협상가는 훌륭한 댄서와 상당히 비슷하다. 그들은 상대방의 속도를 잘 파악하고, 협상 진행 중에도 계속 속도를 '맞추려고' 노력한다.

지금까지 이야기한 서론을 바탕으로 제7장에서는 협상 과정의 첫 단계인 협상 전략의 준비 단계를 살펴보도록 하자.

준비 단계 1 : 상황을 평가하라

비교적 단순한 협상이라도 협상 준비를 잘 해야 하는데, 그 목적은 당신이 직면한 상황에 맞는 구체적 행동 계획을 세우는 데 있다. 협상의 형태에는 기본적으로 네 가지가 있는데, 다음의 두 기준으로 구분한다. 첫 번째 기준은 미래 관계에 대한 중요성(미래에 각자의 목표를 달성하기 위해서는 상대방의 도움과 협력이 얼마나 필요할 것인가?)을 얼마나 인식하고 있는가이고, 두 번째 기준은 이해관계에 대한 갈등(구체적인 거래 상황에서 돈이나 권력 또는 공간과 같은 제한된 자원에 대해 쌍방이 얼마나 많은 것을 원하는가?)을 얼마나 인식하는가다.[4] 모든 협상은, 우호적인 협상이건 혹은 겉으로 보기에 대립적인 협상이건, 상대방을 대하는 태도에 사람들이 얼마나 민감한가와 함께 실질적인 이슈에 대한 갈등이 서로 결합되어 있다.

관계에 대한 걱정은 실질적인 이해관계와 비교하면 상대적으로 높거나 낮을 수 있다. 아래의 상황 매트릭스(그림 7. 2)는 이러한 두 가지의 요소를 서로 비교해 묵시적 협조 상황, 거래 상황, 관계 중시 상황, 관심의 균형 상황 네 가지로 구분해 설명하고 있다.

그림 7. 2 상황 매트릭스

이해관계에 대한 갈등 인식 정도

		높음	낮음
미래관계에 대한 중요성 인식 정도	높음	1. 관심의 균형 상황 (사업 파트너십, 합작 투자, 합병)	2. 관계 중시 상황 (결혼, 우정, 업무 팀)
	낮음	3. 거래 상황 (이혼, 집 판매, 시장 거래)	4. 묵시적 협조 상황 (도록 교차점, 항공기 좌석)

자, 이제 가장 간단한 4번의 상황에서 가장 복잡한 1번 상황까지 각각의 상황에 대하여 연구해보자.

4. 묵시적 협조 상황

모든 협상에서 가장 기본적인 상황은 표의 오른쪽 아래에 위치하고 있는 '묵시적 협조' 상황이다. 이 상황은 갈등도 낮고 미래의 관계도 제한되어 있다. 앞서 살펴보았던 교차로에서 두 운전자가 만나는 예가 바로 여기에 해당한다. 교차로에서 올바른 갈등 관리가 이루어진다면 그 공간에서 갈등이 생길 일은 전혀 없으며 서로 충돌할 이유도 없다.

양측은 서로 다시 볼 가능성도 거의 없다. 여기서 미래의 관계는 문제가 안 된다. 묵시적 협조 상황에서는 전술적으로 갈등을 잘 피하는 정도 이상의 협상이 필요하지 않다.

3. 거래 상황

자, 이제 왼쪽의 '거래 상황'으로 가보자. 여기서는 어떤 미래의 관계보다 실질적인 이해관계가 중요하다. 모르는 사람과의 사이에서 이루어지는 집과 대지, 자동차 매매, 거래 후 현 경영진이 자리를 물러날 수밖에 없는 기업 인수 계약 그리고 시장에서 이루어지는 많은 거래 등이 전형적인 거래 상황이다.

거래 상황을 단지 별로 관계가 없는 사람들 간의 '가격 흥정'이나 '승자가 다 갖는' 게임 등으로 생각하기 쉽다. 그러나 대체로 거래 상황이 단순한 편이기는 하지만 때로 매우 복잡할 때가 있다. 거래가 성사되기 위해서는 이미 그 전에 협상가들 사이에 업무적인 관계가 형성될 필요가 있다. 서로 반복적으로 거래하는 전문 협상 대리인이 아닌 이상, 서양에서는 대체로 이런 거래 관계는 기본적인 예의만 갖추면 되는 상황일 뿐이다. 다른 문화권에서는 거래 상황에서도, 최소한 겉으로 보기에는, 개인적인 관계가 필요할 때가 있다. 세련된 협상가들은 이해관계가 크게 걸린 거래 상황에서 어떻게 행동할까? 다음 사례를 통해 살펴보자.

"모건 씨, 뭔가 오해가 있는 것 같군요"

미국의 신산업혁명 시기인 '도금 시대' 이야기면서, 가장 유명한 역사적 인물인 세 사람, 월 스트리트 실업계의 거물 J. P. 모건(제4장에서 앤드루 카네기에게 수표를 두 장 건넸던 주인공)과 스탠다드 오일 사를 창업한 존 D. 록펠러(아버지), 그의 젊은 상속자인 존 D. 록펠러(아들)가 관계된 이야기다.

1901년 모건은 철광석이 풍부한 메사비 광산을 구입하는 데 전력을 기울이고 있었다. 모건은 훗날 유에스 스틸(U. S. Steel Corporation)이 되는 철강 회사를 준비하고 있다. 철광석 광산은 철을 만드는 데 필요한 원료인 철광석을 공급하는 결정적인 원천이었다.

이 가치 있는 부동산은 아버지 록펠러의 소유였다. 록펠러는 그 당시 이미 은퇴한 상태였으며, 메사비 광산 같은 큰 재산을 사거나 파는 일에 별로 관심이 없었다. 모건과의 부동산 문제 논의도 계속 미루고 있었다.

게다가 재계 거물 라이벌로서 개인적으로 모건과 록펠러는 서로 사이가 좋지 않았다. 모건은 자신의 은행이 주최하는 공사채 인수나 주식 공모에 록펠러를 한 번도 초대한 적이 없었다. 록펠러는 모건을 메사비 광산을 거래하기 전에 단 한 번 만난 적이 있는데 "왜 사람들이 모건을 그렇게 높이 평가하고 강한 인상을 받는지 알 수가 없다."라고 말했다.

그러나 모건은 메사비 광산이 필요했다. 그는 뉴욕 시내에 있는 록펠러의 대저택에서 열리는 모임에 초대받기 위해 끈질기게 졸라 허락을 얻어냈다. 이 만남에서 모건이 록펠러에게 광산의 가격을 물었으나 록펠러는 대답을 피하는 대신 그의 조언자 중 하나인 스물일곱 살 난 아들 록펠러 주니어와 상의하라고 했다.[5]

이를 좋은 기회로 판단한 모건은 젊은 록펠러를 자신의 월스트리트 사무실로 초대했다. 드디어 몇 주 후 젊은 록펠러가 모건의 월스트리트 사무실에 나타났다.

모건 보좌관의 안내를 받은 록펠러는 사무실로 들어서며 내부를 한 번 둘러보았다. 그곳은 평범한 사무실이 아니라 당시 가장 주목할 만한 금융 제국의 중심이었고, 모건은 록펠러에게 그 사실을 알리기 위해 신경을 썼다.

모건은 서류에 고개를 숙이고 보좌관에게 말하며 처음에는 록펠러가 들어온 것을 모르는 척하였다. 록펠러는 모건이 그를 무시하고 있을 동안 계속 참고 서 있었다. 마침내 모건이 고개를 들어 젊은 록펠러를 노려보았다.

모건이 퉁명스럽게 물었다.

"도대체 당신이 생각하는 가격이 얼마요?"

젊은 록펠러도 이 위대한 사업가를 뚫어지게 바라보았다. 그는 조용히 대답했다.

"모건 씨, 뭔가 오해가 있는 것 같군요. 저는 여기에 무얼 팔러 온 것이 아닙니다. 저는 당신이 사겠다고 한 것으로 알고 있는데요."

두 사람은 눈빛을 빛내며 잠시 마주 보았다. 젊은 록펠러는 품행이 확고했으며, 아주 인상적이었다. 모건은 다시 전보다 훨씬 부드러운 어조로 이야기하기 시작했다. 매매 가능성에 대해 개략적으로 논의하는 동안 어느 쪽도 먼저 가격을 제안하려 하지 않았다. 모건의 친구인 엘버트 게리 판사는 개인적으로 모건에게 광산을 구매하려면 최고

7,500만 달러는 지급해야 할 것이라고 조언했다. 그러나 모건은 영리한 협상가였다. 그는 먼저 가격을 제안하지 않았다.

모건이 불편해하는 것을 느낀 록펠러는 결국 모건에게 광산에 대한 공정한 가격을 결정해줄 중매인을 불러도 좋다고 제안했다. 그들은 모건과 아버지 록펠러 둘이 모두 신임하는 헨리 클레이 프릭에게 이 역할을 맡기는 데 동의했다.

프릭은 모건이 7,500만 달러 이상을 지불할 의향이 없음을 재빨리 파악했다. 프릭은 또한 록펠러에게 이 가격을 말해주었을 때 록펠러는 모건이 어떤 제안을 하더라도 바로 동의하기를 싫어한다는 것을 알아차렸다.

록펠러는 프릭에게 말했다. "나는 솔직히 구매 예정자가 직접 가격 한도를 정하는 것에 반대합니다." 그런 조건에서 거래할 수는 없어요. 이건 마치 최후 통첩 같아 보이잖아요."

프릭과 록펠러는 광산에 대해 계속 논의해 8,000만 달러면 꽤 공정한 가격이라는 합의에 도달했다. 프릭이 배서해도 좋은 가격 수준으로 정했다. 프릭은 모건과 게리 판사에게 이 액수를 제안했다. 게리 판사는 최고 한도 수준을 넘어선 가격이므로 거절하는 것이 좋겠다고 권고했다.

그러나 모건은 자신이 직면한 상황을 잘 이해하고 있었다. 자신은 8,000만 달러라 해도 광산을 포기할 수 없으며, 록펠러는 굳이 팔 필요가 없다는 사실을 잘 알고 있었다. 마지막으로 프릭은 록펠러의 제안 내용을 보증했다.

"동의서를 써주시지요." 그는 게리에게 말했다.

그리고 거래는 성사되었다.

이 거래의 결과는 결과적으로 모건에게 아주 좋았던 것으로 밝혀졌다. 모건은 그 광산에서 철광석 수억 달러를 산출했다.

결론적으로 거래 상황은 분명히 인간관계보다는 이해관계가 훨씬 더 중요한 상황이다. 협상 당사자들은 서로 협조해서 만남을 정하고, 이슈를 발굴해내고, 효과적으로 의사소통을 잘 하는 것이 필요하다. 그러나 록펠러 부자와 모건의 사례에서 본 것처럼 미래의 협력관계를 이끌어내기 위한 양보가 꼭 필요하지는 않다. 중요한 것은 누가 레버리지를 갖고 있는가다.

2. 관계 중시 상황

다음 상황은 '3. 거래 상황'에서 본 상황과 정확히 반대되는 상황이다. 표 7. 2에서 오른쪽 위에 위치한 2의 상황에서는 관계가 가장 중시되고 협상할 세부 항목은 그 다음이다. 2사분면에 들어가는 사례들은 관계와 연결된 것들로 가득하다. 건강한 결혼 커플 간에 이루어지는 협상과 활발하게 활동하는 경영자 팀, 특별한 종류의 채용 등이 이런 범주에 속한다.

관계가 가장 중요한 요소일 때 우리는 상대방을 잘 대접해야 하며, 협상에 따라 제한 규정과 규칙을 잘 지켜야 한다. 역사적 사례 속에서 이 상황을 살펴보자. 20세기 가장 위대한 과학자인 알버트 아인슈타인이 새로운 직장을 구하려 했을 때 있었던 일이다.

"이보다 생활비가 더 적게 든다고 생각하지 않는다면"

1930년대 초, 뉴저지 주 프린스턴에 있는 새로운 연구기관인 고등 연구원(Institute for Advanced Study)은 세계 최고 '싱크 탱크'를 만들기 위해 세계적인 학자와 연구원을 찾고 있었다. 이 고등 연구원에서 활동하는 연구진들은 가르치지 않는 대신 기본적으로 연구를 수행하며 같이 식사하고 세미나를 함께하며 논문을 발간했다.

연구원의 새 원장인 에이브러햄 플렉스너는 아인슈타인을 찾아가 연구원에 새로 만들 조직에 참여하자고 권했다. 당시 유럽에 머물면서 새로운 연구 환경을 찾고 있던 아인슈타인은 플렉스너의 제안에 관심을 보였다. 어느 정도 대화가 오가고 나자 플렉스너는 아인슈타인에게 원하는 연봉이 얼마인지 물었다.

아인슈타인은 3,000달러면 충분하다고 대답했다. 그리고 "이보다 생활비가 더 적게 든다고 생각하지 않는다면"이라고 덧붙였다. 플렉스너는 여기에 어떻게 반응했을까? 그는 아인슈타인이 요구한 금액의 세 배가 훨씬 넘는 연봉 1만 달러를 제공했다. 한 출처에 의하면, 이사 비용과 연금에 관한 논의가 더 있은 후 아인슈타인이 받은 최종 보상액은 1930년대 대공황 이후 불황이 계속된 당시로서는 최고 액수인 1만 5,000달러에 가까웠다고 한다.[6]

아인슈타인의 이야기는 전적으로 관계에 초점을 둔 협상을 보여준다. 플렉스너는 '최고의 보석'과 같은 이 과학자 교수가 명예스럽고 고맙게 느끼면서 프린스턴 고등 연구원을 자신의 직업적 고향으로 여기도록 만들 수 있는 방법을 생각했던 것이다. 아인슈타인이 받을 연봉 액수는 이차적인 문제였다. 플렉스너의 관대함은 효력이 있었다.

이후 아인슈타인은 프린스턴 고등 연구원의 상징으로서 세계적으로 저명한 과학자들을 수없이 끌어들여 연구원이 세계적 명성을 쌓는 데 크게 기여했다.

1. 관심의 균형 상황

관심의 균형 상황은 상황 매트릭스에 있는 네 상황 가운데 가장 흥미 있고 복잡한 형태다. 여기에는 미래의 관계와 지금의 이해관계가 뒤섞여 균형을 이루며, 주로 고용 분쟁 상황, 가족 사업 관계, 합작관계, 현직 경영자들이 합병 회사의 경영자로 남는 조건 아래 맺어지는 합병 상황, 장기적인 공급관계, 전략적인 제휴 그리고 같은 기업 안의 다른 부서와의 관계 등이 속한다.

당신은 이런 상황에서 미래관계를 희생하지 않으면서 협상을 잘하고 싶어 한다. 또한 미래에 이어질 관계가 견고하길 바라지만 너무 큰 비용이 들기를 바라지는 않는다. 관심의 균형 상황에 대한 사례를 하나 살펴보자. 제2장에서 목표를 잘 기록한 것으로 유명했던 미국 건국의 아버지 벤저민 프랭클린의 이야기다.

벤저민 프랭클린의 식사 협상

프랭클린은 재능이 많았지만 특히 빈틈없는 협상가로 유명하다. 프랭클린이 미국 역사상 가장 중요한 시기에 외교관으로서 프랑스에서 미국의 이익을 대표하여 활동하고, 1787년 제헌의회를 구성하는 주체들의 의견 차이를 조정해 미국 헌법 초안을 만들 때 중요한 역할을 해낸 데에는 협상가로서 그가 지닌 뛰어난 재능이 한몫했다.

그는 어렸을 때부터 곧잘 다툼이 생길 만한 문제들에 대해 재치 있는 해법을 잘 찾아내곤 했다. 1722년 모든 사람들에게 이익이 되도록 해결한 야채에 관한 협상도 한 예다.[7]

프랭클린이 열두 살이었을 때, 그는 이복형인 제임스에게 인쇄 기술을 배우기 위해 형의 도제가 되었다. 제임스는 미혼이었고, 그래서 그와 그의 도제들은 기숙사에서 식사를 해결해야 했다. 제임스는 매월 기숙사 요리사에게 돈을 지불했고, 그 요리사는 도제들이 먹을 식사를 준비해주었다.

도제 생활을 한 지 4년쯤 지났을 무렵, 활기차고 호기심 많은 열여섯 살 청년이 된 프랭클린은 채식주의에 관한 책을 읽다가 건강상의 이점과 채식주의 철학에 매료되어 더 이상 육식을 하지 않기로 마음을 먹었다.

프랭클린에게는 좋은 일이었지만 프랭클린의 음식을 따로 준비해야 하는 것이 번거로워진 요리사는 제임스에게 크게 불평하였다. 나중에는 다른 도제들도 투덜대며 프랭클린이 '특이한' 식이요법이라고 부르는 것을 험담했다. 나중에는 제임스까지 짜증을 내게 되면서 프랭클린 형제 사이는 물론 다른 도제들 사이에도 갈등이 고조되었다.

이런 상황을 해결하기 위해 프랭클린이 새로운 제안을 한다. 그는 다른 도제들과 함께 식사하지 않고 제임스가 부담하는 식대도 덜어주겠다고 말했다. 만약 제임스가 프랭클린 몫의 식사 대금으로 기숙사 요리사에게 지불하는 돈의 반을 프랭클린에게 주면 자신이 직접 식사 준비를 하겠다는 것이었다.

프랭클린은 그의 자서전에서도 이 협상이 자신을 포함한 모든 사람을 위해 아주 잘된 결정이었다고 쓰고 있다.

나는 이내 제임스 형이 나에게 주는 돈에서 또 반을 절약할 수 있다는 것을 알았다. 이렇게 생긴 돈으로 나는 책을 더 살 수 있었다. 게다가 또 다른 이득도 있었는데, 제임스 형과 다른 도제들이 식사하러 인쇄소를 나가는 동안 나는 혼자 그곳에 남아 빨리 가벼운 식사를 마치고 …… 그들이 돌아올 때까지 나머지 시간에 공부를 할 수 있었다.

다시 말해 프랭클린은 채식 원칙을 고집함으로써 모든 사람에게 더 나은 방법을 찾아낸 것이었다. 제임스는 프랭클린이 차지하는 기숙사 식비에서 50%를 절약할 수 있었고, 채식을 계속하면서도 자신에게 주어진 몫에서 25%를 절약할 수 있었으며, 평화롭고 조용한 독서 시간까지 얻었다.

이 이야기에는 록펠러와 모건 사이에 이루어진 8,000만 달러짜리 광산 거래 협상 같은 큰 이해관계가 걸려 있지는 않다. 또한 고등 연구원이 아인슈타인을 채용하는 문제처럼 중요한 인간관계를 포함하고 있지도 않다. 그러나 기숙사비는 제임스와 프랭클린 두 사람에게 다 중요했고, 프랭클린이 채식을 고집하면서 불화가 생겼으며, 제임스가 운영하는 작은 인쇄소의 인간관계를 망칠 수도 있었다.

프랭클린은 '식사 거래'로써 모든 사람이 분쟁에 휩쓸리지 않고 평화를 지킬 수 있는 공정한 해결책을 찾아냈으며, 제임스와 프랭클린이 나누어 가질 수 있는 자금도 창출했다. 이것이야말로 협상의 영감이 아니겠는가.

준비 단계 2 : 협상 상황에 따라 전략과 스타일을 맞추어라

우리가 어디까지 왔는지 잠시 되돌아보자. 협상 상황에는 네 가지가 있었다. 첫째, 모건과 록펠러가 광산을 거래하던 거래 상황이 있었고, 둘째, 플렉스너가 아인슈타인을 채용하는 문제와 같이 주로 관계를 중시하는 협상 상황이 있었으며, 셋째, 프랭클린이 식사 문제를 협상한 것 같은 이해관계와 인간관계를 같은 비중으로 다루어야 하는 관심의 균형 상황이 있었고, 넷째, 단지 서로의 길을 비켜주길 기다리는 상황처럼 붐비는 교차로에서 차를 운전하거나 이미 좌석이 할당된 항공기 좌석에 누가 앉을지 정하는 것과 같은 묵시적인 협조 상황이 있었다.

이들 사례들이 보여준 것처럼 각각의 상황은 서로 다른 전략과 스타일을 요구한다. 다른 상황에서보다 특정 상황에서 협상을 더 잘하는 사람도 있을 것이다. 그림 7. 3은 어떤 협상 전략이 각각의 상황을 다루는 데 최선인지 아는 데 도움을 줄 것이다.

만약 당신이 어떤 협상 전략이든 사용하는 데 그리 어렵게 느끼지 않는다면 그림 7. 3에 나온 협상 상황들을 다룰 수 있을 것이다. 그러나 만약 추천한 협상 전략들이 당신에게 어색하거나 또는 불편하다면 협상을 준비하기 위해 당신을 도와줄 협상 파트너를 찾는 것이 현명한 방법이다.

일반적으로 협조적인 사람은 관계 중시 상황과 묵시적인 협조 상황에서 이해관계로 인한 심각한 갈등을 겪지 않고 인간관계를 강조하며 협상을 잘해 나갈 것이다. 경쟁적인 사람은 이해관계에 기초한, 인간관계를 덜 강조하는 거래 상황의 협상에 능하다. 관심의 균형 상황에서는 상상력을 약간 더해 협조적인 특성과 경쟁적인 특성을 한꺼번에 아우를 수 있어야 한다. 프랭클린이 제임스에게 기숙사 요리사에게 줄 돈을 나누어 갖자고 제안한 것이야말로 관심의 균형 상황에 대한 고전적이면서도 재기발랄한 반응이다. 단호하면서도 공정하고 동시에 분별력 있으며 사려 깊은 해결 방법이었다.

관심의 균형 상황과 같은 경우에 문제 해결 전략을 수행하기 위해서는 어떤 개인적인 특성이 도움이 될까? 첫째, 너무 과격한 주장을 하지 않으면서도 집요한 방법이 도움이 된다. 프랭클린은 식사 문제를 협상하며 자신의 채식주의 원칙을 타협하지 않고 확고히 지켰다. 협조적인 사람들은 때로는 자신의 원래 목표를 염두에 두지 않고 상대방의 요구에 너무 쉽게 반응한다. 반면 경쟁적인 사람들은 드러나지 않은 이해관계나 감정에 주의를 기울이지 않고 자신의 입장을 지나치게 강조하며 협상을 밀어붙이려 하기 때문에 협상이 어려워진다.

둘째, 문제 해결 전략을 훌륭하게 사용하는 데에는 상상력과 인내심이 필요하다. 단지 양보만 한다면 오히려 문제를 훌륭하게 해결하는 데 적이 된다. 만약 당신이 모든 가능한 옵션을 살펴보기 전에 차이를 반으로 나누고 만다면, 당신은 모두를 만족시킬 수 있는 좋은 기회를 놓치고 말 것이다.

실제로 그림 7. 3을 자세히 들여다보면, 타협이라는 전략이 모든 상황에서 유용하긴 하지만 대개 차선책이거나 차차선책에 지나지 않는다는 사실을 알아차리게 될 것이다. 그러므로 타협 전략은 모든 협상 상황에서 유용하다기보다는 시간이 부족할 때나 다른 전략에 대한 보조 수단으로 사용하는 것이 바람직하다.

이해관계에 대한 갈등 인식 정도

		높음	낮음
미래관계에 대한 중요성 인식 정도	높음	1. 관심의 균형 상황 (사업 파트너십, 합작 투자, 합병) 최선의 전략 : 문제 해결, 안 되면 타협	2. 관계 중시 상황 (결혼, 우정, 업무 팀) 최선의 전략 : 동조, 문제 해결, 안 되면 타협
	낮음	3. 거래 상황 (이혼, 집 매매, 시장 거래) 최선의 전략 : 경쟁, 문제 해결, 안 되면 타협	4. 묵시적 협조 상황 (도로 교차점, 항공기 좌석) 최선의 전략 : 회피, 동조, 안 되면 타협

준비 단계 3 : 상대방 관점에서 상황을 검토하라

나는 앞에서 보여준 그림 7. 2와 그림 7. 3에서 이해관계에 대한 갈등을 인식하는 정도와 미래 관계에 대한 중요성을 인식하는 정도라는 이름을 붙였다. 그것은 협상 상황이 객관적인 현실을 반영하는 것이 아니라 머릿속에 인식된 것이기 때문이었다. 그리고 사람들은 상황을 자주 다르게 인식한다. 그러므로 협상의 준비 단계에서는 상황에 대한 자신의 관점뿐 아니라 상대방의 관점도 잘 고려해야 한다.

예를 들어, 인간관계가 무엇보다 중요하다고 생각하는 사람과 이해관계가 가장 중요하다고 생각하는 사람이 협상 테이블에서 만난다면 양측은 인식 차이로 인해 서로 다르게 행동할 것이 분명하다.

제8장에서 다룰 협상의 정보 교환 단계에서 중요한 기능은 협상 상

대방이 현 상황을 어떻게 생각하는지 탐색하는 것이다. 필요하다면 상대방이 협상 상황을 당신이 보는 대로 보도록 설득해야 한다.

만약 당신이 백화점에서 산 전기 제품을 환불받으려 할 때 판매 직원이 이 상황을 '거래 상황'으로 다루며 까다로운 반응을 보인다면, 당신은 먼저 당신이 그 백화점을 오래 이용한 고객이며, 판매 직원이 그렇게 행동하면 고객 관리 차원에서 위험하다는 점을 지적해야 한다 (제4장을 보라). 만약 당신이 고객 관계가 중요하다는 사실을 판매 직원이나 그의 감독자에게 설득시킬 수 있다면 그의(그녀의) 태도는 훨씬 부드러워질지 모른다. 만약 과거에 구축한 좋은 고객 관계를 얘기할 수 없다면 미래에 새로 만들 고객 관계에 대한 비전도 똑같이 효과적일 수 있을 것이다.

만약 이 백화점 사례에서처럼 협상 상대방이 협상 주인이 아니라 대리인일 경우 대처해야 할 인식 층이 하나 더 있는 셈이다. 상황에 대해 대리인과 의뢰인인 협상 주인이 인식하는 방식은 정말 다를 수 있다. 한 예로, 노사 협상에서 전문 노동 협상가들은 일반 조합원보다 균형 잡힌 태도로 상황에 맞선다. 전문 노동 협상가들은 그들의 사용자 측 파트너를 계속 만나면서도 협상 테이블을 사이에 둔 실제 업무관계를 유지해야 하기 때문이다.

반면 노조 구성원 개개인은 경영자와 개인적 접촉이 거의 없으며 협상 테이블에도 참여하지 않는다. 보통 현장 노동자들은 노동조합과 회사 간의 관계에 대해 냉소적이기 때문에 임금 협상을 단순히 '거래 상황'으로 본다. 이러한 인식의 차이를 메우고 조합 구성원들을 만족시키기 위해, 노조에서 고용한 협상 전문가들은 회사를 극한까지 밀어붙이는 강력한 협상 전술을 연출하는 경우가 있다. 현명한 회사 측 협상가들은 전시용 전술의 필요성을 이해하고 있기 때문에 이러한 공격적인 전술을 개인적으로 받아들이지 않는다.

이제 모든 것을 엮어 구체적인 협상 계획을 준비하라

당신은 이제 상황 분석의 기본 틀을 이해했고 상대방이 사용할 가능성이 있는 다양한 협상 전략을 예측할 수도 있다. 이제 구체적인 협상 계획을 세우기 위해 협상의 기본 원칙 여섯 가지에 관련된 정보와 함께 당신이 준비한 협상 관련 지식을 결합해야 한다. 부록 2에 당신이 수집한 정보를 체계화하기 위한 간단한 협상 계획서 양식이 마련되어 있다. 이 협상 계획서를 잘 활용하고, 협상이 진행되는 중에도 꾸준히 최신 정보를 정리해야 한다.

협상 준비 단계에서 얻는 통찰력은 정보 기반 협상의 열쇠다. 그러나 좋은 협상 계획이란 단지 협상의 시작일 뿐이다. 협상의 준비 단계를 잘 활용하는 방법 중 하나는 협상 과정의 초기에 당신이 의도한 구체적인 질문 목록을 만드는 것이다. 어쨌든 당신의 구체적인 협상 계획은 상대방이 무엇을 원하며, 어떻게 생각하는지에 대한 수많은 가정들에 기초하고 있다. 다음 제8장에서 살펴보겠지만, 협상의 시작 단계는 상대방이 직접 제공하는 정보에 대한 수많은 가정들을 당신이 직접 시험하는 기회다.

이 장에서는 협상 준비를 잘할 수 있는 기본적인 방법을 제시했다. 첫째, 상황 매트릭스를 사용해 당신이 직면한 협상 상황을 판단해야 한다. 이런 상황에서는 어떤 협상 전략이 가장 적합할까?

둘째, 협상의 상황 분석에 대한 아이디어와 당신의 협상 스타일에 대한 지식을 결합해봄으로써 당신이 해결하려는 협상 문제와 어떻게 들어맞는지 볼 수 있다.

만약 당신이 근본적으로 협력적 성향을 띤다면 당신과 같은 성향을 가진 사람과 협상하는 경우가 아니면 거래 상황에서 어려움을 겪게 될 것이다. 만약 당신이 공격적이고 경쟁적이라면 섬세한 외교 역량이 필요한 관계 중시 상황을 다루는 데 필요한 기술이 부족하다고 느낄 것이다.

셋째, 상대방이 협상 상황을 어떻게 보고 있는지 살펴보라. 그들이 관계를 중요하게 생각하는가? 이해관계를 더욱 중요하게 생각하는가? 상황을 분석하면서 상대방이 사용할 가능성이 있는 전략 범위를 예측하고 준비해야 한다.

마지막으로, 구체적인 협상 계획을 준비하기 위해 협상의 기본 원칙 여섯 가지에 대한 당신의 통찰력과 지금까지 수집한 정보를 결합하라. 이렇게 세운 협상 계획을 통해 협상에 대한 당신의 가정들을 시험하기 위해 상대방에게 확인할 질문 목록을 작성하라.

만약 이런 모든 충고를 따르기에 시간이 부족하다면, 협상을 시작하기 전 협상의 기본 원칙 여섯 가지와 상황 매트릭스를 점검하는 데 단 몇 분만이라도 사용하라. 당신은 엄청난 이익을 얻을 수 있을 것이다. 실제로 효과적인 협상가가 되는 단순하면서도 가장 중요한 첫걸음은 협상을 준비하는 습관을 갖는 것이라고 연구자들은 지적한다. UCLA에서 활약한 전설적인 농구 코치 존 우든은 준비에 대한 명문장을 남겼는데, 나는 정말 이 말에 매료되었다. "준비에 실패하는 것은 실패를 준비하는 것이다."

　　이제 협상 과정의 상호작용의 단계로 넘어갈 시간이다. 당신이 준비한 협상 계획을 가지고 협상 과정의 제2단계인 정보 교환 단계로 함께 넘어가보자.

정보 교환 전략

■ ■ ■

상대방의 논점을 먼저 공격하기보다는
상대방을 타진해보는 편이 더 좋다.
프랜시스 베이컨[1]

아무런 질문도 하지 않는 사람은 무지한 사람이다.
아프리카 풀풀데 족 속담[2]

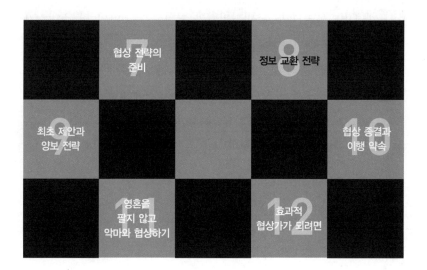

	협상 전략의 준비 **7**	정보 교환 전략 **8**
최초 제안과 양보 전략 **9**		협상 종결과 이행 약속 **10**
영혼을 팔지 않고 악마와 협상하기 **11**		효과적 협상가가 되려면 **12**

제1장에서 다루었던 협상 사례로 돌아가보자. "산에게 말한다."라는 표현을 기억하는가? 탄자니아 아루샤 부족 사람들이 협상의 시작을 설명하는 말이다. 협상 당사자들이 최초 요구를 하고 그에 대한 반대 요구를 함으로써 협상을 시작한다고 한다. 아무도 최초 요구를 심각하게 생각하지 않는다. 그것은 아루샤 협상가들이 협상의 아젠다를 협의하고, 기대 수준을 시험하며, 각자 정당성을 수립하는 수단으로 사용한다. 일단 심각한 협상을 시작하면 그들은 '관대한 건망증'을 작동시켜 무리한 최초 제안을 잊어버린다.

또한 HBJ 사의 피터 조바노비치와 제너럴 시네마의 딕 스미스가 HBJ의 미래를 놓고 협상을 시작하던 때를 기억하는가? 협상을 위한 만남은 오케스트라의 미뉴에트처럼 조심스럽게 시작했으나, 조바노비치는 미리 준비한 협상 계획에서 벗어나 스미스에게 회사 이니셜이 새겨진 비싼 시계를 건네며 제너럴 시네마가 HBJ를 살려낼 수 있는 최선의 대안이라는 것을 인정한다. HBJ는 사실상 파산 직전에 있었고, 조바노비치가 선물을 하고 현실을 솔직하게 인정함으로써 두 사람은 좋은 관계를 만들 수 있었다. 이 매각 협상에서 조바노비치는 스미스의 레버리지가 대단히 크다는 사실을 인정하고 이를 스미스에게 알림으로써 협상은 중요한 진전을 이루었다. 이런 움직임은 상호 협조 분위기를 통해 업무관계를 만드는 데 도움이 되었고, 결과적으로 성공적인 거래를 마쳤다.

산에게 말하기나 선물 주기와 같은 사전 행동들은 적어도 글자 자체의 의미로는 협상이 아니다. 제안을 주고받는 구체적인 행위도 없으며 구체적이고 실질적인 제안에 대한 명시적 검증 작업도 아니다. 오히려 이러한 초보적인 정보 교환은 구체적인 협상에 앞서거나, 다시 되돌아와서 벌이는 협상의 의식 절차의 일부분이다. 정보 교환이 아주 잘 이루어지면 중요한 목적 몇 가지를 달성한다. 제8장에서는 정보 교환의 주요 목적들을 하나씩 다룰 것이다. 정보 교환의 목적이란 첫째, 개별 협상가들 사이에 좋은 관계를 발전시키고, 둘째, 각 협상 당사자들의 숨은 이해관계, 이슈, 인식 들을 표면화시키며, 셋째, 협상 당사자들의 상대적 레버리지에 기반을 둔 기대를 검증하는 것이다.

협상 과정에서 나중 단계인 구체적인 제안과 양보 단계가 아닌 정보 교환의 단계에서 협상의 기본 원칙 여섯 가지를 실제로 활용하고 실천할 첫 기회가 온다. 협상 스타일을 나타내고(제1장), 협상 목표를 밝히며(제2장), 상대방의 숨은 이해 관심사를 탐색하고(제5장), 적용 가능한 기준과 규범(제3장), 관계(제4장), 레버리지(제6장)에 대한 가정들을 검증해볼 수 있다.

우리는 정보를 교환하며 제4장에서 논의했던 상호성의 규범을 상대방이 얼마나 충실히 따르는지 검증한다.[3] 만약 상호성의 규범이 정보 교환 단계에서 형성되면 협상 당사자 모두에게 협상과 계약의 힘든 과정을 잘 끝내는 데 도움이 될 것이라는 확신이 생길 것이다. 만약 상호성의 규범이 형성되지 못하면 협상을 통한 성공적인 거래를 완성하는 데 커다란 어려움이 예상된다.

협상에서 서로 교환하는 정보와 메시지들이 오가는 데는 단 몇 초밖에 걸리지 않는다. 제7장에서 살펴본 교차로에서 서로 진행하려는 자동차 사례를 기억하는가? 서로 시선을 교환한 잠시 동안 상대방 운전자의 의도와 성격 그리고 교차로에서 어떻게 진행할지 결정하는 데 필요한 모든 정보가 제공된다. 좀더 공식적인 협상에서도 마찬가지다. 만족스러운 눈짓과 찡그린 얼굴 또는 신랄한 질문에 대해 답변을 머뭇거리는 태도에서도 방대한 양의 정보가 교환될 수 있다.

협상의 정보 교환 단계에서 문화적 차이는 중요한 변수다. 제7장에서 언급한 것처럼 문화 스타일을 조사해본 결과 일반적으로 서구인은, 그중에서도 특히 미국인은 비교적 '업무 지향적'인 스타일로 밝혀졌다.[4] 이것은 미국인들이 "자, 그러면 당신은 제안할 준비가 되셨나요?"라는 말과 함께 정보 교환 단계를 짧게 끝내고 바로 본론으로 들어가기를 좋아한다는 뜻이다. 반면, 아시아나 아프리카, 라틴아메리카와 같은 '관계 지향적'인 문화에서 정보 교환 단계는 아주 중요하다. 이 문화에서는 협상 참가자들이 무엇에 관한 협상인지 알고 싶어할 뿐 아니라 사안에 대한 일회성 거래가 아닌 개인적 또는 사업적 관계를 추구한다.[5] 만약 초기 대화에서 구체적으로 관계가 형성되지 않으면 협상은 힘들어질 가능성이 높고, 의미 있는 결론에 이르기도 힘들어진다.[6]

자, 이제 협상에서 정보 교환 단계의 목적 세 가지를 잘 설명해줄 수 있는 사례들을 좀더 신중히 살펴보자. 주요 목적 세 가지란 첫째, 좋은 관계를 형성하는 일, 둘째, 이해 관계와 이슈들과 인식을 표면화시키고 결정하는 일, 셋째, 기대와 레버리지에 대한 신호를 보내는 일이다. 우리는 협상 과정에서 종종 이 사전 단계를 간과하곤 하지만 분명히 사전 단계의 중요성을 잘 이해하게 되면 경쟁 우위를 점할 수 있다.

정보 교환의 목적 1 : 좋은 관계 형성

정보를 교환하는 무대에서 가장 먼저 살펴보아야 하는 것은 협상 테이블에서 오가는 기분과 분위기다. 협상 당사자 간의 라포(rapport), 곧 의기상투하는 좋은 관계를 형성하는 것이다.[7] 개인 간의 의사소통이 잘 되면 정보 교환이 잘 되고 좋은 관계는 이를 용이하게 한다.

때때로 좋은 관계란 대단한 것이 아니고 단지 사교적으로 섬세한 태도에 지나지 않는다고 생각하는 사람도 있다. 하지만 협상 전문가들은 이것이 얼마나 중요한지 아주 잘 안다. 제7장에서 살펴본, 존 D. 록펠러와 J. P. 모건이 협상하는 과정에서 모건이 보여준 행동처럼, 협상 전문가들은 좋은 관계 형성 단계를 무시하고 "도대체 당신이 생각하는 가격이 얼마요?"라고 퉁명스럽게 단도직입적으로 물을 수도 있다. 그러나 협상가는 분명한 목적에 따라 행동한다. 의도적으로 상대방을 위협하거나 아니면 상대방 위협에 대한 반응일 수 있다는 뜻이다.

한편, 관계 중시 상황에서는 좋은 관계를 형성하는 단계가 협상 과정에서 가장 중요한 국면이다.

협상 상황이 아닌 간단한 사례를 하나 생각해보자. 당신이 햄버거를 사러 맥도날드에 들어가 카운터로 다가가 선다. 점원은 당신을 똑바로 바라보며 활짝 미소짓고 간단한 말을 건네며 주문을 받도록 훈련받았다. "맥도날드에 오신 것을 환영합니다. 무엇을 주문하시겠습니까?" 맥도날드에서 훈련된 '인사'는 고객과 점원이 아주 부드럽게 의사소통을 시작할 수 있도록 돕는 효과적인 방법이다. 사실 이때의 인사는 너무 자동적이라 대개 두 가지 상황에서만 특이한 점을 느낄 수 있다. 점원이 기분이 안 좋아 어떤 식으로든 느낌이 달라져 고객이 불쾌하게

제2부 협상의 과정과 전략

느끼는 경우와, 아니면 아주 기분이 좋고 생기 있는 목소리로 진심에서 나온 인사를 건네 고객이 정말 환영받는다고 느낄 때다.

맥도날드가 인사로 고객을 부당하게 조종하려 하는가? 아니다. 고객은 햄버거를 원하고 맥도날드는 햄버거를 팔려는 것뿐이다. 이때의 인사는 교환을 잘하기 위해 서먹한 분위기를 없애고 좋은 관계를 만들어 맥도날드와 고객이 서로 원하는 것을 가능한 한 빨리 얻을 수 있도록 도와주는 것이다.

협상에서도 마찬가지다. 단지 햄버거를 주문할 때보다 의사소통 채널이 넓고 명확해야 할 뿐이다. 그러므로 좋은 관계를 형성하는 문제는 약간 더 복잡하고 개별적으로 이루어지지만 목표는 한 가지다. 사람과 사람의 관계에서 의사소통을 시작해야 한다.

잘될 경우? 흔히 협상 상황이 그렇듯 비인간적인 분위기를 바꿔 아주 인간적인 방식으로 상대방을 감동시키며 상대방과 당신 모두 정말 인간다운 인간으로 서로를 평가할 수 있다. 잘 안 될 경우에는? 대화가 끊길 정도로 공격적이고 분별없는 속임수를 쓰게 된다. 그럼, 보통의 경우? 협상 상대방과 그저 이음새 없는 관계를 형성하게 된다.

협상 전문가들이 중요한 협상을 시작하면서 상대방과 좋은 관계를 형성하기 위해 얼마나 신중하고 계획적으로 행동하는지 보여주는 이야기는 많다. 이런 이야기들은 그 자체로도 재미있지만, 전문가들이 협상 초기에 올바른 분위기를 형성하는 것을 얼마나 중요하게 생각하는지 반영한다.

옥시덴탈 페트롤륨 사의 공격적 CEO였던 아르만 해머는 1960년대 중반 리비아에 있는 가치 있는 석유 채굴권을 사들이기 위해 노력했다. 그는 서구식이 아닌 아랍 방식으로 입찰에 참여해 다른 입찰 팀들과 차별화를 꾀했다. 그는 양가죽 문서에 입찰 내용을 적고 그것을 둘둘 만 뒤 그 위에 리비아를 상징하는 색깔인 초록색과 검은색 리본으로 묶는 수고를 했다. 이로써 그는 아랍 문화에 존경심을 갖고 있으며 아랍 문화를 공부하고 있음을 보여주었으며, 마침내 석유 채굴권 계약을 체결했다.[8]

협상에서 좋은 관계를 수립하는 전통적 방법 중 하나는 협상과 직접적인 관계는 없지만 협상 상대방과 공유할 수 있는 경험이나 이해 관심사, 열정을 찾아내는 것이다. 타임워너 사의 전신인 워너 커뮤니케이션스 사를 설립한 전설적인 인물 스티브 로스가 처음 시작한 사업은 장례 사업이었다.[9] 그가 장례 관련 사업에서 큰 비즈니스로 나아간 첫 번째 계기는 한 작은 자동차 렌탈 회사를 도와 뉴욕 시내에 주차장 60여 개를 소유한 시저 키멜과 협상해 성공을 거두면서부터였다. 로스는 자동차 렌탈 회사가 고객에게 차를 빌려주며 키멜이 소유한 주차장을 사용하고 고객들이 무료로 주차할 수 있도록 허용해줄 것을 요구하였다. 그 대가로 자동차 렌탈 회사가 벌어들이는 수익의 일부를 키멜에게 제공할 생각이었다.

협상에 들어가기 전, 로스는 키멜에 관해 상세하게 연구 조사했고, 키멜이 자신의 말을 소유하고 경마에 출전시키는 열성적 경마 팬이라는 사실을 알아냈다. 로스의 친척 중에도 말을 기르며 경마에 출전시키는 사람이 있었고, 로스도 경마에 관한 지식이 약간 있었다.

협상을 시작하기 위해 키멜의 사무실에 들어서면서 로스는 훗날 자신의 고유한 거래 행동으로 자리 매김하게 되는 특유의 행동을 했다. 방에서 주변을 한 번 쭉 훑어보다가 바로 큰 경주에서 우승해 승자의 자리에 오른 키멜의 말을 담은 기념 사진을 발견했다. 그는 다가가 사진을 한참 동안 자세히 살펴보고 난 뒤 흥분한 목소리로 말했다. "이 경주에서 2등 한 말이 모티 로젠탈(로스의 친척)의 말이로군요!" 키멜은 기쁨으로 밝게 미소를 지었다. 두 사람은 마음이 잘 맞았고, 매우 성공적으로 공동 사업에 착수할 수 있었다. 마침내 이 회사는 로스가 세운 첫 공식 회사가 된다.

좋아함의 법칙

로스와 많은 협상 전문가들이 본능적으로 협상을 시작하는 좋은 방법이라고 생각하는 것에 대해 사회심리학자들도 동의한다. 심리학자 로버트 치알디니는 "우리는 우리가 잘 알고 좋아하는 사람이 요구하는 것을 수락하기를 좋아한다."라고 말하며, 이를 '좋아함의 법칙' 이라 부른다.[10]

좋아함의 법칙 아래에는 좀더 기본적인 어떤 것이 흐른다. 우리는 우리에게 익숙하거나 또는 우리와 비슷한 점이 많은 사람들을 볼 때 좀더 신뢰하는 편이다. 지난 35년 동안 연구한 결과에서도 줄곧 사람들은 외모나 태도, 가치관, 분위기에서 자신과 비슷한 점이 많고 이러한 유사점이 잘 드러나는 사람들을 더 좋아한다는 것을 보여주고 있다.[11] 해머가 양가죽 입찰서를 작성한 데서 잘 보여주듯이 상대방과 유사성이 있으면 의사소통을 더 잘하기 위한 다른 노력이 필요 없다. 사실 제4장에서 논의한 대로 같은 클럽 출신, 같은 종교, 같은 대학을 나온 동창, 혹은 외국에 나가 있다면 같은 나라 사람이라는 사실만으로도 일시적인 동질성과 관계를 끌어내기 쉽다.[12] 일시적인 동질성에서 시작하는 것만으로도 충분히 좋은 관계를 형성할 수 있다.

좋은 관계를 형성하기 위해 동질성 정보를 서로 제공하고 있다는 사실을 양측이 알아도 큰 문제는 없다. 내가 비록 협상 전문가지만 그래도 누군가가 나에게 공유한 경험, 공통의 소속, 또는 누군가를 서로 같이 알고 있다는 이야기를 하며 나와 대화를 시작하면 나도 적잖이 영향을 받는다. 좋아함의 법칙은 물리학에서 중력이 차지하는 중요성만큼이나 인간 심리에서 강력하게 작용한다.

최근 협상학자 팀이 유사한 정보의 역할과 협상 과정에서 좋은 관계 형성의 역할을 명확히 찾아내기 위해 전자우편을 이용한 협상 실험을 실시했다. 그들은 노스웨스턴 대학교와 스탠포드 대학교의 경영대학원 학생들 간에 온라인 협상 실험을 했다.

실험 참가자 가운데 절반에게는 상대방의 이름만 알려주고 협상을 시작했다. 이들은 '순전히 비즈니스' 집단이었다. 나머지 학생들에게는 상대방의 사진을 제공해주며 배경, 가족, 취미, 사업 계획, 고향 등에 대한 사적인 정보를 교환할 수 있도록 허용하였다. 협상을 시작하기 전에 두 번째 집단은 온라인에서 시무징 또는 잡담이라고 부르는 채팅을 해 서로 알고 싶은 기본적인 정보를 주고받았다.

이 실험에서 사용한 협상 시나리오는 다양한 결과를 기대할 수 있는 시나리오였다. 어려운 사례도 아니었고. 그런데도 '순전히 비즈니스' 집단은 30%나 협상이 결렬되었다. 전자우편은 퉁명스럽고, 맥락을 잘 설명하지 못하는 '냉정한' 협상 도구다. 내 연구에서도 온라인에서는 사람들이 서로를 오해하기 쉽다는 사실이 증명되었다.

그러나 시무징 집단 곧 온라인에서 수다를 떤 그룹에서는 합의에 도달하는 데 그다지 어려움이 없었다. 단지 6%만 합의에 이르지 못하고 협상이 결렬되었다. 왜 그런 차이가 나타났을까? 이유는 그들이 의사소통 관계를 형성하며 전자우편이 갖는 한계를 극복했기 때문이다. 통상적인 대면 협상의 경우도 마찬가지다. 서로 주고받은 잡담은 사람을 편하게 하며, 좀더 호의적이고 수용적 입장에서 협상에 임할 수 있도록 도와준다.[13]

좋은 관계 형성의 함정 : 넘치거나 부족한 경우

되풀이하는 말이지만, 일단 좋은 관계를 형성하고 나면 어느 한쪽이 다른 한쪽에 대해 현저한 경쟁 우위를 가질 수도 없으며, 가져서도 안 된다. 만약 좋은 관계가 형성된 상태에서 상대방이 당신에게 양보를 강요한다고 느낀다면 경보 신호가 울리기 시작한다. 이제 당신은 속았다고 생각하면서 협상을 할 수 없게 된다. 해머가 양가죽 서류로 입찰했기 때문에 석유 채굴권 계약에 돈을 덜 지불한 것도 아니고, 로스가 키멜의 경주마에 관심을 보였기 때문에 키멜에게서 무상 주차를 얻어 낸 것도 아니다.

그들은 좋은 관계에 대한 지식을 사용해 의사소통할 수 있는 개인적인 통로를 열었으며, 상대방에게 '거래 의사'를 전달하는 데 성공했다. 좋은 관계를 만드는 목적은 상대방에게 당신을 단지 뭔가를 요청하기 위해 찾아온 아무개가 아니라 특별한 사람으로 여기게 하는 데에 있다. 두 사례에서 보듯이, 다른 사람이 당신을 특별한 사람으로 여기도록 하는 가장 좋은 방법은 당신이 먼저 상대방을 특별하게 생각하고 있음을 보여주는 것이다.

정보 교환 단계의 좋은 관계 형성 단계에서는 아주 조심해야 한다. 우리는 상대방이 우리에게서 뭔가를 얻으려 할 때 언제 협상을 해야 하는지 알고 있다. 우리에게 영향력을 행사하기 위한 아첨이나 섬세한 사교 기술 따위를 그대로 믿지 말고 자신을 방어해야 한다. 너무 공공연하게 또는 교묘한 방법으로 환심을 사려는 행동은 효과가 없으며, 오히려 신뢰를 떨어뜨려 매우 값비싼 대가를 치를 수도 있다.[14]

또한 협상 시작부터 쓸데없이 상대방을 자극하고 감정 상하도록 불평하는 실수를 저지르는 극단적인 경우도 있다. 이런 일은 서로 다른 문화권에서 협상할 때 흔히 나타나곤 하는데, 생각 없이 취한 사소한 행동조차 협상을 방해하는 요소가 될 수 있다. 협상 시작 단계에서 실수한 대표적 사례로 나는 컴퓨터 칩을 생산하는 인텔 사의 사례를 자주 이야기한다. 이 이야기는 협상 테이블에 앉는 사람뿐 아니라 큰 조직에서 일하는 모든 사람에게 지침이 될 만하다.

1980년대 초 인텔 사가 일본의 한 회사와 매우 민감한 협상을 시작하려는 참이었다. 인텔 사에서 파견한 협상 팀은 숙제를 모두 마친 상태로 일본의 파트너와 사업관계를 구축하기 위해 도쿄에서 여러 사회적 절차를 밟을 준비를 하고 있었다.

인텔 사의 미국 본사 법률 고문인 로저 보로보이는 한 신문기자가 전화를 걸어 일본 회사와 협상하는 것은 일이 난해하겠냐고 묻자 아주 편하게 대답했다. "일본인과 협상하는 것은 마치 악마와 협상하는 것 같아요." 이 이야기는 기사에 그대로 인용되었다.

문제는 그 이야기가 신문을 통해 알려진 직후에 일본에서 인텔 사와 협상이 시작되었다는 점이다. 보로보이가 한 말은 재빠르게 일본 측 협상 상대방에게 전달되었고, 결국 협상은 무산되었다. 인텔 사의 일

제2부 협상의 과정과 전략

본 측 파트너 예정자가 유쾌할 리 없었다.[15]

인텔 사의 앤디 그로브 회장은 대단히 유감스러워하며 이 사건을 계기로 사내에서 제정한 인텔 상을 만들었다. 일명 '재갈 입마개 상'. 상패는 나무 플라크에 가죽으로 만든 재갈 입마개를 씌운 것이었다. 당연히 보로보이가 첫 수상자가 되었다. 상패는 또 다른 인텔 사의 직원이 '재갈 입마개 상'을 수상하는 영예를 안을 때까지 그의 책상 뒤 벽에 걸려 있었다.

협상 초기에 좋은 관계를 만드는 단계는 정보를 직접 교환하는 과정과 확실히 구분된다. 복잡하고 단순하고를 떠나 사람들은 자신이 개인적으로 인정받기를 원하며, 개인적 수준에서 좀더 진실된 인정을 받을수록 효과는 더 커진다.

정보 교환의 목적 2 : 이해 관심사, 이슈, 인식 등에 대한 정보 얻기

정보 교환 단계의 두 번째 주요 임무는 상대방의 이해 관심사, 이슈, 인식 등에 관한 기초 정보를 얻는 것이다. 그들은 누구이며, 왜 여기 있는가? 그들은 무엇을 중요하게 여기는가? 그들은 무엇을 협상하려고 준비하고 있는가? 그들은 협상을 어떻게 바라보는가? 그들은 협상을 타결할 권한을 가지고 있는가? 이런 정보들을 교환하는 과정은 어떤 협상에서든 중요하다. 그러나 이해관계가 클수록 상대방에 대한 기초 정보를 얻는 데 주의를 더 많이 기울여야 한다.

이해 관심사와 이슈는 협상의 기본 원칙 여섯 가지를 활용하고 상황 매트릭스를 통한 분석과 준비 과정에서 저절로 알게 된다. 사실 정보 교환 단계는 상대방의 요구와 논증 근거에 대해 당신이 이미 생각했던 가정들을 검증하는 과정이며, 또한 아무것도 포기하지 않으면서 당신의 이해 관심사에 대한 의견을 상대방에게 전달할 수 있다.

이해 관심사, 이슈, 인식 등에 대한 정보를 공유하는 문제에 대해 논의하기 위해서 이번에는 철저히 실패한 한 협상 사례를 보여주겠다. 이것은 제2장에서 소개했던 소니의 모리타 아키오 사장에 관한 또 다른 이야기다. 이 이야기는 숙련된 협상가도 이런 엄청나게 비싼 실수를 할 수 있음을 보여주는 협상 사례다.

모리타가 고급 가전제품 시장에서 명성을 쌓겠다고 각오한 지 21년이 지난 1976년, 미국 영화 산업이 비디오카세트레코더(VCR)라는 새로운 기술이 확산되는 것을 막아보려고 제기했던 소송과 관련 있는 이야기다.

모리타의 손님

1976년 9월, 유니버설 영화사와 그 모기업인 MCA 양쪽의 사장을 겸하고 있던 시드니 샤인버그에게 문제가 생겼다. 당시 소니는 베타맥스라는 새로운 가전제품을 시장에 막 내놓으려 하고 있었다. VCR 이전에 나온 베타맥스는 텔레비전 시청자가 프로그램을 녹화하고 재시청할 수 있는 신제품이었다.[16] 샤인버그는 크게 당황했다.

유니버설 영화사에서 하는 사업은 저작권으로 보호를 받는 영화와 텔레비전 프로그램을 네트워크 방송국과 텔레비전 방송국에 라이센싱해주는 것으로 주요 수입원은 영화를 포함한 프로그램의 재방송이었다. 게다가 MCA는 이미 소비자가 집에서 미리 녹화된 영화만 볼 수 있게 해주는 '비디오디스크'라는 기술에 수백만 달러를 투자하고 있었다. VCR과는 달리 비디오디스크는 녹화는 할 수 없고 단지 볼 수만 있는 시스템이었다.

샤인버그가 판단하듯이, 베타맥스는 그의 기본적인 사업 전략에 대한 커다란 위협이었다. 그것은 유니버설 영화사가 소유한 영화와 텔레비전 프로그램을 소비자가 공짜로 아무 때나 녹화해두었다가 원하는 때에 언제든지 다시 볼 수 있는 것이었다. 만약 시청자가 이미 오리지널 쇼를 녹화해놓았다면 어떤 방송사가 프로그램 재방송에 비용을 지불하려 하겠는가? 과연 누가 비디오디스크를 사려 하겠는가?

샤인버그는 소니가 출시하려는 신제품에 대한 이야기를 듣고 이렇게 말했다. "베타맥스는 저작권법 위반이다. 확실히 그렇다. 그들이 시장에 진입하도록 허락한다면 나는 아마 미쳐버릴 것이다."

더구나 소니와 MCA가 공동 프로젝트를 동시에 진행하고 있어 문제는 더욱 복잡했다. 특히 MCA는 비디오디스크의 플레이어를 소니가 생산하길 바라고 있었다. 두 회사는 예전부터 여러 거래를 해오면서 협조 관계를 다져놓았다. 모리타가 오래전에 희망했듯이 '소니'는 이미 고품질 가전제품 시장을 주도하는 브랜드로 자리를 잡아가고 있었다. 그리고 모리타는 미국에서 가장 머리가 좋은 일본 사업가 가운데 하나로 명성을 얻고 있었다. 모리타는 샤인버그가 과거에 그가 했던 일이나 현재 소니가 하고 있는 일을 문제 삼고 있다고 의심할 이유가 전혀 없었다.

소니가 볼 때 두 회사는 협력관계에 있었다. 그러나 샤인버그가 보기에는 첨예하게 이해관계에 격차가 벌어졌으며 까다로운 상황이 생긴 것이다.

공교롭게도 샤인버그와 MCA를 경영하는 루 바서만 회장은 모리타와 다음 주에 뉴욕에서 저녁 만찬을 약속했다. 비디오디스크 사업에 소니가 참여할지 논의하기 위해서였다. 그들은 비디오디스크 사업에 대한 협조적 브레인스토밍 세션을 가진 다음, 저녁 만찬의 격식을 차리지 않는 비공식적인 대화로 소니와 MCA가 다져놓은 좋은 관계를 유지하며 베타맥스로 인한 문제를 효과적으로 해결할 수 있게 되기를 바랐다.

샤인버그는 미리 법률 자문 회사에 연락해 베타맥스가 법적으로 문제가 없는지 알아보고 비망록을 준비하도록 지시했다. 준비된 법적 비망록을 읽으며 샤인버그는 베타맥스 기술이 시장에 진출하는 것을 반드시 막아야 하고, 또한 막을 수 있을 거라고 확신했다. 그는 자신의 입장에 대한 논거가 확실했다. 베타맥스 기술은 불법이며, 그의 임무는 모리타에게 이 사실을 명확하게 전달하는 것이었다.

샤인버그는 모리타에게 최후 통첩을 하는 형식으로 이 요구를 전달하기로 결심했다. "MCA의 입장을 모리타가 이해해 베타맥스를 포기하라. 그렇지 않으면 베타맥스 기술을 금지시키기 위해 저작권법 위반으로 소니를 고소하겠다."

친구는 고소하지 않는다

약속한 날 오후, 샤인버그와 바서만 회장은 모리타와 소니 아메리카의 사장인 하비 샤인을 만났다. 네 사람은 비디오디스크 사업에 대한 열띤 대화를 오래 나누었다. 베타맥스에 대해서는 전혀 언급이 없었다.

그런 다음 그들은 소니의 이사회 회의실로 자리를 옮겨 준비된 저녁 식사를 했다. 저녁 식사가 거의 끝날 무렵, 샤인버그는 코트 주머니에서 MCA의 법률 자문가들이 준비해준, 베타맥스가 미국 저작권법을 위반했다는 내용이 담긴 법적 비망록을 꺼내 들었다. 사람들이 놀라는 것을 확인한 샤인버그는 베타맥스는 불법 기술이며, 소니가 베타맥스를 더 이상 생산하지 않거나 혹은 다른 형태로 조정하지 않으면 유니버설 영화사는 어쩔 수 없이 소니를 기소할 수밖에 없다는 입장을 설명했다. 훗날 모리타는 바서만 회장이 이런 말을 했다고 회상했다. "베타맥스가 성공한다면 비디오디스크는 끝장이기 때문에 우리는 어쩌면 이 일을 해야만 할지도 모릅니다."

모리타는 경악했고 혼돈에 빠졌다. 두 회사는 지금 막 중요한 협력적 거래에 대한 논의를 마친 것 아닌가? 도대체 법률 소송이라니 이 무슨 날벼락 같은 말인가?

모리타는 비즈니스 문제로 생각하면 베타맥스와 비디오디스크가 시장에서 충돌할 것이라는 분석과 예상은 전혀 맞지 않는다고 주장했다. "나는 그 주장에 전적으로 반대합니다. 왜냐하면 오디오 분야에서 레코드와 테이프레코더가 공존했던 것처럼 미래 시장에서는 비디오디스크와 비디오레코더가 공존할 것이기 때문입니다."

모리타는 이러한 갈등이 MCA가 소니와의 사업 동반자 관계를 유지하는 데 혼란을 야기하게 될 것이라고 계속 이야기했다. 그리고 유니버설 영화사와 소니 같은 사업 동반자가 1분 전에는 비디오디스크와 같은 공동 프로젝트를 논의하고 연이어 바로 소송 문제를 이야기한다는 것은 이해하기 어려운 문제라고 말했다.

그는 일본인이라면 누구나 그렇게 이해했을 모습을 생각나는 대로 전달했다. "우리는 한 손으로 악수를 하면서 다른 한 손으로 상대방을 치는 일은 하지 않습니다." 이것은 일본 사람이 생각하는 사업상의 기본 원칙이라고, 모리타는 말했다. 미국에서도 그 원칙대로 살고자 한다며 개인적인 원칙도 덧붙였다.

하지만 샤인버그와 바서만은 모리타의 말을 경청하지도 않았고, 그에 대해 논쟁할 준비도 되어 있지 않았다. 그들은 자사 변호사가 들려준 의견을 전달했을 뿐이며 모리타에게서 그들의 믿음이 흔들릴 만한 아무런 답변도 듣지 못한 것이다. 사건 종료.

모리타는 샤인버그와 바서만과 헤어지고 나서 MCA가 법적 고소를 심각하게 고려하고 있지는 않을 것이라며 샤인을 안심시켰다. "우리는 여러 해 동안 많은 일을 같이해왔고, 또 지금은 비디오디스크에 대해 논의하고 있지 않는가. 친구는 고소하지 않아."

샤인버그와 바서만은 "협상하라. 그렇지 않으면 우리가 가진 모든 것을 동원해 당신을 고소하겠다."라는 자신들의 메시지를 정확하게 전달했다고 확신했다. 이제는 모리타가 움직일 차례라고 생각했다.

그러나 모리타는 움직이지 않았고, 그대로 일본으로 돌아가버렸다. 한 달이 채 지나기 전에 유니버설 영화사는 월트디즈니 사와 다른 영화 제작자들과 연합 전선을 구축해 법적 고소를 준비하기 시작했다. 법적으로 저작권 보호를 받고 있는 텔레비전 쇼를 녹화하는 데 사용된 증거를 베타맥스가 수집하기 시작했으며, 마침내 1976년 11월 11일, 모리타가 아무런 답변도 하지 않았음에도 유니버설과 디즈니는 소니를 상대로 법적 소송에 돌입했다.

모리타는 일본에서 막 골프를 시작하려던 때에 그 소식을 보고받았다. 그 순간 "거의 오열에 가까운 소리를 내뱉었다."라고 나중에 그 자리에 있었던 동료가 말을 전했다.

그러나 법적 소송이 진행되자 모리타는 도전을 받아들였다. 그리고 소니는 그 뒤 11년이 지나서야 마침내 그 소송에서 승리했다. 긴 세월과 수백만 달러의 소송 비용을 들이고 나서야 미국 대법원은 소니가 비디오카세트레코더를 생산 판매할 수 있는 권리를 가지고 있다고 인정해주었다.

소송이 끝났을 때, 디즈니와 유니버설에서부터 소니에 이르기까지 이 소송에 관련된 모든 당사자들은 비디오 대여점이라는 전혀 새로운 유통 채널을 통해 신상품과 비디오테이프를 판매해 수백만 달러를 벌어들이고 있었다. 샤인버그가 두려워했던 상황과는 전혀 반대로, 아직도 텔레비전 방송국은 영화를 재방송하기 위한 비용을 지불했고, 비디오테이프를 빌려 영화를 볼 수 있음에도 사람들은 여전히 영화를 보러 극장에 가서 영화를 보았다. 한편, 모리타는 '미국에서 사업을 방해하는 변호사의 역할'이란 주제로 하버드 대학교에서 초청 강연도 하고 글도 썼다.

'말 많은 수다쟁이' 협상가가 되지 말고 질문을 많이 하라

샤인버그와 모리타가 벌인 논쟁 한가운데에 있었던 VCR의 미래에 대한 협상이 실패한 결과에서 우리는 무엇을 확인할 수 있는가? 협상에서 정보 교환이 효과적으로 이루어지려면 어떻게 해야 할까? 샤인버그는 고전적인 실수 세 가지를 저질렀다. 첫째, 준비되지 않은 상대방을 놀라게 함으로써 경쟁 우위를 얻을 수 있을 것이라 생각했고, 둘째, 질문을 하고 경청하는 대신 정보를 전달하는 데에만 치중했으며, 셋째, 잠재적인 문화적 차이를 무시했다. 반면 모리타는 관계에 대한 자신의 준거 기준과 틀을 넘어서지 못한 채 상대방의 입장에서 생각해보지 않았으며, 상대방이 하는 얘기를 경청하지도 않았다. 그 실수들을 하나씩 차례로 살펴보자.

첫째, 샤인버그는 베타맥스가 안고 있는 문제를 가지고 모리타를 놀라게 해서 무엇을 얻었는가? 샤인버그가 자신이 우려하고 있는 점을 미리 모리타에게 이야기하고 서로 같은 상황에서 토론을 했더라면 잃어버릴 것은 없었을 것이다. 모리타도 MCA가 법적으로 소송을 피할 수 있는 방법이 있는 것도 아니었다. 샤인버그가 기습 공격을 감행한 이유는 명백하지 않지만 아마도 잘 준비한 상태에서 모리타로 인해 영향을 받을까 봐 겁이 났는지 모른다.

스포츠나 게임처럼 협상에 접근하는 사람들은 상대방을 속이거나 놀라게 함으로써 경쟁 우위를 얻을 수 있다고 생각한다. 그들은 한쪽으로 움직이는 척하면서 상대방을 속이고 다른 방향으로 행동해 협상에서 우위를 얻을 수 있다고 생각한다. 그러나 중요한 협상에서 이렇게 접근하면 대체로 잘못되기가 쉽다. 상대방이 실질적인 이슈들을 다룰 준비가 충분히 되어 있을 때 더 좋은 결과를 이끌어낼 수 있다.

한번은 전문 노동 중재인과 함께 노사 협상을 돕기 위해 한 회사의 경영자에게 초대받았다. 회사는 노동조합을 다루기 어렵고 완강하고 경멸해야 하는 조직으로 생각하고 있었고, 이제 막 선출된 노조 지도부는 아직 그들의 역할과 임무를 파악하지 못한 채 혼란스러워하면서 회사가 노동자들을 이용하기만 한다고 가정하고 있었다. 현장의 노사 관계는 최악이었다. 우리가 어떻게 해야 했을까? 우리는 노조를 조직화하는 데 첫 세 달을 보냈다. 왜 그랬을까? 노사는 한 해가 다 지나도록 실질적인 만남을 갖지 않고 있었고, 노조 지도부는 여전히 경험이 부족했으며, 실질적인 이슈에 대해서는 아직도 어두웠다. 일이 진행되려면, 회사 측은 협상 테이블의 협상 이슈에 대해 잘 알면서 또한 좀더 조직화된 상대방이 필요했다.

샤인버그가 두 번째로 크게 실수한 것은 모리타의 이해 관심사와 이슈, 그리고 그의 인식에 대한 호기심이 부족한 데에서 비롯했다. 문제를 논쟁이 불가능한 법적 차원으로 부풀림으로써 사업상의 이해관계에 대해 의사소통할 수 있는 가능성을 아예 닫아버렸다. 모리타가 생각하는 비디오디스크와 비디오테이프 기술 간의 시너지 효과에 대해서도 우연히 알게 되었으며, 법적 소송을 제기한 것은 쇼를 멈추게 하는 박수갈채에 지나지 않았다.

마지막으로 샤인버그는 모리타가 사업관계에 적용하는 아시아적 준거 틀을 고려하는 데에 실패했다. 협상의 정보 교환 단계에서 어떤 신호를 보낼 때에는 문화, 성별, 성격 등 서로 차이가 나는 요소들을 반드시 고려해야 한다. 모리타는 일본인이고 샤인버그는 미국인이었으며, 이들이 만나는 자리에서 문화적 차이는 반드시 고려되어야 마땅했다.

그렇다. 일본인이 법적 분쟁을 보는 관점은 미국인과 차이가 있다. 일본에서 통용되는 계약서에는 대부분 협상 당사자들이 미래에 이견이 생겼을 때 선의에서 상호 협상을 통해 해결한다는 조항이 있다. 반면 미국에서는 분쟁 해결을 위해 법적 소송이 필요할 수도 있다는 가정 아래 어느 법정에서 어떠한 법적 체계에 따라 해결한다는 조항을 반드시 계약서에 추가한다.

미국에서는 매년 법정 판례 자료 수백만 건이 축적된다. 미국에서는 법적 소송이 최후 수단이 아니며 비즈니스에서 흔히 있는 일이다. 그러나 일본에서는 분쟁을 해결하기 위해 법정까지 간다는 것은 매우 드문 경우다. 일본인들은 법적 소송을 생산적인 사업관계가 끝나는 일로 여긴다.

마찬가지로 모리타도 문화적으로 무지했다. 그는 좋은 관계를 강조하면서 비즈니스에 대한 일본식 접근에 뿌리를 두고 있었으나 협상 장소는 일본이 아니라 뉴욕이었다. 또한 그도 중요한 이해관계를 상대방의 관점에서 이해하지 않았으며, 상대방의 말을 경청하지도 않았다.

협상의 효과에 대한 연구 결과는 숙련된 협상가들이 보여주는 단순한 특성을 반복해서 강조한다. 숙련된 협상가는 평균 수준의 협상가보다 정보를 전달하는 문제가 아닌 정보를 수용하는 데 더 집중한다. 제1장에서, 숙련된 협상가가 경청이 중요하다고 강조한 대로, 협상에서 정보 교환 단계의 최고 연습 과제는 '먼저 묻고, 나중에 밝혀라.' 하는 것이다. '말이 많은 수다쟁이' 협상가는 거꾸로 한다. 그들은 샤인버그가 실수한 것처럼 부주의하게 정보를 먼저 밝히고 질문은 나중에 하거나 아예 하지도 않는다.

표 8. 1은 닐 래컴과 존 칼라일이 영국 노동 계약 협상가들이 실제 협상에서 어떻게 행동하는가 하는 것을 연구한 결과다.[17] 숙련된 협상가는 평균 수준의 협상가와 달리 어떤 행동을 더 하는가?

첫째, 숙련된 협상가는 평균 수준의 협상가보다 질문을 두 배나 더 많이 던진다. 이러한 질문들은 실질적 정보를 이끌어내기 위함이며 그 목적에 따라 고안된다("언제 배달이 가능합니까?" "당신의 제안은 어떻게 계산된 것입니까?"). 둘째, 그들은 상대방이 말한 내용을 자신이 제대로 이해했는지 확인한다("당신이 '10일 이내'라고 하는 것은 달력 기준인가요, 아니면 영업일 기준인가요?"). 셋째, 그들은 현재까지 진행 상황을 요약한다("당신은 제품을 납품한 후 90일 이내에 대금을 지급하기로 했으며, 우리가 제품 사양과 주문을 접수시킨 후 영업일 기준으로 7일 이내에 납품하기로 합의했다고 저는 이해했습니다. 맞습니까?"). 마지막으로 그들은 상대방이 대답하는 모든 말을 경청한다.

표 8. 1 관찰된 모든 행동 중 정보 수집 행동의 비율

	숙련된 협상가	평균적 협상가
질문하기	21.3%	9.6%
이해의 확인	9.7%	4.1%
요약하기	7.5%	4.2%
계	38.5%	17.9%

래컴과 칼라일이 연구한 결과를 보면 정보를 획득하고 분류하는 데 숙련된 협상가는 협상 시간의 38.5%를 사용하며, 평균 수준의 협상가들은 단 18%를 할애하고 있다.[18] 게다가 이해도를 확인해보면, 숙련된 협상가는 자신이 듣고 동의한 내용들을 일일이 그리고 정확하게 확인한다. 이렇게 함으로써 오해가 많이 일어나고 그에 따른 비용도 많이 드는 약속 이행 단계와 실행 단계에서 문제가 일어날 확률을 줄일 수 있다.

다양한 전문가들을 연구한 다른 결과에서도 이러한 내용을 확인할 수 있다. 미국의 변호사들을 연구한 결과를 보면 가장 유능한 협상가는 '단서나 실마리를 잘 읽어내며' '지각력이 높고' '상대방의 입장을 면밀히 조사'[19]한다는 사실을 알게 된다. 미국의 은행가들을 연구한 결과를 보면 '경청하는 능력'이 그 분야에서 가장 뛰어난 협상가들의 특성 세 가지 중 하나라는 사실을 알 수 있다.[20] 또 다른 두 가지 기술은? 1위가 '자발적 준비성'이고, 동률 2위로 평가된 특성이 '협상 과제에 대한 지식과 압박 아래에서도 명쾌하게 사고하는 능력'이며, '경청하는 능력'과 함께 동률 3위로 평가된 것이 '사고를 표현할 줄 아는 능력'이었다. 또 다른 전문 분야의 직업군을 연구한 결과에서는 '경청하는 능력'이 의사소통 기술 중 1위인 '명료한 표현력' 다음으로 2위를 차지했다.[21]

질문을 잘하는 능력과 상대방의 대답을 명확하게 이해하는 능력을 갖추고 있으면 정보의 흐름에서 분명히 유리하다. 이런 기술을 가진 사람은 다음에 할 일을 미리 계획할 수 있는 시간을 추가적으로 확보하게 된다. 의사소통에 관한 연구를 보면 사람들은 대부분 1초에 평균 두 마디보다 약간 더 많이 말하고, 듣는 데에는 1초에 평균 여덟 마디 이상을 처리할 수 있다고 한다.[22]

그렇기 때문에 '듣는' 사람은 '말하는' 사람이 말하는 행동에 시간을 뺏기고 있는 동안 다른 사람의 음색과 속도 그리고 몸 동작 등을 충분히 평가할 수 있다. 더구나 사람들의 감정과 태도의 반 이상이 어휘들의 문자 의미를 통해서 보다는 다른 채널을 통해 전달된다는 연구 결과를 보면, 정말 듣는 사람과 말하는 사람은 크게 차이가 날 수밖에 없다.[23] 또한 질문을 하는 것은 특별한 정보를 밝히지 않으면서도 상호 의무가 있는 사회적 대화에서 대화의 차례를 지킬 수 있다.

사람들은 대부분 주의 깊게 경청하는 청중에 대해 매우 고맙게 여기기 때문에, 스스로 답을 들을 필요가 있다고 갑자기 느끼기 전까지는 당신이 재치 있게 질문을 해도 특별히 주의를 기울이지 않는다. 상대방이 스스로 답을 들을 필요가 있다고 갑자기 느꼈을 때는 이미 유능한 협상가는 어떤 반응을 보여야 하는지에 대한 뼈대를 세우고 그에 필요한 정보는 이미 다 얻은 뒤다.

정보 교환의 전략적 성격

이런 내용은 매우 쉽게 들린다. 당신이 상대 협상가에게 무엇이 중요한지 묻기만 하면 그가 답을 한다는 것인데, 정말 그럴까? 실제로 그렇기만 하다면 좋겠지만 문제는 그렇지 않다는 데 있다. 협상에서 정보는, 특히 원하는 것에 대한 정보는 바로 힘이다. 만약 다른 협상가가 깨어 있다면(그리고 당연히 그럴 것이라고 가정하여야 한다), 그는 당신에게 자신의 것을 밝히기 전에 당신이 먼저 관심사와 요구를 밝히기를 원할 것이다. 왜냐하면 상대 협상가는 당신의 요구가 그들에게 레버리지가 되는지 확인하기 위해 당신이 원하는 것을 먼저 알아내려 하기 때문이다.[24] 미국의 스포츠 에이전트인 밥 울프는 제6장에서 이렇게 말했다. "협상에서 합의를 얻어내기 위해 상대방이 원하거나 필요로 하는 모든 이유 하나하나를 내가 알고 있다면 그것이 바로 나의 레버리지다."

정보 확보가 갖는 레버리지 효과 때문에 협상을 시작하는 단계에서는 '당신 먼저—아니, 당신 먼저'라는 조금은 우스운 반복 리듬을 타기도 한다. 한번은 한국 대기업의 고위급 직원들을 대상으로 협상 세미나를 진행했다. 나는 상당히 복잡한 이슈들을 많이 담고 있는 국제 협상 시나리오를 준비했다. 그중 어떤 이슈는 다른 쪽보다도 특정한 쪽에게 더욱 중요한 것이었고, 어떤 것들은 양쪽 모두에게 똑같이 중요한 이슈였다. 현실감을 높이기 위해 협상 상대로 미국 경영자들을 초대했다.

한 미국인 참가자는 대체로 모든 상황을 통제하기 좋아하고 말이 많으며 등을 툭툭 치는 스타일의 사업가였다. 협상이 시작되자마자 그 사업가가 가장 먼저 말문을 열었다.

"보십시오. 여기에 당신들에게 더 중요한 이슈도 있고 우리에게 더 중요한 이슈도 있습니다. 당신들에게 '가장 중요한(hot-button)' 이슈가 무엇인지 당신들이 먼저 말씀해보십시오. 그러면 우리도 양쪽 모두에게 최고의 거래 조건이 무엇인지 찾아보겠습니다."

그가 이런 말을 아주 자신 있게 하는 것을 보며 나는 그의 그런 발언이 많은 상황에서 유효했을 것이라 확신했다. 그러나 그의 말이 끝나자마자 한국 팀은 머리를 맞대고 잠시 동안 한국말로 논의를 했다. 드디어 영어를 완벽하게 구사하는 한국 팀의 리더가 대답을 들려주었다.

"당신의 의견에 매우 감사드립니다. 우리도 양쪽 모두에게 좋은 거래가 되길 진심으로 바랍니다. 하지만 대단히 죄송하게도 당신이 말하는 '뜨거운 단추' 이슈가 무엇을 의미하는지 잘 모르겠습니다. 우리에게는 모든 이슈가 다 중요합니다. 혹시 당신이 먼저 당신의 '뜨거운 단추' 이슈를 이야기해줄 수 있겠습니까? 그러면 그것이 무엇을 뜻하는지 알 수 있을 테고, 아마 우리도 우리가 가진 것을 줄 수 있을 것 같군요. 괜찮겠습니까?"

그 사업가는 게거품을 물며 성이 나 씩씩거렸다. 마지막에 미국 팀원 중 한 사람이 나서며 양측 모두 '뜨거운 단추' 따위에 신경 쓰지 말고 협상 이슈에 대해 하나씩 논의를 하자고 제안했다. 마침내 양측은 서로 우선하는 문제들에 대해 이해하기 시작했다. 그들은 서로 논의를 주고받는 동안 숨어 있는 신호를 주의 깊게 들었고, 또한 신중하게 질문을 해 어떤 이슈가 왜 중요하고 또 다른 옵션은 왜 불가능한지 찾기 시작했다. 성급했던 미국인 사업가가 협상을 시작하면서 보인 첫 수와 한국 측이 영리하게 대응한 답변은 협상 과정에서 점점 잊혀져갔다.

이해관계와 이슈에 대한 정보를 교환하는 일이 결코 쉽지 않다는 것을 확인한 연구 결과는 많다. 제5장에서 언급했듯이, 최근의 한 서베이 연구는 5,000명이 넘는 참여자가 관계된 서로 다른 협상 연구 서른두 가지를 분석한 결과, 협상가들 반 이상이 공통된 우선 순위를 명확하게 찾아내는 데 실패했다고 밝히고 있다.[25]

협상 진행 과정에서 협상 당사자들은 서로에게 허세를 부려 상대를 속이려 하기 때문에 많은 혼란이 일어나며, 또한 어떤 이슈들에 대해서는 실제보다 더 중요한 척 속여 전술적 이득을 얻으려 하기 때문에 혼란이 일어나기도 한다. 허세를 부려 속이려는 과장된 언행은 협상에서 정보의 흐름을 왜곡시키고 큰 대가를 치르게 하기도 한다. 예를 들어 어떤 연구에 의하면, 협상 경험이 많은 전문가들이 포함된 협상에서도 허세를 부려 상대를 속이려는 행동이 문제가 되어 어느 쪽도 원치 않는 옵션에 동의한 채 협상이 끝나는 경우가 20%나 됐다.[26]

이해관계에 대한 정보의 흐름을 관리하는 최선의 길은 이것이 전략적 과정임을 충분히 이해하고 아주 천천히 관리하는 것이다. 또한 말을 적게 하면 절대로 다치지 않는다.

입을 열기 전에 먼저 귀를 열어라. 먼저 묻고, 나중에 밝혀라.

정보 교환의 목적 3 : 기대와 레버리지에 대한 신호 보내기

샤인버그는 베타맥스 논쟁에서 모리타가 염두에 둔 이해관계와 이슈를 밝히는 일을 제대로 해내지 못했다. 그러나 어쩌면 이는 샤인버그에게 공정하지 못한 평가일지 모른다. 결국 샤인버그는 MCA와 소니의 이해관계가 정면으로 대치된다고 생각했으며, 질문을 하기 위해

서가 아니라 메시지를 전달하기 위해 그 자리에 있었다. 베타맥스를 포기하든지 아니면 저작권법에 따라 로열티를 지급하라. 만약 그렇지 않으면 소송을 제기하겠다.

만약 당신이 협상에서 상대방에게 최후 통첩을 전달해야 하거나 아니면 협상을 깨뜨려야 한다면 당신은 어떻게 하겠는가? 전문가들은 나쁜 소식을 전하는 가장 좋은 방법은 가능한 한 빨리, 확실하게 전달하는 것이라고 말한다. 당신이 어느 정도 융통성 있는 사람일 거라 가정하고 계획을 세울 상대방을 나중에 실망시키지 않기 위해서도 그렇고, 협상 상대방이 아예 기대를 갖지 않도록 하기 위해서도 그렇다. 무엇이 가능하고 가능하지 않은지 가려낼 수 있는 현실 감각이 있어야 시간 낭비를 하지 않고 혼란을 피할 수 있다.

이제 우리는 정보 교환의 세 번째 목적인 당신의 기대와 레버리지에 대한 신호를 보내는 방법을 논의할 것이다. 협상에서 당신의 레버리지는 실재하는 레버리지와 함께 인식의 문제이기도 하다는 제6장에서 논의한 내용을 상기해보라. 당신은 크든 작든 단지 상대방이 인정해주는 만큼 레버리지를 갖는다. 만약 당신이 매력적인 대안을 가지고 있다거나, 훌륭한 규범적인 레버리지를 가지고 있다거나, 또는 상대방이 협력하지 않아도 사는 데 아무 지장이 없다면 정보 교환 단계는 이러한 사실을 상대방에게 알리는 시간이다. 그러나 만약 당신이 위 내용 가운데 아무 데도 해당되지 않는다면, 거기에 대처할 계획을 세워야 할 것이다.

탄자니아에 있는 아루샤 부족은 이런 신호를 '산에게 말하는' 단계에서 협상 가능한 영역의 가장 바깥쪽 경계에 해당하는 극단적인 요구를 전달하는 방법으로 상대방에게 보낸다. 또한 자신에게 가장 유리한 최선의 논거와 권위를 찾아 내보인다. 만약 매력적인 대안을 갖고 있다거나 레버리지의 명백한 다른 원천을 갖고 있다면 그들은 상대방에게 미리 말한다.

다른 문화권과 협상 규범들은 이런 정보를 보내는 데에 훨씬 덜 떠들썩한 방법을 사용할지도 모른다. 그러나 정보 교환의 목적은 마찬가지다. 당신이 어떤 열망 수준을 유지할 수 있는 능력이 있으며 어느 정도의 융통성을 발휘할 수 있다고 상대방에게 알려줄 수 있는 방법을 찾아야 한다.

나는 두 가지 기본적인 상황으로 나누어 당신의 기대와 레버리지에 대한 신호를 보내는 방법에 대해 논의하려 한다. 한 상황은 당신이 상대적으로 약하다고 생각할 때고, 다른 상황은 당신이 상대적으로 강하다고 생각할 때다. 그림 8.1은 당신이 얼마나 확고하게 행동할 것인가,

그림 8. 1 기대와 레버리지에 대한 신호 보내기

당신이 인식하고 있는 당신의 실제 레버리지

		강	약
당신이 추구하는 행동 양식	확고한 입장	실질적인 위협과 함께 자신 있게 요구하라. 우리의 대안들을 보여주며 결정하도록 하라.	불확실한 미래를 강조하라. 허세를 부려 상대방을 속여라 (약할 때 강하게 나가라).
	융통성 발휘	좋은 관계를 형성하기 위해 투자하고 있음을 상대방에게 보여주라. 관대하게 행동하라.	상대방의 힘을 인정하고 미래의 협력에서 잠재적 이득을 강조하라. 상대방의 동정에 호소하라. 당신의 입장이라면 어쩌하겠는가?

융통성을 발휘할 의사가 있는가의 두 가지 상황에서 당신이 상대방에게 보낼 수 있는 신호를 요약하였다.

상황 1 : 당신의 레버리지가 약할 때

만약 당신의 레버리지가 약하다면, 항상 미래에 존재하는 불확실성을 강조하라고 추천하고 싶다. 만약 당신이 무언가를 팔고 있는데 이를 팔 다른 대안이 전혀 없다면, 당신은 팔지 않아도 괜찮다는 얘기를 하거나 혹은 거래가 일어나지 않더라도 추가 마케팅 활동을 통해 당신이 추구할 수 있는 것을 논의할 수 있다. 간단히 말해 당신이 약한 위치에 있고 가진 옵션이 거의 없더라도 상대방에게 지금 이 거래를 맺으면 미래에 생길 수 있는 위험을 최소화할 수 있으며, 또한 새로운 파트너를 찾는 수고와 비용을 아낄 수 있다는 점을 호소할 수 있다. 이 방법은 비록 강한 신호는 아니지만 당신 자신의 상황을 다르게 설명하거나 속이는 일 없이 협상 절차를 계속 진행할 수 있게 해준다.

어떤 사람은 약한 협상 위치에서 거래에 관한 강도 높은 신호를 보내는 식의 허세로 상대방을 속이기도 한다. 때로는 이런 방법이 통하기도 하며, 이럴 때 이것을 잘해내는 사람은 특별히 영리해 보이기도 한다.

화려한 사업가이자 전기 면도기 제조업체인 레밍턴 사의 CEO 빅터 카이암은 자신이 쓴 책 『도전하라*Going for it*』에서 허세로 상대방을 속인 아주 좋은 사례를 얘기하고 있다. 아로마 디스크 플레이어라고 하는 가정용품에 대한 이야기다. 그는 아로마 디스크 플레이어를 생산하고 판매할 수 있는 권리를 향수 회사인 '찰스 오브 더 리츠'에서 샀는데, 그 후 이 제품의 수익성이 낮아 오히려 손해라는 것을 확인하자

　　　　　　　　　　　　　　　　제2부 협상의 과정과 전략

이 권리를 다시 이익을 붙여 같은 회사에 되팔았다. 이것은 비즈니스에서 허세로 상대방을 속인 고전적인 사례다. 어떻게 된 상황인지 카이암이 하는 말을 들어보자.[27]

레밍턴 사를 성공시킨 카이암은 향기 나는 디스크를 전자 향수 확산기인 아로마 디스크 플레이어에 넣고 전화를 걸면 향수가 집 안에 뿜어져 나오게 하는 기구에 흥미를 가졌다. 카이암은 향수 확산기의 생산과 판매권을 찰스 오브 더 리츠 사에게서 취득했으나 찰스 오브 더 리츠 사는 교체 가능한 향수 디스크에 관한 배타적 공급권을 고수했다.

이 거래가 레밍턴 사에 큰 손실을 입히게 될 것임을 카이암이 알아내는 데는 오랜 시간이 걸리지 않았다. 레밍턴 사의 판매 부서에서는 이 기계를 팔 방법에 대한 아이디어가 없었고, 이익은 대부분 향수 디스크가 다 닳았을 때 향수 디스크를 교체하는 데서 나오는 것을 알게 되었다. 카이암은 바람직하지 않은 나쁜 거래를 맺은 것이었다.

카이암은 이 사업에서 발을 빼기로 결정했으나, 가능성 있는 구매자는 찰스 오브 더 리츠 사 하나뿐이었다. 카이암은 후에 이렇게 기록했다. "그 사업을 벗어날 수 있는 길은 단 하나, 찰스 오브 더 리츠가 우리가 떠나가기를 바라도록 만드는 방법밖에 없었다."

찰스 오브 더 리츠 사가 관심을 가질 수 있도록 유도하고 판매에 호의적인 분위기를 만들기 위해 카이암은 허세를 부려 상대방을 속인다. 그는 모든 고객에게 광고 우편물을 보내 아로마 디스크 플레이어를 싸게 판다고 공격적으로 광고하며 그 가치와 효과를 극찬했다. 또한 레밍턴 사가 이 제품에 전력을 기울이고 있으며 아로마 디스크 플레이어 쪽 비즈니스에서 레밍턴 사가 크게 성공할 것이라는 강한 신호를 보냈다.

찰스 오브 더 리츠 사는 즉시 가격 할인을 눈치 챘다. 레밍턴 사에게 아로마 디스크 플레이어를 생산 판매하도록 라이센싱할 때는 악덕한 경쟁자가 나타나리라는 기대는 전혀 하지 못했다. 단지 플레이어가 많이 보급되어 더 많은 향수 디스크를 가정에 팔 수 있기만 바랐다.

드디어 찰스 오브 더 리츠 사의 대리인이 카이암에게 연락해왔고, 제품 생산 및 판매권을 다시 팔라고 제의했다. 카이암은 의기양양했으나 짐짓 부끄러워하는 체했다. "농담하시는 것 아닌가요? 이것은 아주 굉장한 비즈니스인걸요." 찰스 오브 더 리츠 사는 제안을 했다. 공정한 제안이었다. 그러나 카이암은 약 한 주간 생각할 시간을 달라며 발뺌했다. 그러고는 찰스 오브 더 리츠 사로 전화를 걸어 레밍턴 사가 소유한 판매권을 이전하는 협상을 시작했으며, 레밍턴 사가 가지고 있는 생산자로서의 권리는 남겨두는 범위에서 계약을 체결했다.

레버리지가 약한 협상에서 허세로 상대방을 속이는 방법은 위대한 협상 스토리를 만들어내기도 하지만 아주 위험한 전략이다. 결국 거래가 이루어지지 않을 수도 있다. 사실 경험 많은 협상가는 대개 이런 종류의 계략, 특히 '한 주를 더 기다리게 한 후 다시 연락하라'는 경우는 쉽게 간파한다. 더 리미티드 사의 회장인 레슬리 H. 웩스너는 이렇게 말했다. "그들이 당신을 더 오래 기다리게 하면 할수록, 더욱더 거래가 이뤄지길 원하는 것이다."[28] 만약 당신이 아주 경험 많은 협상가가 아니라면 허세를 부려 상대를 속이는 전략 따위는 쓰지 말고, 대신 이 거래가 무산되면 그가 겪게 될지도 모르는 미래의 불확실성을 강조하라.

만약 당신의 약점이 명백하고 상대방이 그 사실을 알고 있다는 것을 당신이 안다면, 당신의 신뢰성과 의사소통 상황을 가능한 한 개인적인 것으로 만들고, 직접 대면 미팅을 하며, 상대방의 힘을 솔직하게 인정한 상태에서 협상을 진행하는 것이 좋다.[29] 명백한 레버리지를 가지고 있는 강력한 협상가는 때때로 동등하게 접근하려는 상대방은 가려 선발하기도 한다.[30] 그러므로 당신이 약할 때 취할 수 있는 좀더 현명한 방법은 허세로 상대를 속이는 대신, 상대방의 우월한 힘을 인정하고 협상이 성공적으로 맺어졌을 때에 상대방이 얻을 수 있는 이득을 강조하는 것이다. 제1장에서 나왔던 조바노비치가 스미스에게 제너럴 시네마가 HBJ 사의 최고 희망이라고 말한 경우가 여기에 해당한다. 이것은 협조적인 분위기를 만드는 데 도움을 주었고 거래를 성사시켰다.

끝으로, 모든 것이 실패하더라도 당신은 상대방의 동정심에 호소할 수 있다. 상대방에게 만약 당신이 내 위치에 있다면 어떻게 하겠느냐고 물어보라. 상대방에게 "당신이 '예.'라고 말하려면 무엇이 필요하냐?"라는 식의 '백지수표' 질문을 해보라. 만약 상대방이 그 질문에 대답하면 당신은 아마 당신이 생각했던 것보다 더 많은 레버리지를 가지고 있다는 것을 발견할지도 모른다.

상황 2 : 당신의 레버리지가 강할 때

당신이 강한 위치에 있다고 생각해보자. 당신의 레버리지가 강하다면 정보 교환 단계에서 당신은 상대방에게 어떤 신호를 보낼 수 있을까? 당신은 마음에 드는 거래를 요구하며 그 거래를 주장할 수 있는 힘을 가지고 있다는 강한 신호를 보낼 수도 있고, 바로 힘을 보여주며 미래의 좋은 관계를 위해 어느 정도 융통성을 발휘할 수 있다는 신호를 보낼 수도 있다.

후자의 경우, 지나치게 협력적인 사람은 융통성을 발휘할 때 받을 수 있는 신용을 받으려 하지 않는 경향이 있음을 알아두라. 왜일까? 그들은 "내가 융통성을 발휘할 수 있다."라는 신호를 보내기 전에 그들의 레버리지를 상대방이 보았을 것이라고 확신하지 못했기 때문이다. 만약 상대방 쪽에서 당신이 선택에 의해서라기보다는 필요에 의해 융통성을 보인 것이라고 잘못 생각하더라도 당신은 상대 협상가를 비난할 수 없다.

강하고 확고한 신호를 보내고 싶다고 가정해보자. 오만하게 보이거나 지나치게 공격적이지 않고 그렇게 할 수 있을까? 샤인버그와 모리타가 협상하면서 보여준 모습은 잘못된 협상의 좋은 사례다. 샤인버그는 모리타와 만난 자리에서 그가 법적 위협을 실제로 수행할 것이라는 확신을 주지 못했기 때문에 끝내 유용한 레버리지를 얻어내는 데 실패할 수밖에 없었다. 그 결과 오해가 생겼으며, 사업 관계는 깨졌고, 기회를 잃었으며, 11년 동안 이어진 법적 투쟁만 남았다.

제6장에서 레버리지를 논할 때 이야기한 것처럼 위협이란 위험한 협상 전략이다. 저항심이 커지고 대화의 문을 닫아버린다. 그럼에도 불구하고 샤인버그가 선택한 전략은 옳았고, 베타맥스의 상황에서 MCA의 이해관계를 달성하기 위해서는 모리타에게 실질적인 위협을 할 필요가 있었다고 가정해보자. 그가 어떻게 해야 옳았을까?

첫째, 그는 자신의 위협에 여백을 남겨두지 말았어야 했다. 만찬 대화의 비공식성은 물론이고 샤인버그가 베타맥스를 이야기하면서 "아참, 근데 말이죠."라고 꺼낸 것은 모리타를 혼란스럽게 하였다. 일단 샤인버그가 그의 사업 전략으로 저작권법에 저촉된 문제를 꺼낼 의도였으면 그 문제를 논의하기 위한 특별 회의를 계획해 모리타에게 변호사를 대동할 것을 제의하고 이슈를 정면으로 논했어야 했다.

샤인버그는 변호사들이 법적 근거를 주장하고 난 뒤 이렇게 말할 수도 있었다. "앞으로 이 문제는 이렇게 진행될 것입니다. 당신은 이것을 법정에서 해결하길 원합니까? 아니면 비즈니스적으로 다룰 수 있는 방법이 있을까요?" 최소한 샤인버그는 모리타에게 미국인들이 법적 소송을 포함한 비즈니스 관계를 다루는 방법을 가르쳐주어야 했다.

당신이 비록 강한 힘을 가졌으나 당신의 말을 잘 듣지 않는 경쟁적인 협상가와 마주쳤다고 가정해보자. 만약 당신이 이성적이며 협력적인 사람이라면 내가 추천할 행동을 실행하는 것이 어려울 수도 있지만, 연구 결과는 다음 방법이 최선의 전략이라고 제안하고 있다.

앞에서 논한 대로, 사회심리학자들은 사람들은 자신과 닮은 사람들에게 친근하게 대하며 잘 대응한다는 사실을 거듭 강조한다.[31] 이런 심리 현상은 공통된 배경과 이해관계와 마찬가지로 협상 스타일에도 적용된다.

남의 말을 잘 듣는 협력적인 사람이 경쟁 지향적인 사람에게 자신의 레버리지를 설득하려 할 때는 처음부터 강하게 주장을 펼치는 방법이 대개 좋은 결과를 낳는다. 이로써 경쟁적인 사람들의 관심을 끌어내고, 결국에는 존경받게 된다. 사업가 마크 맥코맥이 말한 대로 만약 당신이 "그들과 처음부터 맞서 대적할 준비가 되어" 있다면 "골목대장과 거래하기는 쉽다."[32] 그리고 도널드 트럼프의 충고에 따르면 경쟁적인 사람은 대개 진정한 열정에 반응을 보인다고 한다. "경쟁적인 타입이 안 된다고 말할 때라도 그를 설득해낼 수 있을 때가 있다. 당신이 미친 듯이 외치고 상대방이 다시 되받아 미친 듯이 외치다가도 결국 거래를 성사시키기도 한다."[33]

성공학 교사인 앤소니 로빈스와 관련해 이런 사실을 잘 설명해주는 이야기가 있었다.[34] 그와 그의 참모는 아주 완강하고 경쟁 지향적인 공급자와 청구서 분쟁이 벌어져 이를 해결하기 위해 협상을 했다. 스스로를 매우 협력적이라고 믿은 로빈스는 자신이 생각한 문제 해결 접근법으로 이 사람과 두 시간 동안 이야기를 나누었다. 그러나 그에게 되돌아온 것은 "나는 당신은 상관하지 않소. 단지 내 돈을 지키고 싶을 뿐이오."라는 말뿐이었다.

이후 로빈스는 아예 방법을 바꾸어 아주 확고하게 밀고 나가기 시작했다. 그는 사업관계가 있는 모든 친구들에게 당신이 지금까지 얼마나 나쁘게 거래 상대를 다루어왔는지 이야기하겠다며 위협했고, 다양한 표현으로 최후 통첩을 던졌다. "앞으로 60초 안에 이 문제를 해결해라. 그렇지 않으면 당신은 모든 것을 잃게 될 것이다. 당신을 포함해서 갑자기 영원히 잃게 될 것이다."

마술처럼, 그 공급자는 열정적으로 반응을 보이기 시작했다. "나는 우리가 문제를 해결할 수 있다고 생각했었어." "우리가 서로 얘기가 통한다는 것을 알고 싶었을 뿐이야." 그가 이렇게 말했다고 로빈스는 이야기했다.

다음에 당신이 아무 이유도 없이 소리 지르고 고함 치는 것처럼 보이는 강한 상대와 만나면 이것을 생각하라. 그들은 아마도 당신도 그들과 같아질 수 있다는 것을 보여주기를 기다리고 있을지 모른다. 만약 당신이 이런 모습을 보여주기에는 너무나 적응을 잘하는 사람이라면 당신 대신 그렇게 행동해줄 강한 사람에게 도움을 구하라. 당신은 아마 그 결과에 놀라게 될 것이다.

융통성을 발휘해주는 대신 신용을 받아내라

당신이 확고한 입장을 취할 마음이 없다고 가정해보라. 당신은 많은 레버지리를 가지고 있지만 어떤 이유로든 자진해서 융통성을 발휘하려 한다. 이럴 땐 어떻게 신호를 보내야 할까?

좋은 사례가 제4장에서 이야기한 J. P. 모건과 앤드루 카네기의 합작 사업 지분에 대한 협상에서 나타나 있다. 카네기는 실수로 모건에게 합작 사업의 지분에 대해 원래 받으려 했던 것보다 1만 달러를 적게 받게 되었다. 모건이 카네기에게 수표를 주러 갔을 때 모건은 카네기에게 수표 두 장을 주었다. 하나는 합의했던 금액의 수표였고, 다른 하나는 카네기가 실수로 덜 받을 뻔했던 금액의 수표였다. 카네기는 두 번째 수표를 돌려주려 했으나 모건은 받지 않았다. 카네기는 돈이 굳었고, 모건은 미래의 좋은 관계를 위한 신용을 쌓았다.

당신이 레버리지를 갖고 있으면서도 이를 사용하지 않기로 했다면 어느 협상에서건 마찬가지다. 당신이 가진 옵션을 사용하지 않는다는 것을 알리기 전에 상대방에게 당신이 어떤 옵션을 가졌는지 알려주어라. 당신은 이에 대해 오만할 필요도 없고 그저 사실대로 알려주기만 하면 된다. 당신은 거래를 좋은 관계의 일부로 보고 있다. 좋은 관계에 있는 사람들은 어떤 상황에서건 가능한 모든 동전을 다 짜내려 하지 않고 서로 공평하게 대접한다. 그러면 언젠가는 상대방도 그렇게 대접하려 할 것이다.

정보 교환 단계는 협상에서 아주 중요한 첫 번째 단계다. 일반적으로 이 단계는 세 가지 목적을 달성한다. 첫째, 상황이 허락한다면 각 협상 당사자는 친근하고 개인적인 어조로 의사소통해 좋은 관계를 형성한다. 둘째, 협상할 이해관계와 이슈를 결정하고 이 문제에 대한 그들의 인식을 공유한다. 셋째, 그들의 각자 레버리지 입장에 관한 신호를 보낸다.

정보 교환은 상황에 따라 다르게 다루어져야 한다. 협상에 걸린 이해관계가 관계에 비해 상대적으로 더 중요할수록 협상 당사자는 더욱 전략적이 된다. 좋은 관계를 형성하기 위한 노력이 '관계'를 중시하는 상황에서는 가장 중요한 측면일 것이고, '거래' 상황에서는 콧대 높은 시작 발언과 허세로 상대방을 속이는 일이 예상되기도 한다. 다양한 문화 차이와 관계없이 세계의 어떤 협상에서건 좋은 관계를 구축하는 것은 사전 조건이다.

정보 교환의 예비 단계가 끝나고 협상 당사자 둘 중 어느 한쪽이 상호 반응을 요구하는 구체적이고 그럴듯한 첫 제안을 하면 이제 거래 단계로 접어든다. 이것이 협상 과정에서 우리가 연구할 다음 단계다.

✓ 정보 교환 전략에 대한 체크 리스트

☐ 좋은 관계를 형성하라.

☐ 이해 관심사, 이슈, 인식 등에 대한 정보를 구하라.

☐ 먼저 면밀히 조사한 후에 자신의 이야기를 하라.

☐ 당신의 레버리지에 대한 신호를 보내라.

최초 제안과 양보 전략

■ ■ ■

상호 양보 없이는 이 사회에서 살아갈 수가 없다.

새뮤얼 존슨[1]

자, 이제 당신은 어느 정도 좋은 관계를 구축했고, 협상 이슈들을 확인했으며, 상대적인 레버리지에 대한 신호들까지 교환했다. 이제 실질적인 거래를 할 시간이다. 바로 이때가 협력적인 협상가들은 불안해하고 안절부절못하며, 경쟁적 협상가들은 그들의 경쟁 심리를 자극하는 시점이다.

당신이 먼저 구체적인 최초 제안을 할 것인가? 만약 그렇다면 당신은 공정하고 적절한 수준으로 시작할 것인가 아니면 좀더 공격적으로 시작할 것인가? 만약 양보한다면, 어떤 것을 양보할 계획인가? 처음 협상을 시작할 때엔 강력한 입장을 취하다가 점차 융통성을 보일 것인가 아니면 처음엔 부드럽고 상냥하게 접근하다가 점차 입장을 확고히 할 계획인가?

협상학자들은 협상 과정에서 어떤 단계보다도 협상의 핵심에 있는 거래, 교환, 흥정하는 과정을 연구하는 데 많은 시간을 할애해왔다. 제9장에서는 우리가 협상의 거래 단계에 대해 알고 있는 핵심 사항들을 요약한다. 그러나 이러한 거래 단계에 대한 지식보다 훨씬 더 중요한 것은 실제 협상에서 그 지식을 활용하는 것이다. 제9장에서 지식을 실제로 활용하는 방법에 대해서도 설명하겠다.

협상 전술에 관한 질문

협상에서 거래, 교환, 흥정의 단계는 전술의 영향을 받는다. 전술에 관한 사례를 몇 가지 살펴보자. 짐작하다시피 좋은 전술은 상황에 따라 달라진다. 상황 하나에 적합한 전술은 다른 상황에서는 맞지 않을 수 있다. 물론 상대방의 협상 스타일은 상황 분석보다 더 중요하다. 부드럽게 접근해야 하는 상황이라 해도 만약 당신이 경쟁적인 협상가와 마주친다면 당신은 일시적으로 경쟁적이 되어야 할지도 모른다.

한쪽에서 구체적인, 적어도 그들의 생각에는, 그럴듯한 제안을 하면 그때부터 공식적으로 거래가 시작된다. 그런 후에는 대체로 상호간의 제안과 그에 대한 맞제안 등이 오가며 협상이 진행되고, 협상가들은 대안을 탐색하기 위한 다양한 기술들을 사용하게 된다. 마침내 협상 과정은 다음 제10장의 주제인 '협상 종결과 이행 약속' 단계로 접어들게 된다.

질문 1 : 내가 먼저 제안할 것인가?

자, 누가 먼저 제안할지의 문제부터 시작해보자. 수많은 복잡한 협상들은 논의해야 할 이슈들이 많고, 그 이슈들 중 몇몇은 내가 사용하는 의미의 협상 개시 없이도 논의할 수 있다. 그러나 가격이나 힘, 통제와 같은 분배 이슈에 대해 구체적인 최초 제안을 누가 먼저 해야 할 것인가를 결정해야 할 때가 반드시 온다. 누군가가 당신을 바라보며

제7장에서 본 메사비 광산 매매 사례에서 J. P. 모건이 존 D. 록펠러 2
세를 바라보며 으르렁거리던 식으로 "자, 얼마를 받기 원하시오?"라고
묻는다면 당신은 뭐라고 할 것인가?

많은 전문가들은 절대 먼저 제안하지 말라고 한다. 유명한 영화감독
빌리 와일더는 〈이중 배상Double Indemnity〉이라는 1940년대 영화를
각색해 대본을 써줄 사람으로 탐정소설 작가인 레이먼드 챈들러를 고
용하고 싶어 했다. 챈들러는 할리우드에는 처음이었지만 협상을 위해
직접 왔다.[2]

그 영화를 제작할 조우 시스트롬과 함께 와일더를 처음 만난 자리에
서 챈들러는 임금에 대한 첫 제안을 했다. 그는 주당 150달러를 요구
했고, 그 일을 마치려면 2주 내지 3주가 걸릴지도 모른다고 말했다.

와일더와 시스트롬은 기뻐했다. 원래 그들은 챈들러에게 줄 각색료
로 주당 750달러를 생각하고 있었고, 영화 대본을 완성하는 데 대체로
몇 주가 아닌 몇 개월씩 걸린다고 알고 있었다. 이것이 만약 거래 상황
이었다면 챈들러는 아마도 거액을 손해 보았을 것이다.

그러나 상황은 록펠러와 모건 사례보다는 알버트 아인슈타인과 연
구원 사례를 더 닮아 있었다. 할리우드의 두 거물은 미래를 생각했을
때 재능 있는 챈들러와 좋은 관계를 맺는 것을 가치 있게 생각했고, 그
에게 동정심을 가졌다. 그들은 챈들러의 대리인을 불러 협상을 다시
시작했으며, 자연히 챈들러가 빈약한 정보에 근거해 요구한 최초 제안
은 잊혀졌다.

비틀스의 매니저였던 브라이언 엡스타인은 비틀스에게 큰 손해를
끼친 비슷한 실수를 저지른 일이 있었다.[3] 비틀스의 첫 번째 영화인
〈하드 데이스 나이트A Hard Day's Night〉의 수익을 배분하는 협상을

하면서 있었던 이야기다. 챈들러와 마찬가지로, 엡스타인은 영화 산업에 대해 거의 아는 것이 없었다. 그는 나름대로 아주 공격적인 요구이며 굉장한 금액이라고 생각하고 영화 수익의 7.5%를 요구했다. 영화 제작자는 얼른 좋다고 대답했다. 그들은 당초 비틀스에게 최고 25%를 제공할 생각을 하고 있었기 때문에 엡스타인이 7.5%를 요구하자 더없이 반가웠다. 〈하드 데이스 나이트〉는 상업적으로 성공했다. 물론 수익은 있었지만 협상 결과가 달랐다면 그것보다 훨씬 더 큰 돈을 벌 수 있었을 것이다.

챈들러와 비틀스의 사례는 당신이 먼저 제안했을 때 일어날 수 있는 위험을 잘 보여주고 있다. 입을 닫고 전문가들이 조언하는 말을 들어보고, 그리고 상대 협상가가 먼저 가격을 부르도록 만들어라. 상대방이 '공정하고 적절한' 범위를 벗어나면 당신은 언제나 수정할 수 있다. 그리고 상대방이 당신이 기대하는 것보다 수천 달러나 더 많이 지불하려 하거나 혹은 더 적게 받으려 한다면 유쾌한 놀라움을 경험하게 될 것이다.

'먼저 제안하지 마라'는 법칙은 기억하기 쉽다. 그러나 협상에 대한 가장 단순한 접근 방법과 마찬가지로, 이것이 항상 좋은 충고는 아니다. 어떻게 하면 협상을 더 잘할 수 있을까? 방금 논의한 이야기들을 다시 한번 살펴보자.

챈들러와 엡스타인의 상황에서 공통적으로 가장 중요한 요소는 무엇이었을까? 둘 다 영화 산업에 대한 지식이 없었다는 사실이다. 그들이 확신을 갖고 제안하기에 그들은 영화 산업에서 통용되는 기준과 규범, 가격 평가 체계 등에 대해 너무 어두웠다. 이 분야의 신참으로서 사태를 지켜보며 상대방이 먼저 말할 때까지 기다렸어야 했다. 당신이 사거나 팔려는 것에 대해 상대방이 그 가치를 어떻게 판단하는지 확신이 없을 때는 언제나 이 원칙을 따르도록 하라.

챈들러는 먼저 제안을 했는데도 문제가 안 되었다. 왜일까? 협상 당사자들이 산업의 기준에 비춘 공정한 가격을 벗어날 수 없는 '관계 중시 상황'에 있었기 때문이다. 이 같은 경우는 제7장에서 논의한 프린스턴 고등 연구원과 협상하면서 아인슈타인이 먼저 제안한 경우에도 적용되었다. 상대방이 좋은 관계를 바란다는 점을 알고 있다면 먼저 제안해도 문제가 안 된다.

끝으로 제7장에서 본 록펠러와 모건의 메사비 광산 매매 사례의 최초 제안에서는 무엇을 배울 수 있을까? 두 사람은 모두 광산의 가치에 대한 확신이 없었고, 이런 상황의 거래에서는 먼저 말을 하지 말아야 한다는 것을 알고 있었다. 그러나 여기에 문제가 있다. 어느 쪽도 먼저 제안하려 하지 않는데 어떻게 거래가 진행되겠는가? 록펠러와 모건은 중립적인 조언자 헨리 프릭에게 협상 진행을 도와달라고 부탁했다. 이런 경우 또 다른 해법은 여러 제안을 얻어 평균을 구하는 것이다. 나는 양쪽이 자신의 제안을 종이에 적은 다음 동시에 이것을 서로 교환한 경우에 대해 들은 적도 있다.

그렇다면 먼저 제안해야 할 때도 있을까? 물론이다. 상대방이 거래의 가치를 어떻게 평가하고 있는지 잘 알고 있거나 또는 상대방이 당신을 기다리고 있다고 믿을 때는 자유롭게 먼저 제안할 수 있다. 사실 경우에 따라서는 먼저 제안하는 것이 당신에게 유리할 수도 있다. 어떤 상황에서 이러한 일이 가능한지 살펴보자.

협상을 가르치기 시작한 초기에 나는 학생들에게 '먼저 제안하지 마라'는 원칙을 추천했다. 그러자 한 뛰어난 학생이 중소기업 수백 개를 성공적으로 사고판 경험이 있는 사업가 한 사람을 나에게 소개하였다. 이 사업가는 모든 기업 인수 거래에서 먼저 첫 가격을 제시했다. 그는 먼저 제안을 하면 협상의 범위를 결정할 수 있다고 말했다.

그 후 나는 이 사업가가 실제로 경험한 일을 뒷받침해주는 확고하고도 설득력 있는 연구 사례들을 많이 발견했다. 첫째, 먼저 숫자를 말함으로써 거래를 위한 실질적인 기대 범위를 정할 수 있다. 당신이 최초 제안을 함으로써 종종 상대방은 자신의 목표를 다시 생각해보게 된다.[4]

둘째, 사회과학자들이 '닻과 조정' 효과라고 부르는 기이한 심리 현상을 발견했다. 이것은 우리 눈에 처음 들어온 '첫인상' 숫자에 영향을 받는 인간의 심리 성향을 뜻한다. 우리는 가끔 이런 임의적인 기준으로부터 조정을 해나가기도 한다.

연구자들이 발견한 내용을 살펴보자. '8×7×6×5×4×3×2×1' 순서로 나열되어 있는 숫자의 곱셈식을 몇 초 동안 바라본 사람들은 곱한 값을 아주 높게 예상하는 반면, 거꾸로 늘어놓은 숫자의 곱셈식 '1×2×3×4×5×6×7×8'을 본 다른 사람들은 곱한 값을 아주 낮게 예상했다. 두 곱셈식의 값은 똑같은데 왜 전혀 다른 예상치가 나왔을까? 왜냐하면 우리는 처음 본 숫자 서너 개에 초점을 맞춰 그와 연관한 추정을 하기 때문이다. 곧 닻을 내리고 조정을 하는 것이다.[5]

협상의 초기 시작점에서 높거나 낮은 숫자를 들은 사람들은 이 숫자의 영향을 받아 무의식적으로 그들의 기대를 초기 숫자의 방향으로 조정한다고 한다. 물론 아주 동떨어진 숫자는 부정적인 반응을 강하게 일으켜 이런 효과를 상쇄해버리지만,[6] 어쨌든 협상을 시작하며 제시한 숫자는 방향을 결정하는 데 영향을 미칠 만한 힘을 가지고 있다.

우리의 사업가 친구는 협상 상대방의 기대를 낮추는 효과와 닻의 효과 두 가지를 모두 활용하고 있었던 것이다. 그러나 명심하라. 입찰하기 전, 곧 값을 제시하기 전에 그 범위를 결정하기 위해 방대한 연구를 철저히 해야 한다는 사실을.

이제 결론을 내려보자. 만약 당신이 가지고 있는 시장 가치에 대한 정보가 상대방의 정보보다 좋다고 생각한다면 마음껏 먼저 제안하라. 만약 당신의 정보에 대한 확신이 덜 든다면 상대방이 먼저 제안하게 하라. 이때는 반드시 상대방의 닻과 조정 효과에 주의하라. 끝으로 첫 제안에서 실수하는 일을 미리 막을 수 있는 가장 좋은 방법은, 당신과의 관계를 중시하는 상대방과 협상하는 것이다.

질문 2 : 최초 제안은 낙관적이어야 할까, 합리적이어야 할까?

자, 당신이 먼저 제안하기로 결정했든 아니면 상대방이 먼저 시작했든 이제는 당신 차례다. 당신에게 유리한 낙관적인 제안을 공격적으로 들이밀어야 할까, 아니면 애초부터 공정하고 합리적인 제안을 내놓아야 할까? 만약 당신이 관계 중시 상황에 놓여 있다면 대답은 분명하다. 공정하고 합리적인 제안을 하거나 타협적인 제안을 하는 것이 현명한 조치다.

거래 중시 상황이라면 어떨까? 당신이 레버리지를 가지고 있다면 당신에게 유리한 낙관적인 제안을 하는 편이 현명하다.[7] 정말이다. 1960년부터 1980년까지 서른네 가지가 넘는 협상 실험 결과를 종합 분석해보니 협상 당사자 상호간의 직접적 의사소통이 제한되는 상황에서,

곧 주택 매매 협상이나 중개인에 의한 거래 같은 거래 중시 상황에서는 최초 제안을 높게 하고 양보는 천천히 까다롭게 하는 강경 노선 전략이 최선책이라는 결론이 나왔다.[8]

설득력 있게 들리긴 하지만 과연 낙관적인 최초 제안이란 어떤 것인가? 낙관적인 최초 제안이란 남 앞에 내놓을 수 있는 정당한 근거가 뒷받침하는 기준과 주장을 담고 있는 가장 높은(또는 가장 낮은) 숫자이다. 당신의 최초 제안이 굳이 완벽한 논리를 갖출 필요는 없으며, 단지 남 앞에 내놓을 수 있는 정당한 근거만 있으면 충분하다.

낙관적인 최초 제안과 터무니없이 부당한 최초 제안의 차이는 이렇다. 터무니없이 부당한 최초 제안은 어떤 정당성도 증명할 수 없지만, 낙관적인 최초 제안이란 어떤 기준이나 참고 수준에 대한 가장 호의적인 해석이다. 미국 변호사들은 의뢰인의 이익을 대신한 법적 호소를 할 때 '진지한 표정'으로 해야 한다는 의무를 안고 있다. 낙관적인 최초 제안도 이와 마찬가지다. 당신은 진지한 표정으로 논거를 이끌어가야 하며 정도를 넘어서면 안 된다.

만약 당신이 동조적인 사람이라면 이러한 충고를 따르기 어려울 것이다. 그러나 경쟁적인 협상가들이 진지한 표정으로 논거를 이끌어갈 때에 이를 지나치게 개인적으로 받아들여서는 안 된다. 그리고 '산에게 말하기' 식으로 협상을 시작하는 단계가 정보 교환 과정에 치러지는 의식의 일부인 남아메리카, 중동, 아프리카와 같은 문화권에서는 낙관적인 최초 제안 이외의 다른 방법은 협상의 큰 실수이자 중대한 사회적 결례가 된다. 북아메리카 지역이나 일부 유럽 또는 이들 문화에 익숙한 지역에서는, 특히 카펫 가게, 보석 가게, 바자회 등에서 낙관적인 최초 제안이 익숙해지고 자리를 잡아가고 있다. 이러한 곳에서는 협상이 일종의 오락이다.

낙관적인 최초 제안이 거래 상황에서 성공적인 이유

낙관적인 최초 제안은 잘 증명된 심리적 경향 두 가지, 곧 '대비 원칙'과 '상호주의 원칙'을 이용하고 있다. 먼저 대비 원칙을 살펴보자.[9] 만약 내가 어떤 것에 대해 당신이 50달러를 지불하길 바라며 75달러를 최초 제안으로 내놓았다고 하자. 물론 이 75달러는 "다른 사람도 이만큼 지불했습니다."라는 남 앞에 내놓을 수 있는 정당한 근거에 바탕을 둔 액수다. 그리고 최종적으로 50달러를 제안한다면 최초 가격인 75달러와 비교했을 때 합리적으로 보일 것이다. 내가 만약 75달러가 아니라 55달러에서 최초 제안을 시작하고 단지 5달러만 깎아주었다면, 당신은 협상을 잘했다는 만족감을 덜 느낄 것이다. 터무니없이 부당한 범위를 벗어나지 않는 정상적인 수준의 낙관적인 최초 제안은 현실적인 타결의 범위가 보일 때 상대방을 안심시키며 만족시킬 수 있고, 그렇게 해서 기꺼이 찬성하도록 만든다.

만약 대비 원칙이 당신에게 적용되지 않는다고 생각한다면 다시 한 번 생각해보라. 대비 원칙은 매일 수백만 사람들에게 불리하게 사용되기도 한다. 왜 자동차 판매 대리점에는 당신이 새 차를 구입하고 난 후 무언가를 더 사도록 돕는 특별 영업 사원을 둘까? 그것은 당신이 새 차에 2만 달러를 쓰고 난 직후에는 단지 부품만을 사기 위해 들렀을 때보다 보증 기간을 연장하고 서비스 계획에 추가로 몇 백 달러를 지출할 확률이 더욱 높다는 것을 이미 알고 있기 때문이다. 막 1,000달러에 새 소파를 산 당신에게 75달러 하는 섬유 코팅제를 권하는 가구 상인도 또한 3,000달러 하는 휴가 상품을 막 예약하고 난 당신에게 150달러 하는 여행자 보험을 판매하는 여행사도 같은 논리를 적용한다. 이런 '끼워 팔기' 상술은 당신이 진정으로 원한 물건에 지불한 큰 돈에 비하면 추가 상품은 비싸게 느끼지 않는 심리가 있다. 그러나 그렇게 덤으로 구입한 물건들은 실제로 당신이 그것들을 별도로 쇼핑할 때 가질 수 있는 대안보다는 대체로 더 비싸다. 이것이 바로 물건을 구입한 당신이 곧바로 상점을 떠나지 않기를 바라는 이유다. 판매 후에도 당신에게 선전할 것들이 더 남아 있기 때문이다.

둘째, 낙관적인 최초 제안은 제4장에서 이야기한 대로 사람들에게 '상호성 원칙'을 작동케 하는 계기가 된다. 여기에는 다음과 같은 원리가 따른다. A가 낙관적 최초 제안을 하자 B는 거부했다. 그러자 A가 상당히 양보하면서 제안 내용을 조정한다. 이제 B는 상호성의 원칙에 의한 압박감을 느껴 무리 없이 적당하게 대응하거나 또는 한 발 더 나아가 "예."라고 대답한다.[10]

심리학자들은 이러한 '높은 요구, 거절, 그 다음 조정'하는 절차가 협상 거래의 요구에서만 아니라 모든 종류의 요구에서 적용된다는 사실을 알아냈다. 통제된 현장 실험에서 과학자들은 사람들에게 처음에는 큰 부탁을 하고, 거절을 당한 후, 좀더 작고 명백한 그리고 합리적인 요구를 해 형편이 어려운 어린 아이들을 동물원에 데리고 가는 자원 봉사를 하거나, 탄원서에 서명을 하거나, 또는 짧은 기간 동안 담배를 끊는 것 등 다양한 방식에 동의하도록 유도했다. 상호성 원칙은 당신이 신중한 요구를 했을 때보다 그들이 당신의 첫 제안을 거절한 이후에 훨씬 쉽게 "예."라고 대답하게 만든다.

낙관적인 최초 제안에 대한 주의

거래 중시 상황에서도 낙관적인 최초 제안이 항상 긍정적일까? 그렇지 않다. 우리는 낙관적인 최초 제안이 실패하는 예외적 경우를 몇 가지 예상할 수 있다.

레버리지가 부족할 때

첫 번째 예외는 레버리지와 관련 있다. 만약 당신이 레버리지가 약하고 상대방이 이 사실을 알고 있다면 절대로 낙관적인 최초 제안을 하지 마라.

당신이 대학을 갓 졸업했고 대학이 많은 샌프란시스코나 보스턴 같은 도시에 있는 회사의 신입 사원으로 지원한다고 생각해보자. 회사는 당신이 생각하고 있는 연봉의 기대치를 물을 것이다. 이때 절대 무리하고 불가능한 기대치를 말하지 마라. 낙관적인 최초 제안이 지나치면 오히려 당신은 불합리한 사람으로 보일 수 있고, 회사는 당신에게 거부감을 가질 수 있다.[11]

상대방이 거래하기를 원하지 않을 때

두 번째 예외는, 어떠한 이유에서건 거래가 기대되지 않는 특별한 시장이 있다. 매니지먼트 컨설팅 회사에서 일하는 한 친구가 나에게 이러한 점을 지적해주었다.

누군가가 전화를 걸어서 컨설팅 서비스를 요청해오면 그는 서비스 가격을 말해주고 계약을 요청한 쪽은 십중팔구 협상 없이 이 값을 기준으로 그를 택할지 안 할지 결정한다. 값을 흥정하는 일은 정상적인 컨설팅 서비스 계약 과정이 아니다. 그가 요구한 가격은 고객에게 그의 평판과 컨설팅 경험 수준에 대한 메시지를 전달한다. 반면 미래의 고객은 여러 군데에서 견적을 받아 적정 수준의 컨설턴트를 찾는다. 나의 컨설턴트 친구는 '프리미엄 컨설팅 서비스'라는 메시지를 전달하기에 충분히 높은 가격을, 그러나 미래의 고객이 생각하는 범위를 무리하게 벗어나지 않은 가격을 부르는 법을 배웠다.

개인적인 이유로 값을 흥정하지 않는 사람과 거래할 때에도 같은 규칙이 적용된다. 한 조사에 따르면, 미국인의 약 15%는 경험상 흥정을 대단히 싫어하는 것으로 나타났다.[12] 가격 흥정을 싫어하는 사람들은 대체로 구입할 물건에 지불할 가격을 한번 정하면 절대 움직이지 않는다. 만약 상대방이 흥정하지 않겠다는 신호를 확실히 보내오면 너무 낙관적인 최초 제안은 금물이다. 수확 없이 끝나고 말 것이기 때문이다.

단순 거래 상황 이상일 때

당신이 거래 상황에서 상호 관계가 좀더 중요한 관심의 균형 상황으로 움직여가게 되면 지나치게 높은 낙관적인 최초 제안은 잘 작동하지 않는다.

웨이스트 매니지먼트 사, 블록버스터 비디오 사, 리퍼블릭 인더스트리스 사를 건립한 H. 웨인 후이젱가의 이야기를 살펴보자. 그는 기업을 인수할 때 일단 최저가를 제안하고 흥정 끝에 서서히 합리적인 수준으로 올라가는 전략을 쓰지 않았다. 대신 지불하려는 가격의 5~10% 범위 안에서 제안을 하고 협상에서는 주로 가격 외적인 문제를 논의했다. 후이젱가는 모든 거래에서 확고한, 공정한, 높은 기대를 갖고 있었다. 그는 뛰어난 '협상가'지 값만 깎는 '흥정 전문가'는 아니었던 것이다.

그 이유는 무엇일까? 그는 사전 조사를 철저히 했으며, 자신이 하는 일을 누구보다 잘 알고 있었다. 자신이 인수하려는 회사의 가치를 팔려는 사람만큼 잘 알거나 그 이상으로 잘 알았다. 또한 그 회사를 키우는 데 인생을 바쳐온 사람들도 배려했다. 인수가를 지나치게 낮게 제안하는 것은 그들의 자존심을 해친다고 생각했고, 인수 후에도 기존 경영자들이 계속 남아 후이젱가의 메가엔터프라이즈 자회사로 운영되기를 바랐다. 관계도 중요하게 여겼다. 한 친구는 말했다.

"어떤 일이건 그는 공정하게 처리한다. 그는 상대방이 '내가 정말 받을 만큼 받았구나.' 하고 느끼도록 한다."[13]

다른 말로 하면, 높거나 또는 낮은 수준의 공격적인 최초 제안은 대개 관심의 균형 상황에서는 바람직하지 않지만 제2장에서 보듯 정당하게 높은 기대치를 반영하는 최초 제안은 여전히 적절하다.[14] 단지 남앞에 내놓을 수 있는 제안보다는 협상의 여지는 여전히 남겨두면서 정당하고 확고한 근거가 뒷받침되는 호의적인 제안을 만들어내기 위해 노력하라.

질문 3 : 어떤 양보 전략이 최선일까?

당신이 최초 제안을 아무리 합리적으로 하고 싶더라도 협상 과정에서 생길 수 있는 양보할 수 있는 여지는 남기는 것이 유리하다. 내가 변호사로 일할 때 소송 사건에 연루된 사람들 간에 화해를 위한 협상을 한 적이 있다. 나는 값을 깎는 협상 태도는 어리석고 무의미하다고 생각했다. 고소인과 피고인 양측 다 처음에 제안한 숫자 사이에 있는 적정 선에서 결정을 내릴 것이라는 사실을 알고 있는데 왜 처음부터 객관적이고 공정한 숫자를 이야기하고 끝까지 밀고 나가 문제를 해결하면 안 되는 것일까?

여기에 대한 답은 다음 연구 결과에서 찾을 수 있다. 미국 자동차 딜러들에 관한 이야기다.[15] 1990년대 초, 미국 전역에 걸쳐 대략 2,000여 곳에서 활동하는 딜러들이 미국인은 자동차를 구입하면서 값을 깎는 흥정을 좋아하지 않는 특성을 인식하고, 새 차에 대해 '값을 깎는 흥정은 일체 없음'을 표명하며 최저 가격 판매 정책을 시도했다. 이것은 엄청난 결정이었다. 미국의 비즈니스는 결국 소비자들이 비누에 공정 가격을 요구하는 것처럼 자동차에도 공정 가격을 요구하는 목소리에 귀를 기울이기 시작한 것이다. 이제 자동차 판매상들은 가격을 깎아야만 하고, 스트레스를 받는 의례적인 자동차 구매 과정을 단순히 쇼핑몰에 가는 것과 같은 이벤트로 바꾸려 했던 것이다.

그러나 1996년이 될 때까지 이러한 자동차 판매상들 중 절반 가량, 약 1,000군데 이상에서 딜러들이 이 정책을 포기했고, 이후로도 이 정책을 포기하는 딜러들이 점점 늘어갔다. 왜일까? 우선은 실제로 흥정을 싫어하는 소비자 집단은 앞에서 언급한 대로 단지 15%에 그쳐 기대보다 훨씬 낮았다. 더욱이 소비자들은 대부분 비싼 물건을 객관적이고 공정한 가격으로 팔 수 있을까 의구심을 품었으며, 값 깎는 흥정은 일체 없다는 딜러들을 신뢰하지 않았다. 마지막으로 소비자들은 친구들에게 자동차 구매 협상에서 '큰 수확'을 거두었다고 말할 수 있는 만족감을 원했다.[16] '값을 깎는 흥정은 일체 없다'는 최저 가격 판매 정책이 쇠퇴한 과정을 연구한 소비자 문제 전문가는 이렇게 설명한다. "소비자는 자동차를 구매했을 때 거래를 잘했다는 만족감을 느끼고 싶어 하는데, 특히 거래를 잘했다고 느낄 수 있으려면 협상을 통해야 가능하기 때문이다."

연구 결과를 보면 양보를 얻어낸 사람이 협상 과정에서 단 한 번 확실한 '공정 가격'을 받아들인 사람보다 더욱 만족한다고 한다. 실제로 양보를 얻어낸 사람은 다른 방법으로 협상을 한 것보다 돈을 더 지불한 경우에도 더 만족을 느낀다고 한다. 한 실험 연구에서 양보 전략 세 가지를 비교해보았다. 첫째, 시작을 높게 하고 양보를 거부하는 경우, 둘째, 적절한 가격으로 시작해 양보를 거부하는 경우, 셋째, 시작을 높게 하나 점차 적절한 선으로 값을 내리는 경우다.[17] 마지막 양보 전략이 가장 성공적이었다. 실제로 많은 협상들이 이런 양보 전략으로 합의에 이른다. 세 번째 양보 전략을 쓴 협상 당사자들은 처음 두 전략을 사용한 경우보다 한 거래당 평균 이익을 더 많이 남겼다. 그리고 세 번째 양보 전략을 사용한 협상가와 협상을 한 상대방은 양보를 거부하는 전략을 쓰는 협상가와 협상을 한 상대방보다 합의 결과에 더 만족감을 느낀다고 한다.[18]

양보는 협조의 언어다. 양보의 언어란 당신이 상대방 요구의 정당성을 수용하고 있으며, 공동 의사 결정을 확실히 만들어내기 위해 당신이 희생해야 하는 필요성을 당신도 인정한다고 상대방 협상가에게 구체적이고 믿을 만한 언어로 말하는 것이다.

상황에 따른 양보 전략

자, 이제 당신은 왜 우리가 양보를 해야 하는지, 그리고 최선의 양보 전략은 무엇인지 알았다. 결국 최선의 양보 전략은 당신이 판단하는 상황에 따라 달라진다. 상황 매트릭스의 사분면을 하나하나 살펴보고, 상황에 따라 최선의 양보 전략을 논의해보도록 하자. 참고를 위해 제7장에서 본 상황 매트릭스(그림 7. 3)를 여기에 다시 가져왔다.

그림 9. 1 상황 매트릭스 : 전략 가이드

	이해관계에 대한 갈등 인식 정도	
	높음	낮음
미래관계에 대한 중요성 인식 정도 — 높음	1. 관심의 균형 상황 (사업 파트너십, 합작 투자, 합병) 최선의 전략 : 문제 해결, 안 되면 타협	2. 관계 중시 상황 (결혼, 우정, 업무 팀) 최선의 전략 : 동조, 문제 해결, 안 되면 타협
미래관계에 대한 중요성 인식 정도 — 낮음	3. 거래 상황 (이혼, 집 매매, 시장 거래) 최선의 전략 : 경쟁, 문제 해결, 안 되면 타협	4. 묵시적 협조 상황 (도로 교차점, 항공기 좌석) 최선의 전략 : 회피, 동조, 안 되면 타협

묵시적 협조 상황(4사분면)

묵시적 협조 상황에서 양보는 문제될 게 없다. 제7장에서 설명한 교차로에 들어선 운전자들이 취하던 사례에서처럼, 갈등을 피할 수 없으면 불필요한 분쟁을 피하고 상대방이 원하는 대로 적응하는 것이 최선의 방법이다.

만약 적응이 불가능한, 곧 상대방이 먼저 가기를 거절해 당신이 '상호 적응'의 막다른 골목에 묶여 서로 먼저 가라고 할 때도 양보 전략을 걱정할 필요가 없다. 충심에서 상대방을 도와주는 방향으로 문제를 해결하라. 만약 가야 한다면 먼저 가라.

관계 중시 상황(2사분면)

분쟁하는 문제보다 관계가 더 중시될 때 최선의 양보 전략은 동조하는 것이다. 아인슈타인이 프린스턴 고등 연구원과 협상한 사례에서 보듯, 관계 중시 상황에서 협상을 하는 목적은 상대방이 무엇을 원하는지 알아내고 여기에 이자를 붙여주는 것이다. 돈은 문제가 아니다. 만약 상대방이 무엇을 원하는지 말하지 않아 동조나 적응하기 어려운 상황이라면 간단하면서도 자기희생적인 타협안들을 제시하라. 그럼으로써 상대방이 감사하게 느끼도록 하라.

참으로 단순하고 쉽게 들리지만 아주 경쟁적인 사람은 이런 충고가 '들리지 않는 귀'를 가지고 있다. 경쟁적인 사람은 모든 거래를 게임으로 생각하고 상대방을 신뢰하지 않기 때문에, 그들은 본능적으로 적응하기가 어렵다. 그들은 비행기 안에서도 자리에 먼저 앉으려고 밀치기도 하고, 관계에 신경을 써야 할 때에도 가격을 놓고 강하게 흥정하려 한다.

경쟁적인 사람이 소위 외교를 해야 하는 상황에 처했다면 인간관계 기술이 좋은 사람에게 도움을 구하라. 이해관계나 이익이 문제가 안 되는 상황도 있다는 것을 이해하지 못하는 경쟁적인 사람과 협상에 막혀 어려움을 느낀다면 유머 감각을 계속 유지하며 적응해나가도록 하라. 그래도 안 되면, 관계의 중요성을 전혀 이해하지 못하는 이런 사람과 내가 과연 협상을 계속하기를 원하는지 신중하게 재고해야 한다.

거래 상황(3사분면)

이해관계 자체가 가장 중요한 상황에서는 견실한 양보 전략이 가장 잘 작동한다.[19] 간단히 말해, 학자들이 말하는 '분배적 협상' 상황, 곧 가격 협상에서는 고전적인 값 깎는 흥정이 기본 규칙이다. 낙관적인 최초 제안으로 시작해 잠시 버티다가 흥정 의지를 비춘 후 양보의 폭을 점점 좁혀가며 원하는 기대치에 이를 때까지 양보한다. 협력적인 사람은 값 깎기 게임에 서툴다. 그렇더라도 경쟁적 거래 상황에서는 값 깎기 게임 방법을 배워야 한다.[20]

여기서 잠깐, 값 깎기 전문가들은 기본적으로 절대적 최저치가 아닌 기대 수준까지 양보를 한다는 사실에 주의해야 한다. 왜? 그들은 양보 폭을 줄여 저항점에 이르고 있다는 강력한 신호를 보냄으로써 상대방이 기대 수준을 '최저가'라고 생각하도록 만든다. 이것은 허세다.

만약 당신이 그들의 초기 기대 수준에서도 저항을 하면 값 깎기 전문가들은 주저하며 실제적인 최저 하한선, 곧 거래를 포기하는 것이 더 나은 지점까지 양보를 계속할 것이다.

가끔 중고 가구 가게나 바자회, 또는 값을 깎을 수 있는 다른 가게에서 이 방법을 시험해보라. 당신이 원하는 상품을 확인한 뒤 너무 터무니없는 가격이 아닌 그러나 아주 낮은 가격을 제시해보라. 일단 판매원이 양보할 때까지 기다린 뒤 당신이 다시 조금 양보를 하고, 그런 다음 현금이나 수표책을 보여주며 당신이 진지한 구매자라는 점을 인식시켜라. 이제 가게 주인이 "안 돼요."라는 말을 많이 할 때까지 계속 당신이 원하는 가격을 주장하라.

"안 돼요."라는 말을 들으면 정중하게 그러나 확고한 표정으로 문 쪽을 향하라. 판매원은 당신이 상점을 떠나기 전에 당신을 불러 세워 더 많이 양보할 것이다. 이 시점에서 협상을 계속할지 아니면 거래를 끝낼지는 당신이 선택해야 하는 몫이다. 단, 판매원이 더 양보하기를 기대하지 마라. 판매원도 자존심이 있다.

아주 중요하고 이해관계가 높은 거래에서는 너무 일찍 큰 양보를 하지 않도록 주의하라. 천천히 시작하라. 왜냐고? 거래 초기에 크게 움직이면 상대방을 혼란스럽게 만들 수 있기 때문이다.

당신이 운영해온 작은 비디오 가게를 큰 체인점에 팔기 위해 협상을 한다고 가정하자. 이 사업에서 미래에 당신이 할 일은 전혀 없는 완전한 매도 거래를 하는 경우다. 이 협상에서 이슈는 가격을 얼마로 할지, 현금으로 받을지 아니면 회사의 주식을 요구할지, 그리고 협상을 종결하고 대금 지급은 언제 할지 등이다. 구매자인 큰 회사 측은 낮은 가격에, 몽땅 주식으로, 그리고 대금 지급일은 늦추는 등 전적으로 구매자에게 유리한 공격적인 제안으로 협상을 시작한다.

만약 당신의 응답 한 번으로 협상이 신속하고 유쾌하게 끝나기를 바라고 당신이 생각한 최저 선으로 움직여가게 되면 어떤 결과가 벌어질까? 당신은 중간 정도의 가격에, 주식으로 전부 받는 안을 수용하며, 대체로 합리적인 기간인 두 달 후에 최종 대금을 지급했으면 좋겠다고 제안한다. 당신은 구매자가 요구하는 다음 제안에 깜짝 놀랄 것이다. 구매자는 최저 가격보다 약간 상회하는 가격으로, 최종 대금 지급일도 아주 멀찌감치 잡은 데다 전부 주식으로 받겠다는 당신의 제안은 언급조차 하지 않는다. 당신은 화가 나기 시작한다.

여기서 문제는 무엇일까? 이해관계가 높은 거래 협상에서 초기에 크게 양보한다는 것은 당신이 일련의 메시지들을 보낸다는 뜻이다. 당신이 보내는 첫 번째 메시지는 '나는 이 거래가 이루어지기를 진정으로 원한다.' 이다. 그 메시지는 협상의 레버리지에 영향을 미치고, 상대방이 최종 가격에 높은 기대감을 갖도록 만든다. 그런데 초기에 융통성을 크게 보인 당신이 만일 갑자기 입장을 확고히 하며 움직이기를 거부하면, 상대방은 당신이 준 첫인상 때문에 기대 수준을 결정하는 데 어려움을 겪을 것이다. 당신은 거래에 실패할 수도 있다.

당신이 보내는 두 번째 메시지는 '내가 양보한 이슈들은 나에게 중요하지 않다.' 이다. 당신은 전부 주식으로 받는다는 안에 곧바로 동의하며 그 항목에 만족한다는 신호를 보냈다. 그러나 당신이 너무나 쉽게 포기했기 때문에 상대방은 당신이 양보한 데 대해 아무런 인정도 하지 않는다. 사실 당신은 "나는 현금은 원하지 않습니다."라고 말한 것이나 다름없다.

상대방의 관점에서 한번 생각해보자. 인수 회사는 당신이 현금을 요구할까 봐 깊이 고민하고 있었을지 모른다. 회사는 획기적으로 값을 올려줄 의향이 있었을지 모르고, 또는 주식의 일부를 현금화하는 방법 중 하나로 당신과 컨설팅 계약을 맺고 별도로 현금을 지불하려 했을 수도 있다. 그러나 당신은 이 양보에 대해 아무것도 얻지 못하게 된 것이다.

협상 전문가들은 이러한 현상을 '양보의 평가 절하'라고 부른다.[21] "너무 쉽게 얻은 것은 너무 가볍게 생각한다."[22]라는 옛 속담의 진실을 잘 담고 있는 표현이다. 경쟁적인 상대방은 당신이 주는 모든 것을 이용한다. 협조적인 사람이라 해도 당신이 바로 그 자리에서 준비 없이 하는 양보의 기대 수준을 높이게 된다. 만약 당신이 무관심한 채 아무런 언급도 없이 쉽게 양보한다면, 상대방은 당신이 양보한 가치를 낮게 평가할 것이다. 상대 협상가는 스스로에게 이렇게 말할 것이다.

"우리가 이 항목에 대한 계획을 세울 때 잘못 평가했나 보군. 실제로 상대방은 현금을 지불하는 데에는 관심이 없어. 상대방에게 가치가 없는 이슈라면 우리에게도 가치가 없지."

거래 상황에서 이슈 교환과 값 깎는 흥정 : 통합적 협상

만일 협상 테이블에 이슈가 많다면 이해관계가 크게 걸린 협상에서 양보 전략은 종종 단순한 값 깎기보다는 '이슈 교환' 형식을 취한다. 협상학자들은 단순한 값 깎기를 설명하기 위해 '분배적 협상' 또는 '파이를 나눈다.'라는 말을 쓰며, 이슈를 교환함으로써 복잡한 거래와 이해관계와 우선 순위, 차이 등을 서로 맞추고 '통합'하는 과정을 설명하기 위해 '통합적 협상' 또는 '파이를 키운다.'라는 말을 쓴다.[23] 많은 협상 거래는 양보 전략의 두 요소를 다 포함하고 있다.

고전적인 값 깎기 전문가는 많은 이슈가 연결되어 있고 이해관계가 크게 걸린 협상을 어떻게 다룰까? 간단하다. 그들은 한 번에 한 이슈만 공격하고, 각각의 이슈에 대해 기대 수준에 도달하기 위해 필요한 분배 절차를 사용한다. 그들은 높게 시작해 점점 낮추며 첫 번째 이슈에서 협상을 끝맺고, 그런 다음 두 번째 이슈와 또 다음 이슈에서도 마찬가지 방법을 되풀이한다.

그러나 이런 단순한 전략은 이슈를 교환하는 대안적 방법보다는 막다른 골목에 도달할 위험이 훨씬 크다. 협상 테이블에 올라와 있는 이슈들 중에는 상대방이 절대로 타협할 수 없는 문제도 있을 수 있다. 값 깎기 절차는 각각의 이슈가 어느 한쪽보다 다른 쪽에 더 가치가 있을 수 있는 가능성을 무시하고 있다. 나는 대금 지급일을 더욱 중시하는 데 그들은 현금이냐 주식이냐의 지급 방법에 더 관심 있을 수 있다. 활용할 수 있는 차이점이 있을 때 단순한 값 깎기는 협상 테이블에 돈을 남기고 나온다.

그렇다면 통합적 협상은 어떻게 하는 것일까? 양쪽 당사자에게 가장 중요한 이슈는 무엇이고, 무엇을 제일 두려워하며, 어떤 위험이 제일 큰지 서로 찾아내고, 통나무를 같이 굴리는 것처럼 곧 협력해 의안을 통과시키는 방법처럼 상대방에게 중요한 우선 사안과 이해관계를 서로에게 맞춰나간다.

만약 배분적 협상에 적용되는 값 깎기를 위한 양보 규칙이 '처음에는 높게, 그리고 낮추는 것은 천천히'라면 통합적인 협상에 적용되는 일반적인 양보 규칙은 작고 덜 중요한 이슈에는 크게, 그리고 크고 가장 중요한 이슈에는 작게 양보하는 것이다.[24] 그러나 양보의 평가 절하 위험을 기억하고, 당신에게 의미 있는 양보라는 것을 확인하기 전에는 '작은' 이슈라 해도 절대 양보하지 마라.

양쪽 모두가 모든 이슈에 대해 고도로 방어적인 입장으로 시작했을 때 그들에게 덜 긴급한 이슈에서 융통성을 보인다면 각자의 우선 순위에 대한 중요한 정보를 서로 이야기하고 있다고 볼 수 있다. 당사자들은 어느 이슈에서 잘 나아가는지, 어디에서 강한 저항을 받고 있는지 등을 관찰하여 상대방의 필요와 욕구에 대한 '목록'을 작성한다. 그것은 통합적 양보를 진행하는 방법에 대한 가이드라인을 제공한다.

모든 이슈에 대한 논의를 끝내고 어떤 이슈에 대해서도 구체적인 제안이 아직 이루어지지 않은 상태에서 이슈 교환은 종종 '패키지 협상'의 형태로 진행된다.[25] 한쪽은 각각의 이슈에 대한 요구를 포함한 전체 패키지를 제안하고, 다른 쪽은 자신들의 기대를 반영한 전체 패키지로 대응한다. 이 시점까지는 협상 절차가 값 깎기, 곧 배분 협상과 같아 보일 수 있으나 일단 전체 패키지로 거래를 시작하고 나면 양상은 달라진다.

이제 먼저 제안한 쪽이 작은 이슈 한두 개를 양보하면서 그에 따른 희생을 보여주며, 좀더 중요한 이슈들은 철저히 고수한다. 이에 대해 상대방이 맞대응하는 식으로 몇 번 제안이 오가고 나면 양쪽은 상대방의 주요 이슈를 서로 알아채기 시작한다.

전체 패키지를 다루며 모든 이슈에 대해 결정이 날 때까지는 어떤 이슈도 확정하지 않음으로써 양쪽은 고도의 융통성을 발휘하게 된다. 만약 이러한 절차가 진행되는 과정에서, 가격 이슈처럼 양쪽이 핵심이라고 생각하는 문제에서 막다른 골목에 다다른다면, 전 단계 패키지로 되돌아가 특별한 이슈에 대해 특별한 양보를 고집할 필요 없이 서로 다른 새로운 결합 가능성을 찾아보아야 한다.

협상 당사자들은 협상 전문가들에게는 잘 알려진 공식을 사용하여 종종 묶음으로 이슈를 교환하기도 한다. 만약 당신이 이슈 A와 이슈 B에 대해 우리가 원하는 것을 주면 우리는 당신이 원하는 이슈 X와 이슈 Y를 양보하는 문제를 고려해보겠다.[26] 이러한 '만약…… 그러면…….'이라는 공식은 당신이 상대방에게서 상호 양보를 얻어내지 않고는 절대로 양보를 하지 않도록 보장한다. 물론 이슈 A와 이슈 B가 제안자 측에게 가장 중요한 반면 이슈 X와 이슈 Y는 그다지 중요하지 않을 수 있다. 그들은 양측 모두 중요하다고 여기는 이슈에 대해서는 싸우고 매달려야겠지만, 상대적으로 낮은 희생만으로 양보할 수 있는 이슈라면 이슈와 이슈를 교환함으로써 해결할 수 있다.

작은 비디오 가게를 큰 체인점에 팔려는 협상 사례로 돌아가서 통합적인 협상 전략을 활용하면 협상이 어떻게 진행될지 살펴보자. 먼저 당신은 높은 가격에, 전부 현금으로 거래하고, 대금 지급도 빨리 해달라고 요구하는 공격적인 최초 제안으로 시작하는 것이 좋다. 협상이 진행될수록 당신은 높은 가격은 고수하면서 현금이냐 또는 주식이냐의 문제에 대해 융통성을 발휘한다. "만약 당신이 내가 필요한 만큼 가격을 올려주면 나는 일부를 주식으로 받고 두 달 안에 대금을 납입하는 안에 합의하는 것을 고려해보겠습니다."

구매자는 아마 이렇게 대답할 것이다.

"우리는 당신이 주식·현금 이슈에 융통성을 보여주신 데 감사드립니다. 그러나 당신이 요구하는 가격을 지불하며 협상을 진행할 수는 없습니다. 만약 당신이 전액을 주식으로 받아주신다면 우리는 당신에게 5% 인상된 가격을 지불하면서 앞으로 여섯 달 동안 당신에게 약간의 현금을 지불하는 컨설팅 계약을 이야기해볼 수 있습니다." 그리고 협상은 계속해서 이런 식으로 진행될 것이다.

통합적인 협상은 값 깎기 흥정보다는 기술이 필요하다. 그러나 덜 경쟁적인 것은 결코 아니다. 거래 협상에서 통합적인 협상 기술을 사용하더라도, 만약 상대방이 한 가지를 양보하기 전에 당신에게 두 가지를 양보하도록 주장하며 협상을 막다른 골목으로 몰아가는 경쟁적 전술을 쓰더라도 놀라지 마라.

높은 기대치를 요구하는 확고한 전술은 양쪽 모두에게 상대방의 레버리지를 검증하는 것을 도와주고, 상대방이 타협과 적응 쪽으로 기울어지도록 한다. 투자 은행가나 협상 전문가도 고도의 이해관계가 걸린 협상에선 각자가 만족하기 전에 매우 긴장된 에피소드들을 겪은 후에야 서로가 상대방의 한계를 시험해보고 협상 종결을 준비할 수 있게 된다.

관심의 균형 상황에 적용되는 양보 전략

관계와 이해관계가 양쪽 모두에게 똑같이 중요한 관심의 균형 상황에서는 거래 방식과 문제 해결 절차가 다양하게 사용된다. 목적은 가능한 한 많은 우선 순위를 다루는 것이고, 양쪽 모두 가격 문제와 같이 중요한 사안에서 '공정한 분배'라고 믿을 수 있어야 하며, 양측이 함께 앞으로 나아갈 수 있는 좋은 업무관계를 만들어나가는 것이다.

관심의 균형 상황도 이해관계가 중요하기 때문에 당신은 높은 기대치를 갖고 협상에 임해야 한다. 당신은 가장 덜 중요한 문제에서부터 서서히 움직이길 원하며 양보를 할 때 '만약…… 그러면…….'의 조건문 공식을 활용할 것이다. 모든 거래는 상호 호혜적이어야 한다.

관계 유지 또한 양측 모두에게 중요하기 때문에 거래 상황보다는 훨씬 더 상상력이 풍부한 협상 전술들이 가능하며, 그렇게 하는 것이 바람직하다. 공격적이고 뻔히 들여다보이는 진술은 별로 통하지 않는다. 그러한 전술은 개인적인 감정에 상처를 남기고, 협상 당사자들이 테이블에 올려놓은 공통 이익이 눈에 띄지 않게 만든다. 대신 협상 당사자들은 상대방의 요구 저변에 깔려 있는 실질적인 필요를 좀더 심도 깊게 조사할 필요가 있으며, 제7장에서 이야기한 벤저민 프랭클린의 '식사 협상' 사례처럼 상상력 풍부한 해결책을 강구해야 한다.

위에서 언급한 비디오 가게 인수 상황에서 인수 회사는 거래가 끝난 후에도 당신이 적어도 1년 이상 가게를 더 운영해주기를 바란다고 가정해보자. 인수 회사는 여전히 정당한 가격 이상은 지불하고 싶어 하지 않지만 당신과 좋은 관계를 유지하고 싶어한다. 이럴 때 양보 전략을 결정하는 데 어떤 변화가 일어날까?

첫째, 구매자인 인수 회사는 좋은 업무관계의 가능성을 해칠 수 있는 터무니없는 가격 싸움을 피하려 할 것이다. '산에게 말하기' 식의 협상 개시는 없을 것이며, 만약 그렇더라도 '협상을 시작하는 방법의 하나로' 또는 '당신의 필요에 기초해 전적으로 협상 가능한' 시작임을 명백히 잘 설명해야 할 것이다.

구매자 측의 협상가는 미래 관계에 대한 신뢰를 유지하거나 발전시키는 데 더 관심을 가지고 있다. 이는 당신에게 정보 교환 단계에서 그들의 우선 순위와 필요에 대해 완전한 정보는 아닐지라도 많은 정보를 제공한다는 뜻이다.

일단 개시 단계가 끝나면 그들은 여러 가지 패키지를 동시에 제공하기 시작하며, 당신이 선호하는 패키지를 확인할 것이다. 아마도 당신은 중간 정도 가격에, 전부 주식으로, 최종 대금 지급일을 가능한 한 늦추는 제안과 가격은 낮더라도, 현금과 주식을 반반으로, 최종 대금 지급일은 가능한 한 빨리 당기는 제안을 비교 평가해야 할 것이다. 이런 절차는 그들의 관점에서 이슈들이 어떻게 평가되고 있는지 살펴보는 데 도움이 될 것이다. 당신은 당신의 필요와 요구 수준에 맞는 제안 하나를 조정해 테이블 너머로 건네줄 것이다. 그 조정 제안서가 앞으로 협상을 진행해나갈 기준선이 될 것이다.

끝으로, 그들은 당신과 함께 상호 이해관계를 연결시키는 방법을 찾아내는 데 창조적인 노력을 쏟을 것이다. 그들은 당신에게 미래에 행사가능한 스톡옵션을 제공할 수도 있으며, 수익을 창출하고 매출 목표를 달성하는 데 따른 보너스를 제공할 수도 있다. 당신이 신규 직원들을 고객에게 소개해주고 사업의 상세한 내용을 전수해줄 수 있을 만큼 충분히 오래 회사에 남아 있도록 하기 위한 보상 방법들이다.

이해관계에 기초한 문제 해결 접근법은 관심의 균형 상황에서 매우 효과적이다. 왜? 모두에게 '파이를 더욱 크게 만들' 기회를 제공하기 때문이다. 거래와 관계 두 측면에서 다 그렇다. 거래 측면에서는 통합적인 협상 기술을 사용하며, 관계 측면에서는 미래에 상부상조할 수 있는 역량을 창조적으로 활용함으로써 파이를 키울 수 있기 때문이다.

사실 협상 당사자들이 서로 깊은 신뢰를 가지고 있다면 협상에서 문제를 해결할 때 서로 주고받는 양보 전략이 필요 없다. 오히려 양측의 욕구를 모두 만족시키는 새로운 아이디어를 구상하는 데 대부분의 시간을 보낼 것이다. 사람들이 이런 브레인스토밍 과정에서 옵션을 많이 개발하면 할수록 단순한 타협의 결과보다 훨씬 더 나은 결과를 가져올 수 있는 확률이 높아진다.[27]

'선역/악역' 전술에 관한 짧은 메모

이해관계가 크게 걸린 거래 상황에서 경쟁적인 협상가가 자주 사용하는 양보 전략 중 특별히 언급해야 하는 것이 있다. 바로 '선역/악역' 전술이다.[28] 당신의 상대 협상가 중 한 사람은 절벽에서 뛰어내려 사라져버렸으면 좋겠는데 다른 한 사람은 점점 좋아지고 있다면 바로 이러한 전술에 넘어가고 있다는 조짐이다. 또 다른 조짐. 상대방이 고용한 대리인이 당신의 요구가 자신이 듣기에는 합리적인 것 같다며 그 자리에 없는 다른 사람(악역)은 절대로 그렇게 생각하지 않을 것이라고 이야기한다.

선역/악역 전술은 지금까지 우리가 검토한 여러 심리적 현상에서 그 효과를 끌어낸다.[29] 선역을 맡은 사람은 공통으로 추구하는 이익과 목표를 친절한 말로 협상한다. 선역은 제4장과 제8장에서 논의한 대로, 의견에 동의하고 친숙하며 비슷한 사람을 좋아하는 우리의 심리에 호소한다.

악역은 협상을 시작하면서 최초 제안을 할 때 나타난다. 악역을 맡은 사람은 최선을 다해 극단적 제안을 하거나 또는 우리가 내놓은 제안을 공격한다. 이처럼 공격적으로 대결하는 순간에 우리는 깜짝 놀라고, 거래가 결렬되었을 때 입게 될 잠재적 손실을 생각하게 되며 우리의 타협안보다 더 낮추어야 하나 고민하게 된다. 악역은 우리의 기대치를 낮추게 하고, 우리를 자신이 원하는 대로 이끌어 협상 범위 끝에 묶어놓은 다음 거기서부터 조정을 하게 만든다.

악역이 아무것도 수용하려 들지 않아 우리가 협상을 결렬시키고 떠나려 할 때 선역이 다시 나타나 악역에게 양보할 것을 요청한다. 이 방법은 선역을 상호성의 원칙을 옹호하는 사람으로 보이게 하고 그를 더욱 좋아하게 만든다. 우리는 선역을 맡은 사람을 합리성의 대명사라 여기게 되고, 악역과 우리의 갈라진 틈을 연결하기 위해 그의 조언을 수용하기 시작한다.

선역/악역 전술은 낙관적인 최초 제안에 대해 논의할 때 언급했던 '대비 효과'를 이런 식으로 이용한다.[30] 선역이 혼자 있을 때는 요구가 많은 것처럼 보일 테고, 고질라 옆에 앉아 있을 때는 성인까지는 아니더라도 합리적으로 보일 것이다. 당신은 선역을 맡은 사람이 더 좋아지고 그가 요구하는 제안도 상대적으로 매력적으로 보이기 때문에 그에게 양보하기 쉽다.

선역/악역 전술에 대처하는 방법은 간단하다. 협상 테이블에서 공개적으로 이 전술을 언급하라. 그리고 권위 문제를 명확히 하라고 요청하라. 불에는 맞불 작전으로 대응해야 한다.

"당신들 중 한 사람은 악역을 맡고 다른 한 사람은 선역을 맡기로 한 것처럼 보이는군요."라고 말할 수 있을 것이다. "나는 우리가 공정한 거래를 위해 좀더 솔직한 과정을 거치길 바랍니다. 협상을 더 진행하기 전에 나는 누가 이 사안에 대한 권한을 가졌는지 알고 싶습니다. 나는 협상에 대한 권한이 없는 사람과는 협상할 수 없습니다."

만약 악역을 맡은 사람이 변호사나 다른 조언자라면 그를 내보내라. 의사 결정자와 직접 거래할 것을 주장하라. '거래를 깨뜨리는 자' 딜 브레이커를 내보내고 '거래를 되게 만드는 자' 딜 메이커와 협상을 하라.

🛡 요약 ▶▶▶

협상의 최초 제안을 통한 개시와 양보 단계를 지나면서 당신의 협상 전략과 전술은 세 가지 기본 요소, 곧 상황, 레버리지, 스타일에 의해 결정되어야 함을 기억하라. 상황에는 거래 상황, 관계 중심 상황, 또는 둘 다가 중요한 관심의 균형 상황이 있고, 레버리지는 협상이 이루어지지 않았을 때 어느 쪽이 잃을 것이 더 많은지 보여주며, 스타일은 당신과 상대방이 경쟁적이라고 예상할 수 있다거나 또는 협력적이라고 예상할 수 있는지를 보여준다.

상황 매트릭스에서 각각의 사분면은 최선의 양보 전략을 설명하고 있다. 거래 상황에서는 경쟁적 양보 전략을, 관계 중시 상황에서는 적응적 양보 전략을, 그리고 관심의 균형 상황에서는 이해관계에 기반을 둔 문제 해결 양보 전략을 사용하는 것이 좋다. 타협적 양보 전략은 뚜렷하게 선호되는 전략은 아니지만 세 가지 상황 모두에서 유용하다.

당신의 레버리지가 약하면 약할수록 온화하게 접근해야 한다. 당신의 레버리지가 강하면 강할수록 당신이 어떤 상황에 처해 있든 적응해야 할 필요가 줄어든다.

적응을 잘하는 사람은 기억해두라. 적응 능력이 뛰어난 두 협상가가 만나면 양보 전략은 필요 없다. 그들은 상대방이 처한 문제를 해결하기 위해 최선을 다해 협력한다. 아마도 양측은 자신의 목적을 위해 노력할 때 더욱 잘할 것이다. 그러나 그들은 단순하고도 솔직하게 협상에 접근하며 합의를 만들어내는 데 충분히 좋은 영향을 준다.

다음은 경쟁적인 사람을 위한 충고. 경쟁적인 당신이 다른 경쟁적인 상대방과 격투를 벌이게 되면 막다른 골목에 이를 위험이 높아진다. 당신은 거래하러 왔을 뿐 전쟁에 승리하기 위해 온 것이 아님을 기억하고, 행여 위기 상황에 처하더라도 긴장을 완화시킬 수 있는 중립적인 체면을 상하지 않는 방법을 찾아라. 제10장에서는 이런 상황에 도움이 되는 기술 몇 가지를 당신에게 알려줄 것이다.

최초 제안과 양보 전략 요약

		상황에 따른 전술적 의사 결정		
		먼저 제안해야 하나?	어떻게 제안해야 하나?	양보 전략
상 황	거래	의심이 든다면 하지 마라. 그러나 당신이 좋은 정보를 갖고 있다면 괜찮다.	낙관적인 최초 제안 (남 앞에 내놓을 수 있는 정당한 근거가 뒷받침하는 가장 높은 또는 가장 낮은 숫자)	단호함 : 기대 수준에 맞춰 양보하는 정도를 줄이면서 천천히 양보하라.
	관심의 균형 상황	위와 마찬가지	공정한 최초 제안 (확실한 근거에 의해 지지되는 가장 높은 또는 낮은 숫자)	작은 이슈에 대해서는 많이 양보하고 중요한 이슈에는 조금 양보하라. ; 브레인스토밍을 통한 옵션을 개발하고, 한 번에 여러 패키지를 제시하라.
	관계 중시 상황	먼저 제안하라.	관대한 최초 제안	적응 혹은 공정한 타협
	묵시적 협조 상황	그렇다. 하지만 가능하다면 갈등을 피하라.	문제를 해결할 수 있다면 무엇이든지 하라.	적응

10

협상의 단계 (4)

협상 종결과 이행 약속

■ ■ ■

모든 거래를 마무리할 때는 깔끔하고 명백하게 하라. 그래야 뒷말이 없다.
영국 격언[1]

시작보다 마무리를 잘하는 사람이 진정한 대가다.
슬로바키아 속담[2]

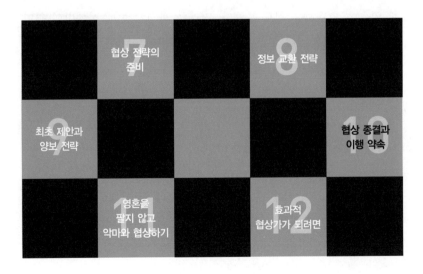

협상 과정은 게임에서 마지막 단계인 협상 종결과 그에 따른 이행 약속으로 완결된다. 협상 종결은 간단하고 순탄하게 끝날 수도 있고 또는 온갖 근심과 걱정으로 불안한 시간일 수도 있다. 협상을 좋아하는 사람이라면 협상 종결 단계에서 빠른 속도로 전술을 주고받는 과정을 즐기지만, 협상을 좋아하지 않는 사람은 때때로 거북해하고 압박감을 느끼기도 한다.

끝내기 전술들, 곧 차이 양분법이나 퇴장하기, 최후 통첩과 같은 전술들을 사용하려면 혈압이 올라간다. 만약 그렇다면, 실제 이행에 대한 약속을 확보하는 것도 문제다. 거래를 확정지을 때 상대방의 말만으로 충분할까? 그럴 수도 있겠지만, 상대방이 약속을 꼭 지킬 수 있도록 하기 위해서는 어떤 조치들이 필요하다.

바바리안을 불러내다

자, 20세기 기업 인수 사례 중 가장 규모가 큰 거래의 하나로, 뜨겁게 다투었던 협상의 종결 단계를 살펴보자. 1988년 미국의 거대한 담배 및 식품 기업인 RJR 내비스코 사의 사례다. 이 주목할 만한 거래의 모든 이야기는 『나타난 야만인들』[3]이라는 책에 연대순으로 잘 나와 있다. 협상을 끝내기 위해 협상 당사자들이 사용했던 전술을 이해하려면 먼저 이 사례에 관련된 배경 지식이 약간 필요하다.

RJR 사의 로스 존슨 회장은 시어슨 리먼 허튼이 최근 창업한 투자은행 부문의 재무 지원을 받아 경영진이 주도하는 차입금에 의한 회사 인수(LBO) 방법으로 인수 작업을 시작했다. 존슨 회장이 최초로 제안한 액수는 기록적인 176억 달러, 주당 75달러였는데, 존슨이 제안하기 전에는 주당 40달러대에 거래되고 있었다. 존슨 회장이 놀라운 제안을 하면서 몇몇 잠재 구매자들이 관심을 보였으나, 결국 경쟁은 두 컨소시움 간의 대결로 압축된다. 곧, 허튼이 지지하는 존슨과 동료 컨소시움 대 헨리 크라비스가 이끄는 월스트리트의 강팀 콜버그 크라비스 로버츠(KKR)가 그들이다.

양측 모두 이 전투에서 이기겠다는 결연한 의지를 보였다. 월스트리트에 있는 일류 회사 매수 기업으로서 KKR 사의 명예가 걸린 일이었다. 허튼이 RJR 사의 거래에 KKR 사를 끼우지 않고 자금을 공급하려 한다는 사실을 처음 알았을 때 크라비스는 이렇게 말했다고 한다. "이 거래는 너무나 큰 딜이고 눈에 띄는 것이라 …… 절대로 놓쳐서는 안 된다. 꼭 우리가 성사시켜야 한다. 꼭 그렇게 할 것이다."[4]

허튼은 허튼대로 월스트리트에서 장식할 첫 대박을 준비하고 있었다. 만약 허튼이 크라비스에게 도움을 받지 않고 이 거래를 성사시킬 수만 있다면, 월스트리트 기업 매매 시장에서 아주 큰 몫을 자기 것으로 주장할 수 있게 된다. 한편, 존슨 회장과 그의 경영진은 전문직의 생존을 걸고 싸우고 있었다. 만약에 실패하면, 그들은 일자리를 잃는 것이었다.

제7장에서 본 상황 매트릭스에 비추어 양 팀은 RJR 거래에서 정확히 어떤 상황에 맞닥뜨려 있나?

기업 인수합병은 대부분 관계와 거래를 모두 중시하는 관심의 균형 상황이다. 기업 인수합병 협상에서 각 팀은 가격에 대해 격렬한 협상을 벌이지만, 동시에 피인수 회사의 경영진은 인수 후에도 남아 회사를 운영해야 하는 만큼 미래의 관계에도 신경을 써야 한다. 이러한 충돌은 양 팀이 사용하는 전술을 다소나마 완화시키는 역할을 한다.

존슨과 그의 경영진은 존슨이 구성한 이사회와 '편안한' 관계에 기초한 협상이 되길 바랐다. 하지만 크라비스가 새로이 입찰에 들어오면서 꿈은 사라졌다. 경쟁적 잠재 고객 둘을 상대로 이사회는 RJR을 법적 규정에 따라 '경매'에 내놓았다. 개인적인 관계는 중요하지 않았다. 이제 엄청난 돈이 유일한 이슈가 되었다. RJR 거래는 순수한 '거래 상황'이 된 것이다. 이 다음 순서는 경쟁적 협상 전술들이 오갈 차례다.

"최종 시한 연장을 요청합니다"

이야기가 끝날 무렵으로 가보자. 때는 1988년 11월 30일 12시 30분. 크라비스는 RJR 경매에서 '최종' 입찰 가격으로 믿어지지 않는 240억 달러를 쓴 입찰 제안서를 제출해놓은 상태였다. 주당 106달러나 되는 가격이었다. 그는 이사회에게 이날 오후 1시까지 최종 결정을 내려달라고 요청했다. 최종 결정이 없으면 30분 후 크라비스는 협상에서 퇴장할 것이며, 이 제안은 취소될 예정이었다.

크라비스는 파트너인 조지 로버츠와 조언자 몇 명과 함께 뉴욕 법률 회사의 답답한 사무실에 앉아 있었다. 두 사람은 긴장하고 있었으나

낙관적이었다.[5]

복도의 아래쪽에서는 RJR 이사회의 '사외 이사'들로 구성된 특별위원회가 회의 중이었다. 그들은 크라비스가 제안한 주당 106달러에 대해 논의하고 있었으며, 허튼 쪽이나 KKR 쪽은 상대방의 최종 입찰 가격을 서로 모르는 상태였다. 협상은 며칠 동안 이어지고 있었다. 최종 의사 결정에 대한 압력은 최고조에 달해 있었다.

최후 순간에 존슨 팀은 크라비스가 모르게 현금과 상당히 많은 '정크 본드' 및 기타 유가 증권으로 구성된 최종 입찰 제안서를 제출했다. 입찰 금액은 크라비스가 제안한 106달러보다 약간 많은 주당 총 108달러였다. 이사회는 곤혹스러운 상황에 처해 있었다.

만약 이사회가 108달러를 제안한 존슨의 입찰 제안서를 받은 상태에서 크라비스에게 106달러에 판다면, 이사회는 RJR 주주들을 상대로 소송을 준비해야만 한다. 이사회는 법적으로 가장 높은 가격을 제시한 입찰자에게 RJR을 팔아야 할 의무가 있다. 그러나 이사회는 존슨이 제안한 입찰가가 정말 108달러만큼 가치가 있는지 확신할 수 없었다. '정크 본드', 곧 회사채는 그만큼 위험 부담이 높기 때문에 불확실했다.

이사회는 존슨이 제안한 가격을 평가하기 위한 시간이 필요했지만 크라비스에게 주어진 최종 시한은 이를 허락하지 않았다. 이사회는 KKR이 정한 최종 시한을 연장하는 협상을 하기 위해 그들의 변호사인 피터 애킨스를 복도 반대쪽에 있는 크라비스에게 보냈다.

12시 40분, 애킨스는 크라비스와 로버츠가 있는 방의 문을 두드렸다. 두 사람은 기대에 찬 눈초리로 애킨스를 바라보았다. 드디어 기다렸던 순간이 온 것이다. 자본주의 역사상 가장 큰 거래가 이루어지는 순간이었다.

애킨스가 나지막하게 말했다. "우리는 새로운 제안을 받았습니다. 따라서 당신이 제안한 최종 시한인 1시를 지킬 수가 없습니다. 최종 시한 연장을 요청합니다."

크라비스와 로버츠는 갑자기 초초해졌다. 그들은 라이벌의 새로운 제안이 무슨 의미인지 잘 알고 있었다. 바로 이러한 움직임을 막기 위해 최종 시한을 결정했던 것이다.

"절대로 안 됩니다." 크라비스가 대답했다.[6]

이 시점에서 잠깐 '일시 정지' 단추를 누르고 상황을 다시 한번 살펴보자. 크라비스는 최종 시한을 강요했고, RJR 이사회는 몸을 뒤틀어 탈출하려는 시도를 하고 있으며, 크라비스는 이에 대응했다. 양측은 무엇을 하려 하고 있었나? 이 긴박한 움직임들 저변에 심리적으로 작동하고 있는 것은 무엇인가? 협상을 마무리하는 시점에 작동하고 있는 두 가지 심리 요인, 곧 '희소성 효과'와 '과잉 몰입'에 대해 알아보자. 동시에 우리의 RJR 이야기가 어떻게 진행되었는지 계속 살펴볼 것이다.

협상 종결의 심리 요인 1 : 희소성 효과

협상에서 가장 중요하고 강력한 심리적 지렛대 중 하나는 심리학자들이 희소성 효과라 부르는 것이다. 희소성 효과란 공급이 떨어져갈 때 더 갖고 싶어 하는 인간의 성향을 말한다. 제6장에서 레버리지에 대해 말했듯이, 협상에서 원하는 것을 얻어내는 당신의 능력은 협상이 결렬되었을 때 잃을 것이 얼마나 많은지에 대한 인식에 의존한다. 정보 교환 단계의 앞부분에서 희소성 논거에 호소할 수도 있으며, 그러는 편이 유리할 때가 있다. 그러나 이러한 논쟁들을 가장 격렬하게 시험하는 시점은 주로 협상의 종결 단계다.

'소유할 수 있고, 소유자에게 유용하며, 한 사람이 다른 사람에게 양도할 수 있는 어떤 것의 가치를 높여주는 것이 희소성이다.'[7] 우리는 원하는 것이 귀하거나 줄어들고 있을 때 기회를 놓쳤구나 하는 후회의 감정을 피하기 위해 '즉각 실행'이라고 쓰인 상상 속의 비상 벨을 누르게 된다.[8]

큰 눈이 온다는 일기예보가 발표되면 사람들은 식료품점으로 달려가 우유와 썩기 쉬운 필수 식료품들을 사들인다. 배고픈 어린 아이 둘이 식탁 앞에 앉아 있는데 식탁 위에는 쿠키가 하나만 담긴 접시가 놓여 있다. "쿠키가 하나밖에 없네. 누가 먹을래?" 하고 물으면 뒤이어 어김없이 쟁탈전이 벌어진다. 바로 이것이 희소성 효과의 살아 있는 증거다. 회사가 새로운 공간을 할당하는데 고위 간부는 여섯 명이고 창문이 있는 사무실은 세 개뿐이면 방금 전에 살펴본 사례와 똑같은 행동이 성인용 버전으로 나타난다.

현명한 협상가는 협상에서 희소성 효과를 활용하기 위해 여러 가지 장치를 사용한다. 그중 몇몇은 RJR 협상 이야기에 잘 나타나 있다.

똑같은 것을 많은 사람들이 원하는 희소성 : 경쟁

첫 번째 장치는 경쟁이다. 기민한 협상가들은 그들이 가진 것에 대한 수요는 커지고 공급은 빠르게 줄어들고 있다는 사실을 강조한다. 자신들이 가진 또 다른 제안이나 경합하는 기회에 대해 토론한다. 결국 희소성으로 상대방에게 압력을 높이고 경쟁을 늘려 '즉각 실행'의 비상 벨을 누르도록 유도한다.

RJR 사례에서 이사회는 양쪽 모두에게 가격 인상을 유도하면서 다른 제안을 계속 언급했다. 사실상 크라비스는 1시까지라는 최종 시한을 정함으로써 스스로 경매 입찰의 분위기를 긴박하게 만들었다.

RJR 사례에서는 실제로 다른 제안이 있었고 희소성도 사실이었다. 오로지 한 회사만 RJR을 인수할 수 있었다. 그러나 경쟁 상황에서는 희소성이 실제가 아니고 허세를 부려 속이는 경우가 많다. 심지어 협상 테이블 위에 있는 당신의 제안이 단 하나뿐일 때에도 다른 제안이 있는 것처럼 속여 경쟁 상황을 연출한다.

허세로 상대방을 속이는 일은 협상에서 자주 사용되며, 특히 거래 상황에서 잘 일어난다. 제11장에서는 허세로 상대를 속이는 행위의 윤리 측면에 대해 논의하겠다. 지금은 사람들이 왜 경쟁 상황인 것처럼 허세를 부리는지 이해하면 된다. 그들의 목적은 상대방에게 희소성 효과를 유발하는 것이다.

시간 부족에 따른 희소성 : 최종 시한

두 번째 장치는 최종 시한이다. 크라비스가 최종 시한 장치를 사용한 목적은 이사회가 경매 입찰을 사용한 목적과 마찬가지였다. 최종 시한을 정하는 목적은 간단하다. 상대방에게 기회를 잡을 수 있는 시간이 점점 줄어들고 있다는 압박감을 주기 위함이다. 오늘은 있지만 내일은 없다는 사실.

크라비스는 RJR 인수에 필요한 자금 200억 달러 이상을 동원할 수 있는 재무 영향력과 신용을 가진 세계에서 몇 안 되는 사람 중 하나다. RJR 거래에서 그는 경쟁자들을 시험해보지도 않았다. 단지 확고한 최종 시한을 제시함으로써, 크라비스는 이사회에 그의 제안이 당연한 것이 아니라는 신호를 보냈다. 그의 목적은? 경매 입찰을 멈추고 신속하고 호의적인 의사 결정을 얻어내는 것이다.

최종 시한은 협상 당사자들이 통제할 수 없는 바깥 세상의 일들과 연결되어 있을 때 가장 효과적이다. 기업 인수합병 협상에서, 증권 감독 당국에 '중대한 회사 변동 상황'을 보고해야 하며, 공시를 위한 최종 기한이 있다. 어느 쪽도 이러한 공시 자료에서 인수합병 협상 사실을 발표하고 싶어 하지 않는다. 협상 사실을 발표하는 것은 이 인수 대상 회사가 판매 중에 있음을 다른 사람들에게 알리는 일이며, 인수 기업에 대한 값을 올리고 피인수 기업은 협상에 대한 통제력을 잃게 된다. 그러므로 정부 규제 당국에 보고해야 하는 마감 시간은 확실히 최종 시한이다.

상대방이 신뢰할 수 있는 최종 시한과 함께 동시에 경쟁적 수요가 많다는 사실을 인식하게 되면 희소성 효과가 커진다. 최종 시한과 경쟁이라는 두 장치를 합하면 이렇게 들린다. "당신이 우리의 제안을 받아들일 수 있는 시한은 내일 오전까지다. 이후에는 관심을 보여온 다른 사람에게 팔겠다." 연구 결과에 의하면 협상 당사자가 심한 경쟁과 함께 최종 시한에 걸렸다는 사실을 인지하고 나면 양보도 자주 하고 그 규모도 커진다고 한다.[9]

크라비스는 최종 시한을 제안하고도 이와 같은 이중 특별 효과를 얻어내지 못했다. 그가 제안한 최종 시한을 부추기는 신뢰성 있는 외부 사건도 없었고, RJR 인수 협상 이외에 200억 달러 이상을 투자할 회사도 없었다. 한편 RJR 이사회 쪽에는 다른 구매자가 있었다. 이사회는 이사회대로 그들만의 최종 시한을 강요함으로써 레버리지 효과를 극

대화할 수 있었으나, 그들은 이 선례가 없는 엄청난 거래가 효과적으로 이루어지려면 더 많은 시간이 필요하다는 점을 깨달았다.

최종 시한을 통해 희소성을 높이는 마지막 방법은 기존 제안의 특정 요소들에 시간 제한을 설정하는 것이다. 설정된 제한 시간이 지나면 이런 조건들만 '폭발' 해버리고 협상 테이블 위에는 매력 없는 제안만 남게 된다. 비즈니스 스쿨이나 다른 전문 대학원 졸업생들을 채용하는 기업들은 가끔 학생들이 채용 제안을 바로 받아들이면 현금 채용 보너스와 업무 지역을 선택할 수 있는 우선권을 주기도 한다.

고용 제안 대부분은 '폭발' 하는 조건이 사라진 후에도 여전히 유효하다. 하지만 현금이 부족한 학생들은 그 추가 혜택을 매우 심각하게 받아들인다. 의사 결정을 지체하면 실제로 현금이 사라진다는 사실을 알기 때문이다. 복잡한 거래에서는 유리한 이자율이나 배달 조건의 우대 등이 '폭발' 하는 조건에 해당한다.

특별한 혜택을 제거하는 위협도 전체 거래에 최종 시한을 정해놓은 것과 마찬가지 효과가 있다. 오늘은 있지만 내일은 없다. '즉각 실행' 하라.

협상 장면에서 걸어나감으로써 생기는 희소성 : 퇴장하기

아마도 희소성 효과를 일으키는 가장 극적인 방법은 상대방에게 '그대로 받아들이든지 말든지.' 라는 최후 통첩을 던진 후 상대방이 이의를 제기하면 그 자리에서 일어나 걸어나가는 것이다. 자신이 원하는 거래가 문밖으로 사라져가는 모습을 지켜보는 것보다 더 큰 감정적 타격은 없다.

퇴장하기는 자연스럽게 보이지만 사실은 대부분이 순전히 연기다.

만약 상대방이 비교적 순진하고 거래를 꼭 성사시키려 할 때 경험 많고 경쟁적인 협상가는 공포심을 이용해 상대방이 빨리 항복해야 하는 필요성을 극적으로 확대시킨다. 상대방이 경험 많은 협상가라면 퇴장하기는 다른 목적을 위해 사용해야 한다.

RJR 거래에서는 협상을 깨고 퇴장하는 일은 없었다. 하지만 퇴장 사례는 다른 곳에서 쉽게 찾아볼 수 있다. 도널드 트럼프는 걸핏하면 걸어나가 '트럼프 퇴장하기'가 그의 협상 스타일의 상징이 되기도 했다. 또한 협상의 귀재인 H. 웨인 후이젱가도 협상장에서 종종 퇴장했다.[10] 그의 화려한 경력은 『블록버스터의 시작 *The Making of Blockbuster*』에 연대순으로 잘 기록되어 있다. 이들 두 사람이 보여주는 예를 통해 협상에서 퇴장하는 행위가 어떤 다양한 역할을 하는지 확인할 수 있을 것이다.

1980년대 초, 후이젱가와 그의 동업자 스티븐 베라드는 뉴올리언스에 있는 한 가족 경영 기업에 400만 달러를 지불하려 했다.[11] 협상 종결과 대금 정산은 법률 사무소에서 이루어졌다. 협상에서 가장 마지막으로 남은 이슈는 회사명으로 된 은행 통장에 있는 현금 10만 달러였다. 후이젱가가 10만 달러는 거래가 끝나면 자신의 것이라고 말하자, 가족들은 그 돈만은 남겨주어야 한다고 주장했다.

"됐어요! 그럼, 그만 돌아갑시다." 후이젱가가 서류 가방을 챙기며 말했다. 아무도 움직이지 않았다. "자, 그만 가자니까요!" 후이젱가는 되풀이해서 말했고, 자신의 팀을 복도로 끌고 나왔다.

"웨인, 당신 미쳤소? 겨우 10만 달러 때문에 협상을 무산시키려는 거요?" 베라드는 이해할 수 없다는 듯 물었다.

"그들은 우리가 엘리베이터까지 가기 전에 우리를 말릴 거요." 후이젱가가 말했다. 바로 그때, 그 가족이 고용한 변호사가 문밖으로 고개를 내밀어 후이젱가 일행에게 돌아오라고 요청했다. 결국 후이젱가는 돈을 챙길 수 있었다.

두 번째 사례. 1993년 말, 후이젱가는 섬너 레드스톤과 바이아콤에게 그의 블록버스터 비디오 회사를 수십억 달러에 판다. 이 매각 협상을 이끌어내기까지 뜨거운 흥정이 오갔음은 두말할 필요가 없다. 그때마다 후이젱가는 시도 때도 없이 퇴장했다. 나중에는 바이아콤 측에서 놀리기까지 했다. 1993년 크리스마스 휴가를 앞둔 어느 날, 후이젱가는 이슈 단 하나에 대해 침통한 표정으로 협상을 결렬시켰다. 그는 곧장 묵고 있던 뉴욕 호텔에서 나와 곧바로 다른 호텔로 옮겼다. 그런 후에 다시 흥정을 시작하자고 연락을 취했다. 이제는 아무도 놀라지 않았다.[12]

도대체 후이젱가는 왜 그랬을까? 그는 협상을 결렬시키려는 의도가 전혀 없었다. 그는 그때까지도 퇴장 연기를 하고 있었던 것이다. 상대방에게 자신이 충동적이며 감정적으로 불안정하다는 것을 보여주려는 의도였을까? 어쩌면 그런 이유도 있었는지 모른다. 그러나 그가 수십억 달러에 이르는 공개 회사를 세 개나 창업하는 데 성공한 과정을 지켜보면 전술적 행위라는 설명이 더 타당한 것 같다. 협상을 깨고 걸어나감으로써 후이젱가는 자신이 그 이슈와 원칙에 대해 진지하게 고민하고 있다는 신호를 보낸 것이다. 협상가들이 협상을 깨고 걸어나가는 행위는 일종의 항의 표시다. 이것은 자신의 중요한 메시지가 무시당하고 있을 때 상대방의 확실한 집중을 받을 수 있고, 자신의 주장을 강하게 전달할 수 있는 효과적인 방법이다. 후이젱가가 다소 지나치긴 했지만 결국 그의 퇴장 전략은 효과가 있었다. 그는 블록버스터 비디오 회사를 탁월한 가격에 매각했다.

　퇴장하기가 진정 거래를 위협하는 사건인가 아니면 단순 신호인가 하는 문제는 후이젱가의 이야기들이 설명하듯이 주로 레버리지 방정식에 의존한다. 1982년 뉴올리언스 기업 인수 건은 후이젱가보다 그 가족이 '거래가 결렬' 됨으로써 입는 손해가 더 컸던 것이다. 결국 그들은 후이젱가를 붙잡을 수밖에 없었다. 1993년 바이아콤과 협상했을 때는 후이젱가가 불리했다. 그래서 이번에는 아예 누군가가 자신을 쫓아 나올 것을 기다리지도 않고 스스로 돌아왔던 것이었다.

　성격과 스타일도 퇴장하기의 의미를 판단하기 위한 중요한 변수들이다. 충심으로 협력하는 사람들은 지나친 공격 끝에 마침내 분노가 폭발할 때에만 퇴장 전략을 선택한다. 실제로 그들은 이렇게 말한다. "당신 같은 사람과 테이블에 마주 앉아 일하느니 차라리 거래를 결렬시키는 편이 낫겠소." 만약 정말로 상황이 그렇고 걸려 있는 현실적 이해관계가 거래를 끝내는 쪽을 지지한다면, 협상의 논의를 다시 시작하기 위해선 공식 사과를 하거나 또는 협상 담당자의 교체가 필요하다. 따라서 퇴장이 무엇을 의미하는지 결론 내리기 전에 누가 퇴장하고 있으며, 왜 퇴장하는지 자세히 살펴야 한다.

　요약하자면, 희소성 효과는 이성적인 반응이 아니라 감정적인 반응이다. 교묘한 협상가들은 합리적으로 진행되어갈 협상 과정에 긴박감을 주입하고 심지어 공포감을 조성하기 위해 희소성을 사용하기도 한다. 간혹 진실을 말할 때도 있다. 실제로 새로운 다른 제안들이 있고, 정말 수요가 많고, 최종 시한이 있을 수도 있다. 하지만 대부분의 경우 당신이 엉겁결에 '즉시 실행' 단추를 눌러주기를 바라며 허세를 부리는 경우가 많다. 당신이 비상 벨을 눌러야 할지 아니면 그런 상대방의 시도를 견뎌야 할지 고민하는 긴장된 순간에 균형을 깨뜨리는 것은, 당신의 레버리지 상황에 대한 이해와 그에 따른 판단의 문제다.

바바리안으로 돌아가보자

희소성 효과에 관한 지식을 가지고 다시 크라비스가 RJR 이사회와 최종 시한을 정하고 협상을 벌이고 있는 법률 사무실로 돌아가보자. 크라비스는 최종 시한을 고집해야 할까 아니면 연장을 허락해야 할까? 최종 시한을 강요할 외부 압력은 없으므로 전적으로 크라비스의 레버리지를 분석해 답을 찾아야 한다. 만약 이 시점에서 크라비스가 퇴장한다면 크라비스와 RJR 이사회 중 어느 쪽이 더 불리할까?

논리적으로 생각해보자. 만약 크라비스가 최종 시한을 고집하고 퇴장한다면 돈은 남겠지만 '세기의 거래'를 성사시킬 기회를 잃을 것이다. 그리고 타고난 경쟁적 협상가인 크라비스는 이 거래가 성공적으로 이루어지기를 간절하게 바라고 있었다. 퇴장 후 그의 유일한 희망은, 경쟁 입찰자가 제안한 액수가 입찰가에 못 미쳐 RJR 이사회가 그에게 RJR을 제발 사달라고 빌며 따라오는 것이다.

그러면 RJR 이사회의 입장은 어떤가? 그들은 회사의 경매 입찰에서 RJR 주주들에게 최고의 값을 받아주어야 한다. 만약 크라비스가 퇴장해도 이사회는 아직 원매자가 있으며, 기록적인 가격으로 거래를 성사시킬 수 있다.

결론은? 크라비스가 아닌 이사회에 레버리지가 있었던 것이다.

잠시 침묵이 흐르면서 노기의 불길이 활활 타올랐다. KKR의 고문들이 애킨스에게 그룹이 회의할 동안 잠시 자리를 비켜달라고 요청했다. 격정은 곧 가라앉았고, 크라비스는 그의 팀과 의논하기 시작했다. 운이 따랐는지 오후 1시가 되기 얼마 전에 존슨이 제안한 입찰 금액이 정확히 108달러라는 사실이 알려졌다. 존슨 팀이 언론에 배포한 보도 자료를 통해 통신사들이 일제히 타전하기 시작했던 것이다. 이 중요 정보로써 크라비스는 자신이 집중해야 하는 구체적인 목표를 알게 되었다.

크라비스는 이제 입찰을 계속하고 싶어 하는 자신의 의지를 확인했다. 그러나 그에겐 '체면'의 문제가 있었다. 그가 제시한 최종 시한을 쉽게 포기하면 이후에 새로운 최종 시한이나 조건을 내세울 때 신뢰를 잃게 될 것이다. 협상의 레버리지는 이사회가 갖고 있었다. 그러나 크라비스는 이사회가 경매 절차를 무한정 연장할 수는 없다는 메시지를 보내고 싶었다.

오후 1시 15분. 원래의 최종 시한을 15분 넘긴 후, 크라비스의 그룹은 하나의 제안을 준비해 이사회의 특별위원회 위원인 찰스 휴겔과 함께 애킨스를 불렀다. 제안 내용은 다음과 같았다. "만약 이사회가 KKR에게 4,500만 달러를 지급하는 데 동의하면 우리는 최종 시한을 오후 2시까지 연장하겠다." 1분에 100만 달러 격인 이 금액은 만약 KKR이 입찰 경쟁에서 졌을 때 그 지출의 일부를 보전할 금액이었다.[13]

이사회는 협의를 했고 크라비스 측의 제안에 동의했다. 고문들이 이 조건을 노란색 노트 패드에 수기로 작성하고 모두가 서명했다. 이사회가 KKR의 106달러 제안을 고려하는 데 쓸 수 있는 시간은 오후 2시까지였다.

크라비스가 최선을 다했음에도 불구하고 이후 45분 동안 사건들은 통제 불능 상태로 회오리쳤다. 존슨 팀은 새로운 '정크 본드' 회사채를 포함한 새로운 입찰 제안서를 제출했는데, 이번에는 주당 112달러나 되는 천문학적인 액수였다. 존슨이 제안한 입찰가가 아직도 오후 1시에 들었던 108달러 수준이라고 생각한 크라비스는 마지막 입찰가를 108달러로 제안했다.

그러나 이러한 엄청나게 급박한 기동 작전에 흥분한 나머지, 크라비스는 108달러를 새로 제안하면서 이 제안을 다시 새로운 최종 시한과 연결시키는 것을 잊고 말았다. 예전에 제안한 106달러는 오후 2시가 최종 시한이었지만 새로 108달러의 제안에는 최종 시한이 걸려 있지 않았다. 이사회는 이제 입찰의 새로운 라운드를 고려할 추가 시간에 대한 권리를 주장했다. 크라비스는 마지못해 따를 수밖에 없었다. 그의 최종 시한 전술은 실패했고, 다시 시도할 아무런 의미도 없었다.

협상 종결의 심리적 요인 2 : 과잉 몰입

RJR 사례에서 최종적으로 크라비스가 어떤 결말을 맞았는지 알아보기 전에, 1988년 그날 작동했던 두 번째 심리 현상을 살펴보자. 심리학자들은 이것을 과잉 몰입이라 부른다.[14]

과잉 몰입은 어떤 행동이나 의사 결정에 과잉 투자를 했을 때 손실이나 실패를 인정하지 않으려는 인간의 욕구에서 생긴다. 초기에는 분별 있는 행동이었지만 이제 더 이상 그 의사 결정이 이치에 맞지 않는데도 불구하고 초기에 투자한 시간이 많으면 많을수록 그 일을 끝까지 해내려고 그 의사 결정에 점점 더 몰입하게 된다.

자, 과잉 몰입에 대한 간단한 사례를 하나 생각해보자. 당신이 놀이 공원에 가서 '후룸라이드'라는 인기 있는 놀이 기구에 대해 들었다고 상상해보라. 당신이 거기에 도착했을 때는 이미 후룸라이드를 타기 위해 기다리는 사람들이 길게 줄을 서 있었지만 그래도 기다려보기로 결정했다. 당신이 기다린 지 한 2~3분쯤 지났을 때 공원 관계자가 나와 한 시간 반 정도 더 기다려야 한다고 말했다. 이제 당신은 결정을 내려야 한다. 계속 기다릴까 아니면 다른 곳으로 갈까?

이번에는 상황은 똑같은데 다만 공원 측 관계자가 나왔을 때는 이미 45분이나 줄을 서서 기다린 상황이다. 이제 놀이 기구를 타려면 45분을 더 기다려야 한다. 당신은 더 기다릴 것인가 아니면 포기하고 다른 곳으로 갈 것인가?

과잉 몰입에 대한 연구 결과에 따르면, 총 대기 시간이 똑같다고 하더라도 후자의 경우보다는 전자의 경우에 훨씬 쉽게 포기한다고 한다. 후자의 경우에는 당신이 포기함으로써 '손해 보게 되는' 45분을 이미 투자한 상태이기 때문이다. 전자의 경우에는 단지 몇 분을 '손해 볼' 따름이다. 일단 기다리는 데 의미 있는 초기 투자를 했다면, 당신은 실현 가능한 목표를 얻기 위해 더 많은 시간을 투자하려 한다.

손실 회피를 레버리지로 활용하라

심리학자나 카지노 소유자, 월스트리트에서 일하는 주식 중개인 들은 모두 손실 회피라는 잘 연구된 인간 특성을 이용해 득을 보아왔다. 슬롯머신을 하는 사람들이 일단 돈을 잃기 시작하면 종종 '본전을 찾으려는' 충동을 느낀다. 그들은 계속해서 칩을 집어넣으면서 잃은 돈을 건지려다 점점 더 손해를 본다. 경험이 부족한 투자자는 그들의 불운한 투자가 호전되어 다시 본전 상태를 회복하기를 바라며 손실이 난 주식을 파는 데 주저한다. 결국에는 성공할 가능성이 큰 주식을 팔고 손실이 나는 주식을 붙들고 있으면서 전문 포트폴리오 매니저와는 정확히 반대로 움직인다.

이렇게 자멸적인 심리 성향이 협상에서는 어떻게 작동할까? 놀이 공원에서 줄을 서 기다리는 사람이 시간이 흐를수록 점점 더 단호하게 놀이 기구를 타려고 하는 것처럼, 많은 시간과 에너지와 또 다른 자원을 실제 협상 과정에 투자한 만큼 점점 더 협상을 끝내는 데 몰입하게 된다.

과잉 몰입 현상은 상대방이 좋은 마음으로 행동할 때에도 자연스럽게 일어난다. 그러나 교묘한 협상가는 단지 우리를 과잉 몰입하게 만들기 위해 일부러 협상을 연장할 수 있다. 그들은 종결 직전에 사죄하듯이 합의에 '필수적인' 마지막 순간의 요구를 하며 함정을 설치한다. "우리는 이미 너무나 멀리 왔군요." 그들은 간청한다. "우리가 쏟아부은 모든 시간과 노력이 헛되지 않게 하세요." 사람들은 대부분 실패한 협상을 버리는 대신 협상 상대방이 원하는 최소한이라도 주고 거래를 살리려는 경향이 있다.

과잉 몰입과 제9장에서 논의한 대비 원칙을 결합하면, 아주 말솜씨가 좋은 협상가들이 사용하는 조금씩 물어뜯는 '잠식 전술'이라 부르는 또 다른 종결 전술을 설명할 수 있다. 잠식 전술을 사용하는 협상가는 거래가 끝나기 직전에 작은 호의를 조심스럽게 요구한다. 사람들은 대부분 복잡하고 긴 협상에서 그런 작은 문제에 구차한 변명을 늘어놓아 거래가 망가지길 원하지 않는다. 대체로 그들은 요구받은 대로 양보하고 만다. 그러나 협상 전문가들은 모든 계약에 조금씩 물어뜯는잠식 전술을 적용해 평균 3%에서 5%에 달하는 추가 가치를 얻어낸다.

과잉 몰입과 잠식 전술에 대한 방어 수단은 분명하다. 만약 당신이 잠식 전술가와 협상하고 있다는 것을 알았다면 협상의 마지막 순간에 포기할 수 있는 뭔가를 꼭 쥐고 있어라. 만약 상대방이 당신과 그다지 친하지 않다면 당신이 원하는 목표에만 집중하라. 상대방이나 당신이나 협상 과정에 투자한 시간은 마찬가지인 만큼 마지막 순간 동정에 호소하는 요구에 절대 응하지 마라. 만약 우리가 놀이 공원에서 손에 표를 쥐고 한 시간이나 끈기 있게 기다려 놀이 기구에 막 올라타려는 순간 누군가가 추가 요금을 부과한다면 아마 격분하고 말 것이다. 협상 마지막 순간의 요구에도 같은 태도를 취하라. 최소한 호혜적인 양보를 끝까지 주장하라.

크라비스와 RJR에 대한 마지막 고찰

자, 이제 다시 크라비스에게로 돌아가보자. 크라비스가 새로 108달러를 제안하는 입찰 제안서를 제출한 이후에도 협상은 일곱 시간이나 계속되었다. 이 시간 동안 협상 당사자들은 서로 유리한 입장에 서기 위해 책략을 썼고, 어떤 투자 은행가도 과거에 경험해본 적이 없는 수준에서 계속 증가하는 경매 입찰 관련 투자 위험을 계산하기에 바빴다. 그리고 협상을 마치려는데, 과잉 몰입이라 할 정도로 점점 더 몰입하고 있는 KKR 팀은 시간에 계속 쫓기고 있었다. 조급해져갔다.

마침내 이사회는 크라비스에게 존슨이 제안한 정크 본드 112달러를 능가하는 금액을 제안할 수 있는 마지막 기회를 주었다. 크라비스는 그의 팀과 긴장된 상담을 거친 후, 마지막이자 최고 제안인 주당 109달러 안을 테이블 위에 올려놓았다. 총 금액 250억 달러가 넘는 제안이었다. 최종 시한을 몇 차례 새로 주고받았고, 마침내 이 109달러 제안으로 최후의 승자가 되었다. 이사회는 최종적으로 존슨이 제안한 투기성이 짙은 정크 본드 112달러 안과 크라비스가 제시한 더 신뢰할 수 있는 109달러 안을 동등하게 평가했다. 저녁 9시 15분경, 이사회는 KKR의 대규모 자금 조달 경험과 신용을 높이 평가하여 KKR의 손을 들어주었다.

맹렬한 경쟁자에게 주어진 달콤한 승리였다. 그러나 많은 해설가들은 이 '세기의 거래'에서 최종 가격을 결정하는 데 사업 분석보다는 협상의 역동성이 작용했다는 사실에 충격을 받았다. 희소성 효과와 과잉 몰입이 크라비스의 경쟁적 성격과 결합해 협상 과정에 크게 작용했던 것이다. 오늘날 이 거래를 되돌아보면 크라비스가 RJR에 너무 많은 돈을 지불했다는 사실과 RJR 거래가 크라비스가 일으켰던 대규모 기업 인수 전쟁 중 그의 마지막 입찰 경쟁이었다는 점은 결코 우연의 일치가 아닌 것 같다.

RJR 사례는 흥미진진하다. 왜냐하면 현 시대에 가장 경쟁적이라고 손꼽히는 두 협상가가 이해관계가 크고 극적인 요소가 많은 거래 상황에서 충돌한 사건이기 때문이다. 이해관계가 걸린 모든 다른 거래 상황에도 똑같은 협상 종결 기술을 적용할 수 있다. 만약 당신이 자동차를 팔려 한다면 그 자동차만 가지고 있는 유일무이한 특성에 관심을 보이는 구매자를 찾아라. 그런 다음 북을 두드려 경쟁자를 약간 모으고, 그 차를 희소한 물건으로 만들어라. 모든 경매 제안에 최종 시한을 정하고, 구매자가 구체적인 제의를 해오는지 지켜보라.

만약 당신이 집을 사려 한다면? 당신이 마음에 꼭 드는 집 외에 다른 대안이 없다면 조심하라. 희소성 효과는 꽤 강하기 때문이다. 상대방에게 경쟁적인 분위기를 불어넣어 토론할 수 있도록 믿을 만한 대체물을 생각해두는 것은 항상 도움이 된다. 그리고 길고 지루한 협상 과정에 주의하라. 협상이 거의 끝날 무렵 당신은 아마도 과잉 몰입하게 되어 단지 협상을 마치기 위해 판매자에게 필요 없는 양보를 하는 유혹에 빠질는지 모른다.

유연한 종결 전술 : 차이를 양분할까요?

우리가 지금까지 다루어온 종결 전술들은 많은 소비자 상황과 비즈니스 상황에서 일어난다. 그러나 조금만 솔직해지자. 그러한 상황은 대부분의 우리 생활에서는 예외적인 경우다. 우리가 경험하는 협상은 대개 우리가 지속적으로 관계를 맺고 있는 많은 사람들, 또는 회사들과 관련이 있다. 최종 시한을 정해놓는다거나 다른 희소성 효과 전술과 같은 경쟁적인 전술들이 관계가 중요한 협상에서도 어떤 역할을 할 수 있지만, 관계 중시 상황에서는 '유연한' 종결 전술이 정석이다. 우리는 같이 일하고 싶은 사람들에게 "그대로 받든지 말든지."라고 말하고 받아들이지 않으면 퇴장하는 식으로 행동하지는 않는다.

진정한 관계 중시 상황에서는 협상이 간단하게 끝난다. 당신의 호의를 상대방에게 확실하게 보여주는 것이 당신의 목표다. 따라서 협조적으로 적응하고, 그런 후에 신속하고 상냥하게 협상을 마무리한다.

이해관계와 인간관계가 모두 중요한 관심의 균형 상황에서는 협상 종결이 복잡해진다. 당신은 상대방이 좋은 감정을 느끼기를 바라는 동시에 거래에서 실질적인 이익의 공정한 몫을 얻고 싶어 한다.

두 경우 다, 관계에 민감한 협상을 잘 마무리할 수 있는 부드럽고 신뢰할 만한 종결 전술들이 있다. 자, 지금부터 그것들을 살펴보자.

아마도 가장 흔히 사용되는 종결 전술은 차이를 양분하는 방법일 것이다. 협상에 대한 연구 결과를 살펴보면 어떠한 거래에서든 가장 가능성이 높은 해결점은 양측이 내놓은 최초 제안의 중간점이라는 사실을 알 수 있다. 본능적으로 타협을 선호하는 사람들은 최초 제안 숫자 둘을 테이블 위에 올려놓은 후 반으로 잘라 복잡한 협상 절차를 뛰어넘기를 바란다.

흥정을 몇 차례 거친 후라 해도 협상 당사자의 어느 한쪽이 그들의 마지막 위치에서부터 중간인 지점에서 절충하자고 제의하는 때가 있다. 서로의 관계가 중요한 상황에서는 적절하면서도 부드럽게 협상을 마무리하는 완벽한 방법이다.

차이 양분법은 왜 인기가 있을까? 첫째, 우리의 공정성과 상호 호혜의 감정에 호소하고, 그로 인해 협상 당사자 사이의 미래 거래에도 좋은 관계를 유지할 수 있게 해준다. 차이를 양분하는 전략은 제4장에서 논의한 공평하게 반씩 나누어 갖는 최후 통첩 게임과도 비슷하다. 각 당사자는 동시에 똑같은 양보를 한다. 이보다 더 공정한 방법이 또 있겠는가?

둘째, 단순하고 이해하기 쉽다. 따로 변명하거나 설명을 하지 않아도 된다. 상대방은 당신의 움직임을 정확하게 파악하고 있다.

셋째, 신속하다. 협상을 좋아하지 않거나 성격이 급한 사람에게 유용하다. 차이 양분법은 협상 때마다 맞닥뜨리게 되고 잠정적으로 복잡한 개인 간의 갈등관계에서 빠져나올 수 있는 방법이다.

차이 양분법은 일반적으로 통용되는 종결 전술이어서 상황에 관계없이 가끔은 거절하는 것이 무례하고 불합리해 보이기도 한다. 그러나 이것은 너무 좋은 면을 강조한 것인지도 모른다. 차이 양분법을 주저하게 되는 경우가 있는데, 다음과 같은 두 가지 중요한 상황에서다.

첫째, 순수한 거래 상황에서는 제안받은 차이 양분점이 당신에게 정말 공정한지 잘 따져보아야 한다. 경험 많은 흥정가들은 거래가 대부분 두 최초 제안의 중간에서 이루어지는 경우가 많다는 점을 알고 있기 때문에 공격적인 최초 제안으로 협상을 시작한다. 만약 당신이 공격적인 가격이 아닌 합리적인 가격으로 협상을 시작했다면 중간 지점은 상대방 쪽으로 크게 기울 것이다. 그러므로 만일 시작부터 균형이 깨졌다면 협상의 끝에서 차이를 양분하지 마라. 당신이 바라는 목표를 이루려면 공정한 가격을 고집해야 한다.[15]

둘째, 관계와 거래가 모두 중요한 관심의 균형 상황에서도 초기 단계에는 차이 양분법이 적합하지 않다. 많은 돈이나 중요한 원칙이 걸려 있으며 또한 관계도 중요한 경우에는, 차이를 양분하는 것과 같은 단순한 종결 전술에 의존하는 것은 모든 사람을 필요 이상으로 나쁜 상황으로 이끌 수 있다. 그럼에도 불구하고 이 전술은 매우 공정하기 때문에 사람의 마음을 끈다.

제7장에서 살펴본 프랭클린의 식사 협상으로 돌아가 생각해보자. 차이 양분법을 적용한 해결 방법은 어떤 모습일까? 프랭클린은 채식과 육식을 나누어 먹었을 테고, 다른 도제들도 마찬가지였을 것이다. 결

국 양쪽 모두 반은 불행했을 것이다. '아무도 이기지 못한' 대신 프랭클린은 요리사에게 지불하는 비용의 반으로 자신의 식사를 스스로 준비하기 시작했고, 모든 사람이 계속 행복할 수 있었다.

활력 있고 협력적인 협상 과정에서 차이 양분법은 마지막 차이를 연결하는 다리 역할을 하는데, 주로 협상의 시작 단계에서가 아니라 끝에서 이루어진다.

차이가 너무 벌어져 나누기 어려울 때 사용할 수 있는 또 다른 우호적인 종결 방법은 중립적인 가치 평가를 부탁하는 것이다. 이 방법은 제7장에서 이야기했던 J. P. 모건과 존 D. 록펠러의 메사비 광산에 대한 8,000만 달러 매매 협상에서 사용된 전술이다. 만약 협상 당사자들이 중립적 가치 평가자 한 명에게 동의할 수 없다면 그들은 각각 한 명씩 추천해 두 전문가가 제시한 두 숫자의 평균을 구할 수도 있을 것이다.

또 다른 혁신적인 종결 방법은 '협의 후 재협의'다. 하버드 대학교에서 활동하는 하워드 레이파가 주창한 방법으로, 협상 당사자 사이에 일단 이루어진 좋은 합의에서부터 더 나은 거래를 만들어내기 위해 그들이 어쩌면 테이블 위에 남겨놓았을 추가 가치를 추구하는 것을 말한다.

레이파가 접근하는 방법은 일단 협상 당사자들이 동의하는 합의에 도달한 다음 전문가에게 도움을 받아—받지 않을 수도 있다—어느 쪽도 더 나빠지지는 않으면서 어느 한쪽이나 또는 양쪽이 모두 유리해지는 교환이나 아이디어를 계속 찾는 데 동의한다. 만약 그들이 원래 합의한 내용보다 더 좋아지는 데 합의하지 못하면 원래 거래로 되돌아가면 된다.

내가 연구한 대로라면, 이론적으로 그럴듯해 보이는 '협의 후 재협의' 기법을 실행에 옮기기는 어렵다. 당시 레이파가 발표한 이론에 심취해 있던 나는 협상을 마친 뒤 더 좋은 거래를 찾는 협상 당사자들을 보조해주는 컴퓨터 프로그램을 개발하는 일을 도왔다. 그러던 중 발견한 사실에 나는 놀랐다. 사람들은 우리가 제안하는 '협의 후 재협의' 단계에 거의 관심이 없었다.

왜 레이파가 내놓은 매력적 아이디어에 사람들이 관심을 갖지 않았을까? 첫째, 열띤 경쟁 끝에 복잡한 협상을 마무리 짓고 나면 사람들은 일단 지치고 그만두고 싶어 한다. 그리고 이제 충분하다고 말한다. 둘째, 협상 과정 동안 그들에게 무엇이 중요한지 관점이 바뀌는데, '협의 후 재협의' 시스템은 이런 빠른 변화를 따라가기가 힘들다. 끝으로, '협의 후 재협의' 과정에서 일어날 일들로 인해 상대방이 원래 합의한 데서 뒷걸음질할 수도 있다는 사실을 우려하며 혼자 떠나는 것이 최고라고 말한다.

내가 준비한 실험 연구에 참여한 사람들은 내게 중요한 사실을 가르쳐주었다. 거래도 확실히 좋게 끝나고 업무 관계도 다 좋게 마무리하기란 쉽지 않다. 협상에서 거래와 관계를 둘 다 얻은 사람들은 대부분 현명하게도 열심히 노력해서 얻은 결과의 가치를 소중히 여기고 거기에 만족하며 살아간다.

협상이 결렬되면 어떤 일이 생길까?

협상에서 양보 단계는 합의에 이르기보다 아무런 성과 없이 결렬되는 때도 있다. 협상 당사자들은 '막다른 골목'에 이르기도 한다. 사실상 협상 결렬이 정답일 때도 있다. 협상이 깨지는 이유는 많다. 협상가들이 각자의 사전 입장에 점점 더 몰입하게 되며 강한 자존심은 협상을 계속하는 데 걸림돌이 되는 경우가 있다. 나는 대표적 예로 한국 전쟁에서 발생한 협상 결렬 사례를 종종 든다.[16]

1969년, UN 사령부를 대표한 협상 대표인 미군 제임스 B. 크냅 장군과 북한 대표 이춘선 장군은 남한과 북한 사이의 비무장지대 안에 있는 작은 임시 막사에서 만났다. 북한 측이 소집한 회의였다. 1953년 휴전 이래 수백 회나 사용된 한국군사정전협정(KMAC) 규정에 따르면, 기본적으로 회의를 소집한 측이 연기를 공식 선언할 때까지 회의는 계속된다. 게다가 회의를 연기한다는 공식 선언이 나올 때까지 회의 참석자들은 절대 회의실을 떠날 수 없다.

회의가 시작된 지 일곱 시간이 지났다. 크냅 장군은 한반도 군사 갈등 완화 계획을 제안했고, 특히 북한이 내놓는 모든 '논쟁적, 호전적, 전쟁 확산적 성명'을 즉각 중단하라고 요구했다.

북한 대표 이 장군은 이 요구에 이의를 제기하고 더 이상 아무 말도 하지 않았다. 그는 팔짱을 낀 채 앉아 강철같이 완고한 반대를 표명하며 크냅 장군을 바라보았다. 크냅 장군도 적개심에 불타는 눈빛으로 이 장군을 노려보았다. 두 사람은 네 시간 반 동안 한마디 말도 없이 앉아 있었다. 먼저 약점을 보이지 않으려고 눈도 깜박이지 않고 화장실에도 가지 않으며 서로 으르렁대는 두 마리 호랑이처럼 앉아 있었다.

회의가 시작된 지 11시간 35분이 지났을 때, 이 장군이 갑자기 일어나 아무 말도 없이 회의장을 떠나버렸다. 그러자 크냅 장군이 선언했다. "북한 측이 하는 행동을 보니 이 회의는 끝났다고 봐야겠군." 그가 얼마나 빨리 그 방을 떠났는지는 아쉽게도 기록에 남아 있지 않다.

과잉 몰입 문제 이외에도 때때로 협상 당사자들은 간격을 메우기 어려울 정도로 너무 멀리 떨어져서 시작하는 경우가 있다. 협상에서 서로 의사소통이 어렵고 오해가 쌓이며 서로 마음이 안 맞아 당사자들이 극복하기 어려운 지경에 처하게 되는 경우도 많다. 이때는 어떻게 해야 할까?

적응 능력이 뛰어난 사람들은 대체로 협상이 결렬되면 결과가 나쁘다고 생각한다. 결국 사람들은 협상이 무산되면 감정적이 되기 쉽고, 그런 갈등은 적응 유형이나 회피 유형의 사람들을 괴롭힌다.

그러나 실상은 전혀 다르다. 막다른 골목이 도움이 될 수도 있다. 협상이 결렬됨으로써 협상 당사자들은 그들이 세운 기대 수준을 심각하게 재평가하게 된다. 그들은 좀더 명확해진 우선 순위나 새로운 해법을 가지고 돌아온다. 그리고 앞에서 논의한 것처럼, 퇴장하기는 중요한 사안의 심각성을 알리는 데 유용한 신호 방법이다. 누군가가 잘못해 협상이 결렬된 게 아니라, 상대방과 무관하게 한쪽 협상 당사자가 협상 개시 전략의 한 방법으로 막다른 골목을 계획하는 경우도 있다.

그렇다면 일단 막다른 골목에 부닥쳐 결렬되었을 때는 협상을 재개하기 위해 어떻게 해야 할까?[17] 내가 생각하기에 효과적인 몇 가지 방법을 아래에 소개하겠다.

막다른 골목에서 협상을 재개하는 방법

아마 막다른 골목을 극복하는 가장 쉬운 방법은, 당신이 떠나려고 일어섰을 때 다시 협상 테이블로 돌아갈 수 있도록[18] 뒷문을 열어놓는 방법이다. 당신은 가방을 챙기며 이렇게 말한다. "당신이 취하고 있는 현재 입장으로는, 이번 협상을 지속시킬 수가 없군요." 상대방이 주의 깊은 사람이라면 당신이 사용한 '이번'이라는 어휘를 포착할 테고, 나중에 당신에게 재치 있게 물어볼 것이다. "이제 당신이 새로 대화를 재개할 수 있는 시간이 되었습니까?" 뒷문을 열어놓는 방법은 또한 체면을 잃지 않으면서 나중에 다시 상대방과 접촉할 수 있는 기회를 만들어준다.

만약 상대방 협상가가 정말 화가 나서 떠난다면 뒷문을 열어놓고 떠날 만큼 신경을 쓰지 않을는지 모른다. 만약 그렇다면 당신은 불필요한 체면 손상 없이 그를 돌아오게 할 방법을 고민해야 한다. 한 전문가가 표현한 대로, 당신은 그가 협상 테이블로 돌아올 수 있도록 '황금 다리'를 놓아주어야만 한다. 그가 처음에 최후 통첩을 했다는 사실을 '잊어버렸다'고 하거나, 그가 돌아오는 데 대한 변명이 가능하도록 그가 한 마지막 말을 '기억함으로써' 황금 다리를 놓아줄 수도 있다.

의견이 잘못 전달되었거나 서로 오해가 생겼을 때는 간단히 사과함으로써 상대방을 다시 협상 테이블로 돌아오게 할 수도 있다. 만약 간단한 사과로는 해결되지 않을 정도로 관계가 뒤틀려졌으면 협상가를 바꾸거나 혹은 중재인 없이 직접 협상하는 것이 필요할 수도 있다.

1990년대 미국 프로야구는 선수 조합과 구단주 간에 협상이 결렬되면서 두 번이나 시즌 전체를 문 닫아야 했다. 대도시 팀의 구단주들은 선수 급료 총액을 제한해줄 것을 원했고, 소도시 팀의 구단주들은 대도시 팀의 구단주들이 가맹 팀들에게 보조금을 지급해주기를 원했으며, 선수들은 더 많은 돈을 원했다. 마치 연결된 고리 세 개를 들고 하는 서커스 공연 같았다. 세 고리에 돌파구가 만들어진 계기는 구단주들이 랜디 레바인이라는 변호사를 새 협상가로 고용해 협상 테이블에 소개하면서부터였다. 한 참석자가 전하는 말에 의하면, 레바인은 주창자와 중재자 역할을 동시에 하면서 당사자들 사이에 쌓인 '불신의 벽'을 무너뜨리는 데 성공하였으며 높은 신뢰와 창의성을 발휘하였다고 한다.[19] 최악의 난관에 봉착한 대화를 움직이게 한 또 다른 방법은 모든 당사자들에게 언론과 인터뷰하는 것을 전면 금지하는 데 합의하도록 했으며, 타협을 어렵게 만드는 공식 입장을 협상 테이블에 가져오지 않겠다는 합의를 이끌어낸 것이다. 제2장에서는 공적 약속이 어떻게 당신의 목표를 고수하도록 하는 데 도움을 주는지 논의했으나, 각자가 공식 입장에서 떨어져 나오는 것이 모든 사람들에게 이득이 되는 경우도 있다. 노동자 파업과 같은 이해관계가 높은 협상에서 이것은 당사자들을 스포트라이트 밖으로 끌어내어 사적인 공간에서 일할 수 있게 한다는 뜻이다.[20]

스스로 감정적으로 악순환에 빠져드는 경우는 막다른 골목 중에서도 최악의 사례다. 내가 화난 것이 당신을 화나게 만들고, 당신의 반응이 다시 나를 더욱 화나게 만든다. 1969년에 있었던 크냅 장군과 이 장군의 교착 상태가 바로 이런 범주에 속한다.

사람들은 일단 싸우기 시작하면 진짜 중요한 이슈를 놓치는 경향이 있다. 거래는 가능하다. 그러나 누군가 한 발자국이라도 움직이게 되면 체면이 깎이는 상황이다. 이런 상황에서 당사자들은 서로 무엇을, 어떻게 해야 할까?

전쟁에서나 비즈니스 거래에서나 일어날 수 있는 이런 종류의 충돌에 대한 해법은 '작은 한 걸음'이라고 내가 이름 붙인 절차다. 협상 당사자

한쪽에서 상대편 방향으로 매우 작지만 가시적인 움직임을 취한 다음 상대방도 같은 양보를 해주기를 기다린다.[21] 만약 상대방이 응답을 해오면 양자는 이런 사이클을 계속 반복해나간다. 1960년대 초 냉전에 관한 책을 쓴 해설가 찰스 오스굿은 'GRIT'이라는 절차를 창안해냈다. GRIT 은 '긴장을 해소하기 위한 단계적이고 상호적인 방안(Graduated and Reciprocated Initiatives in Tension Reduction)'의 약자다.[22]

이집트의 안와르 사다트 전 수상이 1977년 11월 19일 예루살렘으로 날아간 것은 아랍·이스라엘 간에 갈등을 완화하기 위한 '작은 한 걸음'을 내디딘 것이며, 이후 메나헴 베긴 이스라엘 수상을 만나게 된다. 이스라엘 땅에서 단지 비행기를 내리기만 한 정말 작은 한 걸음이었지만 사다트는 이스라엘의 존재를 인정하려는 의지를 표명한 것이었다. 이 작은 한 걸음이 마침내 캠프 데이비드 평화협정과 이스라엘이 이집트에 시나이 반도를 반환하는 결정을 이끌어냈다.[23]

한 경영자가 나에게 '작은 한 걸음'의 절차가 일상생활에서도 효과가 있다는 사실을 잘 보여주는 협상 사례를 이야기해주었다. 양 당사자는 복잡한 비즈니스 협상에 임하고 있었다. 그들은 서로 자신이 레버리지를 가지고 있다고 확신하고 있었고, 또한 거래에 대한 각자의 관점을 지지해주는 최선의 논거를 확보하고 있다고 믿었다. 몇 차례의 협상 후에도 어느 쪽도 움직이려 하지 않았다.

마침내 테이블에 앉아 있던 한 여성이 자신의 핸드백으로 손을 뻗어 M&M 초콜릿 봉투를 꺼내더니 초콜릿 봉투를 뜯어 테이블 중간에 초콜릿을 쏟아부었다.

"뭐하려는 겁니까?" 상대방 측에서 물었다.

"점수를 세려고요." 그녀는 대답했다.

그런 다음 그녀는 거래에 대한 하나의 작은 양보를 모두에게 알려주었다. 그러고는 M&M 초콜릿 한 알을 파일에서 꺼내 그녀 쪽으로 갖다놓았다.

"이제 그쪽 차례예요." 그녀는 반대쪽에 앉아 있는 상대방 남자들에게 말했다.

선을 넘지 않기 위해 상대방은 머리를 맞대고 의논했고, 그들이 양보를 하며 초콜릿 두 알을 끌어당기고 이렇게 말했다. "우리가 양보한 것이 당신이 양보한 것보다 크거든요."

이 절차를 부추긴 선동자는 현명하게도 이 작은 논쟁을 상대방이 이기도록 해주었고, 그런 다음에 또 다른 초콜릿을 가져오며 새로운 양보를 했다.

그리 오래지 않아 양측은 거래의 마지막 조건에 합의하기 위해 함께 긴밀하게 일하고 있었다. 이것을 GRIT 절차의 M&M 버전이라 부르자. 협상 거래 관계 안에서 상호성 규범을 다시 작동하게 만드는 이와 비슷한 메커니즘은 유사한 도움을 줄 것이다.

협상 당사자들이 이런 막다른 골목에 다다르는 경우는 대체로 서로 상대방의 요구가 합법적인 기대 수준을 넘었다고 생각할 때다. 다시 협상을 움직이게 하려면 협상 당사자들은 반드시 준거 틀을 바꿔야 하고, 원래 기대 수준에 못 미치는 거래를 받아들여야 한다. 협상이 결렬되는 것보다는 낫지 않겠는가.

이러기까지 때로는 시간이 많이 걸리기도 한다. 한쪽이나 양쪽 모두 그들의 기대 수준을 바꿀 때까지는 시간이 오래 걸리더라도 막다른 골목에 그대로 두어야 한다. 내밀 수 있는 다른 대안에 비해 최후의 합의가 반드시 이득으로 보일 때까지 놔두어야만 한다.[24]

만약 이 방법들이 모두 실패한다면 촉진자, 중개인 또는 중재인 같은 중립적인 제3자에게 도움을 구해 협상의 틀을 바꾸어보는 방법도 있다. 이런 전문가들은 합의를 이루지 못하고 결렬되었을 때 당신이 무엇을 잃게 되는지 몰입하게 만든다. 만약 전문가들조차도 막다른 골목에 부닥친 난관을 허물지 못한다면, 그리고 법적 권리가 문제되는 분쟁이라면, 이젠 법정으로 가는 수밖에 없다.

합의에 만족하지 마라. 이행 약속을 확보하라

월스트리트에서 가장 큰 두 회사인 딘 위터 디스커버 앤 컴퍼니와 모건 스탠리 그룹이 1997년 사업을 합병하는 데 합의했다고 발표하면서 그들은 재미있는 각주를 포함시켰다. 만약에 이 거래를 취소하려는 회사는 상대방에게 2억 5,000만 달러를 제공하기로 약속한 것이다.[25]

보스턴 대학에서 활약하는 풋볼 스타였던 덕 플루티가 트럼프가 창설한 US 풋볼 리그 팀 뉴저지 제너럴스와 계약하며 6년 동안 830만 달러라는 엄청난 계약금을 손에 넣었을 때, 플루티의 에이전트는 트럼프와 협상 당사자들이 계약서를 작성하기도 전에 곧바로 언론에 합의 내용을 발표하였다. 플루티의 에이전트는 고객의 이름이 830만 달러 계약과 함께 신문에 활자화된 것을 보고 기뻐했다.[26]

위 두 사례가 보여주는 공통점은 무엇일까? 그들은 협상 종결의 최종 단계인 이행 약속을 얻어내고 있는 중이다. 각각의 사례에서 협상 당사자들은 거래를 약속한 대로 마무리 짓도록 추가 인센티브를 제공해 서로에게 맹세한 것이다.

모든 협상의 목표는 단지 합의를 얻어내는 것이 아니라 이행 약속까지 확보하는 것이다. 당신은 상대방이 합의한 약속을 확실하게 수행하는 충실한 거래를 원한다. 때로는 단순히 악수만 해도 약속 이행을 보장하는 데 충분할 수 있다. 만약 오래 계속되는 관계를 유지하고 있고 서로 신뢰하고 있을 때엔 더욱 그렇다. 그러나 그렇지 않은 경우에는, 계약, 공식 행사, 명시적 페널티, 위약금 같은 좀더 정교한 이행 약속 도구들이 요구된다.

한번은 수업 시간에 한 학생이 내가 알고 있는 어떤 학문적 논의들보다 합의와 이행 약속의 차이가 잘 나타나는 이야기를 해주었다. 또한 그녀의 이야기는 협상의 역동성에 대한 지식이 협상 당사자들의 삶을 향상시키는 데 어떤 도움을 줄 수 있는지 보여준다.

그 학생을 테레사라고 부르자. 테레사는 토요일마다 대도시 중심의 저소득층이 사는 지역 어린이들을 교외로 데리고 나가 함께 놀아주는 자원 봉사 조직을 돕고 있었다. 그녀와 다른 자원 봉사자들은 버스를 전세 내고, 운동 기구들을 구하고, 어린이들을 동반·보호할 성인 자원봉사자들과 조를 짜고, 다 같이 먹을 충분한 음식을 준비하여 하루 동안 저소득층 어린이들이 곤경과 고난에서 벗어날 수 있도록 봉사 활동을 하고 있었다.

성인 자원 봉사자를 제외하고는 모든 것이 잘 진행되었다. 호의를 보여주는 사람들은 도움을 간청하면 잘 들어주는 것 같지만 실제로 약속한 토요일에 나타나는 사람이 드물었다. 더 나쁜 것은 미리 전화를 걸어 테레사에게 나올 수 없다는 사실을 알려주는 일조차 난처하게 생각하고 전화하기도 꺼린다는 점이다. 당연히 봉사 활동 때마다 성인 자원 봉사자들이 부족했다.

테레사는 프로그램 전체를 위협하는 약속 이행의 문제에 직면하게 되었다. 자원 봉사자들을 약속한 날에 반드시 나오도록 할 수 있는 방법이 없을까?

그녀와 자원 봉사 조직은 아이디어를 하나 생각해냈다. 자원 봉사자에게 전화를 걸어 가능한 시간을 약속하면서 그들에게 중요한 추가 임무를 하나씩 더 주었다. 햄버거 고기, 롤빵, 샐러드, 불을 피우기 위한 숯 등등 그날의 점심 식사 준비에 반드시 필요한 아이템을 하나씩 가지고 오도록 부탁했다. 이처럼 손쉬운 약속으로 자원 봉사자들의 참여율은 급상승했다. 왜? 예전에 나타나지 않았던 사람들은 자원 봉사자 한 사람쯤 덜 온다고 소풍에 큰 지장을 주지 않을 거라며 위안했던 것이다. 그러나 자신들의 참여가 무엇을 의미하는지, 햄버거는 숯 없이 쓸모없고 숯은 햄버거 없이 의미가 없다는 등등의 구체적인 생각을 하게 되면서 자신들의 기여가 얼마나 중요한지 알게 되었다. 개개인은 팀의 일부였다. 한 사람이 실패하면 팀 전체가 손해를 보게 되는 것이다. 자원 봉사자들을 자원하게 만들었던 자존심과 책임감이 이제는 실제 수행을 격려하게 된 것이다.

위터, 플루티 그리고 테레사의 이야기가 분명하게 보여주듯이 단순 합의와 진정한 이행 약속의 차이는 합의 사항을 이행하지 않을 때 협상 당사자들이 손해를 볼 수 있는 위험이다. 서로 약속한 합의는 위험을 수반하지 않는다. 합의는 단지 그 순간만큼은 적어도 약속대로 하겠다는 의지에 대한 신호에 지나지 않는다. 약속한 사람이 합의를 취소하면 그에 따르는 명백한 대가를 지불하게 함으로써 이행 약속은 이 상황을 바꾸어놓는다.

이행 약속의 네 가지 수준

약속한 합의 내용을 실제로 지키도록 돕는 장치들은 많이 있다. 보증금, 계약금, 전도금 등도 한 방법이다. 조직에서는 종종 급여 인상, 상여금 혹은 특정 기간 동안 회사에 근무한 사람들에게 주는 연금 등에 보상 시스템이 연계되어 있다. 이는 직원들이 합의한 기간 동안 근무하지 않는다면 무언가 잃어버릴 수 있다는 뜻이다.

협상 상황이 달라지면 이행 약속의 형태도 달라진다. 당신이 이웃의 아이를 봐주기로 약속했으면 당신이 한 말이 누구나 기대하는 유일한 이행 약속이다. 당신과 아웃 사이의 관계가 합의를 담보한다. 그러나 수십억 달러가 걸린 기업합병 상황에서는 대개 법적 구속력이 있는 계약서를 작성하고, 많은 회계사 팀들이 작업을 하며, 그리고 구체적인 문서와 자산이 동시에 교환되는 공식적인 결산과 종결이 이루어진다. 더 많은 이해관계가 걸려 있고 신뢰가 적은 상황에서 사람들은 그들의 기대치를 지키려는 추가 조처들을 취한다.

실제로 모든 협상에서 이행 약속 과정은 일반적인 사회적 의식과 함께 시작된다. 서양에서 가장 즐겨 사용하는 사회적 의식은 악수다. 다른 문화권에서는 고개를 숙여 절을 하거나 혹은 존경과 신뢰를 표하는 유사한 신호들을 보낸다.

비교적 폐쇄적인 사회 집단에서는 악수를 하거나 말로 약속을 하는 것이 매우 진지하게 다루어진다. 이런 사회적 신호를 보낸 후에 이행 약속에 실패하면 약속한 사람은 자존심을 상하게 되는 한편 그 집단 구성원으로서 자격을 위협받을 수도 있다.

약속이 점점 무거워지면 그것을 지탱하는 사회적 의식 또한 복잡해진다. 이러한 좀더 복잡한 의식들은 공개 발표나 공시의 형태를 취하기도 한다.

제1장에서 아루샤 부족의 두 농부 사이에 있었던 '산에게 말하기' 이야기를 다시 생각해보자. 두 농부는 전체 부족 앞에서 합의 내용을 발표하고 염소를 주고 맥주를 나누어 마시는 사회적 의식을 행하며 협상을 마무리했다. 합의에 이르기까지 전 과정을 지켜본 증인들은 거래 조건들을 집단적으로 기억하며 약속을 어기는 쪽이 없도록 했다.

트럼프가 플루티와 계약한 내용을 발표한 기자회견에선 탄자니아 맥주 대신 프랑스산 샴페인을 마셨을지 모르지만, 그 공개 발표는 아루샤 부족이 치른 의식과 똑같은 사회적 목적을 만족시키고 있다. 그들이 거래한 사실을 세상에 발표함으로써 트럼프와 플루티는 약속에 더 몰입하게 되었다.

책임을 지는 것 역시 이행 약속을 향상시킨다. 약속이 제대로 이행되지 않을 때 약속한 사람이 사회적으로나 사람들 사이에서 개인적으로 신뢰를 잃거나 평판이 나빠지는 상황에 처한다면 상대방은 약속을 더 잘 지킬 것이다.

테레사가 활용한 '햄버거 가져오기' 방법은 미묘한 책임감을 이용한 제도다. 과거에 운영한 방식에서 자원 봉사자들은 자신을 바꿔도 괜찮은 익명의 부품 정도로 생각했다. 그런데 새로운 제도에서는 자원 봉사자들에게 추가 책임을 부여해 그들 스스로 '햄버거 당번' 혹은 '음료수 당번' 하는 식으로 자신이 전체 활동에서 얼마나 중요한 역할을 담당하는지 깨닫게 했다.

책임 의식을 향상시키는 이행 약속을 더 강화하는 일반적인 방법은 손으로 합의 내용을 기록하는 것이다. 명시적 조건으로 합의한 내용을 기록하는 과정에서 사람들은 그들이 약속한 내용에 자연스럽게 한 번 더 관심을 기울인다. 이런 행동에는 또한 제2장과 제3장에서 논의한 심리적 일관성 원칙이 작동된다. 방문 판매원들이 확실한 판매 방법에 대해 교육받은 내용을 기억하는가? 그들은 고객들에게 주문서 양식에 직접 합의한 내용을 쓰게 하고 기념하는 행동을 함으로써 고객이 더 몰입할 수 있도록 한다.

많은 서면 합의들은 법적 구속력을 가진다는 추가 이점이 있다. 딘 위터 사와 모건 스탠리 그룹의 합병 계약에서 협상 종결 실패에 대한 벌금 2억 5,000만 달러 조항은 법적 계약의 일부였다. 이 계약은 어느 한 편이 법적으로 강제할 수도 있었으며, 또한 합의를 취소하면 매우 큰 비용을 부담하도록 약속했다.

'계약'이라는 단어는 법적으로 중요하기 때문에 정확하게 어떤 단계가 요구되는지 알아두는 편이 현명하다. 많은 계약들은 구두 합의나 단지 약속을 교환하는 것만으로 법적 구속력을 확보한다. 한쪽이 다른 쪽에게 제안하고, 다른 편은 받아들이고, 양측 모두 이행을 약속하면 법적 계약이 성립된다. 계약이 구두로 이루어졌으면 법정에서 증명하기는 어려울지 몰라도, 이것이 일반적으로 행해지는 법적 규범이다.

그러나 미국에서는 500달러를 넘는 자동차 같은 고가의 물건, 다년 고용 계약, 부동산 매매 계약 등은 당연히 서면으로 작성해야 하고, 이행 상대방의 서명이 있어야 한다. 이런 공식적인 서류가 없으면 법원에서도 이행을 강제할 수 없다. 그러므로 구두 계약을 하고 성경에 손을 얹고 맹세를 했다 하더라도 마음을 바꾸어 다음날 다른 사람에게 자동차나 집을 팔아도 계약법상 아무런 문제가 없다.

일부 거래 상황에서는 완벽한 이행 약속을 강제하는 법적 또는 다른 장치가 없는 경우도 있다. 이러한 경우에는 협상을 종결하기 위해 동시 교환을 사용하는 편이 낫다. 예를 들면, 자동차나 집을 판매하는 경우 양 당사자는 전형적으로 재산에 대한 소유권 증서를 교환하는 동시에 매매에 필요한 금액을 완전히 지불한다. 예비 합의는 환불 불능 보증금으로 확보될 수 있지만 실질적인 소유권이 이전되는 것은 판매자가 돈을 다 받았을 때에야 이루어진다.

 요약 ▶▶▶

협상 종결과 이행 약속을 얻어내는 협상의 마지막 단계는 몇 가지 중요한 도전에 직면한다. 경쟁적인 협상 상황에서는 희소성 효과와 과정에 대한 과잉 몰입과 같은 강력한 심리적 변수들이 좀더 조용하고 합리적인 의사 결정으로 더 나은 결과를 얻을 수 있을 때 한쪽을 당황스럽게 만들 수 있다.

그럼에도 불구하고 끝까지 협력을 거부하는 것 또한 위험하다. 상대방이 정말 레버리지를 갖고 있으며 다른 곳과 비즈니스를 할 수 있을지도 모른다. 단호함 역시 막다른 골목에서 난관에 부딪칠 수 있다. 합의를 이루지 못하면 종종 해결책을 찾는 데 더욱 창조적으로 만들 수 있음에도 불구하고 협상 당사자들은 거래와 관계를 동시에 위험에 빠뜨릴 수 있다. 그러므로 협상 종결은 목표에 대한 열정적 헌신과 함께 냉철한 판단력을 요구한다.

끝으로, 협상은 양 당사자들이 이행 약속에 합의했을 때에야 비로소 끝난다. 더욱이 양 당사자 간의 관계와 신뢰가 깊지 않고 안정적이지 못하면 합의만으로는 충분하지 않다. 이행 약속은 간단하다. 상대방이 이행 약속을 어기면 불리해질 상황을 만들면 된다. 그리고 당신도 기꺼이 같은 단계를 밟아나가도록 하라.

제10장은 협상 과정에 대한 우리 여행의 마지막 종착지였다. 하지만 당신이 자신감을 가지고 협상 테이블에 나가기 전에 다루어야 할 마지막 주제가 남아 있다. 협상의 윤리 문제다. 당신은 영혼을 팔지 않고 악마와 협상할 수 있는가? 나는 가능하다고 생각한다. 그러나 결코 쉬운 일은 아니다.

		상황에 따른 전술적 의사 결정			
		먼저 제안해야 하나?	어떻게 제안해야 하나?	양보 전략	종결 전략
상황	거래	의심이 든다면 하지 마라. 그러나 당신이 좋은 정보를 갖고 있다면 괜찮다.	낙관적인 최초 제안 (남 앞에 내놓을 수 있는 정당한 근거가 뒷받침하는 가장 높은 또는 낮은 숫자)	단호함 : 기대 수준에 따라 양보하는 폭을 줄이면서 천천히 양보하라.	최종 시한, 퇴장하기, 최종 제안, 차이 양분법, 평가
	관심의 균형 상황	위와 마찬가지	공정한 최초 제안 (확실한 근거가 지지하는 가장 높은 또는 낮은 숫자)	작은 이슈에 대해서는 많이 양보하고 중요한 이슈에는 조금 양보하라. 브레인스토밍을 통한 옵션을 개발하고, 한 번에 여러 패키지를 제시하라.	위의 모든 것 협의 후 재협의
	관계 중시 상황	먼저 제안하라.	관대한 최초 제안	적응 혹은 공정한 타협	차이 양분법, 적응
	묵시적 협조 상황	그렇다. 하지만 가능하다면 갈등을 피하라.	문제를 해결할 수 있다면 무엇이든 하라.	적응	적응

11

협상의 윤리

영혼을 팔지 않고 악마와 협상하기

■ ■ ■

사람들이 서로를 속이는 특별한 장소가 바로 시장이다.
아나카르시스(기원전 600년)[1]

나와 함께 카드 게임을 하는 사람들을 신뢰하지만,
카드 패를 떼는 일은 내가 한다.
존 K. 오러플린, 올스테이트 보험사[2]

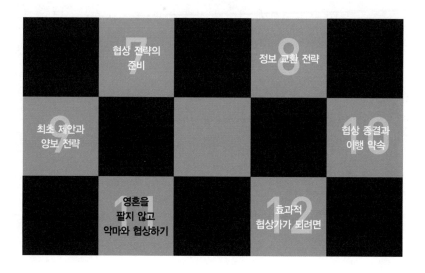

협상 전략의
준비 7

정보 교환 전략 8

최초 제안과
양보 전략 9

협상 종결과
이행 약속 10

영혼을
팔지 않고
악마와 협상하기 11

효과적
협상가가 되려면 12

나는 협상의 윤리 문제를 제일 마지막에 학습하고 논하도록 미루어 놓았다. 왜냐하면 윤리 문제는 협상의 모든 측면과 협상 과정의 모든 단계에 스며들어 있기 때문이다. 지금까지 협상 준비 과정, 정보 교환 과정, 명시적 협상 과정, 그리고 협상의 약속 이행 과정까지 충분히 탐구한 만큼 모든 협상가들이 직면하는 까다로운 윤리 문제를 규명하기에 충분한 배경 지식을 갖추었다고 할 수 있다.

자, 사례 하나를 들어 협상의 윤리 문제를 이야기해보자. 작고한 필라델피아의 신문 칼럼니스트 대럴 시포드에 관한 이야기다.[3] 시포드는 그를 존경하는 사람들에게 아버지 같은 존재였다. 그는 늘 서로에게 정직하고 솔직해야 한다고 강조했다. 그러던 그가 처음으로 값을 흥정하는 상황에 처했을 때 평소 스스로 충고했던 말과 반대되는 행동을 하고 말았다. 신문 칼럼에 바로 이 주제를 다루었다.

시포드가 부인과 함께 미네소타 주 미니애폴리스에 있는 고층 아파트 단지에 살던 때다. 아파트의 텔레비전 룸을 장식할 장식품을 사려고 쇼핑을 나왔는데, 한 가구 할인점을 지나다가 진열창 안에서 우아한 지구본을 발견했다. 지구본은 멋있는 체리 나무 스탠드 위에 놓여 있었는데 마음에 쏙 들었다.

그가 가게 안으로 들어서자 나이가 지긋해 보이는 열정적인 판매원이 그를 맞이했다.

"뭘 도와드릴까요?" 판매원이 물었다.

"창가에 있는 저 지구본을 한번 봤으면 좋겠군요." 시포드가 말했다.

판매원은 시포드를 창가로 데려갔다. 시포드는 지구본을 자세히 살펴보고 나서 가격표를 넘겨보았다. 지구본의 가격은 495달러나 했다. 그는 깜짝 놀랐다.

"생각했던 것보다 상당히 비싸군요."

시포드는 고개를 절래절래 흔들며 말했다.

판매원도 공감하며 다른 지구본들을 보여주었다. 하지만 처음에 본 지구본만큼 마음에 드는 것이 없었다. 시포드는 창가에 놓여 있는 지구본을 사고 싶지만 495달러는 너무 비싸다고 말했다. 판매원은 시포드가 이 동네에 사는지 물었다. 그는 멀리 자신이 살고 있는 아파트를 가리켰다.

"그렇다면 문제 없습니다." 판매원이 말했다.

"우리 상점에서는 이웃 주민을 위한 특별한 할인 제도를 시행하고 있습니다. 450달러는 어떻습니까?"

"역시 비싸군요." 시포드는 대답했다.

시포드 내면의 목소리는 바로 이때, 시포드가 신문 독자들에게 이야기한 대로, 지구본 값을 깎아야 한다고 외치고 있었다. 지금까지 한 번도 물건 값을 깎아본 일이 없었던 시포드는 흥정이란 품위 없는 행위이고 돈이 없어 살 수 없는 사람들이나 하는 행위라고 생각해왔다. 하지만 여기는 필라델피아도 아니며, 잠시만 양반이기를 포기하고 한번 흥정을 해보기로 했다.

시포드는 사실을 약간 부풀려도 괜찮을 거라 생각했고, 곧 그러기로 마음을 먹고 밀어붙였다.

"할인 카탈로그에서 똑같이 생긴 지구본을 보았는데 325달러에 팔고 있던데요? 카탈로그 가격보다 비싼데 어떻게 할인 매장이라고 할 수 있나요?" 시포드는 거짓말을 했다.

"원가가 그 이상인데. 말이 안 됩니다." 잠시 생각하고 난 판매원이 말했다. "그럼 이렇게 해보죠. 400달러에 이 지구본을 팔겠습니다. 그 가격이면 거저나 다름없어요. 여기보다 더 싼 곳을 찾기는 어려울 겁니다."

"그렇다면 그 카탈로그를 보내준 곳에서 사야겠군요." 시포드는 단호하게 말하고 문을 향해 걸어 나갔다.

판매원이 급하게 말했다. "매니저에게 한번 말해보죠." 그는 채 1분도 지나지 않아 되돌아왔다. "오늘은 매니저가 아주 기분이 좋은가봅니다. 350달러에 드리라고 하네요."

"그것도 충분치는 않군요." 시포드는 지구본 쪽으로 돌아서서 주의 깊게 살피며 말했다. "이것 좀 보세요. 바닥에 흠이 있잖아요. 이건 손상된 상품이군요."

판매원이 지구본을 살펴보았다. 거의 표시가 나지 않았다. "아, 이해할 수 없는데요." 그러나 나중에 시포드가 한 말에 따르면 판매원은 이렇게 말하면서도 실제로는 시포드의 전술에 감탄하는 웃음을 머금고 있었다고 했다. "저희 가게에서는 손상된 상품은 팔지 않습니다. 다시 한번 매니저와 얘기해보죠."

잠시 뒤에 다시 돌아온 판매원은 "정말 거래를 아주 잘하신 겁니다."라고 말했다. 시포드는 325달러에 지구본을 샀다. 이제 더 이상 단순한 장식품이 아닌 그 지구본을 자랑스럽게 들고 아내가 기다리고 있는 집으로 돌아왔다.

협상가들에게 핵심적인 윤리 문제

시포드는 거래에 성공했다. 그러나 카탈로그 가격에 대해 거짓말을 했다. 그의 행동이 윤리적으로 타당한가? 분명히 그는 그렇다고 생각했고, 사람들도 대부분 그 정도 거짓말은 도덕적으로 문제되지 않는다고 생각한다. 사람들은 물건을 사고팔면서 요구 수준을 제시하기 위해 온갖 미사여구를 늘어놓는다. 그리고 제11장 서두에서 인용한 고대 그리스의 아나카르시스 말처럼 수천 년 동안 사람들은 그렇게 행동해왔다. 거짓말이 세계 어디에서나 매일 일어나고 있는 사회생활의 한 형태라는 것에는 이론의 여지가 없다.[4]

1990년대 하버드 비즈니스 스쿨에서 협상 전술에 관한 연구를 실시했다. 세계 각지에서 참가한 MBA 학생 750여 명에게 협상 전술 목록을 주고 평가해보라고 했다. 그 목록은 허세를 부려 과장된 최초 제안을 하거나, 협상 지위를 강화하기 위한 거짓말에서부터 상대방 협상 지위에 대한 정보를 제공하는 사람에게 뇌물을 제공하는 행위에 이르기까지 다양한 협상 전술을 포함하고 있었다. 학생들은 연구자들이 전통적으로 경쟁적 협상 전술이라고 부르는 최초 제안에 대한 과장, 시간 제한, 최저 하한선 등 여러 제안에 대해 허세를 부리는 것은 크게 신경 쓰지 않았다. 심지어 구체적인 양보에 대한 대가로 미래에 좋은 관계를 발전시켜나갈 것이라는, 실제 의도와 반대되는, 약속을 하는 것도 인정했다.[5]

시포드가 지구본을 사기 위해 취한 행동은 하버드 연구에서 정의된 전통적인 경쟁적 협상 전술의 범위에 당연히 포함되어 있는 것처럼 보인다. 그렇다면 괜찮은 것 아닐까?

아마도. 하지만 선한 양심을 가진 많은 사람들은 자신의 이익을 위해 거짓말을 했으므로 명백히 문제가 있다고 생각할 것이다. 그리고 제럴드 윌리엄스 교수가 '협력적' 협상가라고 부른 가장 유능한 협상가들 사이에선 협상에서 '윤리적으로 행동하라'는 양심적 욕구가 중요한 동기를 부여하는 목적이 된다.[6] 이러한 협상가들은 일반적으로 협상 과정에서 거짓말하는 것을 정당하지 않다고 생각하며, 무엇보다 협상을 게임으로 보지 않는다.

시포드가 거짓말한 것에 대해 화를 내거나 아니면 적어도 불편하게 느끼는 사람도 있을 것이다. 어쩌면 이들은 다음과 같은 어려운 질문을 던질 수도 있다.

시포드가 거짓말한 것이 괜찮다면 도대체 그런 거짓말이 괜찮지 않을 때는 언제인가? 만약 시포드가 자꾸 지구본 가격이 비싸다며 사기를 주저할 때, 판매원이 그날 늦게 350달러 혹은 그 이상에 사러 온다는 '가공'의 구매자를 만들어내어 그 사람에게 이 지구본을 팔아야겠다고 시포드에게 거짓말을 한다면 그것은 윤리적인가?

거짓말은 중독성이 있어 자주 하다 보면 습관이 된다. 뉴욕에 있는 경영자 헤드헌팅 회사의 한 CEO는 그가 인터뷰하는 비즈니스맨들 가운데 약 25%는 '습관적인 거짓말쟁이'라고 추산한다.[7] 별로 중요하지 않은 개인적인 목표를 달성하기 위해 거짓말하는 습관이 들면 부분적으로 전문 직업생활에서도 거짓말을 하게 될 수 있다는 주장은 억지가 아닌 것 같다. 거짓말하는 것은 쉽다. 만약 작은 소비자 문제에서 거짓말이 성공하게 되면, 취업과 같이 이익이 크게 걸린 문제 상황에서 쉽게 거짓말을 하게 된다. 그리고 오래지 않아 무시할 수 없을 정도로 큰 개인적 성공이 거짓말에 따라 좌지우지되고, 결국엔 진실을 말한다는 것이 선택 사항이 되며 비싼 사치품이 되고 만다.

시포드가 한 거짓말은 사소한 경우지만 우리가 협상에서 윤리적으로 행동하고자 할 때 직면하게 되는 핵심적인 문제를 제기하고 있다. 미시간 대학교 법과대학 교수인 제임스 J. 화이트는 이렇게 문제를 요약한다. "협상가는 윤리적으로 행동하는 동시에 최소한 협상 해결점에 대해 상대방을 오도시키는 데 적극적이어서는 안 되며 반드시 소극적이어야 한다."[8]

그의 말에는 협상 윤리 문제를 생각할 때 많은 사람들이 겪게 되는 모순들이 잘 나타나 있다. 이기적인 목적을 위해 누군가를 오도하려 할 때 윤리적인 방법이 과연 가능한가? 화이트 교수가 '소극적'인 거짓말이라고 한 의미는 과연 무엇일까? 수십억 달러가 걸린 거래에서 정말 중요한 이슈에 대해 소극적인 거짓말을 하는 것은 시포드가 카탈로그 가격에 대해 거짓말한 것같이 사소한 이슈에 대해 적극적인 거짓말을 하는 것보다 과연 더 윤리적일까? 이러한 질문들에 대답하기는 정말 어렵다. 그리고 변호사, 의사, 회계사와 같은 전문직에 종사하는 사람들이 지켜야 하는 윤리적 의무를 함께 고려한다면 윤리 문제들에 대해 답하기는 훨씬 더 어려워진다.

윤리는 끝이 아니라 협상의 처음이다

협상 윤리 주제는 이 책의 마지막에 다루고 있지만 윤리 문제에 대한 당신의 태도는 당신이 협상에서 취하는 모든 행동에 앞선 예비적인 것이다. 당신의 윤리는 개인으로서 당신의 정체성에 필수적인 부분이다. 아무리 노력한다 해도 협상에서 당신이 행동하는 방식과 인생의 다른 부분에서 보이는 당신의 모습을 결코 분리할 수 없다는 말이다. 곧 매일 아침 거울에 비친 '당신'의 모습과 협상 테이블에 앉은 '당신'의 모습이 다를 수 없다는 뜻이다.

당신이 윤리에 대해 개인적으로 갖는 신념에는 가격표가 달려 있다. 당신이 윤리 문제에 적용하는 기준이 엄격할수록 거래를 하면서 그 기준을 지키기 위해 더 큰 비용을 지불해야 한다. 당신의 윤리 기준이 낮으면 당신은 당신의 명성에 대한 값을 크게 지불해야 한다. 그리고 당신과 거래하는 사람들의 윤리 기준이 낮을수록 당신과 당신의 이해관계를 방어하는 데 더 많은 시간과 에너지와 신중함이 요구된다.

협상 윤리에 대한 내 편견을 미리 솔직히 밝히자면, 윤리가 관련된 문제에서 당신은 목표를 높이 가져야 한다. 나는 시포드가 같은 거래 결과를 얻기 위해 사용한 방법이 아닌 다른 방법을 찾을 수 있기를 바라는 사람 중 하나다. 제1장에서 지적한 대로 개인적 진실성은 숙련된 협상가에게 가장 중요한 효과성 요인 네 가지 중 하나다. 효과적인 협상에 대한 연구 결과는 윌리엄이 말한 '유능하며 협력적인' 협상가뿐 아니라 회계사에서부터 계약 관리자까지, 은행원부터 전문 구매자와 판매자까지, 많은 전문가들에게 요구되는 개인적 진실성은 숙련된 협상가가 갖춰야 하는 중요한 특성 가운데 하나다.[9]

좋다. 그렇다면 과연 개인적 진실성이란 무엇인가? 시포드가 판매원에게 다른 곳에서 더 나은 가격을 보았다고 거짓말했기 때문에 그는 진실성이 부족했다고 말할 수 있을까?

그렇지 않다. 제1장에서 다룬 협상에서 개인적 진실성의 의미를 다시 살펴보자. 나는 개인적 진실성에 가치를 두는 협상가를 정의하면서 상대방에게 필요한 설명을 하거나 방어할 수 있는 사려 깊은 개인적 가치를 사용하면서 일관성 있는 협상 태도를 보이는 사람이라고 말했다. 곧 당신은 윤리적 판단을 내리는 판사가 아니라 한 개인으로서 자신의 윤리 틀을 세워야 하는 짐을 당신 스스로 져야 한다는 뜻이다. 나는 오래전에 상대방에게 가치관에 대해 가르치는 가장 좋은 방법은 민감한 질문을 제기하고 그것들에 대해 생각할 도구를 제공한 후 길을 비켜주는 것이라고 배웠다.

나는 시포드가 거짓말을 하지 않았기를 바랐지만 그는 당당히 나의 윤리 테스트를 통과했다. 그는 솔직하게 자신의 행동을 논평하는 칼럼을 신문에 발표했다. 수천 명의 독자가 그 칼럼을 읽었고, 많은 사람들이 그에 대해 토론했다. 당신이 협상에 임하면서 취한 행동이 그와 같이 자세하고 정밀한 조사를 통과할 수 있다면 당신은 '개인적 진실성'을 갖고 있다고 할 수 있다. 비록 내가 당신이 결정한 뜻에 동의하지 않더라도 우리는 정직하고 원칙에 입각한 의견의 불일치에 도달할 것이다.

제11장에서 말하고자 하는 것은 윤리에 대한 설교가 아니라 시포드가 한 것처럼 선택할 수 있는 생각할 도구를 제공하기 위함이다. 합리적인 사람들은 윤리를 묻는 질문에 대답이 다를 수 있다. 그러나 당신이 신중하게 선택한 후에 내가 제시하는 '설명과 방어' 테스트를 통과

할 수 있다면 나는 당신이 개인적 진실성을 가지고 있다고 생각한다. 우리는 먼저 당신의 의무에 대해 생각하는 몇 가지 방법을 살펴보고 난 다음 상대방이 당신에게 윤리적으로 의심스러운 협상 전술을 사용할 때 당신 자신을 방어할 수 있는 방법을 살펴볼 것이다.

최소한의 기준인 법을 준수하라

당신이 윤리에 대해 생각하는 신념과 상관없이 사람들은 협상 과정을 규제하는 법규를 준수해야 할 의무가 있다.[10] 물론 협상에 관한 법은 나라와 문화에 따라 다르지만 각기 다른 법률 체계에서 강조되는 규범적 관심은 중요한 특성들을 공유하고 있다. 협상에 법이 어떻게 작동하는지 알아보기 위해 나는 거짓말에 대한 법적 규제가 적용되는 예를 미국의 사례를 통해 살펴볼 것이다. 하지만 협상 행동에서 공정성과 분별성에 대한 기본 원칙은 어느 한 나라에만 해당하는 것이 아니라 세계적으로 공통된 것이다.

미국 법은 상업적인 합의를 위한 협상에서 '신의 성실의 의무'를 인정하지 않는다. 한 미국 판사는 이렇게 쓰고 있다.[11] "비즈니스 거래에서 양측은 서로 최상의 결과를 얻기 위해 노력하므로 …… 터무니없이 무법한 행동이 있었을 때"에는 신의 성실의 의무에 반하는 "행동에 대해 고소를 할 것이 아니라 협상 테이블을 떠나는 것이 적절한 대응이다."[12] 이러한 일반적인 규칙은 사기 행위가 없음을 전제로 한다. 사기에 관한 법률은 복잡한 협상 행동에 깊숙이 닿아 있으며, 앞으로 자세히 살펴볼 것이다.

협상과 관련된 사기 사건에는 여섯 가지 중요한 요건들이 있다. 협상 행동에서 사기죄가 성립하려면 첫째, 피해자가 합리적으로 의존할 수밖에 없는, 둘째, 중요한, 셋째, 사실을, 넷째, 기망 행위를 한 자가 인지하고 있으면서도, 다섯째, 허위 또는 거짓 진술을 함으로써, 여섯째, 재산상의 손실을 입혀야 한다.[13]

중고차 판매원이 마치 새 차인 것처럼 자동차 주행 거리계를 초기 상태로 돌려 자동차를 팔면 사기죄에 해당한다. 중고차 판매원은 그 자동차가 새 차가 아니라는 사실을 알고 있다. 그는 구매자에게 자동차의 상태를 허위로 진술한다. 자동차의 상태는 단순한 의견이 아니라 사실이고, 그 사실은 거래에서 중요한 요소다. 구매자는 주행 거리계에 기록된 주행 거리를 믿고 합리적으로 행동했을 때 손해를 본다. 마찬가지로 자신의 사업을 매각할 때 부채의 규모와 종류에 대해 거짓말을 하고 매각하면 사기죄가 성립한다.

비즈니스 협상에서 거래의 핵심에 있는 중요한 사실들을 거짓말하면 알려지지 않을 수가 없다. 그리고 협상가들은 대부분 변호사나 윤리학자가 충고하는 말을 듣지 않더라도 그런 허위 진술들을 피해야 한다는 것쯤은 잘 안다. 이런 사례들은 아주 단순한 사기 사건에 해당하며 속이려 드는 사람은 사기꾼이다.

그밖에도 사기죄에 해당하는 법률과 관련한 거짓말에는 재미있는 질문들이 많다. 만약 자동차 판매원이 내일 누군가가 이 자동차를 사러올 예정이니 구매할 생각이 있다면 오늘이 좋을 거라고 말한다면 당신은 어떻게 해야 할까? 물론 그가 사실대로 말하는 것일 수 있지만 중요한 내용은 아니다. 그것은 시포드가 카탈로그 가격에 대해 거짓말한 것과 비슷해 보인다. 시포드가 지구본을 사면서 거짓말한 사례가

　　　　　　　　　　　　　　　　　　　제2부 협상의 과정과 전략

법적으로 사기죄에 해당되지 않는다면 전문 자동차 판매원에게는 다른 법적 기준을 적용해야 할까? 다른 구매자가 있다며 자동차 판매원이 거짓말한 행동은 사기죄에 해당하는가 아니면 단지 창조적인 동기 부여의 일환인가?

만약 판매자가 어떤 사실을 말하지 않는 대신 교묘하게 꾸민 의견만 제시한다고 가정하자. 사업을 매각하는 사람이 당신에게 인수 후 부채에 대해 "아마도 재협상이 가능할 수 있다."라고 말했다고 가정하자. 사업을 매각하는 판매자는 이미 채권자들이 결코 재협상에 응하지 않을 것이라는 사실을 알고 있었다면 사실을 오도하는 거짓말을 했다고 볼 수 있을까?

자, 이제부터 사기죄가 성립되는 법률 요건들을 각각 살펴보고, 그 법적 한계는 어디에 있는지 알아보자. 놀랍게도 우리는 법적 의무를 선명하게 구분해주는 규칙이 있기를 바란다. 그러나 법의 바른 편에 서기 위해서는 협상처럼 광범위하고 다양한 성격을 가진 행동에 어쩔 수 없이 따를 수 밖에 없는 회색 영역에 신중하게 접근하는 태도가 필요하다. 게다가 법을 잘 이해하고 법의 테두리 안에 당신이 머무르도록 도와줄 수는 있지만, 법 관련 지식이 있다고 해서 옳고 그름을 판단하는 분별력이 필요 없는 것은 아니다.

요건 1 : 인지 여부

사기죄가 이루어지려면 협상가가 사실을 '알고 있는 상태'에서 허위를 진술해야 한다. 그러므로 사기죄를 피해가는 방법 가운데 하나는 '인지하는 상태'에 이르게 되는 정보를 말하는 사람과 직접적으로 접촉하는 일을 피하는 것이다.

예를 들면, 한 회사를 경영하는 사장은 회사의 재무 상태가 나빠졌을 것이라는 의심은 하고 있으나 최근 분기별 재무 보고서를 직접 보지 않았기 때문에 아직 사실을 '알지' 못한다. 그의 조언자들이 이 재무 보고서를 토론하기 위한 회의를 갖자고 할 때 그는 회의를 잠시 연기하도록 지시한다. 지금 막 중요한 공급자와 협상에 들어갈 순간이고, 그가 아는 한 회사는 지불 능력이 있다고 공급자에게, 정직하게, 말할 수 있기를 바란다. 이로써 그는 책임을 피할 수 있을까? 아마도. 그러나 많은 법원들은 '안다' 는 것의 정의를 확장시켜 이 사례에 나오는 경영자처럼 진실을 의식적으로 피한 경우를 포함시키고 있다.

진실을 실수로 피한 경우는 법의 한계에 해당되지 않는다. 어떤 특별한 상황에서 부주의하게 실수로 또는 심지어 무지하게 행해진 허위 진술에 희생된 사람들은 잘못을 구제받거나 죄가 경감될 수도 있다. 이런 상황에서 이뤄진 허위 진술에는 사기죄가 인정되지 않으며 오히려 실수로 거래가 이루어졌다는 것을 인정하는 사례가 된다.

요건 2 : 허위 진술

법은 대체로 어떤 진술이 사기라는 판단을 내리기 전에 먼저 협상가가 적극적으로 허위 진술을 하였는지 살펴본다. 그러므로 비즈니스 협상가들은 기본적으로 '침묵을 지키는 편이 안전하다'.

만약 협상 상대방이 날카로운 질문을 잘 던지는 사람이라면 침묵을 유지하기가 쉽지 않다. 불편한 질문을 받았을 때 협상가들은 종종 "나는 그것을 잘 모른다."라는 거짓 시늉을 하며 교묘하게 얼버무리거나, 좀더 압력을 받으면 "나는 그 주제를 논의할 권한이 없다."라고 답한

제2부 협상의 과정과 전략

다. 당신의 협상 입지를 탐색하기 위한 직접적인 질문을 받았을 때 거짓말을 한다면 당신은 곧바로 법적 책임을 지게 될 수도 있다. 그러나 다음에서 살펴보겠지만 어떤 거짓말들은 그다지 중요하지 않으며, 오히려 당신이 말한 내용을 상대방이 에누리해서 들어야 할 의무가 있을 수도 있다.

놀랍게도 상대방이 그 문제에 대해 묻지 않고 침묵한 것이 사기에 해당하는 경우가 있다. 협상가들이 자신의 협상 입지를 손상시킬지도 모르는 문제들을 공개해야 하는 의무를 갖는 것은 도대체 언제인가? 미국 법은 다음 네 가지 경우에 긍정적인 공개 의무를 부과한다.

1. 협상에서 모든 사실 정황에 비추어 오해를 살 수 있는 부분적인 사실을 공개할 때. 당신의 회사가 이익을 내고 있다고 말할 때 혹시 나중에라도 문제가 생길 수 있는 회계 기법을 사용한 것은 아닌지 공개해야 할 의무가 있다. 협상이 계속 진행되는 상황에서 다음 분기에 손실이 나게 되었다면, 당신은 이전에 언급한 내용들을 수정해야 한다.

2. 협상 양측이 서로 신탁관계에 있을 때. 피신탁인과 신탁 수익자, 합명·합자회사의 조합원들, 작은 기업의 주주들, 가족 기업의 구성원들끼리 협상할 때는 정보를 완전히 공개해야 할 의무가 있다. '침묵을 지키면 안전하다.' 라는 접근에 의존해서는 안 된다.

3. 상대방이 접근할 수 없는 거래에 대한 중요한 정보를 공개하지 않는 쪽이 갖고 있을 때. 이 예외적인 상황이 적용되는 최근의 판례

는 고용주가 폐쇄할지도 모르는 프로젝트를 위해 직원을 고용하면서 그에게 현 상황에 대해 공개할 의무가 있다고 판정하고 있다.[14] 일반적으로 판매자가 판매 재산에 숨어 있는 결점을 공개할 의무가 구매자가 구매 재산에 숨어 있는 보물을 공개할 의무보다 더 크다. 그래서 집을 파는 사람은 자신의 집에 흰개미들이 침입했던 문제점을 공개해야 하지만,[15] 농장을 사려는 석유 회사는 자발적으로 그 농장에 석유가 매장되어 있다는 사실을 공개할 필요는 없다.[16] 이처럼 예외적인 상황은 판단이 어렵다. 가장 좋은 방법은 양심과 공정성에 비추어보는 것이다.

4. 보험 계약이나 주식 공개와 같이 법률상 특별 공개 의무가 적용될 때. 법률은 때때로 특정 거래에 특별 공개 의무를 부과한다. 예를 들어 미국의 많은 주에서 집을 파는 사람들은 집에 관한 모든 문제점을 공개해야 한다.

위에서 말한 예외 상황 네 가지 가운데 어디에도 적용되지 않는다면, 협상 당사자 어느 쪽도 비공개에 따른 사기죄가 성립할 가능성은 없어 보인다. 양측은 상대방이 나름대로의 가정 아래 협상을 진행하도록 수동적인 침묵을 지켜도 된다.

요건 3 : 중요성
협상 중에 많은 사람들은 거짓말을 하기도 하고 고의적으로 오해 상황을 만들기도 한다. 종종 그들은 필요 이상으로 높은 최초 제안을 해 상대방을 속인다. 때때로 그들은 최저 하한선을 속인다. 시포드가 했듯이, 그들은 이야기를 꾸며내어 어떤 가격이나 양보를 요구한다.

물론 최초 제안이나 최저 하한선이 일반적으로 의미하는 글자 그대로 '사실'은 아니다. 자신이 정말 원한다거나 기꺼이 대가를 치르고자 한다는 정도의 막연한 개념만 전달하는 것인지 모른다. 그러므로 가격이 '너무 높다.'라는 진술은 단지 의견이나 선호도를 나타냈을 뿐 허위 진술은 아니다.

그러나 이런 경우를 상상해보자. 한 화가가 화랑 주인에게 자신의 작품을 1만 달러 이상이면 얼마든지 팔 수 있도록 권리를 위임했다. 화랑 주인이 그림 수집가와 협상하면서 "1만 2,000달러 아래로는 절대 팔 수 없습니다."라고 말한다면 사기죄가 성립하는가? 실제로 화랑 주인은 1만 달러 이상이면 어떤 가격에도 팔 수 있는 권한을 가지고 있으므로 알고 있는 사실에 대한 허위 진술에 해당한다. 구매자는 구매자대로 1만 1,000달러를 지불할 계획을 하고 있으면서 "나는 9,000달러 정도면 살 수 있습니다."라고 말했다고 상상해보라. 똑같은 경우다. 이 두 사례에 대한 법적 질문은 이 사실들이 영향을 미칠 수 있을 만큼 '중요한가'다.

그렇지 않다. 실제로 최초 제안이나 최저 하한선 같은 가격에 대한 거짓말은 협상에서 흔하게 쓰이고 있기 때문에 많은 협상 전문가들은 그런 허위 진술을 거짓말이라고 하지 않고 '허세로 과장한다.'라는 표현을 쓴다.[17]

왜? 그런 진술들은 자신의 선호도에 대한 적법성을 주장하고 손해 볼 위험 없이 협상의 범위를 결정하게 해준다. 최초 제안이나 최저 하한선에 대한 허위 진술을 통해 겉으로 드러나고 있는 상대방의 선호도 한계를 테스트해볼 수도 있다.[18]

미국 법률가협회가 정리한 '전문가 행동 규범'에 이러한 관행이 잘 기술되어 있다. 이 규정에 따르면 '거래 대상에 대한 가격 산정이나 상대방이 수용할 수 있는 배상 요구 금액에 대한 추정치' 등은 제3자에게 허위 진술을 금지한 윤리 규정에서 의도하는 '중요한' 사실에 해당하지 않는다.[19]

당신이 최대한 얼마를 지불할 용의가 있다거나 협상에서 특정 이슈를 더 중요하게 여긴다거나 하는 거짓말은 법적으로 문제가 안 된다. 최초 제안이나 최저 하한선에 관한 내용은 법의 관점에서는 거래에 '중요'한 내용이 아니라는 뜻이다.

최대한 얼마를 지불하겠다든가 요구하겠다는 허세와 과장된 제안에서 한발 더 나아가 왜 이 가격을 요구하는지 좀더 공격적이고 구체적인 거짓말을 하게 되면 사기가 될 가능성이 점점 높아진다. 가격을 요구하는 가장 흔한 방법 중 하나는, 예를 들어 시포드가 말했듯이 "다른 곳에서 좀더 싸게 살 수 있다."라는 논리이며, 전 세계 소비자들이 다 사용한다는 식이다. 협상가들은 이것이 아니면 다른 가능한 대안들이 있다는 따위의 거짓말을 하는 경우가 많은데, 이것이 사기죄에 해당할까?

구매자가 판매원에게 다른 동네 가게에서 더 싸게 살 수 있다고 거짓말해도 '중요한' 허위 진술에 해당하지는 않는다. 결국 판매원은 자신이 판매하는 상품에 대해 최소한 구매자만큼은 그 가치를 잘 알고 있어야 하고 또한 잘 안다고 추정할 수 있어야 한다. 만약 판매원이 처음에 요구했던 가격보다 더 싸게 팔려 한다면 판매원보다 가격을 더 정확하게 아는 사람이 누구겠는가?

그러나 역할을 바꾸어보자. 판매자가 다른 제안을 가지고 있으며 구매자는 이를 능가하는 제안을 해야 한다는 거짓말을 한 경우라면 어떨

까? 오래전 매사추세츠 주에서 실제로 있었던 중요한 판례를 예로 들어보자.[20]

한 건물 임대주가 건물을 구입해 임대 계약 기간이 만료된 장난감 가게 주인과 새로 임대 계약 협상을 했다. 장난감 가게 주인은 심하게 흥정을 했고, 건물주가 임대료 1만 달러를 올리고 싶다고 요구하자 곧바로 거절했다. 그러자 건물주는 가게 주인에게 임대료 1만 달러를 더 낼 만한 다른 사람이 있으니 만약 임대료 인상에 동의하지 않으면 당장 가게를 비워달라고 위협했다. 결국 세입자는 임대료를 올려 지급했으나 얼마 후 건물주가 허세를 부려 위협했으며 다른 세입자도 없었다는 사실을 알게 되었다. 세입자는 사기 혐의로 건물주를 고소해 승소했다.

오클라호마 주에서도 비슷한 판례가 있었다. 한 부동산 중개업자가 구매자에게 가격을 제시하며 요구하는 가격에 집을 살 다른 사람, 곧 그 집을 지은 공사업자가 같은 날 늦은 시간에 그 가격에 집을 사려 한다는 이야기를 꾸며내 구매자를 압박했고, 결국 계약을 했다. 이 경우에도 부동산 중개업자에게 손해 배상을 포함한 사기죄가 인정되었다.[21]

이런 거짓말이 법적으로 화랑 주인이 "1만 2,000달러보다 싸게는 팔 수 없다."라고 한 말이나 구매자가 "나는 그 물건을 다른 곳에서 더 싸게 살 수 있다."라고 한 말과 차이가 나는 이유는 뭘까? 그것은 위에서 살펴본 판례에서는 희생자들이 소규모 상인이거나 소비자같이 '약자들'이었으며, 전문가들에게 불공정한 압력을 받았기 때문이다. 꾸며낸 제안들은 구매자가 볼 때 '중요한' 사실이었다. 그 제안들은 구체적이었고, 사실적이었으며, 최후 통첩으로 여겨졌고, 더욱이 사실 여부를 확인할 수도 없었다.

그러나 만약 양측이 똑같이 소비자나 전문가였다면 법원은 판결을 다르게 내렸을 것이다. 또한 미국과 같이 부유하고 소비자가 중심인 나라가 아닌 다른 나라에서 똑같은 결과가 나오리라고 기대할 수도 없을 것이다. 그럼에도 불구하고 여전히 이런 판례들이 존재한다는 사실에 주목할 필요가 있다. 전문적인 판매자나 구매자 입장에서는 일반 대중과 협상할 때 특별히 신중해야 한다.

요건 4 : 객관적 사실

표면적으로는 객관적 사실에 대한 허위 진술만이 법적으로 제재 대상인 것처럼 보인다. 그러므로 법적 한계선에 가까이 다가가는 사업가들은 협상에서 말을 할 때 사실 진술이 아니라 개인적인 의견이나 예측, 또는 의도를 표명하는 진술로 조심스럽게 포장한다. 게다가 어느 정도 과장하거나 제품의 특성과 성능을 부풀리는 것은 판매의 정상적인 과정으로 간주한다. 구매자나 판매자 모두 그들이 듣는 모든 말을 액면 그대로 믿어서는 안 된다.

그러나 법이 표면적으로 적용되는 사례만 보면 오해할 수 있다. 법원은 특히 터무니없이 언어 도단으로 개인적인 의견과 의도를 표명하는 진술도 사기죄로 제재하기도 한다. 사기죄에 대한 법 기준은 문제의 진술이 순수한 사실 진술이냐 아니냐에 달려 있다기보다는 오히려 협상가가 감추고 싶어 하는 일련의 사실들을 효과적으로 숨겼느냐 아니냐에 달려 있다.

만약 당신이 은행 대출을 받으면서 새로 장비를 마련하는 데 융자액을 지출할 계획이라고 대출 신청서에 밝혔다고 가정하자. 그런데 사실 당신은 오래전에 빌린 돈을 갚는 데 이 돈을 쓰려 한다. 이럴 경우 사기죄가 성립될까? 그럴 가능성이 높다.

한 유명한 영국 판사는 다음과 같은 기억할 만한 말을 남겼다. "사람의 마음 상태도 그 사람의 소화 상태만큼이나 사실이다."[22] 거짓말의 의도와 관련해 심지어 '불성실한 약속에 관한 사기죄'라는 법적 용어까지 있다. 이 불성실한 약속에 관한 사기죄가 성립하는 핵심 요소는 화자가 약속할 당시에 이미 그 약속을 지킬 수 없다는 것을 알았느냐 하는 것이다. 다시 말해 그는 약속을 지킬 수 있기를 바라는 행운을 바라며 약속했다는 것이다. 만약 당신이 그 불성실한 약속에 속은 희생자라면 상대방이 거래관계를 맺으며 의도한 것이 당신에게 중요한 영향을 미쳤음을 입증해야 한다. 곧 의도에 대한 진술이 '중요'했음을 입증해야 한다.[23]

개인적인 의견을 진술할 때는 어떤가? 상품의 가치나 회사와 제품의 품질에 관해 자신에게 유리하게 말하는 진술들은 협상 테이블에서는 기본이다. 그러나 협상가들이 거래 대상에 관해 그들에게 알려진 사실과 전혀 다른 의견을 진술했다면 사기죄에 해당할 수 있다. 실제로 뉴욕 주에서 있었던 한 판례를 통해 좀더 살펴보자. 기계 공장을 운영하는 사람이 매수자에게 만약 공장을 인수한다면 최대 고객으로부터 기계 주문을 받는 데 '아무런 어려움이 없을 것'이라고 말하였다.[24] 사실 기계 공장을 팔려는 사람은 그의 고객에게 빚이 있었고, 공장을 팔아 빚을 갚으려는 의도가 있었으며, 사실상 기술 수준이 낮아 일감이 전혀 없는 상태였다. 기계 공장을 매입한 사람은 판매자가 부정한 의도로 사기성 짙은 의견을 진술해 판매가 이뤄진 사실을 성공적으로 입증했고, 결국 손해 배상금을 받아냈다.

이러한 사례에서 문제가 되는 것은 불공정성이다. 만약 그러한 의도나 의견의 진술이 협상 제안의 본질적인 면을 감추고 있어 협상 상대방이 정확하게 가격의 기초가 되는 가치와 위험의 정도를 평가할 수 없었다면 사기죄는 성립될 수 있다.

요건 5 : 의존

거짓말하는 협상가들은 때때로 자신을 이렇게 변호한다.

"내가 하는 말을 믿는 사람은 오직 바보밖에 없다. 상대방은 나에게 진실을 말해달라고 할 권리가 없으며, 자신이 직접 조사해 사실 여부를 살펴야 한다."

상대방의 제안에 대한 거짓말 논의에서 보았듯이 양자가 대등한 위치에 있으면 이러한 방어가 꽤 잘 작동한다. 그러나 전문적인 구매자나 판매자가 소비자나 소규모 사업자와의 관계에서처럼 한쪽이 확실한 우위에 있으면 미국 법원은 희생자가 합리적으로 그 거짓말에 의존했다고 생각해 동정을 보인다.

게다가 법원은 협상 과정에서 선의를 가지고 공정하게 대우하는 상대방에게 동정적이고, 또한 대기업에게 사업상 비밀과 정보를 빼앗긴 사람들에게도 동정적이다. 예를 들어 발명품을 팔려는 협상 과정에서 사업상 비밀을 공개한 독립 발명가들에게 권리를 회복할 기회를 허락하는 경우가 많다.[25] 이러한 사례에서 발명품을 사려는 잠재 구매자는 전형적 대기업인데, 이들은 공짜로 추가 이익을 얻기 위해 협상 과정을 이용한다. 그러나 신중한 협상가라면 정보 교환 과정에서 비밀 정보나 사업 계획을 공개해야 할 때에는 급하게라도 비밀 유지에 대한 합의를 반드시 얻어낸다.

부정한 협상가들이 중요한 사실을 왜곡하거나 부적절하게 거래를 유도한 다음 책임을 회피하기 위해 사용하는 술수 가운데 하나가 마지막 서면 합의서에 실제 조건들을 정확하게 기록하는 것이다. 이 계약서를 자세히 읽지 않고 거래를 마무리 짓는 서명을 한 희생자는 나중에 사기죄를 입증하는 데 필요한 요건인 사전에 잘못된 허위 진술에 의존했다는 사실을 입증하기 어렵게 마련이다.

예를 들어 당신이 대형 의료 제품 판매 회사에게 당신 회사의 전자 의료 기기를 판매하기 위해 협상을 한다고 가정해보자. 협상이 진행되는 동안 그 회사는 전자 의료 기기를 적극적으로 마케팅할 것이며, 당신 회사는 기술료를 받게 될 것이라며 당신을 안심시키려 한다. 그러나 계약서에는 실제로 그 회사가 원한다면 제품을 판매하지 않고 처분할 수 있는 법적 권리를 부여하고 있었다. 전자 의료 기기를 판매한 후에 그 회사는 당신 회사의 제품을 마케팅하지 않기로 결정했고 나중에 알고 보니 이 회사는 처음부터 당신 회사의 제품을 판매할 의도조차 없었다. 그들은 단지 당신 회사의 제품이 그 회사의 제품들 중 몇 가지와 직접 경쟁하는 상품이어서 당신 회사의 제품이 시장에 진출하지 못하도록 막기 위한 시도를 했던 것이다.

법원은 이 사건을 심의하면서 고소인인 원고는 최종 서면 계약에 명기한 조건에 따라야 한다고 판결했다.[26] 여기서 말하는 교훈은 명확하다. 서명하기 전에 계약서를 자세히 읽어보고, 협상의 본질을 바꾸는 계약 용어가 있다면 이것이 단순히 기술적 내용인지 혹은 변호사들이 요구한 것인지 확실히 하는 질문을 하라.

요건 6 : 손실 초래

만약 당신이 허위 진술이나 사실 누락으로 직접적인 손실을 당하지 않았다면 당신은 사기죄에 대해 법적 손해 배상 청구를 할 수 없다. 사람들은 때때로 이 점을 혼란스러워한다. 상대 협상가가 비윤리적인 방법으로 터무니없는 거짓말을 하면 그 거짓말쟁이의 행동은 불법이라고 가정한다. 물론 그럴 수도 있지만 상대방의 비윤리적인 거짓말이 사기당한 희생자에게 직접적으로 상당한 경제적 손실을 끼칠 경우에 사기죄에 해당한다. 만약 그러한 손실이 없다면, 고소할 것이 아니라 협상장에서 걸어 나가는 방법이 가장 현명한 방법이다.

법을 넘어 윤리를 보라

지금까지 논의하는 동안 이미 눈치 챘겠지만, 협상을 다스리는 법적 규칙들은 여러 가지 윤리 규범들로 가득 차 있다. 예를 들어 협상에서 우위에 있는 협상 전문가들은 때때로 그들과 동등한 전문성을 가진 상대방에게 접근할 때보다 아마추어나 소비자들과 협상할 때 더 높은 윤리 기준을 유지한다.[27] 피신탁인이나 합자 회사 파트너와 같이 서로 특별한 관계에 있는 당사자들은 법적으로 공개 의무를 더 강조한다. 거래 대상에 관한 중요한 사실 정보에 대한 거짓말은 당신의 협상 대안이나 최저 하한선에 관한 거짓말하고는 다르게 취급된다. 당신이 중요한 사실을 말하지 않는다면 상대방이 그 사실에 접근하지 못한 경우 침묵은 용납되지 않는다.

시포드가 판매원에게 카탈로그 가격을 거짓말한 것은 법적으로 사기죄에 해당할까? 명백히 아니다. 거짓말은 했지만 거래 상황에서 중요한 거짓말은 아니었다. 그리고 그런 정보를 얻기 위해 그 가게가 시포드에게 의존할 필요는 없었다. 카탈로그 가격이 중요하다고 생각했다면 그 가게는 이 정보를 쉽게 조사할 수 있었다.

만약 그 가게가 시포드에게 다른 구매자가 있다는 거짓말을 했다면, 눈치 챘겠지만 위 상황처럼 똑같이 느슨한 법적 기준이 적용되지는 않는다. 부동산 중개업자가 고객에게 살 사람이 있다고 거짓말해서 손해 배상을 해야 했다는 사실을 기억하라.

결론은 이렇다. 시포드는 법적으로 문제가 없을지라도 판매원은 약간 더 위험한 상태에 놓여 있다. 당신의 법적 의무가 윤리 문제에 관한 이야기의 끝일까? 그 대답은 생활 속에서 일어나는 협상에 대한 당신의 태도에 달려 있다.

시포드는 협상이 허용될 수 있는 거짓말을 포함한 특별 범주에 해당한다고 보았다. 그는 '진실을 잡아 늘리는' 것이 이 '게임의 방법'이라고 칼럼에 썼다. 이것은 그가 처음으로 가격을 흥정한 경험이었으나 만약 그런 경험이 많으면 관점이 달라졌을지 모른다. 거짓말이 어떤 상황에서는 괜찮지만 다른 상황에서는 안 된다고 결론 내렸을 수도 있고, '아냐, 정직한 인생은 모든 방면에서 일관된 윤리 기준을 적용해야 해.'라고 결론지었을 수도 있다.

나는 당신의 신념이 어떤 것인지 찾아내라고 요구한다. 당신이 윤리에 대해 어떻게 느끼는지 결정할 수 있도록 도움을 주기 위해 다음에서 협상 윤리에 대한 공통된 접근 세 가지를 소개하겠다. 이것은 내가 학생들과 많은 경영자들과 대화하는 동안 직접 나왔던 내용이다. 어느 신발이 당신에게 맞는지 살펴보라. 아니면 각각의 접근 방식에서 약간씩 취해 협상 윤리에 대한 당신만의 접근법을 만들어보라.

이 영역을 탐색해나가면서 염두에 두어야 할 것이 있다. 대체로 다른 사람들은 윤리적 관점과 상황에서 비윤리적으로 행동하고 있다거나 아니면 순진하게 행동하고 있다고 생각하는 데 반해 자신은 스스로 윤리적으로 행동하고 있다는 확신을 갖는다. 이 사실을 반드시 기억해 두어라. 그러므로 윤리에 관한 다음과 같은 경계의 말이 필요하다. 당신의 윤리는 주로 당신 자신을 위한 것이다. 그것은 협상 테이블에서 자신감을 갖게 해주고 편안하게 해주는 데 도움이 된다. 그러나 모든 세부 사항에서 다른 사람들이 당신과 윤리적 관점을 공유할 것이라고 기대하지 마라. 신중함은 반드시 보답을 한다.

협상 윤리의 관점 세 가지

당신에게 소개하고 싶은 협상 윤리의 관점 세 가지는 첫째, 포커주의자의 '협상은 게임이다.' 둘째, 이상주의자의 '손해가 날지라도 올바른 일을 하라.' 셋째, 실용주의자의 '자기가 한 만큼 받는다.'라는 것이다.

순서대로 하나씩 살펴보자. 동시에 세 관점의 어떤 측면이 윤리에 관한 당신의 태도를 제일 잘 반영하고 있는지 찾아보자. 오늘은 당신이 어디에 서 있는지 찾아낸 뒤 잠시 시간을 갖고 지금 당신이 있어야 할 곳에 맞게 서 있는지 생각해보자. 내가 충고하고 싶은 것은 협상에 관해 믿고 있는 대로 일관성을 유지하면서 가능한 한 높은 목표를 세우라는 것이다. 압박이 심한 실무에서 사람들은 기준을 더 올리기보다는 내리는 경향이 있기 때문이다.

제 2 부 협상의 과정과 전략

포커주의자, '협상은 게임이다'

포커주의 윤리에서는 협상을 특정한 '규칙'을 가진 일종의 '게임'으로 본다. 그 규칙들은 우리가 위에서 다루었던 법으로 규정된다. 규칙 안의 행동은 윤리적이며, 규칙 바깥의 행동은 비윤리적이다.

현대 포커주의 윤리를 창립한 사람은 해리 트루먼 대통령의 특별 고문이었던 알버트 카다. 카는 1960년대에 『게임으로서의 비즈니스*Business as a Game*』라는 책을 썼다. 《하버드 비즈니스 리뷰》에 실린 관련 논문에서 카는 협상에서 허세로 과장하기나 다른 적법한 협상 전술들은 "협상 게임의 중요한 부분이며, 이러한 전술을 숙달하지 못한 경영자는 돈이나 힘을 많이 얻지 못할 것"이라고 주장했다.[28]

포커주의 윤리를 신봉하는 사람들도 협상과 포커 게임이 정확하게 일치하지 않는다는 점을 인정한다. 그러나 그들은 협상과 포커 게임 둘 다 효과적인 플레이를 위해 속임수가 필수라고 지적한다. 게다가 포커 게임과 협상에 숙련된 플레이어들은 다른 동료들에게 확고하면서도 현실적인 불신을 가지고 있다. 카는 훌륭한 플레이어들은 '우정의 요구'를 무시하고 '교활한 속임수와 숨김'의 기술로써 공정하고 격렬한 협상 게임을 한다고 주장한다. 게임이 끝났을 때, 포커주의자들은 성공적으로 그들을 속인 동료를 경시하지 않는다.[29] 그 전술이 합법적인 한 그들은, 실제로, 성공적으로 그들을 속인 동료를 우러러보며, 다음에는 더 잘 준비를 하고 건강한 의심을 해볼 것을 맹세한다.

우리는 포커 게임의 방법은 알면서 협상 '게임'의 방법은 잘 모른다. 껍질을 벗겨내고 협상 게임의 속만 들여다보면 이렇다. 누군가가 시작하는 제안을 하고 사람들은 돌아가며 서로에게 새로운 조건들을 제시한다. 당신이 선호하는 조건을 지지하는 주장을 하게 되고, 당신은 매라운드에 참여할 수도 있고 차례를 넘길 수도 있다. 이 게임의 목적은 상대방이 당신의 최종 제안과 가장 가까운 조건에 동의하도록 만드는 것이다.

협상 게임에서는 서로 허세를 부리거나 과장할 수 있다는 이해가 되어 있다. 허세로 과장하는 것은 협상에서 약한 패를 감추어준다. 곧, 매력적이지 않은 제한된 대안밖에 없거나, 상대방의 대안에 영향을 미칠 수 없거나, 또는 당신의 요구를 지지하는 논거만 드러나는 것을 감추어준다. 포커 게임의 플레이어들과 달리 협상 게임에서 협상가들은 좋은 패를 갖고 있으면 언제나 그것을 내보이려 한다. 그러므로 가장 효과적인 허세와 과장 전술을 사용하려면 현실적이고 매력적이며 사실이 아니지만 체크하기 어려운 대안들이나, 사실이 아니지만 권위 있는 기준에 근거한 대안이면 된다. 경험이 많은 플레이어들은 이 점을 잘 안다. 협상 게임에서 사용되는 핵심 기술 중 하나는 상대방이 이야기하는 대안과 논거가 말처럼 정말 좋은 것인지 판단하는 능력이다. 상대방이 협상에서 허세를 부리고 과장하는 당신에게 협상을 결렬시키거나 아니면 믿을 만한 최후 통첩을 던지면, 당신은 진다. 거래가 이루어져야 하는데 성사되지 않거나, 아니면 최종 가격이 당신의 제안 가격보다 상대방 제안 가격에 더 가깝게 결정될 것이다.

위에서 언급한 대로 포커주의는 법 규정을 믿는다. 포커 게임에서 카드를 숨기거나, 다른 플레이어들과 공모하거나, 선의 패와 같은 짝의 패를 가지고 있으면서 다른 패를 내는 반칙은 허용되지 않는다. 그러나 당신이 가진 패를 상대방에게 속이는 것은 괜찮다. 가장 멋진 게임은 약한 패를 들고 돈을 다 따거나, 당신의 패가 강할 때 상대방을 속여 많은 돈을 걸도록 했을 때다. 협상에서는 명백히 기소당할 수 있는 사기를 범해서는 안 된다. 그러나 사기죄에 해당되지는 않을지라도 협상 전술에 대한 경계를 해야 한다.

포커주의에는 중요한 문제점이 세 가지 있다. 첫째, 모든 사람들이 협상을 게임으로 다룬다고 가정한다. 불행하게도 여기에 동의하지 않는 사람들도 있다. 우선 이상주의자나 실용주의자는 협상을 게임이라고 생각하지 않는다. 이 문제가 포커주의자를 저지하지는 못한다. 상대방이 이 전제에 동의하지 않더라도, 게임에는 규칙이 있고, 그 규칙이 이 게임을 할 수 있도록 해주기 때문이다.

둘째, 모든 사람이 규칙을 아주 잘 알고 있다고 가정한다. 그러나 사업 분야가 다르고 지역이 다르면 법적 규칙이 다르게 적용될 수 있다는 점을 고려하면 이것도 불가능하다.

셋째, 앞에서 법이 사기죄를 어떻게 규정하고 있는지 읽으면서 이미 알았겠지만, 같은 사법 관할 구역 안에서도 법은 일정하게 적용되지 않는다. 그래서 당신을 도와줄 좋은 변호사가 필요할 때가 있다.

이상주의자, '손해가 날지라도 올바른 일을 하라'

이상주의자는 협상을 특별한 규칙이 적용되는 활동이 아니라 사회·생활의 한 부분이라고 말한다. 집에서 사용되는 윤리가 협상의 영역에도 똑같이 직접 적용되어야 한다. 정상적인 사회생활에서 거짓말하거나 상대방을 오도하는 것이 잘못된 행위라면 협상에서도 마찬가지로 잘못된 것이다. 다른 사람의 감정을 상하게 하지 않기 위하여 특별한 상황에서 거짓말하는 것이 괜찮다면, 협상에서도 똑같은 특별한 조건이 적용되는 상황에서 거짓말이 허용된다.

이상주의자들도 협상에서 속임수를 완전히 배제하지는 않는다. 예를 들어 상대방이 당신이 레버리지를 많이 갖고 있다고 가정하고 당신의 상황을 당신에게 직접 묻지 않으면 당신이 스스로 입지를 약하게 만드는 정보를 제공할 필요는 없다. 혹 상대방이 당신의 상황에 대해 묻더라도 이상주의자는 대답을 거부할 수 있다. 그러나 그런 예외적인 상황들은 이상주의자에게 불편한 순간들이다. 전략적인 우위를 어느 정도 포기하더라도 이상주의자들은 협상 테이블에서 솔직하고 정직하기를 바란다.

이상주의자는 철학과 종교에서 도덕적 근거를 가져온다. 임마누엘 칸트는 다른 사람들이 따르기를 기대하는 윤리적 규칙을 모두가 따라야 한다고 말했다. 칸트는 만약 모든 사람들이 항상 거짓말을 한다면 사회는 혼돈에 빠질 것이라면서, 거짓말해서는 안 된다고 주장했다. 또한 다른 사람들을 개인적인 목적을 위한 수단으로 대하는 것을 부정했다. 협상에서 거짓말은 개인적인 이익을 얻기 위한 이기적인 행동이다. 그러므로 이런 행동은 비윤리적이고,[30] 해서는 안 되는 행동이다. 모든 종교들도 개인적인 이익을 위한 거짓말을 하지 말라고 가르치고 있다.

이상주의자들도 협상에서 속임수가 친구 사이 신뢰를 깨뜨리거나, 신탁 의무를 위반하거나, 자신을 보호할 힘이 없는 병자나 노약자들을 착취하는 것이 아닌 한, 도덕적으로 분노를 일으키는 일은 거의 없다고 인정한다. 그리고 살인과 같은 끔찍한 일을 예방할 수 있는 유일한 길이 거짓말이라면 경우에 따라 거짓말을 할 수도 있다. 그러나 도덕적으로 분노를 일으키지 않는다고 해서, 그리고 거짓말을 변호할 수 있다고 해서 협상에서 속임수가 정당화될 수는 없다.

이상주의자들은 협상을 '게임'으로 볼 수 있다는 생각을 강하게 거부한다. 그들은 협상을 심각하고 필연적인 의사소통 행위라고 생각한다. 사람들은 서로의 차이를 해결하기 위해 협상하고 사회생활을 통해 모든 사람의 편익이 많아져야 하며, 보편적인 기준 아래에서 협상하는 방식을 포함한 모든 행동에 책임을 져야 한다.

이상주의자들은 포커주의자들을 약탈을 목적으로 삼는 이기적인 인간이라고 생각한다. 포커주의자들은 이상주의자들을 순진하고 약간은 어리석게 본다. 포커주의자와 이상주의자들이 협상 테이블에서 만나면 분노의 불꽃이 타오를 수 있다.

이상주의자들 중에는 최근 최저 하한선을 거짓으로 과장하는 것에 대해 철학적 정당성을 찾으려고 노력하는 학자들이 몇몇 있다.[31] 아직 이 노력들이 윤리적인 관점에서 성공했는지 확인된 결과는 없다. 그러나 다른 대안들이 있다거나 더 좋은 가격을 얻을 수 있다는 식의 거짓말들은 이상주의자의 원칙에서는 명백하게 비윤리적이다.

이상주의자들이 안고 있는 커다란 문제는 명백하다. 그들의 윤리 기준은 협상 테이블에서 현실적으로 협상을 진행하기 어렵게 만들 때가 있다. 또한 이상주의를 고수하는 것이 다른 사람들의 협상 방식에 대한 건강한 회의주의와 조화되지 않으면, 이상주의자들은 자신들과 다른 윤리 기준을 갖고 있는 사람들에게 이용당할 가능성이 있다. 이러한 한계들은 협상 테이블에서 다른 사람들의 이해 관심사를 대표해 협상해야 할 때 특히 문제가 크다.

나는 이런 한계에도 불구하고 이상주의자를 좋아한다. 아마도 내가 학문의 길을 가는 교수이기 때문에 인생의 다른 부분들도 완전체라는 믿음이 강한지도 모른다. 나는 일관되게 적용할 수 있는 윤리 기준을 열망한다. 때때로 내가 이상주의자의 엄격한 기준에 모자라다는 사실을 인정하지 않을 수 없지만, 그러나 목표를 높게 잡음으로써 내 자신을 나의 개인적 진실성을 지탱할 수 있는 곳에 놓아두고 싶다.

내가 이상주의자를 좋아한다고 고백한 이상, 당신은 이 토론에서 내가 서 있는 지점을 잘 알았을 것이다. 그러나 당신의 경험과 업무 환경에서는 이상주의가 윤리적인 선택 대안이 될 수 없을지도 모른다.[32] 괜찮다. 내가 분명히 말할 수 있는 것은 이상주의가 협상 윤리 문제의 유일한 대안은 아니라는 점이다.

실용주의자, '자기가 한 만큼 받는다'

협상 윤리의 마지막 관점인 실용주의는 앞에 나온 두 관점의 특성뿐만 아니라 고유한 요소 몇 가지도 포함하고 있다. 포커주의와 마찬가지로 실용주의 접근은 협상 과정에서 속임수를 필수 요소로 본다. 그러나 오도하는 진술이나 공공연한 거짓말을 하기보다 쓸모 있고 실용적인 대안이 있다면 그 대안을 선호한다는 점에서 포커주의와 다르다. 실용주의는 기만적인 행동이 현재와 미래의 관계에 미칠 잠재된 부정적인 효과에 대해 걱정한다는 것이 특이하다. 거짓말과 그밖에 다른 의문스러운 전술들이 나쁜 이유는 그것들이 단순히 '올바르지 않기' 때문이 아니라, 그것들을 사용했을 때 얻는 단기적인 이득보다 장기적 비용이 더 많이 들기 때문이다.

이 말이 암시하듯이 사람들이 실용주의자가 되는 것은 이상적인 이유보다는 분별 있고 신중하게 고려한 결과다. 거짓말과 상대방을 오도하는 행동은 한 사람의 신용에 심각한 해를 끼칠 수 있다. 그리고 신용은 업무관계를 유지하고자 하거나 시장과 지역 사회에서 명성을 보호하고자 하는 협상가들에게 중요한 자산이다. 후자의 관심은 '자기가 한 만큼 받는다.'라는, 내가 실용주의자의 신조라고 부르는 이 문장에 잘 요약되어 있다. 포커주의자는 명성보다는 '게임'의 규칙에서 부딪치는 협상 상황 하나하나에서 승리하는 데 좀더 집중한다.

이상주의와 실용주의를 구분하는 것은 무엇일까? 쉽게 말해 실용주의자가 이상주의자들보다 좀더 거짓말을 많이 한다. 실용주의자들은 때때로 거래의 핵심 사실에 대한 거짓말과 자신의 입장을 정당화하기 위해 오도하는 허위 진술을 구분한다. 거래에서 중요한 핵심 사실에 대한 거짓말은 무분별하고 경솔하며 때로는 불법일 수 있다. 실용주의자인 자동차 판매원은 그가 판매하는 중고차의 기계 상태에 대해 크든 작든 거짓말하는 것은 비윤리적이라고 생각한다. 그러나 매니저가 9,500달러에 차를 팔 것이라는 사실을 알면서도 "매니저는 이 차를 1만 달러 이하로는 못 팔게 한다."라고 말하는 데 아무런 문제 의식도 느끼지 않는다. 거짓으로 이유를 대거나 정당화하는 것을 부분적으로 수용한다. 왜냐하면 보통 거래에서 덜 중요한 편이고, 사거나 팔려는 대상에 대한 핵심적인 사실에 대한 거짓말보다는 발견하기가 어렵기 때문이다.

약한 협상 입지를 드러내게 만드는 위협적 질문에 대답을 회피하려는, 이른바 방어 전술을 사용할 때, 실용주의자들은 다소 진실에 대해 느슨해진다. 당신의 협상 입지에 타격을 줄 게 명백한 내용을 질문받았을 때 윤리적으로 "나는 모른다."라고 대답할 수 있을까? 이상주의자는 "나는 모른다."라고 거짓말하는 대신 질문을 피하거나 주제를 바꾸려 한다. 실용주의자는 실제로 그가 알고 있는지 여부를 추적하기가 어렵고 그것이 관계에 나쁜 영향을 끼치지 않는다면 "나는 모른다."라고 말한다.

시포드가 카탈로그 가격에 대해서 거짓말한 것을 실용주의자들은 어떻게 생각할까? 그들은 이것을 윤리 문제로 생각하지 않을 것 같다. 비록 시포드가 거짓말을 했지만 관계를 위험에 빠뜨릴 것 같지 않고, 좋은 업무관계를 유지하는 데도 문제가 없으며, 명성이 크게 관계되는 것 같지도 않고, 또한 판매원은 시포드가 무엇을 원하는지 정확히 알고 있는 것처럼 보인다. 결국 시포드는 판매원의 신뢰를 저버리지 않았다. 반면 이상주의자들은 시포드가 개인적인 이익을 얻기 위해 거짓말을 하였으므로 윤리적인 이유로 반대할 것이다. 사건 종결.

윤리적 관점들을 현실에 적용하기

윤리적 사고에 대한 테스트로서 간단한 사례를 하나 살펴보자. 만약 당신이 상업용 건물을 매각하기 위해 상대방 원매자와 협상하고 있는데, 상대방이 당신에게 또 다른 구매 제안을 받은 적이 있는지 묻는다고 가정해보자. 실제로 당신은 어떤 제안도 받지 않은 상황이다. 세 가지 윤리 관점은 당신에게 어떻게 대처하라고 추천할까?

포커주의자는 거짓말을 제안할지 모른다. 양쪽 협상 당사자들은 세련된 사업가들이고 또한 협상 대안에 대한 거짓말은 아마 법적으로 '중요한' 내용이 아닐 것이다. 그러나 포커주의자는 이 거짓말을 하기 전에 두 가지 질문에 대한 답을 알고 싶어 할 것이다.

첫째, 이 거짓말이 쉽게 드러날까? 만약 그렇다면 이 거짓말은 제 역할을 할 수 없을 것이고, 상대방은 다른 말들도 경계할 것이므로 좋은 방법은 아니다. 둘째, 대안에 대해 거짓말하는 것이 구매자가 입찰에 참여하도록 하는 데 레버리지로 활용할 수 있는 최선의 방법인가? 아마도 다른 거짓말, 예를 들어 마감 시한에 대한 거짓말이 훨씬 더 나은 선택일지 모른다.

만약 이 거짓말이 쉽게 드러나지 않고 제 역할을 할 것이라고 가정한다면 대화는 어떻게 진행될까?

구매자 : 당신은 다른 구매 제안을 갖고 있습니까?

포커주의 판매자 : 네, 그렇습니다. 사우디아라비아에 있는 한 기업이 오늘 오전 ＿＿＿달러에 구매하겠다고 제안해왔습니다. 그쪽에서는 우리에게 48시간 이내에 확답을 달라고 요청했습니다. 기밀을 유지해야 하는 탓에 당신에게 사우디아라비아에서 온 구매 제안서를 보여드릴 수는 없습니다. 하지만 이것이 사실이라는 점은 의심하지 마세요. 자, 당신은 어떻게 하시겠습니까?

이상주의자라면 이 상황에서 어떻게 대처할까? 몇 가지 반응이 가능하지만 아마도 거짓말을 하지는 않을 것이다.

구매자 : 당신은 다른 구매 제안을 갖고 있습니까?

이상주의 판매자 1 : 아주 흥미로운 질문이군요. 하지만 대답하지 않겠습니다.

물론 이런 식으로 거부하는 대답은 구매자에게 많은 것을 말해준다. 또 다른 접근은 '다른 구매자'를 묻는 질문에 대해 회사의 정책을 언급할 것이다.

구매자 : 당신은 다른 구매 제안을 갖고 있습니까?

이상주의 판매자 2 : 흥미로운 질문입니다. 제가 자주 받는 질문이기도 하고요. 제 대답은 이렇습니다. 이 건물이 당신에게 얼마나 가치가 있는지는 당신의 필요와 시장 감각에 기초해 당신이 결정해야 할 문제입니다. 그리고 저는 모든 구매 제안들을 비밀로 다룹니다. 당신이 제안한 내용을 다른 구매자와 이야기하지 않을 것이며, 마찬가지로 다른 구매자가 제안해온 내용도 당신과 논의하지 않을 것입니다. 당신은 입찰에 참여하시겠습니까?

물론 이상주의자가 그러한 정책을 실제로 갖고 있다면 잘 적용될 수 있다. 그러나 그가 드러내고 싶은 다른 매력적인 구매 제안이 있을 때 그런 방법을 사용하면 희생이 크다.

마지막으로 생각해볼 수 있는 이상주의자의 답변은 정직하고 직설적이다. 이상주의자는 거짓말하지 않고 고의적으로 오도하지도 않는다. 그러나 그는 사실과 일치하는 상황에 대해 최선의 입장을 표시할 수 있다.

구매자 : 당신은 다른 구매 제안을 갖고 있습니까?

이상주의 판매자 3 : 정직하게 말하면, 지금은 다른 구매 제안이 없습니다. 그러나 우리는 곧 다른 구매 제안을 받을 것이라고 믿고 있습니다. 경쟁이 심해지면 가격이 올라갈 테니 지금 입찰하는 편이 당신에게 유리할 것입니다.

실용주의자들은 어떨까? 그들은 좀더 정교하고 세련된, 심지어는 기만적 방어 기술을 사용하라고 제안할지 모른다. 이 방어 기술들은 업무관계를 유지하는 것과 같은 방식으로 그들의 레버리지를 보호할 것이다. 다시 한번 구매자가 '다른 제안'이 있는지 물어보았고 어떤 구매 제안도 없다고 가정해보자. 여기에 실용주의자들이 사용하는 방어 기술 다섯 가지가 있다. 당신의 레버리지에 미칠 손해를 최소화하면서 다른 구매 제안들에 대한 사실적인 거짓말을 회피하기 위한 방어 기술들이다. 이 방어 기술 중 일부는 이상주의자들도 사용할 수 있다.

• 경계선을 벗어난 질문임을 선언하라.
"회사에서는 정책적으로 이와 같은 상황에서 다른 제안을 논의하는 것을 금지하고 있습니다." 이것이 사실이 아니라면 거짓말을 한 셈이다. 그러나 사실 여부를 확인하기가 어려운 만큼 당신의 명성이 위험해질 가능성은 적은 편이다. 정말 그러한 회사 정책이 있다면 이상주의자도 질문에 방어하기 위해 이 방법을 사용할 수 있다.

• 다른 질문에 대답하라.
"우리는 시장이 계속 움직이고 있고 그에 따라 계획도 바뀌기 때문에 그 물건을 오랫동안 시장에 내놓지 않으려 합니다." 다시, 이것이 사실이 아니라면 이 진술은 이상주의자보다는 실용주의자를 덜 곤란하게 만드는 '이유'에 대한 단순한 거짓말이다.

• 질문을 회피하라.
"그보다는 당신에게서 구매 제안을 받을지, 그리고 받는다면 언제가 좋을지가 더 중요할 것 같군요."

- 당신이 질문을 던져라.

"지금 당신은 어떤 대안들을 검토하고 있습니까?"

- 대화의 주제를 바꿔라.

"이미 우리는 다음 회의에 늦었군요. 오늘 입찰을 하시겠습니까, 아니면 그만두시겠습니까?"

이런 방어 기술들은 실용성을 중시하는 공리주의적인 목적을 달성할 수 있다. 실용주의자들이 주로 사용하는 이런 방법은 속임수를 쓴다는 평판을 들을 수 있는 위험은 줄이면서 포커주의만큼은 아니지만 레버리지를 보존할 수 있다. 관계도 중요하고 평판도 중요하다. 실용주의자는 당신이 거짓말을 한 사람이나 또는 그 사람과 접촉한 다른 사람과의 미래 협상에서 당신이 한 거짓말이 문제를 일으킬 가능성이 조금이라도 있으면 당신은 거짓말을 해서는 안 된다고 주장한다.

그렇다면 당신은 어느 관점에 속하는가? 혹 그게 아니면 '실용적 이상주의' 같은 당신만의 윤리적 관점을 갖고 있는가? 거듭 말하지만, 내가 충고하고 싶은 것은 윤리에 관한 한 목표를 높이 잡으라는 것이다. 실제 협상에서는 압력이 커서 종종 우리 모두를 윤리적 타협자로 만들고 만다. 만약 포커주의가 적용하는 기준보다 아래로 떨어지면 당신은 심각한 법적 위험과 형사 책임까지 질 수도 있다.

악마와 협상하기 : 자기 방어 기술

당신은 때때로 당신이 채택하는 협상 윤리의 관점에 관계없이 상대 방의 파렴치한 협상 전술과 맞닥뜨리게 될 것이다. 포커주의자조차 종 종 사기꾼과 마주하게 될 때가 있다. 이럴 때 당신은 자신을 보호하고 위험을 최소화할 수 있는 믿음직한 자기 방어 수단을 가지고 있는가? 협상 테이블에서 비윤리적인 협상 전술에 맞서 효과적으로 자기를 방 어할 수 있는 지침을 제시한다.

먼저 협상에서 재앙을 피하기 위해 잠재적 희생자가 무엇을 어떻게 했는지 살펴볼 수 있는 의심스러운 협상 행위에 관한 스토리 몇 가지 를 이야기를 해보자. 그런 다음에 우리는 그들이 어떻게 했더라면 좀 더 잘할 수 있었을지 알아보자. 그런 다음에는, 누군가가 당신을 향해 비윤리적 협상 전술을 사용할 때 그것을 알아챌 수 있도록 많이 쓰이 는 비윤리적 협상 전술 목록을 만들고 이 협상 전술들을 설명해보도 록 하자.

"그것은 내가 개인적으로 생각한 가격이었다"

첫 번째 이야기는 중고차 구매에 관한 것이다. 세인트루이스에 사는 신문기자 데일 싱어는 딸에게 중고차를 사주기 위해 길을 나섰다.[33] 한 참을 둘러본 후 고급 자동차를 취급하는 중고차 전시장에서 마음에 쏙 드는 자동차를 발견했다. 스티커에 적혀 있는 가격은 9,995달러였다. 싱어는 판매원과 가격을 흥정했고 9,000달러까지 낮췄다. 싱어는 좀

더 흥정을 했고, 판매원은 매니저를 만나고 오겠다며 자리를 비웠다. 몇 분 뒤 판매원이 돌아와서 질문을 했다. "8,500달러에 드린다면 오늘 이 차를 사시겠습니까?"

싱어는 그 제안이 마음에 들었지만 아직 더 알아보는 중이었다. 그는 좀더 돌아본 후에 다시 돌아오겠다고 말했다.

하루 종일 자동차를 둘러보고 다녔지만 봐두었던 차보다 더 매력적인 차는 발견하지 못했다. 그날 저녁 다시 그 판매원을 찾아가 8,300달러를 제안했다. "8,500달러에서 조금도 안 움직일 것이라 생각했지만, 이것이 게임의 방법이라고 생각했다."

그러나 판매원은 지금 가격은 8,900달러라고 냉정하게 대답했다. 싱어가 항의하자 판매원은 8,500달러 가격은 그가 '개인적으로 제안'한 가격이었으며, 매니저에게 승인받은 것이 아니었다고 말했다. 싱어는 그에게 8,500달러를 제안했을 때는 분명 매니저를 만나고 돌아온 직후에 제시된 가격이었음을 상기시켰고, 판매원도 공감했다. 판매원은 8,700달러에 팔 수는 있으나, 그것이 그가 할 수 있는 최선이라고 말했다.

화가 난 싱어는 매니저와 직접 이야기하고 싶다고 요구했다. 매니저는 전화로 8,500달러는 이 차의 원가이므로 그가 제안할 수 있는 최종 가격은 8,700달러라고 설명했다. 싱어는 다시 자동차 판매점 전체 지배인을 불러달라고 요청했으며, 그에게 전화를 걸어, 이야기하고, 끊었다.

몇 분 후에 전화가 다시 울렸다. 매니저였다. 그동안 가격에 대한 오해가 있었다고 설명하며 싱어가 8,500달러에 차를 살 수 있다고 말했다.

제2부 협상의 과정과 전략

결국 싱어는 그 차를 샀지만, 나중에 자동차 판매점 측은 그가 차를 싸게 구입한 만큼 자동차 보증 서비스를 제공할 수 없다고 말했다. 결과적으로 싱어는 그가 원하는 가격에 자동차를 사기는 했으나 "도대체 고객이 공정하게 대우받기 위해 왜 그렇게 애를 써야만 했는가?"라는 의문이 들었다. 그는 미심쩍고 씁쓸한 느낌이 들었다.

싱어는 알지 못했으나 사실 그 판매원은 고의로 싼값을 붙이고 뒤에 여러 명목으로 값을 올리는 '로우볼' 전술을 썼다. 곧, 싼값을 불러 그 자동차에 관심을 갖게 한 뒤 싱어가 자동차에 점점 더 흥미를 보이자 가격을 슬쩍 다시 올려버렸던 것이다. '로우볼' 전술은 감추어진 심리적 전제에 기반을 둔, 고전적으로 입증된 조작적인 판매 기법으로,[34] 이미 싱어는 경계심을 품고 그것을 거절할 수 있었지만 고객들이 대부분 그러하듯 이 전술에 당하고 말았다.

입찰 전쟁

두 번째는 1997년 뉴욕 시에서 부동산 시장가격이 한창 치솟던 시기에 있었던 이야기다.[35] 파크 애비뉴에 있는 침실 세 개짜리 조합 아파트가 170만 달러에 시장에 나왔다. 애시포스 와버그 부동산 중개사에서 일하는 보니 체젯은 이 아파트의 독점 중개권을 가지고 있었다.

체젯의 이야기에 따르면 시장에 내놓은 지 얼마 되지 않아 한 남자가 그의 중개인과 함께 나타나 아파트를 살펴보고 나서 140만 달러에 현금으로 구매하겠다는 제안을 하였다. 판매자는 구매자에게 가격이 너무 낮다며 거절했다. 그 뒤 어떤 새로운 제안이나 소식도 없었다.

아무런 일 없이 나흘이 지났다. 마침내 두 번째 잠재 구매자가 다른 중개인과 함께 이 아파트를 둘러보았다. 그는 130만 달러를 제안했고, 판매자는 또 거절했다. 체젯은 최소한 여러 다른 중개인들이 이 아파트를 찾는다는 사실에 만족할 수 밖에 없었다.

다른 인수자 없이 다시 사흘이 지난 후 세 번째 구매자가 또 다른 중개인과 함께 왔고, 이번에는 127만 5,000달러를 제안했다. 판매자는 세 번째 제안 역시 거절했고, 이제 그는 과연 체젯이 아파트 가격을 제대로 공시했는지 의심하기 시작했다.

체젯은 고객이 판매 가격에 대해 의문을 표했을 때, 심층 조사를 벌였고 곧, 두 번째와 세 번째 제안자가 첫 번째 제안자의 친구들이었다는 사실이 드러났다. 체젯이 설명했다. "그들은 모두 한통속이었다. 판매자가 그들이 제안한 가격 중 높은 가격 제안을 받아들이도록 유도하기 위한 작전이었던 것이다." 며칠 뒤 체젯은 처음 내놓은 제 가격을 다 받고 아파트를 팔았다.

체젯과 고객은 속임수의 일종인 담합 입찰의 희생자가 될 뻔했던 것이다. 로우볼 전술과 마찬가지로 담합 입찰, 곧 허위 입찰은 그들이 사기에 걸려들고 있다고 의심하지 않는 사람들에게 미묘한 심리적 압박을 가한다.

비윤리적인 전술에 대처하는 기법

위 두 사례는 악마와의 협상에 대해 무엇을 말해주는가? 이제 비윤리적인 협상 전술에 효과적으로 대처하는 자기 방어 기술을 살펴보자.

'거래 상황'을 경계하라

비윤리적인 협상 전술이나 행동이 사용될 위험이 큰 특별한 상황이 있다. 시포드의 이야기도 그렇지만 앞에서 본 두 이야기가 다 거래 상황에서 일어났다는 점은 우연이 아니다. 가격이 기본적인 협상 이슈이고 당사자 간에 미래에 거래할 가능성이 제한적일 때 윤리 문제가 야기될 위험이 높다.

싱어가 겪은 이야기에 나오는 자동차 판매상이 자동차 판매를 단순한 거래로 보지 않고 가능성 있는 관계의 일부로 받아들였더라면 좋았을 것이라고 생각할 수 있다. 그러나 심지어 고급 승용차 판매 분야에서도 때때로 고객과의 관계를 거의 신경 쓰지 않고 커미션을 기본으로 보상받는 판매원들이 있다. 이익만 중요하고 관계는 중요하지 않은 상황에서는 항상 경계심을 늦추지 말아야 한다.

비윤리적 행동은 '경쟁'이 심할 때 더 위험해진다. 연구 결과에 따르면 협상 테이블에서 레버리지의 불균형이 심하면 비윤리적인 행동이 더 많아진다고 한다. 흥미로운 것은 레버리지가 강한 쪽과 마찬가지로 레버리지가 약한 쪽도 거짓말을 하거나 속이려 한다는 점이다. 한 연구 팀은 실험을 통해 "힘이 약한 사람들이 힘이 강한 사람들의 요구를 따르고 싶지 않을 때 그들을 속이는 전술을 사용하는 편이 유리하다."[36]라는 결과를 밝혔다. 또 다른 연구 팀들은 힘의 불균형 상황에서 강력한 힘을 가진 쪽이 자신의 레버리지에 '취하거나 중독될' 수 있다는 사실을 발견했다. 그들은 "일반적으로 더 강한 힘을 가진 협상가들이 그 힘을 남용해 비윤리적 협상 전술을 사용할 가능성이 높다."라고 밝혔다.[37]

가능한 모든 관계에 의존하라

제4장에서 살펴본 대로 당신의 관계 네트워크를 잘 활용해 협상 상대방을 찾아라. 상대방이 당신과의 관계가 중요하다는 사실을 느낄 수 있는 추천장이나 소개장을 받도록 노력하라. 이렇게 함으로써 비윤리적 행동을 야기할 수 있는 원인을 다소라도 줄여라.

싱어가 차를 사러 다니기보다는 자동차 판매점을 먼저 사러 다녔더라면 덜 실망스러운 결과를 얻었을지 모른다. 그는 친구들에게 조언을 구할 수도 있었고, 서비스가 좋고 공정한 거래를 한다는 명성이 높은 자동차 판매원에 대한 정보를 얻을 수도 있었을 것이다. 그는 잘 아는 단골 고객의 추천을 받아 손해를 적게 볼 수 있는 자동차 판매점을 찾아갈 수도 있었다.

부동산 시장에서는 방문객은 모두 받아들여야 하는 특성상 체젯에게 관계는 별로 도움이 안 된다. 그러나 아파트 판매자 입장에서는 이 거래를 제대로 성사시키기 위해 중개인인 체젯과의 전문적인 관계가 아주 중요하다. 중개인이 없었다면 판매자는 사기극에 넘어갔을는지 모른다.

연구 결과에 따르면 지속적인 관계에 대한 기대와 예상은 사람들의 윤리 기준을 높인다고 한다. 한 연구자는 이렇게 말한다. "윤리적으로 문제가 있는 전술을 사용하더라도 비지속적 관계에서 협상가는 기꺼이 비윤리적 전술을 사용하려 한다."[38]

조사하고 조사하고 또 조사하라

협상에서는 항상 속임수가 잠재하고 있을 가능성을 경계해야 한다. 사람들은 거짓 여부를 판단할 때 상대방이 미심쩍게 행동하는 것을 선의로 해석하려는 경향이 있다.[39] 이런 경향은 대부분의 사회적 교환관계에서 괜찮고, 관계 중시 상황과 암묵적 조정 상황의 협상에서도 별 문제없다. 그러나 협상에 걸려 있는 이익이 중요해지면 비용이 많이 들고 희생이 커질 수 있다.

싱어와 체젯의 사례에서처럼 의심이 들면 상황을 제대로 판단해 문제를 알아낼 때까지 계속 조사하라. 체젯은 그들의 네트워크를 확인함으로써, 곧 가짜 구매자들과 동행했던 중개인들을 조사해 고객이 허위 입찰에 걸려들지 않도록 막았다. 빈틈없는 협상가로 알려진 프란시스 베이컨 경은 1597년에 쓴 협상에 관한 에세이에 이렇게 기록하고 있다. "교활한 사람들과 협상할 때 우리는 그들의 욕구를 잘 생각하고 그들의 말을 해석해야 한다."[40]

싱어는 훨씬 더 잘 해결할 수 있었다. 비록 자동차 판매원이 그에게 잘못된 가격 정보를 제공하였고, 판매원의 교활한 간계에 희생된 것은 사실이지만 엄연한 의미에서 싱어는 스스로 화를 초래했다. 판매원은 분명하고 조심스럽게 말했다. "8,500달러에 드린다면 오늘 이 차를 사시겠습니까?" 싱어는 그 가격에 차를 살 수 있을 거라는 결론을 내리기 전에 이 기묘한 질문을 구체화했어야 했다. "당신은 내게 그 가격에 확실한 판매 제안을 하는 것입니까?" 싱어는 그렇게 물을 수 있었다.

면밀하게 조사하는 것은 상대방이 이야기한 내용이 타당한지 확인하는 데 도움이 되지만, 상대방이 곧바로 자신의 비윤리적인 행동을 인정하리라는 기대는 하지 마라. 당신은 그의 행동뿐만 아니라 당신의 판단에도 의지해야 한다. 연구 결과는 상대방이 거짓말하는 것을 간파하기도 어렵지만, 심지어 상대방이 거짓말을 하고 있다는 사실을 탐지해내더라도 무슨 거짓말을 하는지 알아내기는 더 어렵다고 말한다. 어

떤 확실한 결론을 내리기 전에 가능한 한 많은 정보들을 모아 확인해야 한다.[41]

상대방이 비윤리적으로 행동하는 것을 발견했다면 당신은 상대방을 비난해야 할까? 그렇게 하는 것이 당신이 목적을 달성하는 데 도움이 된다면 비난할 수도 있다. 그러나 나는 좀더 기다려볼 것을 권한다. 예를 들어 체젯의 사례에서 첫 번째 구매자가 유일하게 아파트에 관심을 보인 사람이라고 가정해보자. 140만 달러 수표는 정상적으로 유효하고 전액 현금으로 지급하겠다고 했다. 그가 비윤리적으로 행동한 것을 비난해야 할까 아니면 그의 제안을 받아들여야 할까? 나는 후자 쪽을 택했을 것이다. 하지만 권리 증서의 양도는 그 수표가 은행에서 결제될 때까지 기다린 뒤에 할 것이다.

끝까지 단호하게 밀어붙이고 완강하게 버텨라

상대방이 비윤리적인 행동을 할 때 공평함을 끝까지 요구할 것인지 당신이 선택해야 한다. 싱어는 끝까지 밀어붙이고, 참고 인내하며 상대방의 로우볼 술책에 넘어가지 않고 결국 그가 기대한 가격을 얻어냈다. 체젯의 판매자 또한 끝까지 버텼다. 그는 계속해서 떨어지는 구매 제안에 밀려 도망가듯이 판매를 결정하지는 않았던 것이다.

상대방 기준에 말려들지 말고 자신의 기준을 유지하라

상대방이 비윤리적 협상 전술을 사용하면 여기에 맞대응하려는 유혹이 강해진다. 일단 화가 치밀고, 균형 감각을 잃으며, 서서히 비윤리적인 길로 빠져들기 시작한다.

이런 덫에 빠지지 마라. 첫째, 당신의 협상 윤리 관점이 어떻든, 자

제2부 협상의 과정과 전략

존심을 유지하면서 믿을 수 없는 교활한 협상가라는 평판을 받지 않으려면 당신의 기록을 깨끗하게 유지해야 한다. 둘째, 당신이 비윤리적으로 행동하기 시작하면 그 순간부터 당신은 상대방의 비윤리적인 행동에 항의할 권리를 잃게 된다. 상대방의 비윤리적 행동은 상대방에게 양보를 얻어낼 수 있는 법적 청구권을 가질 수도 있고 법적 소송의 기초가 될 수도 있다. 일단 진흙탕에 같이 빠지면 어떤 도덕적 우위나 법적 우위도 상실한다.

그림 11. 1에서 제시한 거짓말에 대한 대안은 속임수와 관계되는 문제에서 당신을 지켜낼 수 있는 도구다. 이 그림에 나와 있는 모든 충고들이 당신의 개인적 윤리 기준에 따른 검열을 통과하는지 스스로 판단해야 할 것이다. 내가 아는 한 거짓말에 대한 모든 대안들은 합법적이어서, 거짓말을 해서는 안 되는 엄격한 상황에서도 포커주의자들이 자유롭게 사용할 수 있다. 관계가 중요한 상황에서 실용주의자들은 거짓말을 회피하는 만큼 그들에게도 도움이 될 것이다. 이상주의자들은 오도하지 않는 진실을 말하거나 분명하고 투명한 방어 책략으로 질문을 비껴갈 수도 있다.

명심하라. 협상에서는 "모든 질문에 대답해야 한다."라는 명령은 없다. 그리고 스스로 이상주의자가 되고 싶어 하는 사람으로서 나는 다음과 같은 규칙을 따르는 것이 유용하다는 것을 발견했다. 당신이 거짓말을 하고 싶은 유혹에 빠질 때마다 멈추어 서서 잠시 생각해보라. 그리고 나서 진실을 말할 수 있는 무언가를 찾아내라. 만약 상대방이 당신의 대안이나 최저 하한선에 대해 질문하면, 그 질문을 비껴서 당신의 목표와 기대, 이해 관심사 등에 관한 진실을 말하라.

그림 11. 1 거짓말에 대한 대안

(다음에 대한) 거짓말하지 말고 대안을 시도하라

1. 최저 하한선	방어 책략 :
	· 상대방의 최저 하한선을 물어본다.
	· "네가 상관할 일이 아니다."라고 말한다.
	· "나는 그것을 공개할 권한이 없다."라고 말한다.
	· 당신의 목표를 솔직하게 말한다.
	· 당신의 문제와 필요에 집중한다.
2. 권위의 결여	처음부터 제한된 권위를 획득한다.
	당신이 속한 그룹이 인준을 요구한다.
3. 대안의 존재 여부	대안을 향상시키기 위해 노력한다.
	기회를 강조하고 불확실성을 강조한다.
	현재 상태에 만족한다.
4. 입장에 대한 몰입	일반적인 목표에 전념한다.
	기준에 전념한다.
	상대방의 이해 관심사를 다루는 데 전념한다.
5. 가짜 이슈	정말 가치 있는 새로운 이슈들을 포함시키거나
	정말 원하는 이슈 목록을 새로 만든다.
6. 위협	냉각 기간을 갖는다.
	제3자에게 도움받을 것을 제안한다.
	공식을 사용할 것을 논의한다.
7. 의도	당신이 할 수 있고 지킬 수 있는 약속만 한다.
8. 사실	사실에 관한 불확실성에 집중한다.
	언어를 조심스럽게 사용한다.
	당신의 의견을 표명한다.

불량배가 사용하는 협상 전술 전시관

이것은 협상의 윤리 주제에 대한 나의 마지막 선물이다. 여기에 협상 테이블에서 흔하게 부딪치는 조작적 협상 전술들을 목록으로 정리하였다. 앞에서 이 협상 전술들의 일부를 살펴보았지만 참고하기 편하게 다시 요약해 설명해보자. 일부 협상 전술들은 공공연한 속임수를 사용하고 있다는 데 주목하라.

나는 이 협상 전술들 모두에 '비윤리적'이라는 딱지를 붙이지는 않겠다. 왜냐하면 그것들은 대부분 포커주의자의 영역 안에 들어가기도 하거니와 관계의 문제가 없을 때에는 실용주의자들도 몇 가지는 사용할 수 있기 때문이다.

최저 하한선과 대안에 대한 거짓말

우리는 이미 이 거짓말들에 대해서 이야기했다. 협상에서 가장 흔하게 사용되는 거짓말이다. 상대방을 잘 알지 못하고 신뢰하기 어려울 때는 최저 하한선이나 대안에 대한 어떤 말도 에누리를 많이 해서 들어야 한다. 아니면 당신이 레버리지를 모두 갖고 있어서 상대방이 대안에 대한 주장을 아무리 해도 전혀 중요하지 않든지.

로우볼 전술

이것은 자동차 판매원이 싱어에게 사용하려 했던 '너무 좋아서 사실이 아닌 것 같은' 제안이다. 상대방은 당신에게 실제로 드는 총 비용을 드러내기 전에 당신을 이 거래에 빠져들도록 유인한다. 당신이 "네."라고 답하고 나면 상대방은 작전을 개시한다. 그들은 자신들이 팔려는 것을 당신이 원한다는 사실을 알고 다른 조건들을 추가하며 자신들이 원하는 쪽으로 가격을 올린다.

이 기술이 오직 판매 상황에만 해당한다고 생각하지 마라. 당신은 먼저 아이가 축구 팀원이 되는 데 동의하도록 하고 나서 정작 매일 저녁 식사 시간에 팀 연습을 하고 일요일 새벽 6시에 게임을 하는 어린이 축구 코치를 만나본 일이 있는가? 이것이 로우볼 전술이다.

가짜 이슈

협상의 대가 로저 도슨은 이것을 '미끼' 전술 혹은 '빨간 청어' 전술이라 부른다.[42] 실제로는 이슈가 하나 혹은 두 개만 중요한데도 넷 혹은 다섯 개 이슈들을 매우 중요하고 필수적인 것처럼 열거하는 경우가 있다. 나머지는 가짜 이슈들이다. 교착 상태에 대한 위험까지 감수하면서 한꺼번에 전체 이슈들을 강하게 밀어붙인 다음, 정말 중요한 이슈들에 대해서 양보를 얻어내는 대신 가짜 이슈에 대해서는 조건을 누그러뜨린다.

이 책에서 이미 만난 사람들이 가짜 이슈 전술을 사용한 사례를 살펴보자. 모리타 아키오가 경영하는 소니가 1989년 50억 달러에 컬럼비아 영화사를 사려 했을 때 다른 쪽에서는 소니의 새로운 영화 사업부 경영을 위해 거버-피터스 엔터테인먼트 사를 2억 달러에 매수하려는 협상을 동시에 진행하고 있었다.[43] 한 가지 문제점은 거버와 피터스가 이미 워너 브러더스와 그 회사의 주인인 스티브 로스와 계약을 했다는 사실이었다.

거버와 피터스는 소니에게 소니-컬럼비아 협상만 타결되면 로스는 그들을 기존 계약에서 풀어주겠다고 구두로 약속했다며 안심시켰다.

그러나 실제로 그들은 속으로 로스가 이것을 문제 삼을지 모른다는 걱정을 하고 있었다. 그리고 우려는 적중했다. 로스는 소니에게 10억 달러짜리 손해 배상 소송을 냈다. 거버-피터스 팀은 로스와 맺은 계약을 해제하기 위한 협상에 많은 시간이 필요했다.

거버와 피터스는 소니와 최종 협상을 하는 자리에서 세 가지 이슈를 협상 테이블에 내놓았다. 두 개는 거짓 이슈였고, 나머지 하나는 소니-컬럼비아가 협상을 타결한 이후에 워너 브러더스 사에게서 계약 해제를 얻어내는 데 필요한 시간 문제였다. 그들은 이슈 세 가지를 놓고 밤새 협상을 벌였다. 아침 7시, 거버-피터스 팀은 마지막 제안을 했다. "첫 번째 이슈는 우리가 양보하겠습니다." 그들이 고용한 변호사가 말했다. "두 번째 이슈도 포기하겠습니다. 그러나 세 번째 이슈인 시간만큼은 당신이 양보해주십시오." 소니는 누그러졌고, 거버-피터스 팀에게 계약 해지를 얻어내기 위한 시간 여유를 한 달 동안 허락하였다.[44]

거짓 권한 계략

권한에 대한 거짓말에는 두 가지 형태가 있다. 첫째, 권한이 없을 때 권한이 있다고 거짓말할 수 있다. 자동차 판매원이 매니저에게 다녀온 직후에 싱어에게 8,500달러를 제안하면서 한 거짓말이 여기에 해당한다. 이런 거짓말은 대개 로우볼 전술을 거드는 데 사용된다. 이 거짓말과 싸우기는 어렵다. 일반적으로 이런 거짓말에 의심이 들면 상대방이 제안할 때 그럴 권한이 있는지 증명을 요구하면 어느 정도 검증이 가능하다.

둘째, 사실상 권한이 있음에도 불구하고 권한이 없다고 거짓말하는 경우다. 변호사와 다른 대리인이나 중개인들이 주로 이 거짓말을 사용한다. 당신이 그들의 권한 안에 있는 제안을 하더라도 실제로 당신에게 말할 때는 그 제안을 받아들일 권한이 없다고 거짓말한다. 이 문제에 대한 해결책은 가능하면 대리인과의 협상을 피하고 당신의 제안에 "예." 혹은 "아니오."라고 대답할 수 있는 권한을 가진 의사결정권자와 협상하는 것이다.

마지막으로 제3장에서 논의한 것처럼 상대방이 상세한 '표준 계약서'를 제시하거나 사장이 모든 사람이 합의할 것을 요구하고 있다는 주장과 같은 권한 계략을 조심하라. 당신이 그래야만 한다면 권위를 존중해라. 그러나 먼저 그 권위가 가짜가 아닌지 확인하라.

과잉 몰입

이 전술은 제10장에서 상세하게 논의했다. 본질적으로, 협상 상대방이 협상 과정을 오래 끌어 협상이 타결될 것이라는 가정 아래 많은 투자를 하도록 유도한다. 당신이 투자를 너무 많이 해 손해볼 것을 염려해 결국 "예."라고 대답하리라는 확신이 서면 마지막 순간에 가격을 올리거나 내리면서 새로운 조건을 추가한다. 이에 대한 가장 좋은 해결 처방은 당신의 몰입 정도를 계속 점검하면서 상대방도 당신만큼 똑같이 투자하고 있는지 자문해보는 것이다.

선역/악역 전술

이 전술은 제9장에서 다루었다. 이 전술은 비합리적인 조건을 합리적으로 보이도록 대비 효과를 사용한다. 악역은 터무니없이 벅찬 요구 사항을 많이 내세운다. 그의 동료인 선역은 당신의 옹호자가 되어 악역과 싸우고 그들의 조건을 누그러뜨려 단순히 공격적인 수준으로 낮춘다. 당신과 선역은 악역에게 공동으로 대항한다. 결국 당신은 논쟁에서 이기고 협상에서는 진다. 여기에 맞서는 가장 좋은 방법은 그것을 인식하고, 선역/악역 전술의 이름을 부르며 이 전술이 요구하는 대로 움직이기를 거부하는 것이다.

일관성의 덫

제3장에서 논의한 일관성의 덫은 다음과 같이 작용한다. 상대방 협상가는 당신이 아무 문제가 없어 보이는 기준과 규범에 동의하도록 유도한다. 그러고 나서 그는 자신의 제안이 당신이 동의한 기준에서 귀결된 논리적 결과라는 점을 보여주며 일관성의 덫을 놓는다. 일관성의 덫에 빠지지 않으려면 어떤 기준에 동의하기 전에 그것을 잘 살펴보고 거기에서 빠져나가 변명할 여지를 남겨두는 것이 좋다.

상호성 계략

협상할 때 우리는 질문과 대답을 교환하고 양보를 교환한다. 그 과정에서 상호 교환을 거절하거나 아니면 실질적인 대답을 주지 않으면서 겉으로 보기에만 교환하려는 사람들을 경계하라. 상호성의 규범은 당신이 협상에서 서로 맞대응할 수 있는 권한을 부여한다. 그것을 끝까지 주장하라.

조금씩 물어뜯기는 잠식 전술

제10장에서 이것을 언급했다. 양측은 협상이 끝나기 직전에 합의한 내용을 조금씩 물어뜯는다. 그들은 그 자체로는 논쟁의 가치도 없어 보이는 작은 요구나 이슈 들을 주장한다. 그러나 그들은 이 작은 이슈를 대가 없이 얻어내기 때문에 그것은 순이익이 된다. 조금씩 물어뜯는 잠식 전술을 잘 쓰는 협상가는 이런 식으로 계약 가치의 3~5%를

더 추가한다. 이 전술은 대비 효과와 과잉 몰입 현상 두 가지에서 힘을 얻는다. 해독제는? 그저 "아니오."라고 말하라. 아니면 조금씩 물어뜯는 협상가가 요구한 모든 양보에 대해 상응하는 대가를 요구하라.

◀◀◀ 요약

많은 협상의 한가운데에 윤리적인 딜레마가 놓여 있다. 속임수가 협상의 일부라는 점은 피할 수 없는 사실이다. 사람들이 협상 테이블에서 상대방과 협상을 하며 개인적 진실성을 중요하게 여긴다는 것도 맞는 말이다. 윤리적 실수 한 번이 당신의 신뢰에 치명타를 안길 수 있다. 그러나 신뢰 상실은 단지 한 번에 그치지 않고 많은 다른 협상에까지 영향을 미친다. 효과적인 협상가는 개인적 진실성의 이슈를 매우 진지하게 받아들이지만 비효과적인 협상가는 그렇지 못하다.

어떻게 서로 상충되는 두 요소를 균형 있게 유지할 수 있을까? 나는 이러한 윤리적 이슈를 생각해볼 틀로서 윤리 관점 세 가지 포커주의, 이상주의, 실용주의를 설명했다. 나는 개인적으로 당신이 가능한 한 진실에 충실한 협상가이기를 바란다. 때때로 이러한 양심의 잣대에 대한 대가로 레버리지를 잃을 때가 있지만, 그 보상으로 더 큰 자존심과 편안함을 얻는다.

물론 당신이 협상 윤리의 어느 편에 설 것인지 결정하는 것은 당신의 몫이다. 내가 유일하게 충고할 수 있는 것은 이 책을 시작하며 제1장에서 언급했고, 다시 제11장의 앞부분에서 거듭 강조하여 설명했다. 개인적 진실성에 가치를 두는 협상가들은 믿을 수 있는 사람들이다. 그들은 필요하면 상대방에게 설명하고 방어할 수 있는 사려 깊은 개인적 가치관을 지니고 있으며 언행이 일치하는 사람들이다.

✓ 협상 윤리에 대한 체크 리스트

☐ 협상 윤리의 세 가지 관점 중 당신의 태도를 가장 잘 반영하고 있는 것을 결정하라.

☐ 거래 상황에서 상대방의 비윤리적 행동에 대한 위험을 상쇄하기 위해 당신이 가진 가능한 모든 관계를 활용하라.

☐ 조사하고, 조사하고, 또 조사하라. 상대방이 말하는 것을 액면 그대로 받아들이지 마라.

☐ 잠시 멈춰라. 모든 질문에 전부 대답할 필요가 없다는 것을 기억하라.

☐ 거짓말하지 마라. 대신 당신이 진실을 유용하게 사용할 수 있는 방법을 찾아라.

효과적 협상가가 되려면

. . .

너무 달아서 당신을 다 먹어버리지 않도록 하고
너무 써서 당신을 뱉어내지 않도록 하라.
파슈토 속담[1]

사람은 누구나 뭔가를 팔아서 살아간다.
로버트 루이스 스티븐슨[2]

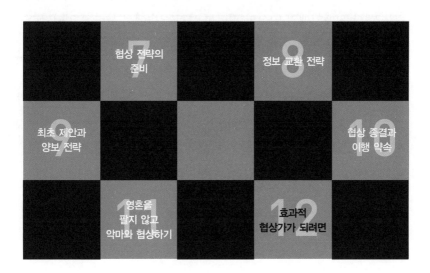

우리는 '협상'이라는 말을 들을 때 대부분 공식적이고 드라마틱한 사건을 주로 생각한다. 외교관, 정치가, 운동선수, 연예 스타, 기업의 CEO, 월스트리트의 기업 M&A 거래 전문가, 그리고 노동 문제 전문 변호사 같은 사람들이 하는 그런 협상 말이다. 이런 협상들은 협상의 '블록버스터'들이다. 훈련받은 경험 많은 전문가들이 특정 청중의 이익을 위해 무대에 올리는 행사들이다.

물론 이처럼 대단히 수준 높은 협상도 중요하다. 그러나 협상 전문가들조차 이런 큰 협상에 참여하는 경우는 많지 않다. 실제로 우리가 하는 협상은 매일매일 일상의 평범한 사건들 속에서 무수히 일어난다. 그것도 우리의 눈과 가까운 사람들에게만 보일 뿐 그 이외의 사람들 눈에는 잘 띄지도 않는다. 병원 복도에서 환자 가족과 의료진 사이에 행해지는 사랑하는 사람들의 치료에 관한 협상, 서로 반목하는 사업 파트너 간에 권력과 통제를 위한 비공개 투쟁, 기업에서 특정 사업 부서와 직원들이 구조 조정 대상 문제를 놓고 경영자들 사이에서 벌어지는 팽팽한 논의, 그리고 '독립'이니 '책임'이니 하는 말의 의미에 대해 부엌 테이블 위에서 부모와 아이들 사이에 오가는 결론 없는 대화. 이런 일들이 바로 눈에 잘 띄지 않는 협상의 사례들이다.

이런 협상들도 월스트리트에서 이루어지는 '대형 거래' 협상만큼이나 중요하다. 이런 협상에 관여하는, 자신의 업무를 처리하고 삶을 살아가는 합리적인 사람들, 그들에겐 좀더 효과적으로 협상할 수 있는 신뢰할 만한 전문 협상 지식이 필요하다. 이것이 바로 내가 이 책을 쓴 이유이기도 하다. 당신이 당신의 비즈니스와 지역 사회 그리고 개인 삶의 모든 측면에서 목표를 성취하기 위한 도구로 협상을 준비하는 데 도움을 주고 싶다.

얼마 전에 나는 과거 와튼 협상 프로그램에 참가했던 한 경영자에게서 편지를 받았다. 그를 빌 시겔이라고 부르자. 미국 동북부에서 작은 개인 사업을 하는 시겔은 몇 년 전 와튼 경영 협상 워크숍에 참가했다. 와튼 협상 프로그램을 마친 후에도 그는 자신의 협상 능력을 확신하지 못했고, 협상보다는 오히려 치과에 가는 편이 더 편할 정도로 걱정이 많은 협상가였다. 그러나 시겔은 편지에서 자신의 향상된 협상 기술을 자랑하고 있었다.

"내 열 살짜리 꼬마 녀석은 여전히 나를 벽 한쪽 끝까지 밀어 부딪치게 합니다." 그는 농담을 할 만큼 여유도 생겼다. "그러나 이제 비즈니스 협상은 해볼 만하고 도전적이며 재미있습니다." 그가 관여했던 마케팅 전략 제휴와 파트너십들에 대한 설명 끝에 재미있는 이야기가 있었다. 바로 이 책에서 내가 이야기한 내용들을 잘 설명해주는 이야기였다.

시겔은 지역 재개발 사업에 관여하는 비영리 기관의 구성원이기도 했다. 하루는 125년이나 된 시내 대형 건물을 철거하기 위해 시 예산 45만 달러가 투입된다는 소문을 들었다. 불과 몇 년 전에 시가 이 건물을 구입하는 데 50만 달러나 지출했다는 사실은 아이러니가 아닐 수 없었다. 엉성한 계획과 사업 시행의 실패는 지방 정부에서 흔히 드러나는 병폐였으며, 이 상황도 예외는 아니었다.

　그의 훈련받은 협상 지식이 곧바로 발동하기 시작했다. 먼저 평소 자신이 상황을 피해가는 회피형이라는 점을 인정하고 이 상황을 '도전 과제'로 삼아 그가 새롭게 발견한 협상 기술을 시험해보기로 했다. 상황을 분석 평가하고 높은 기대치를 세운 다음 현명한 협상 전략을 실천할 수 있는지 알아보기로 결정한 것이다.

　이제 명확하고 구체적인 목표를 세워야 한다. 시겔은 그 건물을 구해서 생산적인 용도로 사용하기를 바랐을 뿐 아니라, 이 과정에서 자신도 이익을 남기기로 결심했다. 그는 상황에 대한 조사를 시작했으며 곧 시가 상업적 세원을 복원하는 데 높은 우선 순위를 두고 있으나 이 건물을 살려내는 데 필요한 시간과 상상력을 가진 사람이 시청에는 아무도 없다는 사실을 알아냈다. 사람들은 모두 그저 관리 장부에서 지워버리고 싶은 아이템이었다.

　이런 예비 단계들을 거친 뒤, 시겔은 첫 번째 행동을 개시했다. 그는 자신의 지역 관계 네트워크를 활용해 건물 철거 책임자인 시청의 담당 공무원에게 접근했다. 시겔은 최소한의 비용으로 시와 계약을 할 수만 있다면 건물을 철거하는 데 45만 달러를 지출하기보다는 그 돈을 자신에게 주어 건물을 리모델링하는 편이 훨씬 더 도리에 맞는 일이라고 담당자를 설득했다.

　45만 달러를 확보한 시겔은 추가 자금을 모으는 데 도움을 줄 만한 사람들을 찾기 시작했다. 한 친구가 시내 중심의 재건축 프로젝트를 지원하는 주 정부의 보조금이 있을지 모른다고 말했다. 그는 곧 역사적 가치가 있는 시내 건물을 보존하기 위해 주 정부가 지원하는 보조금 27만 달러를 받아냈다. 또한 그는 시청의 세무 공무원을 설득해 그가 확보할 미래의 상업적 세입자들에게 관대한 세금 감면 혜택을 주는 합의를 얻어냈다. 세금 감면 혜택을 레버리지로 활용해, 그는 이 건물을 리모델링한 뒤에 입주할 상업적 세입자 세 명과 이전 계획을 가진 역사적 단체 하나를 확보했다. 일이 진행되기 시작했고, 그는 현금을 확보했다.

이 협상의 마지막 단계는 그의 개인적 목표인 이익 달성을 확실히 보장하는 것이었다. 그는 총 금액 1달러로 이 건물을 99년 동안 시로부터 임차하는 협상을 벌였다. 그가 내게 편지를 보낸 시점에는 전문 부동산 개발업자에게 이 모든 패키지를 상당한 금액에 넘기는 협상을 진행하는 중이었다. 이 거래에 관련된 모든 사람이 행복해질 만한 충분한 금액이 확보되었다.

시겔의 이야기에서 주목할 부분은 그의 협상 기술이 모든 사람의 상황을 더 좋게 만들었다는 점이다. 시청, 주 정부, 상업적 세입자, 부동산 개발업자, 그리고 시겔 자신을 포함한 모든 사람이 전보다 나아졌다. 게다가 시겔은 원래 부동산 비즈니스가 아닌 컨설팅 비즈니스를 하는 사람이었으며 그의 여가 시간을 활용해 이 협상을 진행했던 것이다.

시겔의 이야기는 일단 당신이 협상에 대한 두려움을 극복하고 협상의 기본을 배워 세상에 차이를 만들어나가기 시작하면 어떤 변화가 가능한지 우리에게 보여준다. 협상을 가르치는 사람으로서 협상 기술은 큰 장애물을 극복하며 자신의 목적을 달성하기 위해 노력하는 사람들에게는 강력한 활력소가 된다는 사실을 끊임없이 깨닫는다. 협상 능력에 자신감을 가지게 될 때 걸림돌은 기회로 변한다.

효과성에 대한 마지막 점검

시겔의 이야기는 이제까지 협상에 대해 학습한 내용을 재검토하는 데 도움이 된다. 당신의 협상하는 방식을 향상시키려면, 이런 학습 내용을 재검토하는 데 집중하는 것이 첫 번째 단계다. 자, 일단 결심했으면 제1장에서 토론한 효과성 요소 네 가지에 집중해보자. 유능한 협상가가 되려면 네 가지 요소, 즉 자발적 준비성, 높은 기대치, 상대방의 이야기에 귀 기울이는 인내심, 개인적 진실성이 필요하다. 이것은 최고 협상가들의 최고 관행-베스트프랙티스며 당신이 어떤 협상 상황에 처하든 협상 결과를 향상시켜준다. 시겔은 시내 재건축 프로젝트에서 네 요소를 모두 보여주었다.

협상의 기본 원칙 여섯 가지 또한 높은 실행력을 위해 반드시 갖추어야 하며, 목적을 달성하는 데 꼭 필요한 초석이다. 당신의 협상 스타일을 아는 것, 목표를 찾고 기대에 집중하는 것, 적용 가능한 기준과 규범을 찾는 것, 관계에 참여하고 그것을 이용하는 것, 상대방의 이해 관심사를 탐색하는 것, 그리고 협상에 들어가기 전에 당신의 레버리지를 개발하는 것이 그것들이다. 그런 다음에 제7장에 나오는 상황 매트릭스를 사용해 상황을 잘 분석하고 정보를 교환하며, 양보를 제안하고 양보를 끌어내며, 그리고 각 단계에서 마무리와 약속 이행을 잘 계획하도록 하라. 당신이 부닥치는 상황과 사람의 스타일에 맞는 협상 전략을 선택하는 것은 협상에서 성공하기 위해 아주 중요한 요소다. 협상 전 과정에서 높은 윤리 기준에 기반을 둔 자신감 있는 태도를 가져라.

끝내기 전에 나는 당신의 '협상가에게 필요한 도구 상자'에 마지막 항목을 하나 더 보태려 한다. 당신의 협상 잠재력을 최고 수준으로 끌어울리기 위한 맞춤형 체크 리스트다. 아래에 두 유형으로 구분된 체크 리스트가 있다. 하나는 기본적으로 협력적인 사람을 위한 것이고, 다른 하나는 경쟁적인 사람을 위한 것이다. 당신에게 맞는 체크 리스트를 골라 다음에 실제 협상에 임할 때 가지고 가라.

협력적인 협상가를 위한 일곱 가지 도구

당신이 기본적으로 협력적이고 합리적인 사람이라면 효과적인 협상가가 되기 위해 협상에서 좀더 단호하고 자신감 있으며 신중해질 필요가 있다. 어떻게 그것이 가능할까? 당신은 적대적인 협상 상황에 대비하는 것이 세상에서 가장 어려운 일일 것이다.

여기에 당신의 협상 성과를 높여줄 구체적인 일곱 가지 방법이 있다.

1. 당신의 최저 하한선에 지나치게 집중하지 마라. 당신의 목표를 준비하고 높은 기대치를 개발하는 데 시간을 더 많이 사용하라. 협력적인 당신은 종종 다른 사람들의 필요를 먼저 염려한다. 당신은 최저 하한선에 초점을 맞추고 거기에서 조금만 더 낮도록 노력한다. 그리고 그렇게 되면? 당신의 최저 하한선이 바로 당신이 얻는 수준이 되고 만다. 연구 결과는 더 많이 기대하는 사람이 더 많이 얻는다는 사실을 확인해준다. 당신이 생각하고 있는 목표와 기대치를 다시 정리해보라. 당신이 무엇을 원하고, 왜 원하는지 잘 생각해보는 데 더 많은 시간을 사용하라.

2. 협상이 실패할 것에 대비해 만일의 경우에 대응할 수 있는 구체적인 대안을 개발하라. 협력적인 사람들은 협상 테이블에서 선택의 대안을 남겨두지 않을 때가 많다. 협상에 실패했을 때 준비된 대안이 없다는 것이다. 기록해두어라. 만약 당신이 협상을 포기할 수 없다면 "아니오."라고 말할 수 없다.

   제6장에서 '제이니의 철로' 이야기를 기억해보자. 휴스턴 전력회사는 거래하던 철도 회사에게 석탄 운반에 대한 가격 인하를 거절당하자 아예 자사의 철로를 직접 건설했다. 여기서 얻을 수 있는 교훈은 언제나 대안은 있다는 것이다. 대안이 무엇인지 알아내 협상 테이블로 가져가라. 당신은 좀더 자신감이 생길 것이다.

3. 대리인을 구해 협상 업무를 위임하라. 만약 경쟁적인 협상가와 만난다면 당신은 불리해질 것이다. 경쟁적인 사람을 찾아내 당신의 역할을 대신하게 하든가, 최소한 당신 팀의 일원으로 삼아라. 이것은 당신의 실패를 인정하거나 협상 기술 부족을 시인하는 것이 아니라 오히려 신중하고 현명한 판단을 내린 것이다.

4. 당신을 위해서가 아니라 다른 사람, 다른 무언가를 위해 협상하라. 경쟁적인 사람들조차 그들 자신을 대표해서 협상할 때는 입지가 약해지는 모습을 확인할 수 있다. 협력적인 사람들은 자신이 원하는 것을 끝까지 주장하면 이기적이라고 생각한다.

   그래도 좋다. 당신을 위해 협상하지 마라. 잠시 멈추어 서라. 그리고 다른 사람들과 그들의 목적을 생각하라. 당신의 가족, 당신의 직원, 심지어 훗날 은퇴한 자신의 모습을 생각하라. 그들의 협상

대리인으로서 이 협상에서 '생활비를 벌어다주어야 하는' 당신에게 의존하는 사람들, 그들을 위해 협상하라. 연구 결과에 따르면 다른 사람들의 이해관계를 위해 협상할 때 더 견실하게 협상한다고 한다.[3]

5. 청중을 만들어라. 사람들은 다른 사람들이 보고 있을 때 더 단호하게 협상한다.[4] 노동조합의 협상가들이 그토록 과격한 이유도 여기에 있다. 그들은 노조원들이 그들의 행동 하나하나를 주시한다는 사실을 안다.

이 효과를 이용하라. 누군가에게 당신이 협상한다는 것을 말하라. 당신의 협상 목표와 협상 진행 계획을 설명하라. 협상이 끝나면 그 결과를 그들에게 보고하겠다고 약속하라.

6. "나는 이보다는 더 잘해야 한다. 왜냐하면……."이라고 말하라. 협력적인 사람들은 상대방이 그럴듯한 제안만 하면 "예."라고 말하는 경향이 있다. 좀더 나아지려면 상대방이 협상 제안을 해올 때 좀더 강하게 밀어붙이는 연습을 해야 한다.

간단하면서도 효과적인 표현은 "나는 이보다는 더 잘해야 한다. 왜냐하면……."이라고 말하며 빈 칸에 그 이유를 채우는 것이다. 그 이유가 좋으면 좋을수록 당신은 기분이 좋아질 것이다. 어떤 이유라도 진실하다면 충분하다.

연구 결과를 보면 합리적으로 '왜냐하면'이라는 이유를 명시한 문장으로 요구했을 때 많은 사람들이 우호적으로 대답한다고 한다. 하버드 대학교의 유명한 심리학자가 연구한 결과에 의하면 그가 요구를 하며 '가상의' 이유를 제시하는 것만으로 요구에 대한 승낙률이 50~100% 정도 늘었다고 한다.[5] 그는 도서관의 복사기 앞에서 피험자들이 줄을 서서 기다리고 있을 때 끼어들기를 시도했다. 끼어들기를 요구하며 "미안합니다만, 다섯 장 정도만 복사하면 되는데 제가 먼저 복사기를 쓸 수 있을까요?"라고 말했을 때 약 60%가 허락해주었다. 그러나 끼어들기를 요구한 사람이 스무 장을 복사한다고 했을 때는 허락한 사람이 24%로 줄어들었다. 그러고 나서 끼어들기를 요구하면서 "왜냐하면 제가 좀 급해서 그럽니다."라는 이유를 덧붙였다.

이제 요청은 이렇게 바뀐다. "죄송합니다만, 다섯 장 (또는 스무 장) 정도 복사하려고 합니다. 제가 좀 급해서 그러는데 복사기를 먼저 사용해도 될까요?" 이때 승낙률은 다섯 장일 때는 94%까지 올라갔고, 스무 장일 때는 42%로 올라갔다.

상점, 학교, 공항, 공중전화 어디서든 이 방법을 사용해볼 수 있다. 협상 테이블에서도 이 방법을 사용해보라. 그 이유가 좋으면 좋을수록 당신이 목적을 달성할 가능성은 높아지고 기분이 좋아진다는 사실을 기억하라. 그리고 이것을 이상주의적 방법으로 시도해보라. 이유가 진실해야 한다.

7. 협상은 합의를 이루어내는 것으로 끝이 아니다. 이행 약속까지 확실하게 얻어내야 한다. 협력적인 사람들은 다른 사람들도 그들만큼 착하다고 생각하고, 필요 이상으로 사람들을 신뢰한다. 또한 합의에 이르기만 하면 약속한 대로 일이 이루어질 것이라고 생각한다.

지나치게 상대방을 신뢰하지 마라. 상대방 말이 보증 수표라고 믿을 수 있는 확실한 근거가 있으면 합의만으로 괜찮다. 그러나 근거를 확실히 하지 않으면 당신이 협상에 투자한 모든 위험을 감수하게 된다. 상대편 사람들을 잘 모르거나 의심 가는 구석이 조금이라도 있으면, 합의 사항을 이행하지 않았을 때 그들이 불리해지도록 합의하라.

경쟁적인 협상가를 위한 일곱 가지 도구

당신이 기본적으로는 경쟁적이지만 여전히 합리적인 사람이라면, 당신은 다른 사람들에 대해 그리고 그들의 정당한 요구가 무엇인지 잘 알아야 한다. 어떻게 그것이 가능할까? 당신에게는 다른 사람의 동기를 의심하는 천성을 극복하는 일이 세상에서 가장 어렵다. 특히 순진하게 양보하는 협력적인 사람들을 대할 때 그런 유혹을 떨쳐버리기가 더욱 어렵다.

여기에 당신의 협상 성과를 높일 수 있는 구체적인 일곱 가지 도구가 있다.

1. 단지 이기기만 하면 되는 것이 아니라 같이 승리하는 방법을 생각하라. 나는 이 책의 처음에 윈-윈 협상이 공허한 생각이라고 강조했다. 이 말은 적응 잘하고 협력적인 사람들에게 해당하는 말이다. 경쟁적인 사람들에게 윈-윈은 상대방도 중요하다는 생각을 상기시켜준다. 양측이 다 더 좋은 결과를 얻어내는 협상, 그러나

당신이 가장 좋은 결과를 얻어내는 협상을 추구하라.

2. 당신이 생각한 것보다 훨씬 더 많은 질문을 하라. 경쟁적인 사람들은 경쟁 우위가 어디에 있는지 확인할 수 있는 정보만 확보하려 한다. 그러고 나면 달려들어 와락 움켜잡는 식으로 최초 제안을 활용해 먼저 시작하려 한다. 그러나 절대 서두르지 마라. 상대방은 여러 가지 다양한 욕구를 갖고 있다. 그들이 언제나 당신과 똑같은 것을 원하지는 않는다. 그들에게 정말 중요한 것이 무엇인지를 이해할 수 있다면 그들은 당신에게 중요한 것을 줄 수 있을 것이다.

3. 반드시 기준에 의존하라. 합리적인 사람들은 기준과 규범에 근거한 주장에 더 잘 반응한다. 기준에 근거한 협상 방법이 잘 작동할 때 레버리지를 활용한 협상 방법을 사용하려 서두를 필요는 없다. 미래의 관계가 중요할 때에는 힘을 활용하는 것보다 합리적인 논거를 활용하는 것이 훨씬 더 낫다.

4. 관계 매니저를 고용하라. 협상의 관계 측면을 관리하는 일을 당신보다 훨씬 더 잘하는 사람에게 위임하면 관계가 중요할 때 당신은 더 나은 결과를 얻을 수 있다. 이것은 실패의 신호가 아니라 신중하고 현명한 선택이다.

5. 치밀하고 빈틈없이 논리적으로 대응하라. 앞뒤가 맞지 않는 말을 하면 안 된다. 승리가 눈앞에 보일 때 당신은 지름길을 택하려다

실수할 수 있다. 아무리 사소한 사항이라도 앞뒤가 맞지 않는 말을 하게 되면 상대방은 금방 눈치 챈다. 그들은 아주 기억력이 좋다. 신뢰에 관한 한 당신은 기록 보유자가 되어야 한다. 그러면 상대방은 당신을 더욱 믿을 것이다. 서로가 상대방을 신뢰할 때 큰 돈을 벌 수 있는 기회가 온다.

6. 당신이 협상할 수 있을 때는 값을 깎으려고 흥정하지 마라. 협상에서 다루는 모든 이슈마다 흥정을 해서 싸워 이기고 싶은 유혹에 빠지기 쉽다. 복잡한 협상일수록 이런 식으로 흥정하다 보면 돈이 협상 테이블 위에 그대로 남게 되는 경우가 많다.
복잡한 협상 상황에서는 통합적인 접근법을 취하라. 당신에게 중요하지 않은 이슈는 양보를 크게 하고 중요한 이슈에 대해서는 조금씩 양보하라. 이슈 간의 우선 순위를 잘 관리하라. 제9장에서 논의했던 대로 "만약…… 그러면……." 공식을 사용해 이슈 교환을 패키지화해나가라.

7. 상대방을 항상 인정해주어라. 상대방의 자존심을 지켜주어라. 사람들은 스스로를 자랑스러워한다. 심지어 레버리지가 없는 상황에서도 레버리지를 갖고 있다고 추켜올려주면 좋아한다. 당신이 큰 힘을 갖고 있을 때 혼자서 흡족해하며 웃지 마라. 적절한 존경심을 갖고 상대방을 대우하라. 비용이 드는 일도 아닌데 그들은 아주 고맙게 생각한다. 언젠가 그들이 레버리지를 가지게 될 때 그들은 당신이 베푼 친절을 기억할 것이다.

마지막 당부

이 책의 서론에서 나는 이 책을 쓰는 목적이 현실적이고 지성적으로 당신의 자존심을 포기하지 않으면서 협상할 수 있는 방법을 보여주기 위함이라고 말했다. 이제 당신은 내가 그 목표를 달성했는지 판단할 위치에 와 있다.

나는 탁월한 협상이란 10%의 기술과 90%의 태도로 결정된다고 생각한다. 올바른 협상 태도를 갖추기 위해 당신은 위에 언급한 세 요소를 모두 갖추어야 한다. 현실성, 지적 능력, 자존심이 그것이다.

협상 과정에 현실적으로 접근하라. 그렇지 않으면 성공할 수 없다. 분별력이 있어야 하고 잘 준비되어 있어야 한다. 파렴치한은 당신을 이용하려 할 것이다. 그런 사람들한테 당하지 마라.

현명하게 협상하라. 협상에서 성공할 수 있는 핵심은 정보라는 것을 기억하라. 당신이 수집한 정보를 잘 활용해 지적으로 협상하라. 협상 상황과 사람들에게 알맞게 맞춘 협상 전략을 수립하라. 모든 상황에 맞는 최선의 전략은 없다. 하나의 전략으로 모든 협상을 성공으로 이끌 수 있을 것이라는 생각은 금물이다. 협상을 계획하기 위한 도구들을 잘 활용하고, 무엇을 할 것인지 미리 생각하라.

마지막으로, 자존심을 가지고 고귀한 길로 가라. 자존심이 없다면 당신은 다른 사람들로부터 존경은커녕 성공에 대한 의지도 잃고 말 것이다. 협상에서 고결한 도덕성을 유지하는 일은 어려운 일이지만 충분히 가치가 있다.

내가 협상을 공부하는 이유는 협상이 인간의 사회 생활에서 매력적인 부분이기 때문이다. 나는 협상을 가르치고 공부하면서 계속 놀라게 된다. 시겔 같은 사람들이 협상 지식을 얻어 자신의 것으로 소화하고, 목표를 달성해가는 모습을 볼 때 커다란 만족을 느낀다. 이 책은 그런 노력의 일부다. 협상이라는 놀라운 과정에 대해 더 배우기 위해 매일 매일 당신의 생활을 실험실로 활용해보라. 당신은 당신의 협상 능력을 향상시킬 수 있는 도구를 충분히 가지고 있다.

자, 이제까지 배운 모든 협상 지식을 활용해 실전에 임하라. 실제로 해보는 것만큼 좋은 연습은 없다.

옮긴이의 말

 이 책은 협상에 관한 책 가운데 최고다. 리처드 셸 교수의 이 책은 협상 이론에 치우치지 않고 쉽고 재미있게 읽을 수 있도록 흥미로운 협상 사례들을 적절히 배치하고 있다. 협상하면서 바로 적용할 수 있도록 실제적인 조언을 들려주면서도 단계를 나누어 차근차근 설명하기 때문에 쉽게 이해하고 실천할 수 있다는 점이 이 책의 특징이다. 유펜 와튼 스쿨 경영자 협상 워크숍의 잘 정리된 협상 이론을 체계적으로 전개하고 협상 과정을 경쟁 상황에 있는 협상가들의 입장에서 뿐 아니라, 일반 비즈니스맨의 입장에서도 풀어나간다.

 그런 면에서 이 책은 협상 전문가뿐 아니라 물론이고 보통 사람들을 위한 협상 전략서다. 한국에서는 아직 협상에 관한 연구가 많이 부족하지만 미국에서는 지난 30년 동안 협상에 대한 연구가 폭발적으로 증가하였으며 협상에 대한 전문 지식이 꽤 축적되어왔다. 그러나 미국에서도 보통 사람들이 협상 전문 지식에 접근하는 것은 어려운 편이다.

협상학 분야의 학자나 연구자들은 대부분 실제 협상가들이 읽기 어려운 학술지나 연구 서적의 형태로 연구 결과를 발표하고 있기 때문이다. 그런데 보통 사람들이 읽기에 쉬우면서도 정말 잘 쓰인 책을 들라면 하버드 협상 프로그램의 로저 피셔 교수와 빌 유리 교수가 1981년에 쓴 『Yes에 이르는 법』과 유펜 와튼 스쿨의 리처드 셸 교수가 1999년에 쓴 『협상의 전략』을 꼽을 수 있다. 『Yes에 이르는 법』은 1981년 휴톤 미플린 사가 출판하였고 『협상의 전략』은 1999년 바이킹 사가 출판하였는데, 이 두 책은 각각 1991년, 2000년에 펭귄북스가 페이퍼백으로 재출간하여 베스트셀러가 되었다.

이 책 『협상의 전략』은 『Yes에 이르는 법』이 달성하려고 노력했던 점들을 훨씬 더 재미있고 풍부하게 그리고 체계적으로 발전시킨 책이라고 할 수 있다. 『Yes에 이르는 법』은 협상에 대한 이론과 개념들을 아주 잘 요약해놓은 책이지만, 협상의 이론과 심리적 개념들에 대한 깊은 이해가 부족하고 언제 그러한 이론과 개념이 움직이며 언제 움직이지 않는지에 대하여 명확하지가 않다. 그에 반하여, 셸 교수의 책은 협상에 대한 이론과 개념들이 독자의 머리와 가슴에 잘 각인될 수 있도록 이론에 따라 짧은 이야기와 비유 그리고 협상 사례를 통해 잘 설명하고 있다.

대부분의 협상 교육 전문가들이 그렇지만 셸 교수도 대단한 이야기꾼이다. 이 책이 잘 다듬어지고 잘 쓰인 것은 그의 이야기 솜씨 때문이기도 하지만, 그의 아내의 도움이 컸다. 그의 아내인 로비 셸은 와튼스쿨에서 발간하는 《Knowledge@Wharton》의 편집인으로 일하고 있다.

2005년 가을 셸 교수 가족과 함께 저녁 식사를 하면서 재미있는 얘기를 나눈 적이 있었다. 그중 압권은 리처드가 책(*Make the Rules or Your Rivals Will*, Crown Business, 2004)을 쓰는 데 몰두하느라 낸 사고 이야기였는데, 집의 차고에서 차를 빼내면서 차고 바깥에 세워두었던 자신의 다른 차를 들이받은 것이다. 당연히 보험 회사에 사고 신고를 했겠지만 그가 어떻게 처리했을지가 궁금했던 나는 귀를 쫑긋 세우면서 다음 이야기를 기다렸다. 보험 회사 직원은 "상대방 차는 어떤 차인가요?"라고 물었고, 셸 교수는 "내가 내 차를 들이받아 사고를 냈다."라고 했다. 이어 보험 회사 직원은 아주 난처하게 되었다는 반응을 보이면서 "교수님이 그냥 당신 차를 고치는 게 어떻겠느냐."라고 하더라는 것이다. 협상 전문가인 셸 교수도 속수무책인 경우가 있다는 부인의 말에 그만 더 크게 웃고 말았다.

와튼 스쿨에 머무는 동안 나는 와튼 스쿨의 "경영자 협상 워크숍" 프로그램에 참여하여 셸 교수에게서 이 책에 나오는 협상 사례는 물론 살아 있는 협상 교육을 받을 기회를 가졌고, 또한 하버드 비즈니스 스쿨에서 진행하는 협상 교육 프로그램에도 직접 참여하여 하버드 비즈니스 스쿨의 또 다른 협상 대가인 짐 세베니우스 교수에게서 전문 비즈니스 협상에 대한 전략 이론을 배우면서 협상 이해의 폭을 넓히게 되었으며, 아울러 협상 교육의 중요성과 필요성을 절실하게 느끼게 되었다.

그런 면에서 미래의 비즈니스 리더로서 또는 각 분야의 전문가로서 수많은 협상 상황과 도전에 직면하게 될 여러분들에게 이 책을 소개할 수 있게 되어 아주 기쁘다. 이 책이 여러분들이 협상에 대해 갖고 있는 막연한 걱정과 두려움을 없애고 자신감을 갖게 되며 나아가서 협상 능력과 성과를 향상시키는 데 도움이 되기를 바란다. 그러기 위해서는 협상 과정에서 중요한 역할을 하는 숨겨진 심리적 전술들을 잘 이해하고 깨달아야 한다는 점을 기억하라. 물론 이 책도 실전 협상에서 더 나은 결과를 이끌어내는 방법에 대한 안내서일 뿐, 실전 협상 경험 자체를 대체할 수는 없다. 그러나 셸 교수가 약속한 것처럼 여러분이 협상에 대한 실전 경험을 얻고 자신감을 가질수록 협상은 두렵기만 한 것이 아니라는 것을 알게 될 것이며 아울러 협상을 통하여 경쟁 우위를 창출해내는 흥미로운 도전을 즐기게 될 것이다.

그동안 연세대학교 경영대학에서 경영협상론을 수강한 학생들과 번역 초고 작업을 도와준 박성훈, 윤언철, 김지혁, 김상준, 이세나, 김나정 조교에게 고마움을 전한다. 와튼 스쿨에 있는 동안 커다란 자극과 격려를 해준 리처드 셸 교수에게는 물론 한국협상학회의 이화여자대학교 부총장 유장희 교수, 경희대학교 국제대학원장 성극제 교수, 동국대학교 국제통상학부 곽노성 교수, 고려대학교 법과대학 박노형 교수, 서강대학교 국제대학원장 안세영 교수에게 감사드린다.

부록 1 : 기본 협상 스타일 다섯 가지

개인의 협상 스타일은 협상에서 중요한 변수다. 여러 다른 상황에서 당신이 무엇을 해야 하는지 스스로 알지 못하면 효과적인 협상 전략을 세워 대응하기가 어렵다. '부록 1'에서는 협상에서 개인의 특성 요소를 좀더 탐색하는 데 도움이 되는 협상 스타일에 관한 보조 자료와 관점을 제공할 것이다.

토머스-킬만 갈등 관리 유형 측정 도구

토머스-킬만 갈등 관리 유형 측정 도구는 당신이 경쟁 유형인지, 회피 유형인지, 타협 유형인지, 아니면 문제 해결 유형인지 측정하는 데 가장 인기 있는 유용한 심리학 도구다. 이 도구는 "나는 내가 남과 다르다는 것이 언제나 걱정할 일은 아니라고 느낀다."와 "나는 내 길을 가기 위해 노력을 기울였다."와 같은 쌍을 이룬 진술들 서른 개로 구성되어 있다. 이 도구를 사용하는 사람은 개인 간 갈등 상황에서 자신의 태도를 반영하는 진술에 표시를 하면 된다. 결과를 합산해 점수 표로 만든 후 그것들을 해석해 자신의 유형을 파악할 수 있다.

이 도구는 1970년대에 UCLA의 케네스 W. 토머스와 피츠버그의 랠프 H. 킬만이라는 두 심리학자가 개발했다.[1] 검사에 소요되는 시간은 10분에서 15분쯤이며, 컨설팅 사이콜로지스츠 프레스(Consulting Psychologists Press) 사로 전화(800-624-1765)하거나 웹사이트 www.cpp-db.com을 통해 구입할 수 있다. 토머스-킬만 측정 도구 세트에는 당신의 결과를 해석하기 위한 자료들이 포함되어 있다(한국에서는 박헌준, 김명준 두 사람이 번역하고 타당성을 검토한 토머스-킬만 번역본을 한국심리검사연구소에서 구입할 수 있다. 한국심리검사연구소의 전화번호는 02-784-0990~2이고, 웹사이트는 www.kpti.com이다─옮긴이).

어떤 심리학적 도구도 완전한 것은 없다. 토머스-킬만의 갈등 관리 유형 측정 도구도 예외는 아니다.[2] 또한 그것은 주로 미국에서만 실행되었을 뿐 세계의 다른 문화권에서 광범하게 테스트가 이루어지지도 않았다. 그러나 내 경험에 비추어보면 이 도구는 협상 스타일을 놀랄 만큼 정확하게 파악하고 있으며, 그 결과는 언제나 우리의 생각을 자극하는 주목할 만한 내용이었다.

이 도구는 개인 간 갈등에 대한 자신의 태도에 초점을 맞추고 있다. 예를 들어 훌륭한 사람은 이렇게 해야만 한다고 생각하기 때문에 그런 식으로 대답하는 경향을 우리는 '사회적 기대치'의 문제라고 하는데, 많은 도구들이 이러한 문제를 갖고 있으나 이 도구는 이러한 문제를 대부분 벗어나고 있다. 나는 자신의 협상 스타일에 대한 빠르고 새로운 관점을 얻을 수 있는 토머스-킬만 갈등 관리 유형 측정 도구를 추천한다. 이 도구에 사용된 카테고리에는 예외가 하나 있을 뿐 제1장에서 우리가 논의한 내용과 정확하게 일치한다. 예외 항목이란 이 도구에서는 '협동 유형'이라는 용어를 사용한 것을 나는 '문제 해결 유형'이라는 약간 다른 이름을 붙였다.

성적 차이와 문화적 차이

남성과 여성은 협상하는 방식이 다를까? 많은 연구들이 이 문제를 조사해왔다. 일부 연구들은 차이가 있다는 결과[3]를 지지하지만 그렇지 않은 결과도 있다.[4] 협상을 가르치는 사람으로서 나는 여성이 여성과 협상을 할 때 여성이 남성과 협상할 때나 남성이 남성과 협상할 때와는 다르게 협상한다는 사실을 발견했다. 여성은 상대방이 여성일 경우 서로의 말에 더 귀를 기울이고 비언어적인 단서를 더 잘 잡아낸다. 그러나 나는 이 스타일의 차이와 협상 결과의 차이에 대한 어떤 상관 관계도 발견하지 못했다.

성과 윤리(제11장 참조)에 대한 두 가지 발견은 호기심을 자아내기에 충분하다. 하버드 대학교에 재학 중인 MBA 학생 762명을 대상으로 한 연구에서 남성들은 여성들보다 비윤리적인 협상 전술을 사용하는 경향이 더 두드러졌다.[5] 남성과 여성 둘 다 최저 한도선을 높이 제시하거나 허풍과 과장을 하는 등 전통적으로 경쟁적인 협상 전술을 더 많이 사용했다. 그러나 여성들은 이러한 점에서 남성들보다 망설이는 경향이 더 강하게 나타났다.

학생과 지역 사회 구성원들 147명에게 일주일 동안 한 거짓말을 기록하도록 요청했다. 이 거짓말 행동에 관한 연구에서 여성은 남성보다 스스로를 좋게 보이기 위해서나 물질적 이득을 얻기 위한 '자기 중심적인 거짓말' 보다는 다른 사람의 느낌을 보호해주거나 다른 사람의 기분을 좋게 만드는 '타인 지향적인 거짓말'을 훨씬 더 많이 한다는 사실을 발견했다.[6] 특히 여성이 다른 여성과의 관계 속에서 그런 성향을 더 많이 보였다.

남성보다 여성이 더 타인 지향적인 거짓말을 많이 한다는 사실은 여성이 더 재치 있고 전술적이라는 뜻이다. 재치 있고 전술적이라는 사실은 협상의 네 단계 중 정보 교환 단계에서 친밀한 관계를 형성하는 데 좀더 뛰어난 역할을 할 것이다(제8장 참조). 그러나 재치 있고 전술적이라는 사실은 양보(제9장 참조)나 협상의 종결 단계(제10장 참조)와는 상관이 없다. 그리고 타인 지향적인 거짓말에서 나타나듯이 불쾌한 감정을 회피하려는 열망이 지나치게 강하면 상대방 여성의 기분을 상하게 할 수도 있다.

나는 협상 전략이 남성이나 여성에 대한 당신의 고정관념이 아니라 당신이 누구이고, 당신과 대면하는 사람이 누구인지에 더 영향을 받는다고 생각했기 때문에 '성'이라는 변수를 중요하게 여기지 않았다. 나의 이런 직관적 판단은 최소한 210명을 대상으로 연구했던 토머스-킬만 갈등 관리 유형에 관한 연구가 지지해준다.[7] 이 연구에서 대상자의 반은 학부 학생이었고 나머지 반은 직장인이었는데, 학부 학생들의 결과는 남성과 여성 사이에 약간 차이가 나타났다. 특히 개인 간 갈등을 다루는 방법에서 타협 유형의 여성과 경쟁 유형의 남성 학생들 사이에 차이가 있었다. 그러나 남녀 직장인에서는 이런 차이가 없었다.

마찬가지로 남아메리카, 일본 혹은 미국과 같이 문화가 다르거나 나라가 다르면 협상의 모습에 차이가 있을 수 있다. 협상에서 문화 간 차이에 대한 연구가 많이 행해졌고, 일부는 이 책에도 소개했다.[8] 그러나 협상 테이블에서 저지르기 쉬운 가장 큰 실수는 당신이 직접 관찰한 정보에 기반을 둔 협상을 하기보다는 문화적인 고정관념에 따라 협상하게 된다는 점이다.

와튼 MBA 프로그램에서도 협상 기술과 태도의 측면에서 남성과 여성의 차이나 문화적 차이는 크게 나타나지 않는다. 여성 가운데도 아주 경쟁적인 사람이 있고, 남성 가운데도 아주 순응적인 사람이 있다. 일본인 학생들은 일본 문화가 협상에서 갈등이 고조되는 것을 좋지 않게 생각하지만 협상 테이블 이면에서 나타나는 갈등과 불일치의 모습은 미국이나 유럽 사람들이 공개적으로 표출하는 갈등과 불일치와 전혀 다르지 않다고 말한다.

이 모든 것을 종합해보면 적어도 비즈니스 세계와 금융계에서 '여성이나 아시아인은 이런 식으로 행동하고, 남성이나 스위스인은 다른 식으로 행동할 것이다.' 라는 예측에 기반을 두고 협상 전략을 짜는 것은 실수라는 것이다.

개인의 특성과 스타일은 협상에서 중요한 변수다. 당신 자신의 협상 스타일을 더 잘 알수록 당신의 강점을 활용하고 약점을 보완할 수 있다. 또한 자신의 협상 스타일에 대한 이해는 당신이 만나는 상대방의 협상 스타일이나 개인적인 특성을 해석하는 데 도움을 줄 것이다.

그러나 성별이나 문화와 같은 고정관념에 너무 의존하지 마라. 협상 테이블에서 상대방에 대한 당신의 판단은 협상의 성공에 필수적이다. 그러나 이런 판단을 하는 가장 좋은 방법은 직접 질문하고 잘 들으면서 그들이 개인으로서 정말 어떤 사람인지 명백한 정보를 모으는 것이다. 그리고 만약 상대방이 당신을 놀라게 하는 어떤 행동을 할 때에는 당신이 틀렸다는 점을 기꺼이 인정하면 된다.

부록 2 : 정보 기반 협상 계획서

I. 협상 과제

> 당신이 해결하고자 하는 협상 과제는 무엇인가?

II. 구체적인 협상 목표

당신의 구체적인 협상 목표는 무엇인가?	의사 결정권자 :
	의사 결정권자의 협상 스타일 (만약 알고 있다면) :
당신의 최저 한도선은 무엇인가?	
	관계의 배경 :

Ⅲ. 상대방의 이해 관심사

당신이 목표를 성취하는 것이 상대방의 이익에 어떻게 기여하는가?
(예를 들면 공동 이익)

그들이 왜 "아니오."라고 말하는가? (예를 들면 모순되는 이익이거나 부수적인 이익)

Ⅳ. 가능성 높은 제안

공동 이익에 기초한 가능성 높은 제안/모순되는 이익을 연결할 수 있는 창의적 제안 :

Ⅴ. 협상 레버리지

이번 협상이 타결되지 않으면 상대방은 무엇을 잃는가?

당신은 무엇을 잃는가?

당신은 상대방의 대안에 영향을 미칠 수 있는가?

당신은 어떻게 당신의 대안을 향상시킬 수 있는가?

Ⅵ. 협상의 기준과 규범

나의 기준과 규범 :
상대방의 기준과 규범 :
상대방의 기준과 규범에 대한 나의 반론 :

Ⅶ. 상황과 전략 분석

당신이 보는 상황 인식 :		상대방이 보는 상황 인식 :	예상되는 상대방의 협상 전략:
___거래 관계 상황	나의 기본 협상	___거래 관계 상황	___경쟁적 협상 전략
___관계 중요 상황	스타일은 _____이고,	___관계 중요 상황	___문제 해결적 협상 전략
___관심 균형 상황	그래서 나는 이 상황에서	___관심 균형 상황	___타협적 협상 전략
___암묵 조정 상황	더 _____해야	___암묵 조정 상황	___회피적 협상 전략
	한다.		___순응적 협상 전략

Ⅷ. 제3자 활용

제3자를 레버리지로, 변영으로, 청중으로, 연합 전선 파트너로 활용할 수 있는가?

Ⅸ. 전체 협상의 주제

주

서론 : 이제 당신 차례다

James C. Freund, Anatomy of a Merger (New York : Academic Press, 1975),
p. 10.

제1장 당신의 협상 스타일을 파악하라

1. R.G.H. Siu, *Folk Wisdom and Management 3,333 Proverbs* (Washington,
D.C.: Manuscript, 1994), p. 13.

2. Bettye H. Pruitt, *The Making of Harcourt General* (Boston : Harvard
Business School Press, 1994), pp. 219-242.

3. P. H. Gulliver. See. P. H. Gulliver, *Disputes and Negotiations : A Cross-
Cultural Perspective* (New York : Academic Press, 1979), pp. 234-252.

4. Connie Bruck, *Master of the Game : Steve Ross and the Creation of Time
Warner* (New York : Penguin Books, 1994), p. 93.

5. Larry King's agent was Bob Woolf. See Bob Woolf, *Friendly Persuasion :
How to Negotiate and Win* (New York : Berkley Books, 1990), pp. 147-
148.

6. Gerald R. Williams, *Legal Negotiation and Settlement* (St. Paul, Minn.: West
Publishing, 1983), p. 19.

7. Neil Rackham and John Carlisle, "The Effective Negotiator—Part 1 : The
Behavior of Successful Negotiators," *Journal of European Industrial
Training*, Vol. 2, No. 6 (1978), pp. 6-11 ; Neil Rackham and John

Carlisle, "The Effective Negotiator—Part 2 : Planning for Negotiations," *Journal of European Industrial Training*, Vol. 2, No. 7 (1978), pp. 2-5.

8. R.G.H. Siu, *Folk Wisdom and Management 3,333 Proverbs* (Washington, D.C. : Manuscript, 1994), p. 13.

9. H. H. Kelly and A. Stahelski, "Social Interaction Basis of Cooperators' and Competitors' Beliefs About Others," *Journal of Personality and Social Psychology*, Vol. 16 (1970), pp. 66-91 ; James K. Esser and S. S. Komorita, "Reciprocity and Concession Making in Bargaining," *Journal of Personality and Social Psychology*, Vol. 31, No. 5 (1975), pp. 864-872.

10. Arvind Rangaswamy and G. Richard Shell, "Using Computers to Achieve Joint Gains in Negotiation : Towards an Electronic Bargaining Table," *Management Science*, Vol. 43, No. 8 (1997), pp. 1147-1163.

11. Gerald R. Williams, *Legal Negotiation and Settlement* (St. Paul, Minn.: West Publishing, 1983), pp. 20-40; *Howard Raiffa, The Art and Science of Negotiation* (Boston : Harvard University Press, 1982), pp. 119-122.

12. G. Richard Shell, "When Is It Legal to Lie in Commercial Negotiations?," *Sloan Management Review*, Vol. 32, No. 3 (1991), pp. 93-101.

제2장 도전적 목표와 높은 기대치를 수립하라

1. Violina P. Rindova and William H. Starbuck, "Ancient Chinese Theories of Control," *Journal of Management Inquiry*, Vol. 6, No. 2 (June 1997), pp. 153-155.

2. Sam Walton, "Running a Successful Company : Ten Rules That Worked for Me," in *Sam Walton : Made in America* (New York : Doubleday, 1992), p. 246.

3. Akio Morita, *Made in Japan* (New York : E. P. Dutton, 1986), pp. 83-85.

4. G. Lathan and E. Locke, "Self-regulation Through Goal Setting," *Organizationa l Behavior and Human Decision Processes*, Vol. 50, No. 2

(1991), pp. 212-247. E. Locke and G. Latham, *A Theory of Goal Setting and Task Performance* (Englewood Cliffs, N.J. : Prentice-Hall, 1990), pp. 29-31 ; I. R. Gellately and J. P. Meyer, "The Effect of Goal Difficulty on Physiological Arousal, Cognition, and Task Performance," *Journal of Applied Psychology*, Vol. 77, No. 2 (1992), pp. 694-704.

5. Kenneth R. Thompson, Wayne A. Hochwater, and Nicholas J. Mathys, "Stretch Targets : What Makes Them Effective?," *Academy of Management Executive*, Vol. 11, No. 3 (1997), pp. 48-61.

6. Lewis Carroll, *Alice's Adventures in Wonderland* (New York : Penguin, 1960), p. 64.

7. Peter M. Blau, *Exchange and Power in Social Life* (New York : john Wiley & Sons, 1964), pp. 145-151.

8. U. S. Department of Education, *National Education Longitudinal Study 1988-1994* NCES 96-175 (May 1996), pp. 45-46.

9. Reinhard Tietz, Hans-Jurgen Weber, Ulrike Vidmajer, and Christoph Wentzel, "On Aspiration-Forming Behavior in Repetitive Negotiations," in Heinz Sauermann, ed., *Bargaining Behavior* (Tubingen, Germany : J.C.B. Mohr, 1978), pp. 88-102 ; Steven R. Wilson and Linda L. Putnam, "Interaction Goals in Negotiation," *Communication Yearbook*, Vol. 13 (1989), pp. 374-406 ; Kristina A. Diekmann, Ann Tenbrunsel, Pri Pradhan Shah, Holly A. Schroth, and Max Bazerman, "The Descriptive and Prescriptive Use of Previous Purchase Price in Negotiations," *Organizational Behavior and Human Decision Processes*, Vol. 66, No. 2 (1996), pp. 179-191.

10. Blaine L. Kyllo and Daniel M. Landers, "Goal Setting inSport and Exercise : A Research Synthesis to Resolve the Controversy," *Journal of Sport and Exercise Psychology*, Vol. 17, No. 2 (June 1995), pp. 117-137.

11. Ted Morgan, *FDR : A Biography* (New York : Simon & Schuster, 1985), p. 108.

12. Douglas Southhall Freeman, *Lee's Lieutenants*, Vol. 2 (New York : Charles

Scribner's Sons, 1943), p. 247.

13. Booz, Allen & Hamilton, *Strategy & Business* (New York : Fourth Quarter, 1997), p. 79.

14. Gail DeGeorge, *The Making of Blockbuster* (New York : John Wiley & Sons, 1996), pp. 17-43.

15. Howard Raiffa, *The Art and Science of Negotiation* (Cambridge, Mass.: Harvard University Press, 1982), pp. 45-50.

16. Sally Blount White, Kathleen L. Valley, Max H. Bazerman, Margaret A. Neale, and Sharon R. Peck, "Alternative Models of Price Behavior in Dyadic Negotiations : Market Prices, Reservation Prices, and Negotiator Aspirations," *Organizational Behavior and Human Decision Processes*, Vol. 57, No. 3 (1994), pp. 430-447.

17. Sally Blount White and margaret A. Neale, "The Role of Negotiator Aspirations and Settlement Expectancies in Bargaining Outcomes," *Organizational Behavior and Human Decision Processes*, Vol. 57, No. 2 (1994), pp. 303-317.

18. Neil Rackham and John Carlisle, "The Effective Negotiator—Part 2 : Planning for Negotiations," *Journal of European Industrial Training*, Vol. 2, No. 7 (1978), pp. 2-5.

19. Michael Pye, *Moguls : Inside the Business of Show Business* (New York : Holt, Rinehart and Winston, 1980), pp. 88-89.

20. Ibid,. pp. 106-107.

21. Bryn Burrough and John Helyer, *Barbarians at the Gate* (New York : Harper & Row, 1990), pp. 325-326.

22. Sydney Siegel and Lawrence Fouraker, "The Effect of Level of Aspiration on Differential Payoff," in *Bargaining and Group Decision Making* (New York : McGraw-Hill, 1960), pp. 61-70.

23. Arvind Rangaswamy and G. Richard Shell, "Using Computers to Achieve Joint Gains : Toward an Electronic Bargaining Table," *Management Science*, Vol. 43, No. 8 (1997), pp. 1147-1163.

24. Morris Rosenberg, *Conceiving the self* (New York : Basic Books, 1979), p. 61.

25. Peter M. Blau, *Exchange and Power in Social Life* (New York : John Wiley & Sons, 1964), p. 145; Kurt Lewin, Tamara Dembo, Leon Festinger, and Pauline S. Sears, "Level of Aspiration," in J. McV. Hunt, ed., *Personality and the Behavior Disorders*, Vol. 1 (New York : Ronald Press, 1944), pp. 337-340.

26. Vandra L. Huber and Margaret A. Neale, "Effects of Self- and Competitor Goals on Performance in an Interdependent Bargaining Task," *Journal of Applied Psychology*, Vol. 72, No. 2 (1987), pp. 197-203.

27. A. Bandura, *Social Foundations of Thought and Action* (Englewood Cliffs, N.J. : Prentice-Hall, 1986), pp. 61-62 ; Donald R. Liggett and Sadao Hamad a, "Enhancing the Visualization of Gymnasts," American Journal of Clinical Hypnosis, Vol. 35, No. 3 (1993), pp. 190-197.

28. Benjamin Franklin, *The Autobiography and Other Writings* (New York : Penguin, 1961), p. 182.

29. Robert B. Cialdini, *Influence : The psychology of Persuasion* (New York : William Morrow, 1984), p. 79.

30. Orly Ben-Toav and Dean G. Pruitt, "Accountability to Constituents : A Two-Edged Sword," *Organizational Behavior and Human Decision Processes*, Vol. 34, No. 3 (1984), pp. 283-295; Peter J. D. Carnevale, Dean G. Pruitt, and Scott D. Britton, "Looking Tough : The Negotiator Under Constituent Surveillance," *Personality and Social Psychology Bulletin*, Vol. 5, No. 1 (1979), pp. 118-121.

31. Steve Massey, "US Airways Reiterates Cost-Cutting Warning to Unions," *Pittsburgh Post Gazette*, April 11, 1997, p. A1.

32. Cialdini, *Influence*, pp. 264-265.

33. Max Bazerman, *Judgement in Managerial Decision-Making*, 4th ed. (New York : John Wiley & Sons, 1998), pp. 66-78.

34. Richard H. Thaler, *The Winner's Curse : Paradoxes and Anomalies of*

Economic Life (New York : Free Press, 1992), pp. 1-5.

제3장 권위 있는 기준과 규범을 준비하라

1. Michael R. Roloff, Frank E. Tutzauer, and William O'Daniley, "The Role of Argumentation in Distribution and Integrative Bargaining Contexts : Seeking Relative Advantage but at What Cost?", in M. Afzalur Rahim, ed., *Management Conflict : An Interdisciplinary Approach* (New York : Praeger, 1989), p. 109.

2. Ron Chernow, *The House of Morgan* (New York : Simon & Schuster, 1990), p. 114.

3. R. F. Barton, *The Halfway Sun : Life Among the Headhunters of the Philippines* (New York : Brewer and Warren, 1930), pp.65-86. This story is also retold in P. H. Gulliver, *Disputes and Negotiations : A Cross-Cultural Perspective* (New York : Academic Press, 1979), pp. 30-31.

4. Robert Cialdini, *Influence : The Psychology of Persuasion*, 2nd ed. (New York : William Morrows, 1987), p. 59.

5. M. K. Gandhi, *The Story of My Experiments with Truth* (Ahmedabad, India : Jivanji Dahyabhai Desai, 1927), pp. 272-276.

6. Ibid.

7. P. H. Gulliver, *Disputes and Negotiations : A Cross-Cultural Perspective* (New York : Academic Press, 1979), pp. 191-94; Dean Pruitt, *Negotiation Behavior* (New York : Academic Press, 1981), pp. 4-5 ; P. J. Dimaggio and W. W. Powell, "The Iron Cage Revisited : Institutionalism, Isomorphism, and Collective Rationality in Organizational Fields," *American Sociological Review*, Vol. 48, No. 1 (1983), pp. 147-160.

8. M. H. Bazerman, M. A. Neale, K. L. Valley, E. J. Zajac, and Y. M. Kim, "The Effect of Agents and Mediators on Negotiation Outcomes," *Organizational Behavior and Human Decision Processes*, Vol. 53, No. 1 (1992), pp. 53-73.

9. sally Blount, Mellissa C. Thomas-Hunt, and Margaret A. Neale, "The Price Is Right—Or Is It? A Reference Point Model of Two-Party Price Negotiations," *Organizational Behavior and Human Decision Processes*, Vol. 68, No. 1 (October 1996), pp. 1-12.

10. Paul Magnusson, "A Wake-up Call for Business," *Business Week*, September 1, 1997, p. 29.

11. Herb Cohen, *You Can Negotiate Anything* (New York: Lyle Stuart, 1980), pp. 58-60.

12. Neil M. Davis and Michael R. Cohen, *Medication Errors : Causes and Prevention* (Philadelphia : George F. Strickley, 1981), p. 80.

13. Connie J. G. Gersick and J. Richard Hackman, "Habitual Routines in Task-Performing Groups," *Organizational Behavior and Human Decision Processes*, Vol. 47 (1990), pp. 65-97.

14. This conversation is reprinted in Deborah Tannen, *Talking from 9 to 5* (New York : Avon Books, 1994), pp. 92-93.

제4장 상대방과 좋은 관계를 형성하라

1. Bob Woolf, *Friendly Persuasion : How to Negotiate and Win* (New York : Berkley Books, 1990), p. 37.

2. R. G. H. Siu, *Folk Wisdom and Management 3,333 Proverbs* (Washington, D.C. : Manuscript, 1994), p. 74

3. Alvin W. Gouldner, "The Norm of Reciprocity : A Preliminary Statement," *American Sociological Review*, Vol. 25, No. 2 (April 1960), pp. 161-178; quote at pp. 170-171.

4. Robert Cialdini summarizes this research in his book. See Robert B. Cialdini, *Influence : The Psychology of Persuasion* (New York : William Morrow, 1984), pp. 17-57.

5. Matthew Rabin, "Incorporating Fairness into Game Theory and Economics," *American Economic Review*, Vol. 83, No. 5 (December 1993), pp. 1281-

1302.

6. Andrew Carnegie, *Autobiography* (New York : Doubleday, 1920), pp. 165-166.

7. Ibid., p. 166.

8. Werner Guth and Reinhard Tietz, "Ultimatum bargaining Behavior : A Survey and Comparison of Experimental Results," *Journal of Economic Psychology*, Vol. 11 (1990), pp. 417-432.

9. George Lowenstein, Samuel Issacharoff, Colin Camerer, and Linda Babcock, "Self-serving Assessments of Fairness and Pre-trial Bargaining," *Journal of Legal Studies*, Vol. 22, No. 1 (1993), pp. 135-159.

10. William R. Fry, Ira J. Firestone, and David L. Williams, "Negotiation Process and Outcome of Stranger Dyads and Dating Couples : Do Lovers Lose?," *Basic and Applied Social Psychology*, Vol. 4, No. 1 (1983), pp. 1-16.

11. Jennifer J. Halpern, "The Effect of Friendship on Personal Business Transactions," *Journal of Conflict Resolution*, Vol. 38, No. 4 (December 1994), pp. 647-664.

12. Edward H. Lorenz, "Neither Friends nor Strangers : Informal Networks of Subcontracting in French Industry," in Trust : *Making and Breaking Cooperative Relations* (New York : Basil Blackwell, 1988) , p. 194.

13. T. K. Emswiller and J. E. Willits, "Similarity, Sex and Requests for Small Favors," *Journal of Applied Social Psychology*, Vol. 1 (1971), pp. 284-291. ; P. S. Suedfeld, S. Bochner, and C. Matas, "Petitioner's Attire and Petition Signing by Peace Demonstrators: A Field Experiment," *Journal of Applied Social Psychology*, Vol. 1 (1971), pp. 278-283.

14. Colin Camerer, "Gifts as Economic signals and Social Symbols," *American Journal of Sociology*, Vol. 94 (Suppl.) (1988), pp. S180-S214.

15. Murray Weidenbaum, "The Bamboo Network : Asia's Family-Run Conglomerates," *Strategy and Business*, No. 10 (1998), pp. 59-65 ; Cynthia L. Kemper, "Russian business success is a long-term proposition," *The Denver Post*, June 8, 1997, p. 14.

16. The ceremony can be quite elaborate : one business book takes three pages to describe it. See Jon P. Alston, *The Intelligent Businessman's Guide to Japan* (New York : Charles E. Tuttle, 1990), pp. 39-42.

17. Ibid., pp. 49-53.

18. Eric W. K. Tsang, "Can guanxi be a source of sustained competitive advantage for doing business in China?," *Academy of Management Executive*, Vol. 12, No. 2 (1998), pp. 64-73.

19. "The 'Guanxi' List 1997," *International Business Asia*, Vol. 5, No. 12 (June 30, 1997), pp. 11-23.

20. See Evelyn Iritani, "On the Front Lines : A Handful of U.S. Entrepreneurs Are Battling Bureaucracy and Corruption to Establish Their Niches in China," *Los Angeles Times*, October 8, 1997, p. D1.

21. "The 'Guanxi' List 1997," *International Business Asia*, pp. 11-21.

제5장 상대방의 숨은 이해 관심사를 파악하라

1. Adam Smith, *An Inquiry into the Nature and Cause of the Wealth of Nations* (Oxford : Oxford University Press, 1993), p. 22.

2. Dale Carnegie, *How to Win Friends and Influence People*, rev. ed. (New York : Porket Books, 1981), p. 37.

3. Melissa Wahl, "1st Union chief's nerve-racking wait for CoreStates," *Philadelphia Inquirer*, November 26, 1997, p. D1.

4. Gail DeGeorge, *The Making of Blockbuster* (New York : John Wiley & Sons, 1996), p. 48.

5. Leigh A. Thompson, "They Saw a Negotiation : Partisanship and Involvement," *Journal of Personality and Social Psychology*, Vol. 68 (1995), pp. 839-853.

6. Max H. Bazerman and Margaret A. Neale, *Negotiating Rationally* (New York : Free Press, 1992), p. 61.

7. Ibid., pp. 16-22.

8. Leigh Thompson, *The Mind and Heart of the Negotiator* (Englewood Cliffs, N.J. : Prentice-Hall, 1998), p. 49.

9. Walter Morley Balke, Kenneth Hammond, and G. Dale Meyer, "An Alternate Approach to Labor-Management Relations," *Administrative Science Quarterly*, Vol. 18 (1973), pp. 311-327.

10. N. Rackham and J. Carlisle, "The Effective Negotiator—Part 1 : The Behavior of Successful Negotiators," *Journal of European Industrial Training*, Vol. 2, No. 6 (1978), pp. 6-11 ; N. Rackham and J. Carlisle, "The Effective Negotiator—Part 2 : Planning for Negotiations," *Journal of European Industrial Training*, Vol. 2, No. 7 (1978), pp. 2-5.

11. Leigh Thompson, "Information Exchanged in Negotiation," *Journal of Experimental Social Psychology*, Vol. 27 (1991), pp. 161-179 ; Leigh Thompson and T. DeHarpport, "Social Judgment, Feedback, and Interpersonal Learning," *Organizational Behavior and Human Decision Processes*, Vol. 58, No. 3 (1994), pp. 327-345 ; Leigh Thompson and R. Hastie, "Social Perception in Negotiation," *Organizational Behavior and Human Decision Processes*, Vol.47, No. 1 (1990), pp. 98-123.

12. Ask and It Shall Be Discounted : Business-to-business bargains are becoming a way of life," *Business Week*, October 6, 1997, pp. 116-118.

13. Wahl, "1st Union chief's nerve-racking wait." p. D1.

14. Jeff Bailey, "Arizona Has Plenty of What Oceanside Needs and Vice Versa," *The Wall Street Journal*, March 4, 1997, p. 1.

제6장 협상의 레버리지를 높여라

1. Bob Woolf, *Friendly Persuasion : How to Negotiate and Win* (New York : Berkley Books, 1990), p. 129.

2. Ibid., pp. 129-130.

3. Chester L. Karrass, *The Negotiating Game*, rev. ed. (New York : HarperBusiness, 1992), pp. 20-22.

4. This story comes from Matthew Lynn, Birds of Prey, *Boeing vs. Airbus : A Battle for the Skies*, rev. ed. (New York : Four Walls Eight Windows, 1997), pp. 120-122.

5. nancy Griffin and Kim Masters, *Hit and Run : How Jon Peters and Peter Guber Took Sony for a Ride in Hollywood* (New York : Simon & Schuster, 1996), pp. 88-89.

6. Daniel Machalaba, "Tired of Costs, Delays of Railroads, Firms Lay Their Own Tracks," *The Wall Street Journal*, February 6, 1998, p. A1.

7. William A. Donohue and Anthony J. Roberto, "Relational Development as Negotiated Order in Hostage Negotiation," *Human Communication Research*, Vol. 20, No, 2 (December 1993), pp. 175-198, for a review of the literature.

8. Thomas C. Schelling, *The Strategy of Conflict* (London : Oxford University Press, 1960), pp. 21-52.

9. Abraham H. Miller, *Terrorism and Hostage Negotiations* (Boulder, Golo. : Westview Press, 1980), pp. 37-38.

10. Ibid., p. 42.

11. Ibid.

12. Bruce W. Nelan, "How They Did It : In a Quick and Brutal Assault, Fujimori's Troops Rescue All But One of the 72 Hostages," *Time*, May 5, 1997, p. 67. ; Miller, *Terrorism and Hostage Negotiations*, p. 46.

13. Ibid., pp. 14-36 ; Tom Mathews, "Seizing Hostages : Scourge of the 70s," *Newsweek*, March 21, 1977, p. 16.

14. Roger Fisher, William Ury, and Bruce Patton, *Getting to Yes*, 2d. ed. (New York : Penguin Books, 1991), pp. 97-106.

15. Donald J. Trump, *The Art of the Deal* (New York : Random House, 1987), p. 37.

16. Ibid., pp. 103-104.

17. Daniel Kahneman and Amos Tversky, "Prospect Theory : An Analysis of Decision Risk," *Econometrica*, Vol. 47, No. 2 (1979), pp. 263-291 ; Paul H. Schurr, "Effects of Gains and Loss Decision Frames on Risky Purchase Negotiations," *Journal of Applied Psychology*, Vol. 72, No. 3 (1987), pp. 351-358 ; Eric van Dijk and Daan van Knippenberg, "Buying and Selling Exchange Goods : Loss Ave rsion and the Endowment Effect," *Journal of Economic Psychology*, Vol. 17 (1996), pp. 517-524.

18. Harry Kalven, Jr., and Hans Zeisel, *The American Jury* (Boston : Little Brown, 1966), pp. 486-91 ; John Sabini, *Social Psychology*, 2d. ed. (New York : W. W. Norton, 1992), pp. 94-95.

19. Cialdini, *Influence*, pp. 114-166.

20. Scott Kilman, "Hard-Pressed Ranchers Dream of Marketing Own Brand of Beef," *The Wall Street Journal*, March 26, 1997, p. A1.

21. David M. Herszenhorn, "Widowed Homeowner Foils Trump in Atlantic City," *New York Times*, July 21, 1998, p. B1 ; Tiffany Danitz, "When Private Land Is Public Property," *Washington Times*, April 6, 1998, p. 14 ; John Curran, "Elderly Woman Battles Casinos over Her Home," *Los Angeles Times*, February 25, 1996, p. A11.

22. Howard Gardner, *Leading Minds : An Anatomy of Leadership* (New York : Basic Books, 1995), pp. 148-149.

23. Elizabeth J. Wilson and Daniel L. Sherrell, "Source Effects in Communication and Persuasion Research : A Meta-Analysis of Effect Size," *Journal of the Academy of Marketing Science*, Vol. 21 (1993), pp. 101-112 ; Arch G. Woodside and J. William Davenport, Jr., "The Effect of Salesman Similarity and Expertise on Consumer Purchasing Behavior," *Journal of Marketing Research*, Vol. 11 (1974), pp. 198-202.

제7장 협상 전략의 준비

1. Michael Kiernan, ed., *Sir Francis Bacon, The Essays of Counsels, Civill and Morall* (Cambridge, Mass.: Harvard University Press, 1985), pp. 145-147.

2. R.G.H. Siu, *Folk Wisdom and Management 3,333 Proverbs* (Washington, D.C. : Manuscript, 1994), p. 30.

3. P. H. Gulliver, *Disputes and Negotiations : A Cross-Cultural Perspective* (New York : Academic Press, 1979), p. 82. ; Other scholars have identified basically similar stages in the negotiation process. Ann Douglas, *Industrial Peacemaking* (New York : Columbia University Press, 196 2), pp. 13-99 ; Ian Morley and Geoffrey Stephenson, *The Social Psychology of Bargaining* (London : George Allen & Unwin Ltd., 1977), p. 284-93 ; Michael E. Holmes, "Phase Structures in Negotiation," in *Communication and Negotiation* (Newbury Park, N.J. : Sage, 1992), pp. 83-105 ; Camille P. Schuster and Michael J. Copeland, *Global Business : Planning for Sales and Negotiations* (Fort Worth, Tex.: The Dryden Press, Harcourt Brace College, 1996), pp. 27-28.

4. Peter J. D. Carnevale and Dean G. Pruitt, "Negotiation and Mediation," *Annual Review of Psychology*, Vol. 43 (1992), pp. 539-543.

5. Allan Nevins, *Vol. 2, John D. Rockefeller : The Heroic Age of American Enterprise* (New York : Scribners, 1940), pp. 417-422, Ron Chernow, *Titan : The Life of John D. Rockefeller, Sr.* (New York : Random House, 1998), pp. 390-392.

6. Abraham pais, *Einstein Lived Here* (New York : Clarendon Press, 1994), p. 188. Another account of these negotiations can be found in Dennis Brian, *Einstein : A Life* (New York : John Wiley & Sons, 1996), p. 232.

7. L. Jesse Lemisch, ed., Benjamin Franklin, *The Autobiography and Other Writings* (New York : Penguin, 1961), pp. 29-30.

제8장 정보 교환 전략

1. Michael Kiernan, ed., *Sir Francis Bacon, The Essays of Counsels, Civill and Morall* (Cambridge, Mass.: Harvard University Press, 1985), pp. 145-147.

2. R.G.H. Siu, *Folk Wisdom and Management 3,333 Proverbs* (Washington, D.C. : Manuscript, 1994), p. 24.

3. Paul C. Cozby, "Self-disclosure, Reciprocity, and Liking," *Sociometry*, Vol. 35, No. 1 (1972), pp. 151-160.

4. Camille P. Schuster and Michael J. Copeland, *Global Business : Planning for Sales and Negotiations* (Fort Worth, Tex.: The Dryden Press, Harcourt Brace, 1996), pp. 27-28.

5. *Ibid.*, p. 28 (discussing the importance of relationship formation in negotiations outside North America).

6. *Ibid.*, pp. 107-112.

7. Bruce Barry and Richard L. Oliver, "Affect in Dyadic Negotiation : A Model and Propositions," *Organizational Behavior and Human Decision Processes*, Vol. 67, No. 2 (1996), pp. 127-143.

8. Carl Blumay, *The Dark Side of Power* : *The Real Armand Hammer* (New York : Simon and Schuster, 1992), pp. 96-97.

9. Connie Bruck, *Master of the Game : Steve Ross and the Creation of Time Warner* (New York : Penguin, 1994), p. 27.

10. Robert B. Cialdini, *Influence : The Psychology of Persuasion* (New York : William Morrow, 1993), pp. 167-207.

11. Two early works that helped identify this phenomenon are T. M. Newcomb, *The Acquaintance Process* (New York : Holt, Rinehart, and Winston, 1961), and D. Byrne, *The Attraction Paradigm* (New York : Academic Press, 1971). ; Kenneth D. Locke and Leonard M. Horowitz, "Satisfaction in Interpersonal Interactions as a Foundation of Similarity in Level of Dysphoria," *Journal of Personality and Social Psychology*, Vol.

58, No. 5 (1990), pp. 823-831.

12. M. B. Brewer, "In-Group Bias in the Minimal Group Situation : A Cognitive-Motivational Analysis," *Psychological Bulletin*, Vol. 86 (1979), pp. 307-324 ; A. H. Ryen and A. Kahn, "Effects of Intergroup Orientation on Group Attitudes and Proximic Behavior," *Journal of Personality and Social Psychology*, Vol. 31 (1975), pp. 302-310.

13. Don A. Moore, Terri R. Kurtzberg, Leigh L. Thompson, and Michael W. Morris, "Long and Short Route to Success in Electronically Mediated Negotiations : Group Affiliations and Good Vibrations" (manuscript on file with author). An account of this experiment can be found in the *Kellogg Alumni Magazine* Jane Chapman Martin, "Negotiating@kellogg.edu," *Kellogg Alumni Magazine* (July 1997), pp. 10-12.

14. Edward E. Jones and C. Wortman, *Ingratiation : An Attributional Approach* (Morristown, N.J. : General Learning Press, 1973) ; Edward E. Jones, "Flattery Will Get You Somewhere," *Transaction*, Vol. 2, No. 4 (1965), pp. 20-23 ; David Drachman, Andre DeCarufel, and Chester A. Insko, "The Extra Credit Effect in Interpersonal Attraction," *Journal of Experimental Social Psychology*, Vol. 14 (1978), pp. 458-465.

15. Dean Takahashi, "It's Dog Eat Dog, So Executives with Loose Lips Get the Muzzle," *The Wall Street Journal*, July 15, 1997, p. B1.

16. "Annals of the Law : The Betamax Case I," *The New Yorker*, April 6, 1987. It is retold in Robert M. March, *The Japanese Negotiator : Subtlety and Strategy Beyond Western Logic* (Tokyo : Kodansha International, 1989), pp. 119-123.

17. N. Rackham and J. Carlisle, "The Effective Negotiator—Part 1 : The Behavior of Successful Negotiators," *Journal of European Industrial Training*, Vol. 2, No. 6 (1978), pp. 6-11 ; N. Rackham and J. Carlisle, "The Effective Negotiator—Part 2 : Planning for Negotiations," *Journal of European Industrial Training*, Vol. 2, No. 7 (1978), pp. 2-5.

18. N. Rackham and J. Carlisle, "The Effective Negotiator—Part I : The

Behavior of Successful Negotiators," *Journal of European Industrial Training*, Vol. 2, No. 6 (1978), pp. 6-11.

19. Williams, *Legal Negotiation and Settlement* (St. Paul, Minn.: West Publishing, 1983), pp. 15-46.

20. Howard Raiffa, *The Art and Science of Negotiation* (Cambridge, Mass.: Harvard University Press, 1982), pp. 120-121.

21. Chester Karrass, *The Negotiating Game*, rev. ed. (New York : HarperBusiness, 1992), pp. 241-244.

22. Cynthia Crossen, "The Crucial Question for These Noisy Times May Just Be : 'Huh?,'" *The Wall Street Journal*, July 10, 1997, p.A1.

23. Peter B. Stark, *It's Negotiable* (Amsterdam, The Netherlands : Pfeiffer & Company, 1994), p. 45.

24. Vincent P. Crawford and Joel Sobel, "Strategic Information Transmission," *Econometrica*, Vol. 50, No. 6 (1982), pp. 1431-1451.

25. Leigh Thompson, *The Mind and Heart of the Negotiator* (Englewood Cliffs, N.J. : Prentice-Hall, 1998), p. 49.

26. Leigh Thompson, "An Examination of Naive and Experienced Negotiators," *Journal of Personality and Social Psychology*, Vol. 59, No. 1 (1990), pp. 82-90.

27. Victor Kiam, *Going for It : How to Succeed as an Entrepreneur* (New York : William Morrow, 1986), pp. 155-156.

28. I got this quote from Harvey Mackay. See Harvey Mackay, *Swim with the Sharks* (New York : Ivy Books, 1988), p. 107.

29. Ian Morley and Geoffrey Stephenson, *The Social Psychology of Bargaining* (London : George Allen and Unwin, 1977), pp. 138-182.

30. James K. Esser, Michael J. Calvillo, Michael R. Scheel, and James L. Walker, "Oligopoly Bargaining : Effects of Agreement Pressure and Opponent Strategies," *Journal of Applied Social Psychology*, Vol . 20 (1990), pp. 1256-1271 ; Dean Tjosvold and Ted L. Houston, "Social Face and Resistance to Compromise in Bargaining," *Journal of Social Psychology*, Vol. 104

(1978), pp. 57-68.

31. 제4장의 10번 주석 참조.

32. Mark H. McCormack, *On Negotiating* (Los Angeles : Dove Books, 1995), pp. 198-199.

33. Donald J. Trump, *The Art of the Deal* (New York : Random House, 1987), p. 88.

34. The story comes from Anthony Robbins, *Unlimited Power* (New York : Fawcette Columbine, 1986), pp. 270-271.

제9장 최초 제안과 양보 전략

1. *Roget's International Thesaurus* (New York : Thomas Y. Crowell, 1946), p. 530.

2. Mark McCormack, *On Negotiating* (Los Angeles : Dove Books, 1995), p. 129.

3. Bob Woolf, *Friendly Persuasion : How to Negotiate and Win* (New York : Berkley Books, 1990), pp. 180-181.

4. Bruce K. MacMurray and Edward J. Lawler, "Level-of-Aspiration Theory and Initial Stance in Bargaining," *Representative Research in Social Psychology*, Vol. 16, No. 1 (1986), pp. 35-44.

5. Max H. Bazerman, *Judgment in Managerial Decision Making*, 4th ed. (New York : John Wiley & Sons, 1990), pp. 27-30.

6. James K. Esser, "Agreement Pressure and Opponent Strategies in Oligopoly Bargaining," *Personality and Social Psychology Bulletin*, Vol. 15, No. 4 (1989), pp. 596-603.

7. Jerome M. Shertkoff and Melinda Conley, "Opening Offer and Frequency of Concession as Bargaining Strategies," *Journal of Personality and Social Psychology*, Vol. 7, No. 2 (1967), pp. 181-185; Gary Yukl, "Effects of the Opponent's Initial Offer, Concession Magnitude, and Concession Frequency on Bargaining Behavior," *Journal of Personality and Social*

Psychology, Vol. 30, No. 3 (1974), pp. 323-335.

8. Mike Allen, William Donohue, and Becky Stewart, "Comparing Hardline and Softline Bargaining Strategies in Zero-Sum Situations Using Meta-Analysis," in M. Afzalur Rahim, ed., *Theory and Research in Conflict - Management* (New York : Praeger, 1990), pp. 86-103.

9. Robert B. Cialdini, *Influence : The Psychology of Persuasion* (New York : William Morrow, 1984), pp. 11-14, 42-45.

10. Robert B. Cialdini, Joyce E. Vincent, Stephen K. Lewis, Jose Catalan, Diane Wheeler, and Betty Lee Darby, "Reciprocal Concessions Procedure for Inducing Compliance : The Door-in-the-Face Technique," *Journal of Personality and Social Psychology*, Vol. 31, No. 2 (1975), pp. 206-215, See also Robert Vincent Joule, "Tobacco deprivation : The foot-in-the-door technique versus the low-ball technique," *European Journal of Social Psychology*, Vol. 17 (1987), pp. 361-365.

11. Esser, "Agreement Pressure and Opponent Strategies in Oligopoly Bargaining."

12. keith Bradsher, "Sticker Shock : Car Buyers Miss Haggling Ritual," *The New York Times*, June 13, 1996, p. D1.

13. Gail DeGeorge, *The Making of Blockbuster* (New York : John Wiley & Sons, 1996), pp. 38-39.

14. (see Chapter 2) is still appropriate : Dean G. Pruitt and Steven A. Lewis, "Development of Integrative Solutions in Bilateral Negotiation," *Journal of Personality and Social Psychology*, Vol. 31, No. 4 (1975), pp. 621-633.

15. Bradsher, "Sticker Shock : Car Buyers Miss Haggling Ritual," op. cit.

16. Ibid., p. D23.

17. P. L. Benson, H. H. Kelly, and B. Liebling, "Effects of Extremity of Offers and Concession Rate on the Outcomes of Bargaining," *Journal of Personality and Social Psychology*, Vol. 24 (1983), pp. 73-83. S. S.

Komorita and Arline R. Brenner, "Bargaining and Concession Making Under Bilateral Monopoly," *Journal of Personality and Social Psychology*, Vol. 9, No. 1 (1968), pp. 15-20.

18. W. C. Hamner, "Effects of Bargaining Strategy and Pressure to Reach Agreement in a Stalemated Negotiation," *Journal of Personality and Social Psychology*, Vol. 30 (1974), pp. 458-467 ; Tom R. Tyler and Eugene Griffin, "The Influence of Decision Makers' Goals on Their Concerns About Procedural Justice," *Journal of Applied Social Psychology*, Vol. 21 (1991), pp. 1629-1658.

19. Mara Olekalns, Philip L. Smith, and Therese Walsh, "The Process of Negotiating : Strategy and Timing as Predictors of Outcomes," *Organizational Behavior and Human Decision Processes*, Vol. 68, No. 1 (1996), pp. 68-77 ; Gary Yukl, "Effects of Situational Variables and Opponent Concessions on a Bargainer's Perception, Aspirations, and Concessions," *Journal of Personality and Social Psychology*, Vol. 29, No. 2 (1974), pp. 227-236.

20. martin Patchen, "Strategies for Eliciting Cooperating from an Adversary," *Journal of Conflict Resolution*, Vol. 31, No. 1 (1987), pp. 164-185.

21. Negotiation scholars also call this "reactive devaluation." Margaret Neale and Max Bazerman, *Cognition and Rationality in Negotiation* (New York : Free Press, 1991), p. 75 ; Robert Mnookin, "Why Negotiations Fail : An Exploration of Barriers to the Resolution of Conflict," *Ohio State Journal of Dispute Resolution*, Vol. 8 (1993), pp. 235, 238-247.

22. This saying is attributed to Thomas Paine. *Roget's International Thesaurus* (New York : Thomas Y. Crowell, 1946), p. 555.

23. Richard E. Walton and Robert B. McKersie, *A Behavioral Theory of Labor Negotiations* (New York : McGraw-Hill, 1965), pp. 126-182.

24. Lewis A. Froman, Jr., and Michael D. Cohen, "Compromise and Logroll : Comparing the Efficiency of Two Bargaining Processes," *Behavioral Science*, Vol. 15 (1970), pp. 180-183.

25. Pruitt and Lewis, "Development of Integrative Solutions in Bilateral Negotiation" ; Elizabeth A. Mannix, Leigh Thompson, and Max H. Bazerman, "Negotiation in Small Groups," *Journal of Applied Psychology*, Vol. 74, No. 3 (1989), pp. 508-517 ; Gary A. Yukl, Michael P. Malone, Bert Hayslip, and Thomas A. Pamin, "The Effects of Time Pressure and Issue Settlement Order on Integrative Bargaining," *Sociometry*, Vol. 39, No. 3 (1976), pp. 277-281.

26. Gavin Kennedy, John Benson, and John McMillian, *Managing Negotiations* (Englewood Cllifs, N.J. : Prentice-Hall, 1982), pp. 88-98.

27. Roger Fisher, William Ury, and Bruce Patton, *Getting to Yes*, 2nd ed. (New York : Penguin, 1991). ; Thomas J. D'Zurilla and Arthur Nezu, "A Study of the Generation-of-Alternatives Process in Social Problem Solving," *Cognitive Therapy and Research*, Vol. 4, No. 1 (1980), pp. 67-72 (showing that the best way to find quality solutions is simply to generate as many options as possible).

28. Bryan Burrough and John Hellyar, *Barbarians at the Gate : The fall of RJR Nabisco* (New York : Harper & Row, 1990), pp. 266-269 ; DeGeorge, *The Making of Blockbuster*, pp. 141-143.

29. Cialdini, *Influence*, pp. 186-187.

30. John A. Hilty and Peter Carnevale, "Black Hat / White Hat Strategy in Bilateral Negotiation," *Organizational Behavior and Human Decision Processes*, Vol. 55, No. 3 (1993), pp. 444-469.

제10장 협상 종결과 이행 약속

1. *Roget's International Thesaurus* (New York : Thomas Y. Crowell, 1946), p. 533.

2. R.G.H. Siu, *Folk Wisdom and Management 3,333 Proverbs* (Washington, D.C. : Manuscript, 1994), p. 73.

3. Bryan Burrough and John Helyar, *Barbarians at the Gate : The fall of RJR*

Nabisco (new York : Harper & Row, 1990).

4. *Ibid.*, p. 203.

5. *Barbarians at the Gate*, pp. 474-502.

6. *Ibid.*, p. 481.

7. Michael Lynn, "Scarcity Effects on Value : A Quantitative Review of the Commodity Theory Literature," *Psychology and Marketing*, Vol. 8, No. 1 (Spring 1991), p. 52.

8. Graham Loomes and Robert Sugden, "Regret Theory : An Alternative Theory of Rational Choice Under uncertainty," *The Economic Journal*, Vol. 92 (1982), pp. 805-824.

9. Chester Karrass, *The Negotiating Game*, rev. ed. (New York : HarperBusiness, 1992), pp, 20-23.

10. David Johnson, "In Taj deal Trump used an old tactic," *The philadelphia Inquirer*, November 18, 1990, p. D1.

11. Gail DeGeorge, *The Making of Blockbuster* (new York : John Wiley & Sons, 1996), pp. 73-74.

12. Ibid., p. 282.

13. Burrough and Helyar, *Barbarians at the Gate*, pp. 482-483.

14. Howard Garland, "Throwing Good Money After Bad : The Effect of Sunk Costs on the Decision to Escalate Commitment to an Ongoing Project," *Journal of Applied Psychology*, Vol. 75, No. 6 (1990), pp. 728-731.

15. Interview, "How to Negotiate Practically Anything," *Inc.*, February 1989, p. 10.

16. Jeffrey Z. Rubin and Bert R. Brown, *The Social Psychology of Bargaining and Negotiation* (New York : Academic Press, 1975), p. 96. ; UPI, "2 sides Sit Silently $4\frac{1}{2}$ Hours at Korean Truce Meeting," *Philadelphia Evening Bulletin*, April 11, 1969, p. 10. I take my spelling of General Yi's name, which appears in several different forms in news reports, from the New York Times, See "US., at Meeting in Korea, Protests Downing of

Plane," *New York Times*, April 18, 1969, p. A1.

17. William Ury has an entire book on this subject. See William Ury, *Getting Past No* (New York : Bantam, 1991).

18. *Ibid.*, pp. 105-129.

19. Murray Chass, "The National Pastime's True Most Valuable Player," *The New York Times*, November 28, 1996, p. B23.

20. Clyde Haberman, "How the Oslo Connection Led to the Mideast Peace," *The New York Times*, September 5, 1993, p. A1.

21. S. S. Komorita and James K. Esser, "Frequency of Reciprocated Concessions in Bargaining," *Journal of Personality and Social Psychology*, Vol. 32, No. 4 (1975), pp. 699-705.

22. Charles E. Osgood, *An Alternative to War or Surrender* (Urbana, Ill. : University of Illinois Press, 1962), pp. 85-134.

23. Howard Raiffa, *The Art and Science of Negotiation* (Cambridge, Mass.: Harvard University Press, 1982), p. 205.

24. William P. Bottom and Amy Studt, "Framing Effects and the Distributive Aspect of Integrative Bargaining," *Organizational Behavior and Human Decision Processes*, Vol. 56, No. 3 (1993), pp. 459-474.

25. Patrick McGeehan, "Morgan Stanley, Dean Witter Have Big Breakup Fee," *The Wall Street Journal*, February 18, 1997, p. B12.

26. Bob Woolf, *Friendly Persuasion : How to Negotiate and Win* (New York : Berkley Books, 1990), pp. 19-22.

제11장 영혼을 팔지 않고 악마와 협상하기

1. *Roget's International Thesaurus* (New York : Thomas Y. Crowell, 1946), p. 548.

2. Bruce Horovitz, "When Should an Executive Lie?," *Industry Week* , November 16, 1981, p. 87.

3. Darrell Sifford, "Mastering the Fine Art of Negotiation," *Philadelphia*

Inquirer, June 30, 1991, p. 11.

4. Sissela Bok, *Lying : Moral Choice in Public and Private Life* (new York : Vintage, 1978), p. 60. ; Bella M. Depaulo, Deborah A. Kashy, Susan E. Kirkendol, Melissa M. Whyer, and Jennifer A. Epstein, "Lying in Everyday Life," *Journal of Personality and Social Psychology,* Vol. 70, No. 5 (1996), pp. 979-995 ; Deborah A. Kashy and Bella M. DePaulo, "Who Lies?," *Journal of Personality and Social Psychology,* Vol. 70, No. 5 (1996), pp. 1037-1051.

5. Robert J. Robinson, Roy J. Lewicki, and Eileen M. Donohue, "Extending and Testing a Five Factor Model of Ethical and Unethical Bargaining Tactics : Introducing the SINS Scale," *Journal of Organizational Behavior* (1998).

6. Gerald R. Williams, *Legal Negotiation and Settlement* (St. Paul, Minn. : West Publishing, 1983), p. 19.

7. Bruce Horowitz, "When Should an Executive Lie?," *Industry Week,* November 16, 1981, pp. 81-87.

8. James J. White, "The Pros and Cons of 'Getting to Yes'," *Journal of Legal Education,* Vol. 34 (1984), pp. 115-124, quote on p. 118. ; Robert H. Frank, *Passions Within Reason* (New York : W. W. Norton, 1988), p. 165.

9. Chester Karrass, *The Negotiating Game,* rev. ed. (New York : HarperBusiness, 1992), pp. 242-243 ; Howard Raiffa, *The Art and Science of Negotiation* (Cambridge, Mass.: Harvard University Press, 1982), pp .. 120-121.

10. G. Richard Shell, "When Is It Legal to Lie in Negotiations?," *Sloan Management Review,* Vol. 32 (1991), pp. 93-101.

11. *Uniform Commercial Code* § 1-203. See also *Restatement (Second) of Contracts* § 205 (1981), commentc ("Bad faith in negotiation" is not "within the scope of this Section"). Ibid., § 205, comment c.

12. *Feldman v. Allegheny Intn'l, Inc.,* 850 F. 2d 1217, 1223 (7th Cir., 1988).

13. W. Page Keeton, Dan B. Dobbs, Robert E. Keeton, and David G. Owen, *Prosser and Keeton on the Law of Torts* (St. Paul, Minn. : West Publishing, 1984), p. 728.

14. berger v. Security Pacific Information Systems, Inc., No. 88CA0822 (Colo. Allp., April 5, 1990) ; "Companies Must Disclose Shaky Finances to Some Applicants, a Colorado Court Rules," *The Wall Street Journal* April 20, 1990, p. B12 (reporting award of $250,000 in actual and punitive damages against employer).

15. *Miles v. McSwegin*, 388 N.E. 2d 1367 (Ohio, 1979).

16. *Zaschak v. Traverse Corp.*, 333 N.W. 2d 191 (Mich. Appl., 1983).

17. Robert A. Wenke, *The Art of Negotiation for Lawyers* (New York : Law Distributors, 1985), p. 33. ; Roy J. Lewicki, Joseph A. Litterer, John W. Minton, and David M. Saunders, *Negotiation*, 2nd ed. (Burr Ridge, III.: Irwin, 1994), pp. 392-398.

18. John G. Cross, *The Economics of Bargaining* (New York : Basic Books, 1969), pp. 166-179 ; P. H. Gulliver, *Disputes and Negotiation : A Cross-Cultural Perspective* (New York : Academic Press, 1979), pp. 135-141 ; Thomas Schelling, *The Strategy of Conflict* (New York : Oxford University Press, 1963), pp. 22-28.

19. American Bar Association, *Model Rules of Professional Conduct*, Rule 4. 1(a) official comment (1983).

20. legal case from Massachusetts : *Kabatchnick v. Hanover-Elm Bldg. Corp.*, 103 N.E. 2d 692 (Mass., 1952).

21. *Beavers v. Lamplighters Realty, Inc.*, 556 P. 2d 1328 (Okla. Appl., 1976).

22. "state of his digestion" : *Edgington v. Fitzmaurice*, L. R. 29 Ch. Div. 359 (1885).

23. *Markov v. ABC Transfer & Storage Co.*, 457 P. 2d 535 (Wash., 1969). See also *Gibraltar Savings v. LDBrinkman Corp.*, 860 F. 2d 1275 (5th Cir., 1988).

24. *Alio v. Saponaro*, 520 N.Y.S. 2d 245 (A.D., 1987).

25. *Smith v. Snap-on Tools Corp.*, 833 F. 2d 578 (5th Cir., 1988) ; *Smith v. Dravo Corp.*, 203 F. 2d 369 (7th Cir., 1953).

26. *Turner v. Johnson & Johnson*, 809 F. 2d 90 (1st Cir., 1986).

27. Geoffrey M. Peter, "The Use of Lies in Negotiation," *Ohio State Law Journal*, Vol. 48, No. 1 (1987), pp. 1-50.

28. Albert Z. Carr, "Is Business Bluffing Ethical?," *Harvard Business Review*, Vol. 46 (1968), pp. 143-153. ; Roger Dawson, *Roger Dawson's Secrets of Power Negotiating* (Hawthorne, N.J. : Career Press, 1995), p. 94.

29. Carr, "Is Business Bluffing Ethical?," p.145.

30. Immanuel Kant, *Foundations of the Metaphysics of Morals, L. W. Beck, trans.* (New York : Liberal Arts Press, 1959).

31. J. Gregory Dees and Peter C. Cramton, "Shrewd Bargaining on the Moral Frontier : Toward a Theory of Morality in Practice," *Business Ethics Quarterly*, Vol. 1, No. 2 (1991), pp. 135-167. Also see Alan Strudler, "On the Ethics of Deception in Negotiation," *Business Ethics Quarterly*, Vol. 5, No. 4 (1995), pp. 805-822.

32. Daniel J. Brass, Kenneth D. Butterfield, and Bruce C. Skaggs, "Relationships and Unethical Behavior : A Social Network Perspective," *Academy of Management Review*, Vol. 23 (1998), pp. 14-31. ; Tim Kasser, "Aspirations and Well-being in a Prison Setting," *Journal of Applied Social Psychology*, Vol. 26 (1996), pp. 1367-1377.

33. Dale Singer, "I've Kicked the Tires. Now I'll Kick Myself," *The New York Times*, February 2, 1997, p. F14.

34. Robert B. Cialdini, John T. Cacioppo, Rodney Bassett, and John A. Miller, "Low-Ball Procedure for Producing Compliance : Commitment Then Cost," *Journal of Personality and Social Psychology*, Vol. 36, No. 5 (1978), pp. 463-476. *Consumer Reports*, Vol. 39 (May 1974), p. 368.

35. Tracey Rozan, "A Hot Market Leads to Cold-Blooded Dealing," *The New York Times*, May 25, 1997, Sec. 9, p. 1.

36. Frank J. Monteverde, Richard Paschke, and James T. Tedeschi, "The

Effectiveness of Honesty and Deceit as Influence Tactics," *Sociometry*, Vol. 37, No. 4 (1974), pp. 583-591. ; C. S. Fischer, "The Effect of Threats in an Incomplete Information Game," *Sociometry*, Vol. 32 (1969), pp. 301-314.

37. Roy J. Lewicki, Joseph A. Litterer, John W. Minton, and David M. Saunders, Negotiation, 2d ed. (Burr Ridge, Ill. : Irwin, 1994), p. 402.

38. *Ibid.*, p. 401.

39. Peter J. DePaulo and Bella M. DePaulo, "Can Deception by Salespersons and Customers Be Detected Through Nonverbal Behavioral Cues?," *Journal of Applied Social Psychology*, Vol. 19, No. 18 (1989), pp. 1552-1577.

40. Michael Kiernan, ed., *Sir Francis Bacon, The Essays of Counsels, Civill and Morall* (Cambridge, Mass.: Harvard University Press, 1985), pp. 145-147.

41. Paul Ekman and Maureen O'sullivan, "Who can catch a Liar?" *American Psychologist*, Vol. 46 (1991), pp. 913-920. ; Bella M. DePaulo and Robert Rosenthal, "Telling Lies," *Journal of Personality and Social Psychology*, Vol.37, No. 10 (1979), pp. 1713-1722 ; Richard A. Maier and Paul J. Lavrakas, "Lying Behavior and Evaluation of Lies," Perceptual and Motor Skills, Vol. 42 (1976), pp. 575-581.

42. Dawson, *Roger Dawson's Secrets of Power Negotiation*, pp. 94-100.

43. Nancy Griffin and Kim Masters, *Hit and Run : How Jon Peters and Peter Guber Took Sony for a Ride in Hollywood* (New York: Simon & Schuster, 1996), pp. 233-251.

제12장 효과적 협상가가 되려면

1. R.G.H. Siu, *Folk Wisdom and Management 3,333 Proverbs* (Washington, D.C. : Manuscript, 1994), p. 81.

2. *Roget's International Thesaurus* (New York : Thomas Y. Crowell, 1946), p. 546.

3. James A. Breaugh and Richard J. Klimoski, "Social Forces in Negotiation Simulations," *Personality and Social Psychology Bulletin*, Vol. 7, No. 2 (1981), pp. 290-295 Max H. Bazerman, Margaret A. Neale, Kathleen L. Valley, Edward J. Zajac, and Yong Min Kim, "The Effect of Agents and Mediators on Negotiation Outcomes," *Organizational Behavior and Human Decision Processes*, Vol. 53, No. 1 (1992), pp. 55-73.

4. Peter J. D. Carnevale, Dean G. Pruitt, and Scott D. Britton, "Looking Tough : The Negotiator Under Constituent Surveillance," *Personality and Social Psychology Bulletin*, Vol. 5, No. 1 (1979), pp. 118-121.

5. Ellen Langer, Arthur Blank, and Benzion Chanowitz, "The Mindlessness of Ostensibly Thoughtful Action : The Role of Placebic Information in Interpersonal Interaction," *Journal of Personality and Social Psychology*, Vol. 36, No. 6 (19789), pp. 635-642. An account of this work can be found in Robert B. Cialdini, *Influence : The Psychology of Persuasion* (New York : William Morrow, 1984), pp. 4-5.

부록 1

1. Ralph H. Kilmann and Kenneth W. Thomas, "Developing a Forced-Choice Measure of Conflict-Handling Behavior : The 'Mode' Instrument," *Educational and Psychological Measurement*, Vol. 37 (1977), pp. 309-325.

2. Boris Kabanoff, "Predictive Validity of the MODE Conflict Instrument," *Journal of Applied Psychology*, Vol. 72, No. 1 (1987), pp. 160-163 ; Mary A. Konovsky, Frank Jaster, and Mark A. McDonald, "Using Parametric Statistics to Explore the Construct Validity of the Thomas-Kilmann Conflict Mode Survey," *Management Communication Quarterly*, Vol. 3, No. 2 (1989), pp. 268-290.

3. James A. Wall, "Effects of Sex and Opposing Representative's Bargaining Orientation on Intergroup Bargaining," *Journal of Personality and Social Psychology*, Vol. 33, No. 1 (1976), pp. 55-61 (women bargain more cooperatively than men) ; Konovsky, Jaster, and McDonald, "Using Parametric Statistics to Explore the Construct Validity of the Thomas-Kilmann Conflict Mode Survey" ; Donald T. Nelson and Bernard Lubin, "Performance of State Legislators on Conflict Mode Instrument," *Organizational Development Journal*, Spring 1991, pp. 79-80.

4. Jeffrey Z. Rubin and B. R. Brown, *The Psychology of Bargaining and Negotiation* (New York : Academic Press, 1975), pp. 169-170.

5. Robert J. Robinson, Roy J. Lewicki, and Eileen M. Donohue, "Extending and Testing a Five Factor Model of Ethical and Unethical Bargaining Tactics : Introducing the SINS Scale," *Journal of Organizational Behavior* (1998).

6. Bella M. DePaulo, Deborah A. Kashy, Susan E. Kirkendol, Melissa M. Wyer, and Jennifer A. Epstein, "Lying in Everyday Life," *Journal of Personality and Social Psychology*, Vol. 70, No. 5 (1996), pp. 79-995 ; Deborah A. Kashy and Bella M. DePaulo, "Who Lies?," *Journal of Personality and Social Psychology*, Vol. 70, No. 5 (1996), pp. 1037-1051.

7. Pamela S. Shockley-Zalabak and Donald Dean Morley, "Sex Differences in Conflict Style Preferences," *Communication Research Projects*, Vol. 1, No. 1 (1984), pp. 28-32.

8. Camille P. Schuster and Michael J. Copeland, *Global Business : Planning for Sales and Negotiations* (Fort Worth, Tex. : Dryde n Press, 1996).

참고문헌

Alston, Jon P. *The Intelligent Businessman's Guide to Japan*. New York : Charles E. Tuttle, 1990.

Axelrod, Robert. *The Evolution of Cooperation*. New York : Basic Books, 1984.

Bazerman, Max. *Judgement in Managerial Decision-Making*, 4th ed. New York : John Wiley & Sons, 1998.

————. and Margaret A. Neale. *Negotiating Rationally*. New York : Free Press, 1992.

Blau, Peter M. *Exchange and Power in Social Life*. New York : John Wiley & Sons, 1964.

Bok, Sissela. *Lying : Moral Choice in Public and Private Life*. New York : Vintage, 1978.

Byrne, D. *The Attraction Paradigm*. New York : Academic Press, 1971.

Carnegie, Dale. *How to Win Friends and Influence People*, rev. ed. New York : Pocket Books, 1981.

Cialdini, Robert B. *Influence : The Psychology of Persuasion*. New York : William Morrow, 1984.

Cohen, Herb. *You Can Negotiate Anything*. New York : Lyle Stuart, 1980.

Cross, John G. *The Economics of Bargaining*. New York : Basic Books, 1969.

Dawson, Roger. *Roger Dawson's Secrets of Power Negotiating*. Hawthorne, N.J. : Career Press, 1995.

Douglas, Ann. *Industrial Peacemaking*. New York : Columbia University Press, 1962.

Fisher, Roger, and Scott Brown. *Getting Together : Building a relationship That Gets to Yes*. New York : Houghton Mifflin, 1988.

Fisher, Roger, William Ury, and Bruce Patton. *Getting to Yes*, 2d. ed. New York : Penguin, 1991.

Frank, Robert H. *Passions Within Reason*. New York : Norton, 1988.

Freund, James C. *Anatomy of a Merger*. New York : Academic Press, 1975.

————. *The Acquisition Mating Dance*. Clifton, N.J. : Prentice-Hall, 1987.

————. *Smart Negotiating*. New York : Simon & Schuster, 1992.

Gardner, Howard. *Leading Minds : An Anatomy of Leadership*. New York : Basic Books, 1995.

Gulliver, P. H. *Disputes and Negotiations : A Cross-Cultural Perspective*. New York : Academic Press, 1979.

Jones, Edward E., and C. Wortman. *Ingratiation : An Attributional Approach*. Morristown, N.J. : General Learning Press, 1973.

Karrass, Chester L. *The Negotiating Game*, rev. ed. New York : HarperBusiness, 1992.

Kennedy, Gavin, John Benson, and John McMillian. *Managing Negotiations*. Englewood Cliffs, N.J. : Prentice-Hall, 1982.

Kramer, Roderick M., and David M. Messick. *Negotiation as a Social Process*. Thousand Oaks, Cal. : SAGE Publications, 1995.

Kramer, Roderick M., and Tom R. Tyler. *Trust in Organizations : Frontiers of Theory and Research*. Thousand Oaks, Cal. : SAGE Publications, 1996.

Lax, David A., and James K. Sebenius. *The Manager as Negotiator : Bargaining for Cooperation and Competitive Gain*. New York : The Free Press, 1986.

Lewicki, Roy J., et al. *Negotiation*, 2d. ed. Burr Ridge, Ill. : Irwin, 1994.

Locke, E., and G. Latham. *A Theory of Goal Setting and Task Performance*. Englewood Cliffs, N.J. : Prentice-Hall, 1990.

McCormack, Mark H. *On Negotiating*. Los Angeles : Dove Books, 1995.

March, Robert M. *The Japanese Negotiator : Subtlety and Strategy Beyond*

참고문헌

Western Logic. Tokyo : Kodansha International, 1989.

Miller, Abraham H. *Terrorism and Hostage Negotiations.* Boulder, Colo. : Westiew Press, 1980.

Morley, Ian, and Geoffrey Stephenson. *The Social Psychology of Bargaining.* London : George Allen & Unwin Ltd., 1977.

Murnighan, J. Keith. *The Dynamics of Bargaining Games.* Englewood Cliffs, N.J, : Prentice-Hall, 1991.

Neale, Margaret, and Max Bazerman. *Cognition and Rationality in Negotiation.* New York : The Free Press, 1991.

Newcomb, T. M. *The Acquaintance Process.* New York : Holt, Rinehart, and Winston, 1961.

Nierenberg, Gerard I. *Fundamentals of Negotiating.* New York : Hawthorn/ Dutton, 1973.

Osgood, Charles E. *An Alternative to War or Surrender.* Urbana, Ill. : University of Illinois Press, 1962.

Pruitt, Dean. *Negotiation Behavior.* New York : Academic Press, 1981.

————, and Jeffrey Z. Rubin. *Social Conflict : Escalation, Stalemate, and Settlement.* New York : Random House, 1986.

Rahim, M. Afzalur, ed. *Theory and Research in Conflict Management.* New York : Praeger, 1990.

Raiffa, Howard. *The Art and Science of Negotiation.* Boston : Harvard University Press, 1982.

Rosenberg, Morris. *Conceiving the Self.* New York : Basic Books, 1979.

Roth, Alvin E., ed. *Game Theoretic Models of Behavior.* Cambridge : Cambridge University Press, 1985.

Rubinn Jeffrey Z., and B. R. Brown. *The Psychology of Bargaining and Negotiation.* New York : Academic Press, 1975.

Schelling, Thomas C. *The Strategy of Conflict.* London : Oxford University Press, 1960.

Schuster, Camille P., and Michael J. Copeland. *Global Business : Planning for*

Sales and Negotiations. Fort Worth, Tex. : The Dryden Press, Harcourt Brace College, 1996.

Singer, Linda. *Settling Disputes : Conflict Resolution in Business, Families, and the Legal System.* Boulder, Colo. : Westiew Press, 1990.

Stark, Peter B. *It's Negotiable.* Amsterdam, The Netherlands : Pfeiffer & Company, 1994.

Susskind, Lawrence, and Jeffrey Cruikshank. *Breaking the Impasse : Consensual Approaches to Resolving Public Disputes.* New York : Basic Books, 1987.

Thaler, Richard H. *The Winner's Curse : Paradoxes and Anomalies of Economic Life.* New York : The Free Press, 1992.

Thompson, Leigh. *The Mind and Heart of the Negotiator.* Upper Saddle River, N.J. : Prentice-Hall, 1998.

Trump, Donald J. *The Art of the Deal.* New York : Random House, 1987.

Ury, William. *Getting Past No.* New York : Bantam, 1991.

Walton, Richard E., and Robert B. McKersie. *A Behavioral Theory of Labor Negotiations.* New York : McGraw-Hill, 1965.

Wenke, Robert A. *The Art of Negotiation for Lawyers.* New York : Law Distributors, 1985.

Williams, Gerald R. *Legal Negotiation and Settlement.* St. Paul, Minn.: West Publishing, 1983.

Woolf, Bob. *Friendly Persuasion : How to Negotiate and Win.* New York : Berkley Books, 1990.

Zartman, I. William. *The Negotiation Process : Theories and Application.* Beverly Hills, Cal. : SAGE Publications, 1978.

찾아보기

㉮

가구 상인 277

가짜 이슈 389, 391

값을 깎는 흥정 281

강요 180, 236, 306, 309, 314

개인 간 갈등 30, 33, 416

거버-피터스 391~392

거짓말 33, 43~44, 346~349, 351~
    360, 362~363, 365~366, 370
    ~379, 384, 386, 388, 390, 392
    ~393, 418

걸어나감 310, 312

게리 트뤼도 190

『게임으로서의 비즈니스』 368

경매 73, 304, 308~309, 314~315, 319,
    321

경쟁 유형 30, 33, 35, 415, 418

경쟁적 스타일 36

공격의 악순환 37

공시 309, 336, 383

공통의 이해 관심사 123, 142, 153

과잉 몰입 306, 316~321, 327, 338,

393, 395

관계 매니저 411

관대한 건망증 228

교육 58, 95, 142, 337, 425~426

『구름에 가린 태양』 78

권위 있는 기준 77, 80, 150, 369

권위에 대한 복종 102

규범적 레버리지 83~85, 98, 178, 181

그린빌 클라크 57

기만 373, 377

긴장을 해소하기 위한 단계적이고 상호
    적인 방안(GRIT) 331

㉯

『나의 진리 실험 이야기』 90

네트워킹 126

노던 플레인즈 프리미엄 비프 185

노사 협상 206, 245

닐 래컴 37, 141, 247

닐 보가트 160

다

닻과 조정 효과 274

대결 295, 303

대럴 시포드 344~351, 353, 357, 359,
        365~366, 375

대비 원칙 276, 318

〈더 디프〉 160

덕 플루티 332

데일 싱어 380

도나 섬머 160

도널드 트럼프 178, 180, 260, 311

동기 부여 57, 354

동시 교환 338

드렉셀 번햄 램버트 64

딕 스미스 22, 47, 124, 228

딘 위터 디스커버 앤 컴퍼니 332

라

라포 231

래리 킹 29

랜디 레바인 329

랠프 H. 킬만 416

레밍턴 255~257

레버리지 IQ 164

레슬리 H. 웩스너 257

레이먼드 챈들러 270

로렌스 포레이커 65

로버트 리 58

로버트 치알디니 70, 234

로스 존슨 303

로우볼 전술 383, 390~392

로저 도슨 391

로저 보로보이 237

로저 피셔 176, 425

루 바서만 240

루이스 캐럴 55

리 톰슨 140

리더십 115

리비아 232~233

린든 B. 존슨 58

마

마크 맥코맥 260

마하트마 간디 89~92, 103, 123

막다른 골목 206, 283, 288, 290~291,
        297, 326~327, 329, 331~332,
        338

막스 베이저만 140

맥도날드 231~232

맥도넬 더글러스 158, 163

먼저 제안하지 마라 271~272

메나헴 베긴 이스라엘 수상 330

메사비 광산 210, 270, 272, 324

메이시 125,

모건 스탠리 그룹 332, 337

모리타 아키오 52, 54, 239, 391

모티 로젠탈 234

목표 효과 58~59

몰래 카메라 99

묵시적 협조 상황 208~209, 218, 283

문제 해결 대안 142

문제 해결 유형 30, 34, 140, 415

문제 해결 25, 27, 30, 34, 45, 74, 140, 142, 219, 261, 292, 294, 297, 415, 417

문화적 차이 31, 230, 244, 246, 417, 419

물어뜯는 잠식 전술 394

미국 대법원 244

⚫바

바이아콤 312~313

밥 구치온 189

밥 울프 157, 250

배리 딜러 72

배심원 183

벌링턴 노던 샌타페이 철도 161~162

법률 자문가 241

베라 코킹 189

베타맥스 239~243, 245, 252, 259

벤저민 프랭클린 70, 215, 292

변호사 36, 90~91, 138, 190, 243~244, 248, 259~260, 275, 280, 296, 305, 312, 329, 349, 353, 364, 370, 392, 400

보니 체젯 382

보잉 사 158, 163

부동산 81, 93, 152, 180, 210, 337, 360, 366, 382, 385, 403

부정적 레버리지 178~179

불로바 52~54, 56, 61

불성실한 약속에 관한 사기죄 362

브라이언 엡스타인 270

브루스 패튼 176

블록버스터 비디오 279, 312

『블록버스터의 시작』311

비난이나 실수에 대한 감정 섞인 발언 37

비디오디스크 239~243, 246

비디오테이프 244, 246

《비즈니스위크》 147~148

비틀스 270~271

빅터 카이암 255

빌 유리 425

빌리 와일더 270

⚫사

사회적 의식 335~336

산에게 말하기 229, 275, 293, 336

살로먼 브라더스 64

상호 적응의 막다른 골목

상호성 규범 331

상황 매트릭스 208, 215, 223, 238, 283, 297, 304, 404

새뮤얼 테일러 콜리지 77

선물 25, 124~126, 129

선역/악역 전술 295~296, 393~394

섬너 레드스톤 312

소 사육 184

소니 52~53, 56, 239~243, 252, 391~392

소비자 52, 63, 146, 185, 239~240, 281, 321, 348, 359~361, 365
소송 189, 239, 242~246, 253, 260, 280, 305, 388, 392
손실 회피 317
쇠고기 값 184
스티브 로스 29, 233, 391
스티븐 베라드 311
스포츠심리학 56~57
승자의 저주 73
시드니 샤인버그 239
시드니 시겔 65
시어슨 리먼 허튼 303
시장 가치 274
시저 키멜 233
식품의약청(FDA) 136~137
신뢰성 44, 257, 309
신약 임상실험 139, 141, 144
신호 64, 101, 112, 117, 125, 174, 196, 206, 230, 236, 246, 251~259, 263, 268, 279, 285, 309, 312, 334~335, 418
심리적인 경쟁 메커니즘 57

아

아로마 디스크 플레이어 255~257
아루샤 부족 24~26, 124, 206, 228, 253, 336
아르만 해머 232
악수 242, 333, 335
안와르 사다트 330
알버트 아인슈타인 213, 270
알버트 카 368
앤드루 카네기 110, 210, 262
앤디 그로브 238
앤서니 퀸 165
앤소니 로빈스 261
앨빈 굴드너 109
에드 크러치필드 138, 150
에어버스 사 159, 163
에이브러햄 플렉스너 214
엘리자 무하마드 165
엘버트 게리 211
여행사 277
연합 전선 183~185, 197, 243
영상 187
〈예언자 마호메트〉 165~166, 172
『Yes에 이르는 법』 176, 415
오션사이드 시 151~152
오해 185~186, 191~192, 197, 210, 235, 248, 259, 327~328, 356~357, 361, 381
와튼 스쿨 경영자 협상 워크숍 414
우선 규범 93
우정 46, 119~120, 122, 368
《월스트리트저널》 64
월터 호빙 180
월트디즈니 243
웨인 후이젱가 58, 138, 279, 311
윈-윈 협상 409

윌리엄 페일리 63
유니버설 영화사 239~240, 242
유니언 퍼시픽 철도 회사 161
유사성의 원칙 123
유에스 스틸 210
윤리적 가이드라인 289
의료 시장 146
의사 결정자 84, 128, 137, 143~145, 296
의사소통 25~26, 97, 100, 102, 108,
　　　123~124, 171, 206, 213, 231~
　　　232, 234, 236, 246, 249, 257,
　　　274, 327, 372
의존 89, 122, 130, 188, 192, 194, 204,
　　　306, 313, 353, 363, 407
『이상한 나라의 앨리스』 55
이스턴 에어라인 158~159
이슬람 국가 165~166, 171~172, 191
이자율 79~81, 310
이춘선 326
이푸가오 부족 80, 93
이해관계 34, 103, 108, 129~131, 139~
　　　140, 143, 145~149, 158, 164,
　　　186, 207~220, 229, 238, 246,
　　　251~252, 259~262, 284~286,
　　　288, 291~297, 320, 322, 329,
　　　335, 350, 407
인센티브 65, 108, 332
인지 여부 354
인질극 169~171, 175, 177, 179, 181,
　　　191~192

《인터내셔널 비즈니스 아시아》 127
인텔 237~238
일관성의 원칙 82~83, 93, 95, 98, 178,
　　　181
일관성의 함정 86~88
일본 52~53, 125~126, 170, 194, 237,
　　　240, 242~243, 246
임금 협상 72, 221
임마누엘 칸트 371
입찰 경쟁 315, 320

㉜

자동차 딜러 96, 281
자선단체 129
자신감 59, 69, 158, 177, 367, 403~406
자존심 44, 66, 144, 150, 160, 163, 173,
　　　179, 182, 280, 286, 326 , 334~
　　　335, 411~412
작은 한 걸음 329~330
저작권법 240~241, 253, 259
전문가 행동 규범 359
전자메일 40
정보 교환 25, 121, 123, 206, 220, 229~
　　　231, 237~239, 244, 246~249,
　　　252~254, 258, 275, 293, 306,
　　　344, 363, 417
정크 본드 305, 316, 320
제너럴 시네마 22, 23, 45, 124, 228, 258
제럴드 R. 윌리엄스 36
제이니 미첨 161, 178

제이니의 철로 161~163, 406

제임스 프로인트

제임스 B. 크냅 326

제임스 J. 화이트 349

조우 시스트롬 270

조작적 협상 전술 390

조지 로버츠 304

조지 마샬 194

존 알덴 97

존 칼라일 37, 141, 247

존 D. 록펠러 210, 231, 270, 324

존 D. 록펠러 주니어 211

좋아함의 법칙 234~235

중개인 93, 275, 317, 332, 382~383,
    385~386, 392

중국 126~127

중요성 40, 59, 190, 193, 204, 207, 220,
    230, 235, 284, 357

진실성 40, 43~45, 350~352, 373, 395,
    404

집단 역학 183

차

차이 양분법 305, 322~324

차입금에 의한 회사 인수(LBO) 303

찰스 오브 더 리츠 사 256~257

찰스 오스굿 330

창조적인 동기 부여 354

찰스 휴겔 315

1873년 경제공황 114

청취 23, 45

최저 하한선 285, 347, 357~359, 365,
    372, 388, 390, 406

최종 시한 45, 304~306, 308~316, 321

최후 통첩 게임 112, 130~131, 322

최후 통첩 36, 45, 212, 241, 253, 261,
    302, 310, 328, 360, 369

카

카사블랑카 레코드 160, 163

캠프 데이비드 평화협정 330

컬럼비아 영화사 391

컴퓨터 네트워크 40~41

케네스 W. 토머스 415

켈리 사버 152

코어스테이츠 파이낸셜 150~151

콜버그 크라비스 로버츠(KKR) 303, 305,
    314~315, 319~320

타

타협 유형 30, 32~34, 414, 417

테드 터너 29

테리 라슨 150

토머스 잭슨 58

토머스-킬만 갈등 관리 유형 측정 도구
    414, 416

트럼프 타워 180

트럼프 플라자 호텔 189

티파니 사 180~181

팀스터즈 노조 96

ㅍ

파벌 인식 139

파트타임 95~97

퍼스트유니언 138, 150

페루 리마 일본 대사관 170

'평등' 규범 122

〈포세이돈 어드벤처〉 72

'폭발'하는 조건 310

프란시스 베이컨 386

프랭크 보만 159

프랭클린 D. 루스벨트 57

프리미엄 컨설팅 서비스 279

프린스턴 고등 연구원 214~215, 272, 284

피터 거버 160

피터 애킨스 305

피터 조바노비치 22, 47, 124, 228

ㅎ

하나피 165~181, 191~192

〈하드 데이스 나이트〉 270~271

하마스 압둘 칼리스 165

하비 샤인 241

하워드 레이파 324

하코트 브레이스 조바노비치 22

한국 전쟁 326

할인 28, 147~148, 162, 257, 345~346

합의에 걸림돌 143, 149

허브 코헨 99

허위 진술 353, 355, 358~359, 361,

364, 374

헨리 모겐소 195

헨리 크라비스 64, 303

헨리 클레이 프릭 212

협력적 스타일 37

협상 가능 영역 204

협상 이슈 144, 245, 251, 368, 384

협상 전문가 36~37, 40, 42, 47, 62, 66,
142, 164, 221, 231, 232, 234~235,
287, 291, 319, 358, 365, 408, 424

협상 종결 269, 292, 302, 306, 311, 316,
320, 322, 332, 337~338

협상 주제 설정 95

협상에 대한 최선의 대안(BATNA) 176

협상의 범위를 정하는 기준 94

『협상의 법칙 : 세상의 모든 것은 협상 가
능하다』 99

협의 후 재협의 324~325

황금 다리 328

회피 유형 30, 32, 35, 327, 414

휴스턴 전력 회사 406

희소성 효과 321

J. P. 모건 16, 77, 110, 210~213, 217
~218, 231, 262, 270, 272, 324

MCA 239~243, 245, 252, 259

RJR 64, 302~314, 316, 319~320

UPS 96~97

VCR 239~240, 244

BARGAINING FOR ADVANTAGE